中國學術

選堂

2001 1/总第五辑

主编 刘 东

商 务 印 书 馆

2001年春·北京

投稿地址：100710
北京王府井大街 36 号
商务印书馆著作室《中国学术》
电子邮件：dongliu@ public2. east. net. cn
订购地址：100710
北京王府井大街 36 号
商务印书馆发行部
电　　话：63044891　83164425

目　录

卷首语

论　文

评　论

通　讯

书　评

Contents

Preface

Articles

Reviews

Correspondence

Book Reviews

卷 首 语

新的年度要开始了,新的"春、夏、秋、冬"四辑也将周而复始。惟愿这种催人衰老的岁月流转,不是尼采恐惧的"轮回",也不是黑格尔厌恶的"恶无限",而是足以救度魂灵的缓缓上升。

论文一栏,先以两篇探讨新理论的文章来除旧布新。两位作者都不想脱开中国事实,所以都像北大行将召开的"多元之美"会议那样,要来处理"现代西方理论与中国研究"的跨界难题。**德里克**基于对1960年代后期以来欧美史学倾向的回顾,提出历史家并非后现代主义的受众,反倒参赞了这种思潮的形成,所以与其夸大此种思潮的新奇,毋宁说它是内在于历史学的"语言学转向"及新社会史等倾向中的;这样,中国历史领域中针对后现代主义的敌意就不尽合理了,它既源于某些新方法倡导者的夸张和滥用,也源于对所谓正确治史家法的陈陈相因。**苏源熙**从后结构主义者把中国当成智力资源或例证仓库的普遍策略中,凸显和探究了其著作的共同母题和暗含的比较逻辑;缘此,针对那种把东方说成业已是思想的"后结构"形式、而这种形式又对应于某一不受批评的重构系统的观点,作者提出了一种解构的方法,此种方法不必仰赖任何人文前提,却仍可能和必须是批判的。不待言,既要涉及此类聚讼的焦点,就无法掩饰思想的锋芒,但至少在《中国学术》的小空间中,批评总要为着学理探求,而非意气发泄。

接下来三篇进行知识考古。由不同动物混成的背生双翼的想象动物,曾以各种材质为载体,流行于从春秋到魏晋的艺术作品中。此种主题源自我国还是传自域外?**李零**搜集了先秦两汉时期的典型材料,并参照域外的类似主题,确认它虽已被中国化却仍大有胡气,真令人惊叹跨文化传播的由来悠久。"堵"与"肆"是先秦对编钟排列形式的特有称述,但其含义与具体排列情况迄无定论。**陈双新**主要利用考古发掘材料和铭文中的相关记载,发现"肆"指编钟大小相次的一列,"堵"指挂有编钟的形如一堵墙的钟架;二者本不对应于某一具体的钟数,但在特定时期又有一定的对应关系。俗常对中国"文学"和"文人"的理解,泥于舶来的程式,或把前者只看成艺术样式之一,或使后者游移于文学家和知识人之间。**于迎春**基于文、文学、文人这一组递进观念的早期演化,呈示了文学在固有文化中既矛盾又互渗的本义,以及文人在传统文明中既兼综又模糊的身份。

同时寄自哈佛的另外两篇，都涉及了现代文学运动。“五四”这个标志日子创造出了“前现代”或“古典”，从此“过去”便不再意味着朝代更替，而是自有特征的单独实体，而以往各有独特历史的各文学体裁，也随之拧成了整体性的“文学”。从这种角度和力度出发，**宇文所安**检视了几种不同文学体裁的现代选本和文学史叙述，从而揭示了“五四”一代如何重写文学传统以建立“白话”对抗“古典”的宏大叙事；此一新的古代文学经典虽时有变化，却由于教育系统的制度化而大致沿袭至今。金庸的小说常被指为具有根本的“中国性”。**田晓菲**试从小说本身及其文化语境来分析此种“中国性”之印象的由来及其文化蕴含，并认为我们最终可能发现，其“根本的中国性”虽只是作者自觉的艺术创造和建构，但此种判语的重要性却超越了具体作品，而指向一种国家主义的写作与阅读。

评论一栏，**王路**述评了美国语言学家卡恩的考辨。在古希腊文献中，einai 主要有三种用法——系词用法、存在用法和断真用法。其中最主要的是系词用法，它是由句子的句法形式确定的。存在用法虽不多却重要，它与系词用法不同，主要是词典或语义概念，乃由系词的表位用法发展而来，逐渐演成一种技术性的表达，最终成为专门的哲学和宗教表达。作者缘此主张，对 einai 的翻译至少应反映出其最主要的用法和特征，并在“是”的意义上理解它及其相关问题。**孙治本**评述了德国社会学家贝克夫妇有关“个人主义化”的论点。同样鉴于社会多元化及异质性的增强，和个人决定之必要的增加，这种社会理论在扬弃了“社会阶级（阶层）”模式之后，却提出了解构（第一现代）后的建构（第二现代），以探求不确定性中的多元秩序。也许，在前现代、现代、后现代已成习惯叙事之时，这种旨在使现代历史化的尝试，可以帮助领悟另一条进路？

通讯一栏，西川以诗人独有的体验和干脆回应了张新颖。他接过了“焦虑”这个话题，却嫌“现代焦虑”的提法太过笼统，遂把新诗的外部焦虑定义为“道德焦虑”，将其内部焦虑分为“文本焦虑”和“文化焦虑”。借着这种框架，他既反对“纯诗冲动”，而主张诗歌与生活的对称，又反对通过削弱传统来与传统衔接，认为那会妨碍与之的真正对话。

每编定一辑，总觉得下回“难以为继”，今番的忧虑似乎尤甚。诗云“战战兢兢，如履薄冰”，或此之谓耶？

刘　东

二〇〇〇年十一月二十五日于北大草庐

后现代主义与中国历史

德里克(美国杜克大学)

以下的讨论针对由后现代主义引发的某些问题展开，并涉及有关中国历史研究的一些问题。如果我的讨论在后现代主义上比在中国历史研究上花的时间更多,那是因为对于前者先要花些功夫作些澄清,然后才能判断它对中国历史的研究会意味着什么。在中国历史研究这方面，后现代主义的影响只在近几年才出现。一些为数不多自称从后现代角度撰写中国历史的努力,已在某些历史学家中造成了始料不及的敌意,它们大多建立在对后现代主义历史研究所应包括的内容的误解之上[1],如果不是对其夸张的话。公平地说，这种敌意部分地是由那些新方法的倡导者们造成的。他们过于看重这种方法的新颖性,进而夸大了后现代创新模式应有的内容,这些夸张化

1　我这里指的是周锡瑞(Joseph Esherick)对何伟亚(James Hevia)关于马嘎尔尼使团的研究的无端攻击，*Cherishing Men from Afar*(《怀柔远人》)，Durham，NC: Duke University Press，1995。参见周锡瑞:〈远方的珍贵资料〉,《现代中国》(Joseph W. Esherick, "Cherishing Sources from Afar," *Modern China* 24.2 [April 1998]: 135 – 161)。尽管我对何伟亚的关于"革新"的提法有自己的看法,但是他提出了在历史阐释中如何使用文化问题，这一点不应被哲学式的吹毛求疵的批评所抹煞，周锡瑞用的这种方法是汉学中纠缠细枝末节的最恶劣的传统。周锡瑞对何伟亚的攻击可以理解(但不能原谅),因为他似乎认为"后现代主义"与文学有关,与历史无关,这表明了对历史文化氛围的漠视,这种现象在一些历史学家中很是普遍,在他们眼中,后现代主义不是一种要面对的思想挑战,而是一种对学科的威胁,必须使其消失——即使要头顶思想蒙昧主义的帽子也在所不惜。关于周锡瑞对后现代主义的批判，见董正华、韩毓海:〈晚清以来的中国历史和现代化进程〉(采访 Joseph Esherick),《战略与管理》1996 年第 2 期,第 49 页。考虑到周锡瑞在这些问题上的立场,人们不得不问,在他提到共产党是一种"社会构造"时,他是否充分意识到了他所说的意思。参见周锡瑞:〈关于中国革命的十大论点〉,《现代中国》(Esherick, "Ten Theses On The Chinese Revolution," *Modern China* 21.1[January 1995]: 45 – 76, p. 61)。

的内容也许刚好与他们撰写的漫画式的历史研究著作相对应，而这实是与他们的初衷相违背的。另一方面，这种敌意同时也源于一种对所谓的是正确历史研究方法的过于保守的忠诚，或者说是更为保守的对保卫学科界限的要求。我们既要看到对后现代历史研究方法的滥用，也要看到因后现代历史研究而引起的这种过多的敌意；这里涉及的问题至关重要，决不能被视为只是某个专业领域内的一些不同主张的微不足道的争执而已。从根本上说，问题的关键是，历史作为一门学科和认识方式与广义上的文化背景的关系，无论在中国还是在美国(我的讨论主要围绕这两个国家)都一样。

后现代主义的历史化

“后现代主义是一个令人恼怒的词眼”，汉斯·伯顿斯(Hans Bertens)写道，因为，“自五十年代以来在那些雪片般的使用过这个术语的文章和书籍里，在这个概念的不同层次上，后现代被广泛运用于我们曾称之为现实中的各种事件和现象。”[2] 伯顿斯指出，不仅是这个术语被赋予的意义在不同的领域内互不相同，而且这些意义的指向还常常互相矛盾，尤其是在关于后现代与现代的关系上矛盾更是突出。如果说后现代主义产生出了自己的思想和艺术风格的话，那么也可以说它的范围因融合了带有后现代概念的思想发展运动而被扩大了，这个思想运动出现于八十年代的后现代主义之前且与之干系不大，但是诸多后现代的捍卫者和批判者们都把后者归之为后现代主义，这样更使得区分后现代和现代变得难上加难。

后现代表现出的纷乱和矛盾的外表本身拒绝了对它的简单的定义，相反，最好的办法是从关于后现代话语的具体的历史性中去把握它。关于后现代在与历史的关系中是怎么显现的在本文中会有详尽的讨论。在这里仅指出一点已足以说明问题，即，尽管历史和后现代主义间表现出互相对抗的关系，但具有讽刺意味的是，历史研究的发展还是成为了推动后现代产生的

2 汉斯·伯顿斯：《后现代主义的观念：一种历史》(Hans Bertens, *The Idea of the Postmodern*: *A History*. London: Routledge, 1995, p. 3)。

原因,并且还扩大了后者的疆域。另一方面,虽然从外表上看令人眼花缭乱的后现代主义表现出与历史的敌对的关系，但实际上它却使得对于过去的思考变得合法化,从而把历史从现代性的目的论中解救出来,另外,它还丰富了我们对于过去以及过去与现在之间的关系的理解。历史和后现代主义间矛盾的关系是与六十年代的文化遗产纠葛在一起的，那是一种希望与失落并存的文化遗产,它产生出了新的历史起点,并对在现代性体系下所赋予历史的文化和政治的意义提出了激烈的质疑。[3]

现代与后现代间的关系非常暧昧,可以这么说,是现代主义对坚持不断变化的承诺衍生出了以自我实现的方式出现的后现代主义，而依照现代性的逻辑本身，它的产生又必须不断地被阻延。换言之，作为现代的辩证否定,后现代每时每刻存在于现代之中。但是,有没有可能存在着这么一个时候,后现代脱离现代,提出自己对历史的主张,从而将其置身于现代的对立面？后现代的马克思主义分期论提出了这种见解，如弗雷德里克·詹姆逊(Frederic Jameson)和大卫·哈维(David Harvey),他们一方面注意到了资本主义生产模式中现代性和后现代性共同的物质基础,另一方面,又承认在资本主义中有一种深刻的嬗变,由此而产生出詹姆逊所提出的新的“文化逻辑”。[4]就历史而言,这种思想上的分离最醒目地表现在对现代性目的论的抛弃上；于是,后现代不只是现代性的一种辩证表达，而是走向了其辩证主

3　这不是说“后现代主义”是六十年代的产物,尽管在与后结构主义相联系的过程中后现代主义发生了重大的变化。关于此词的历史发展过程,参见伯顿斯和佩里·安德森:《后现代性的起源》(Bertens, and Perry Anderson, *The Origins of Postmodernity*. London: Verso, 1998)。

4　弗雷德里克·詹姆逊:《后现代主义或晚期资本主义的文化逻辑》(Frederic Jameson, *Postmodernism, Or the Cultural Logic of Late Capitalism*. Durham, NC: Duke University Press, 1991),与大卫·哈维:《后现代状况》(David Harvey, *The Condition of Postmodernity*. Cambridge, MA: Basil Blackwell, 1989)。Manuel Castells(曼努埃尔·卡斯特利斯)在“网络社会”的兴起中看到了资本主义的变化。参见曼努埃尔·卡斯特利斯:《网络社会的兴起》(Castells, *The Rise of the Network Society*. Cambridge, MA: Basil Blackwell, 1996)。我本人更倾向于“全球资本主义”这个说法,因为它指向了全球变化的图景。参见德里克:《革命之后:留心全球资本主义》(Arif Dirlik, *After the Revolution*: *Waking to Global Capitalism*. Hanover, NH:Wesleyan University Press, 1994)。

张的对立面,这种思想要求贯穿于整个过去,以达到抛弃所有的"元叙述"的目的。[5]后现代因此提供了一个全新的视点,依照这种视点,"重读"现代性不只是要暴露其"阴暗面"——实际上这种"阴暗面"从来就没有深没于表层底下,更重要的是要指出现代性应为把现代性的文化建立在理性、科学和历史这种主张的错误行为负责。[6]过去二十年间"文化的转变"可归之为一种新的文化意识的产生,它不仅是把文化当作一种物质结构的功能,而是视为在现代性的形成过程中的一种自发的力量。这种意识在资本运作的"文化转变"中得到了加强,因为信息和通讯技术对于文化发挥的功能变得越来越重要。

后现代主义作为一种历史分期的原则之所以会成为问题,那是因为它是一种否定逻辑(或逻格斯)的"文化逻辑",它不指向超越自己以外的任何东西。尽管在摒弃结构和元叙述——因为它们限制人的活动并且消除了现代性以外的选择——时,后现代主义表现出了思想解放的精神,但是它所许诺的解放既没有空间上的也没有时间上的深度。后现代主义本身,就像这个词的前缀——"后"(post)——所暗示的那样,总是含糊不清,它用它所摒弃的东西来界定自己,但却没有自己的内在逻辑;事实上,对于任何逻辑的可能性的否定正是后现代与现代分道扬镳的要点所在。虽然在后现代性中现代性的东西随处可见,但它们只是以支离破碎的形式出现,失去了现代性曾赋予它们的结构或历史的连贯。后现代或许只不过是一种命名方式,对现代性中没有结果的思想解放带来的各种解体现象的命名,它似乎是能无限地包容各种不同思想,包括容忍压迫,但同时又问题百出。伯顿斯如此描述后现代主义,即它要努力"为各种批判——政治的乌托邦和反面乌托邦(dystopias)——提供一席之地,从对自由和思想解放的展望(包括启蒙运动

5　让-弗朗索瓦·利奥塔:《后现代状况:关于知识的报告》(Jean-François Lyotard, *The Postmodern Condition: A Report on Knowledge*, tr. from the French by Brian Massumi, Minneapolis, MN: University of Minnesota Press, 1984)。

6　弗朗西斯·巴克、彼得·休姆和玛格丽特·艾弗森:《后现代主义和现代性的重读》(Francis Barker, Peter Hulme and Margaret Iverson, *Postmodernism and the Re-reading of Modernity*. Manchester, UK: Manchester University Press, 1992)。

和反启蒙运动两种类型)到同样是真诚的对世界末日的想象,不一而足。”[7]

恩斯特·卡西尔在论述“启蒙运动的哲学”时指出,它宣布了“一种既是自然也是知识的内在性的纯粹原则”,而自然和知识也由此通过它被理性的理解力所获得。[8]内在性的原则也同样渗透在自启蒙运动以来的历史思想中,在马克思主义里可以找到关于它的最坚定的表达。历史学科,尤其是专业历史学家所认为的历史这门学科,之所以能寻觅到“文化逻辑”和公共遗产,是因为他们一直以来怀有这么一种断定,即理性通过对过去——不管是什么样的过去——的事实的梳理能够获得其内在活动过程的真理,由此,各种不同的东西包括文化方面的被归于一种历史中,这种历史声称指向人类共同的理解。

但是,这种声称拥有共同理解、作为一种了解过去的方法的历史需要和那种对于过去的直线性叙事区别开来,那是启蒙运动的关于进步的思想概念所要求的。按照这种意识形态概念,在此后的两个世纪,欧洲将达到人类发展的顶峰。内在性的原则对于那些声称理性是普遍存在的人来说或许是不可或缺的,但它同时也使得人们注意到了自然和社会中差异原则的存在。就像我们所理解的那样,历史就是坚持差异,是反对启蒙运动主张的普遍主义这个过程的产物。

后启蒙主义的历史特征表现为对于两个互为矛盾的目标的追求。而它们都可以溯源于启蒙运动思想本身的矛盾,它一方面努力去确认差异,另一方面又试图从差异中构造同一。启蒙运动的普遍性逻辑预设了一个共同的历史,它把人们分成不同的等级,但也就是这个逻辑产生了不同的历史,而它们是不能被分级的,因为不同的环境造成了这些历史,依照启蒙运动“内在性主义”(immanentism)的原则,它们应拥有它们自己的理性原则,一种历史的理性原则。在内在性思想笼罩下的启蒙运动,一旦差异被发觉并被放

7　伯顿斯:《后现代主义的观念》,第 12 – 13 页。

8　恩斯特·卡西尔:《启蒙哲学》(Ernst Cassirer, *The Philosophy of the Enlightenment*, tr. Fritz C. A. Koelln and James P. Pettigrove, Boston: Beacon Press, 1951, p. 45)。

置到历史发展中的合适位置，其实就孕育了解体的种子。

现在时髦的看法是认为启蒙运动应为造成现代性的霸权性、压迫性的后果负责。这使得人们不愿意看到启蒙运动的矛盾性，既肯定普遍性又肯定差异。后者在启蒙运动后的历史学中受到了压抑，但并没有因此消失。从这个角度讲，后现代主义可以看成是这些在现代性初露端倪时即已存在的矛盾的重新浮现，在随后的两个世纪里它们被压制到了底层——不是受到启蒙运动的文化逻辑，而是受到用来使欧洲中心主义合法化的文化逻辑的压抑，资本主义的逻辑则促成了后者的产生，而资本主义逻辑的倡导者和反对者，主要是马克思主义者，曾使得它占据了历史阐释的中心舞台。启蒙主义的遗产无疑起到了文化压制和抹煞的目的；但是，需要记住的是贯穿其中的解放的本能，这种本能既可以是后启蒙运动历史的一部分，也可以是由这个历史导致的压抑。由此而论，后现代主义首先是表达了对在现代性体系之下这种解放本能采取的形式的失望，这也许可以解释为什么后现代主义对启蒙运动的描述是一种没有释放的文化压抑。这种形象与1968年的遗产则大有关系。

如果说启蒙运动前提中关于过去的矛盾是因为德国思想家而引人注意，那是因为就像我们知道的那样，德国思想家们要想象创造他们的民族差异那样去创造历史，那么在我们这个时代，同样的矛盾产生了后现代的历史分解，那种声称似乎对过去拥有无穷无尽的权力的领域急剧膨胀——而这一点是很难理解的，如果不提及已被资本主义、帝国主义和殖民主义全球化了的启蒙运动的普遍主义的许诺的话。如果对于启蒙运动普遍主义的不满在一个时候导致了一种历史，在另一个时候又要求废除这种历史，这种变换与它辐射的区域的扩大有关，从不同民族到不同文化，从不同性别到不同种族，这些个区域都曾被现在已成为问题的现代性这个东西授予了权力。尽管在霸权行为方面，历史与现代主义成为了同谋，但历史在授权于哪些个领域方面还是起了作用，也因此或许成为了其成功行为的牺牲品。[9]

9　在最近的关于二十世纪历史研究的综述中，乔治·伊格尔斯认为尽管在整个二

1968年那些挫败了的远大抱负与和它们有着相同命运、当初激发起那一年革命的激进的想象汇合到一起促成了现在的后现代主义，以及它在第三世界的变体后殖民主义。“1968”不仅仅只是普通的一年，而是一种时间性的象征，在不同的地方表现出不同的持续和边界。[10]最重要的是标志了一种与以往的历史思维方式的决裂的要求，在很多方面它确实做到了。现在，为人们所熟悉的各种历史，从妇女的历史到种族的历史，从微观历史到“从历史中来的人民”的历史，以及从方法论角度来说更重要的是，从文化历史到文化创造的历史——它使文化通过语言这个媒体成为历史产生的主要场所，所有这些个历史都是那种激进要求的产品，它把以前被压制的东西推到了历史意识的表层，而这却使得到那时为止一直被认为是正当的历史领域变得非常地复杂化。现在从后现代主义的认同来看，这些历史要表述的正是现代性曾许诺要完成的东西，当它们一旦获得了申辩的机会，便会对后启蒙运动历史学最基本的前提提出质疑。一个意义深远的后果是唤起了人们对话语和表象(包括在历史中的表象和话语)在压制其他声音方面起的作用的注意。[11]这些新的历史的起因是现代性而不是后现代性，但是通过对在现代主义历史叙事中它们被压抑的方式的质问，它们本身在历史中促生了后现代主义。

与过去激进的断裂同时宣告了激进主义本身的终结。1968年的那些激

十世纪历史一直受到挑战，并被罢黜了其在十九世纪思想界中的显赫地位，但是这些挑战并没有怀疑过去的可知性，后者是后现代主义的挑战提出的问题。参见乔治·伊格尔斯：《二十世纪历史学：从科学的客观性到后现代的挑战》(George Iggers, *Historiography in the Twentieth Century: From Scientific Objectivity to the Postmodern Challenge*. Hanover, NH: Wesleyan University Press, 1997)。

10　更详尽的讨论，参见德里克：〈1968年的第三世界〉，收入卡罗尔·芬克、菲利普·加塞尔和德特勒福·琼克编辑的《1968年：变化了的世界》(Dirlik, "The Third World in 1968," in Carol Fink, Philip Gassert, and Detlef Junker eds., *1968: The World Transformed*. Cambridge: Cambridge University Press, 1998, pp. 295-317)。

11　简·弗拉克斯：〈启蒙运动具有思想解放作用吗？一个女权主义者对《何谓启蒙》的解读？〉，参见巴克、休姆和艾弗森：《后现代主义和现代性的重读》(Jane Flax, "Is Enlightenment Emancipatory? A Feminist Reading of 'What is Enlightenment'," in Barker, Hulme and Iverson, pp. 232-249)。

进想象的失败让历史失去了指南针，那些新的历史——它们不是重新展望历史——在对渗透于现代激进主义的大前提的质问中走向终结，而这种激进主义则是由它本身反对的作为一种支配结构的普遍主义的假定促成的。如果说那些认定目前的现状即是历史之终结的历史学家是将现状放到了历史的终点，那么那些激进的历史学家们则要比他们好一点，他们指向一个未来，一个不仅与现在不同而且要比现在更好的未来。但是历史的时间性在众多的社会和文化空间的扩散却使得任何更好未来的问题变得悬而未决；或更确切地说导致了对任何更好未来之许诺的怀疑，就像促成早期激进主义的乌托邦主义现在却表现为受现代性压抑的结果之一。[12] 两个世纪以来的各种各样的激进主义者把压抑归之于社会结构，企图通过社会改革来消除压抑，这种改革与他们对于未来的这种或那种的展望是一致的。而当人们把权力和压抑的来源归因于话语和表象时，社会改革的问题就退隐到了后台，成为了对蕴含于话语和表象中的结构的解放力的期望。这种期望似乎是巨大的，推动解构力量螺旋式地上升下落走向无尽的分解，同时否绝了某种共同语言形成的可能性，这种共同语言能产生新的激进主义的想象。这种解体对历史的启示是显而易见的。两个世纪以来历史曾被赋予了裁定社会和文化差异的责任，但是现在却表现为一种在社会和文化意义上有限的认识论，在一大堆可以认识过去的方法中，历史仅仅是它们中的一种而已。它的领域缩小了，并在这个过程中失去了方向，激进主义者曾利用过去来指明未来的方向，而那些权力拥有者们则用过去来使现在的政治安排合法化，对于他们这两者而言，对这一点的感受是一样的。后现代主义和后殖民主义不仅是1968年激进主义想象而且也是因这种想象的失败而导致分解的继承者。

起因于1960年代的历史学发展的一个方面在我们的讨论中显得尤其重要：即第三世界的出现。关于后现代主义的讨论往往没有涉及欧洲和北

12　拉塞尔·雅各比：《乌托邦的结束：一个冷漠时代的政治和文化》(Russell Jacoby, *The End of Utopia: Politics and Culture in An Age of Apathy*. New York: Basic Books, 1999)。

美以外的背景——这是非常奇怪的,因为就像已为人们广泛共识的那样,由后结构主义塑造而成的后现代主义是六十年代(以1968年为其核心)的一个重要产物。六十年代人们看到第三世界出现在欧美意识的面前,以及那些后殖民社会要求给予在历史方面申辩的机会,如果不是这些,六十年代又是什么?其后果意义深远,是不能在欧洲式的关于启蒙运动的对话范围内来概括的,因为其结果是一些社会已不能被安置于欧洲或欧美的文化空间中,它们要求有自己的空间,目的是把欧美从历史中驱逐出去。就像我们所知道的那样,后现代主义也是对1968年文化冲突遗产的回应。很显然,它代表了从欧洲中心主义的退却,强调文化是认识的主要因素的欧洲中心主义曾贯穿了现代历史学的始终。但是,另一方面,后现代主义又是对欧洲中心主义的重新肯定,因为它要退却的是六十年代马克思主义的结构主义——阿尔都塞式的马克思主义——它试图做的恰恰是把欧洲以外区域的革命经验融合进马克思主义。除了欧美,世界其他地方对后结构主义知之甚少。但是,把第三世界社会要求拥有自治的历史的呼声融入欧美意识对历史研究的后现代化起了很大的作用。反过来,第三世界持后现代观点的知识分子的历史内在化的要求相应地促生了我们现在所见的后殖民主义批评,它带着早期的对民族解放的展望而产生,其方式与后现代主义带着激进主义的展望(是它首先给予了后现代主义灵感)而产生的方式是一致的。他们双方以各自的方式走向消融被第一世界或第三世界所理解的现代性。

任何对后现代性之必要性的讨论都会涉及对现代性之内容的假定问题,这需要把它放在具体的历史中来考察。也许存在着一种建立在物质基础上的共同的现代性,但对现代性的体验并不因此而相同,尤其在涉及到具体历史的时候。欧洲的现代性以其无与伦比的力量可以构建一个在世界范围内从目的论的角度肯定欧洲至上主义的历史;在第三世界中这种现代性的接受者首先开始于东欧,对现代性的体验的结果却是历史的丧失以及和过去的断裂。当欧洲以外的历史学家按照现代性的要求来重建过去时,他们构建出的历史常常表现为关于失败的叙事。引导这些历史的主题往往以否定的形式出现:为什么我们不能取得欧洲已经取得的成绩?具有讽刺意义的是，对于这个问题的答案经常是这样的："历史的多余"，或归因于传统，即乃是传统阻碍了我们。要越过传统首先需要回到"发明"传统的源处：欧美关键性的历史研究。现代性一方面是一个囚牢，另一方面也指出了一条出狱之路。

超越传统的迫切要求得到了来自于欧洲的研究方法的支持。中国的历史学家谈到了发生在二十世纪上半叶的历史学中的一场革命。[13] 更为显然的是，在历史阐释和其使用的方法方面也发生了一场革命。依靠于考古学和语言学的实证主义的历史学揭示了这么一个现象，即一个"神圣的"以经典为基础的历史学中的"黄金时代"原来只是后代的一种意识形态的构建。新的历史学把神圣的历史揭示为一种"神话"，而这个神圣的历史则早已被嵌入到用经典的内容对时间性的阐释中，经典的思想是超越时间的。在马克思主义占据了历史领域时，以文化为依据的历史学阐释提出了唯物主义的阐释观，把落后归因于经济和社会的原因。而那种强调自然化发展的历史叙事能够在这样一种观点中找到理由，即，中国社会的"自然"发展因受到来自外部的侵扰，如以帝国主义方式的侵扰(不管是来自本地的部落间的侵略还是欧洲的侵略）而被推延了，这种侵扰阻碍了中国社会实现它自己的"自然"的命运。

目的论会引出一些难以回答的问题，但不会妨碍给出丰富的答案。那些倾心于历史中的政治因素的中国的马克思主义历史学家在把一种一元论的思想本土化的过程中，挖掘出了很多中国历史中以往被儒学和自由派历史叙事压抑的东西。到三十年代，马克思主义历史叙事在中国赢得了胜利，可以这么说，那不仅是因为它揭示了许多在此前的历史叙事中未被注意的中国社会的很多方面，也是因为它为那些不仅是历史叙事方面的而且也是广义上文化方面的问题提供了答案。它的竞争对手，那些实证主义的历史学家，从胡适到陈寅恪，尽管其研究渊深博大，印象深刻，却没有一种可以支撑其成果的宏大叙事，他们有的只是对于研究的科学性的依赖，而这种科学

13　戴逸：〈世纪之交中国历史学的回顾与展望〉，《历史研究》1998 年第 6 期，第 5 – 16 页。

性最突出的特点在于回避一些“大的”问题，诸如：史学在确定民族认同时应发挥的作用，史学在阐释历史在当代世界中的命运时应发挥的作用。

已在第三世界历史学中内在化的现代化话语的前提（包括既是自由派的也是马克思主义形式的），在1968年后的一段时间里，不仅在欧美思想界范围内，而且也在对第三世界发展的自我肯定的方面受到了挑战。中国在整个“文革”期间曾为许多地方的1968年的革命提供了灵感，但有意思的是，在对1968年产生失望这件事上中国同样起了很大的作用。“第三世界主义”对1968年是一件很重要的事情，中国其时正在进行的“文化革命”（以及越南正在进行的为生存而进行的斗争）成为了第三世界主义的主要灵感来源。中国在美国成为注意的中心是在1968年，是1968年的那一代人给美国的中国研究带来了中国的马克思主义的历史学灵感，而一直到那时为止，这种历史学曾被当成是一种充满“意识形态”意味的学问而不予理睬。那一代人发现他们现在陷入了困境，因为他们的问题与现在的这一代人毫无关联，而且那一代人已不记得要反对的是什么，同理，他们也弄不清楚他们的反对派是谁。最有意思的是，那一代人已不能辨认出他们曾为此付出努力而导致历史的消融（他们也曾为此哀悼）的方式。

在中国，另一方面，历史学家庆祝他们从政治压制中获得解放，并且是在半个世纪的时间里第一次看见了创造一种能够符合历史真理要求的历史。但是，随着现在与过去间的距离越来越增大，对历史是否能有助于理解现在或引导现在走向将来产生了质疑，危机也随之发生。历史继续成为神话和文化产物的储存库，不管是古代还是现代的，那些东西或许可以用来使关于中国的相矛盾的展望合法化，但那只不过是进一步强调了历史的武断性。欧美形式的现代性曾表现出了传统的力量，中国历史语境中的现代性则既表现为对过去遗产的否定，同时不无矛盾地表现为一个可被自由处理的时间段，它可以使得对那些遗产的所有权不受损害。中国历史研究的后现代化问题不是对现代化的替代——后者在中国仍是一个尚未实现的愿望，而是诸多时间段的共存，在现代性的进程方案中，历史学家已不能够掌握这些时间段并为之排序，而这从另一个方面，提出了历史学家的文化角色的问题。

后现代主义和历史

电影评论家维维安·索布恰克（Vivian Sobchak）在提到电影《阿甘正传》时写到："这部电影既是一种关于千年末的当代的症候，也是对这个时代的注释，在这里历史（这里既指大写也指小写的历史，既指单数也指复数的历史）和历史意识一方面经常被描述为走向终结，另一方面却被描写成前所未有的公众注意力和争论的焦点。"[14] 就历史的身份而言，不难想到在当代社会讨论中经常碰到的其他一些关于历史的矛盾的现象：作为媒介的历史既是统治话语也是一种解放话语；既是一种否定过去的可知性的怀疑主义，也是一种专注于历史真实性的跨学科的明证；一种以阐释为己任的唯意志论，反对认为过去是一种持续不断的负担的思想，甚至反对这种思想，即塑造人类历史最重要的力量有可能不为人类所控制；最有讽刺意味的是，历史被描述为能增进我们对过去的理解，尽管与此同时我们似乎正在丧失对历史知识的方法、组织和目的的控制。还可以举其他的例子，但这些已足以说明我要在这篇文章中讨论的问题；那就是，作为各种因素的产物，既包括把历史看成是一门复杂的学科和认识论，又包括将其视为文化的载体的历史学发生了危机（这已不是第一次），危机是预示了历史学的无情的解体，还是暗示了历史这门学科的规范的变换，还不清楚；最后，不管是什么样的结果，在过去一百多年里，为我们所熟悉的历史这门学科的变换不会表明历史学的终结，也不会是对过去的关注的结束。后现代历史，就像它所表明的那样，极有可能也应当是后历史意义上的，即它包含了一个重要的历史时刻，即使在否定它的时候，它也提醒了人们历史的力量。在另一方面，它也暗示

14　维维安·索布恰克：〈导论：历史发生〉，索布恰克编辑的《历史的持续：电影、电视和现代事件》(Vivian Sobchack, "Introduction: History Happens," in Vivian Sobachack ed., *The Persistence of History : Cinema, Television and the Modern Event.* New York and Lodon: Routledge, 1996, 1－14, p. 3)。

了相对于在现代性的体系下现在已大大退缩的历史的文化角色。

就其本身而论,目前的危机不是这门学科本身的危机——至少,现在还不是。是的,在过去的三十年间,历史学家们遇到了很多挑战,它们一直在强烈要求重新考虑历史和过去的关系,以及范围正日益缩小的研究方法的问题。[15]其中的一些挑战来自历史学科内部,如在历史理论中语言学和叙事学的转变,其目的是要结束对历史真理的可能性的质疑,此外,还有新的社会史和文化史的出现,它们很快导致了对历史的"厚"描述(格尔茨意义上的)和对过去的完整理解这种可能性的怀疑。历史学中这些趋向后现代性的倾向因后结构主义的出现和扩散而得到了加强,它们进一步导致了对历史学家正在使用的一些概念的质疑,从"空间"到"时间"到"主题","语境"和"事件",同时在这个过程中指明了历史在社会和政治权力中的共谋关系

15 这些挑战,它们对历史学的意义以及它们提出的方法在许多优秀的文集中都有过讨论。著名的例子参见罗伯特·A. 卡纳利和亨利·考兹基编辑:《历史写作:文学形式和历史理解》(Robert A. Canary and Henry Kozicki ed., *The Writing of History: Literary Form and Historical Understanding*. Madison, WI: University of Wisconsin Press, 1978);亨利·考兹基编辑:《现代历史学的发展》(Henry Kozicki ed., *Developments in Modern Historiography*. New York: St. Martin's Press, 1993);彼得·伯克编辑:《历史写作的新角度》(Peter Burke, *New Perspectives on Historical Writing*. Cambridge, UK: Polity Press, 1993);弗兰克·安克斯密特和汉斯·凯尔纳编辑:《新编历史哲学》(Frank Ankersmit and Hans Kellner ed., *A New Philosophy of History*. London: Reaktion Books, 1995)。彼得·诺维克:《那个高贵之梦:"客观性问题"和美国的历史行业》(Peter Novick, *That Noble Dream: The "Objectivity Question" and the American Historical Profession. Cambridge, UK: Cambridge University Press, 1988)*。此书提供了很有意思的关于新发展对美国历史学家的影响的讨论。多米尼克·拉卡普拉和斯蒂文·卡普兰编辑:《欧洲现代史:新评价和新视角》*(Dominick LaCapra and Steven Kaplan ed., Modern European History: Reappraisals and New Perspectives*. Ithaca, NY: Cornell University Press, 1982),和马克·波斯特:《文化史和后现代性:学科解读和挑战》(Mark Poster, *Cultural History and Postmodernity: Disciplinary Readings and Challenges*. New York: Columbia University Press, 1997)。此书提供了很重要的关于后结构主义和历史间的关系的论述。在历史与后现代主义之争中,最详尽的对历史的辩护出现在乔伊斯·阿普尔比、林·亨特和玛格丽特·雅各布的《历史的真相》中(Joyce Appleby, Lynn Hunt and Margaret Jacob, *Telling the Truth About History*. New York: Norton, 1993),以及理查德·J. 伊文斯的《为历史辩护》一书中(Richard J. Evans, *In Defence of History*. London: Grants Books, 1997)。

——这样的行为达到了如此的地步以致几乎弄不清楚什么是重要的历史问题，更不用谈如何去对付它了。那些越来越多的对于新的社会区域的权力的要求——这在创造新的社会史的过程中发挥了重要的作用——自 1980 年代以来已占据了上升的势头，其时，对民族认同分化解体的肯定已进一步把关于什么是恰当的历史分析的单元的各种意见搅成一锅粥。在本民族以及全球的层次上要求拥有不同的过去，这种要求已从根本上引发了对作为现代西方文化产物的历史的抛弃，这种西方的现代性必须被拒绝，因为其他的文化传统需要获得它们自己的当代声音。最后，如果历史学家声称他们还能垄断对过去的阐释，那么可以说这种声称不会再像以前那样可信了，因为新的视觉和电子媒体已经能够做出它们自己对过去的表述。

历史学家已表现出能够接受其中的一些挑战，但同时简单地把另一些置之一边。就像南希·帕特纳(Nancy Partner)论述的那样："尽管这种职业深奥复杂、充斥理论，但所有依靠历史信息或为之做出过贡献的相关学科的学者们就他们本身做的事情而言，其方式从根本上说与兰克或吉本时代没什么两样，好像从那个时代到现在什么变化也没有发生过；似乎守护认识论的天使们总会张开翅膀保护事实、过去的现实、真实的叙事、以及真正的版本等等；似乎那个受到高度保护的，尽管不是最确定的版本在我们需要的时候总是可以得到的。"[16] 一门学科这样的适应力能够维持多久还是尚待回答的问题，因为如果历史学科中不存在明显的危机，那么也就不存在历史的文化意义的危机问题。历史理性的捍卫者乔治·伊格尔斯 (George Iggers) 一针见血地说："对历史真实以及与之密切相关的信念——认为可以把理性原则科学地或学术地用于对过去的探究——的反抗不能只是狭隘地被看成是历史学说中的一股潮流，而应被视为是在现代存在状况变化的条件下现

16 南希·F. 帕特纳：〈现实—虚构时代的历史真实性〉，参见安克斯密特和凯尔纳：《新编历史哲学》(Nancy F. Partner, "Historicity in an Age of Reality-Fiction," in Ankersmit and Kellner, pp. 21 – 39, p. 22)。考兹基颇为沾沾自喜地写道："尽管当前理论上有点混乱，但历史学科还是完整地建立在为人们所正确理解的传统方法上。"考兹基：《现代历史学的发展》前言 (Preface to Kozicki, *Development in Modern Historiography*. xi – xii, p. xiii)。

代意识大范围地重整方向这个运动的一部分。”[17]但是我们或许也会注意到，虽然目前的历史思想的重整方向也许可以从欧洲现代主义的历史中找到根源，或利用了过去的先例，但是具体地说它更是六十年代社会和思想发酵的产物，相比之下，从中汲取的文化渊源比欧洲的现代性广泛得多，从里到外可以看到新型的技术变化对它的影响和塑型，这种新型的技术及其发展不仅产生了新的信息和表象，也产生了人作为人的新的意义。过去几十年间历史学进行的重整方向运动跟新的社会文化历史一样都抱有这么一个信念，即：“学者们应该开始认真严肃地把1968年的呐喊视为是历史的‘使命’和‘要求’，而这是那些激进的社会改革者们对学术界的合法要求。只有对历史的文化价值进行深刻的质疑……才能对拯救人类作出一点贡献，而这是作为思想者的我们应该去做的。”[18]六十年代的对第三世界的转向同样也引发了对欧洲中心式的普遍主义思想和历史实践的攻击，尽管后者本身随着八十年代文化多元主义和全球化的出现也将经历重新确定方向的过程。欧美在世界位置的改变以及关于它的历史学的变化使得弗兰克·安克斯密特(Frank Ankersmit)看到“西方历史学的秋天到来了。”[19]另一方面，尽管现代主义的一些假设仍然在历史这门学科中指导着实践，学者们在新的视觉媒体中却越来越多地看到了后现代的表述。[20]

在追溯六十年代和七十年代关于历史的辩论时，理查德·范恩(Richard Vann)得出结论说，在七十年代中叶，“类似于范式转变的事情已

17 乔治·伊格尔斯：〈理性和历史〉，参见考兹基：《现代历史学的发展》(George G. Iggers, “Rationality and History,” in Kozicki, pp. 19 – 39, pp. 21 – 22)。

18 海登·怀特：〈当代历史哲学的政治〉，《克里奥》(Hayden White, “The Politics of Contemporary Philosophy of History,” *Clio* III, 1 [1973]: 35 – 53, p. 53)。

19 安克斯密特：〈历史学和后现代主义〉，《历史和理论》(F. R. Ankersmit “Historiography and Postmodernism,” *History and Theory*, Vol. xxviii No. 2 [1989]: 137 – 153, p. 149)。

20 帕特纳：〈现实—虚构时代的历史真实性〉，又参见罗伯特·A. 罗森斯通：〈过去之未来：电影和后现代历史〉，索布恰克：《历史的持续》(Robert A. Rosenstone, “The Future of the Past: Film and the Beginnings of Postmodern History,” in Sobchack, pp. 201 – 218)。

经发生；因为在此后的二十年里历史学家的语言——不是那种解释或对因果关系（换言之，历史和科学知识的关系）的阐释的语言——成为受关注的论题，多数关于历史的讨论和思考都集中于此。"[21] 这种范式的转变最突出的标志是海登·怀特（Hayden White）的《元历史》，"过去二十五年间历史哲学方面最具革命性的一本书"[22]，此书把早已是多方关注的叙事问题推到了注意的中心。"语言学的转折"则从在七十和八十年代快速扩散的后结构主义中获得额外的动力。其结果是理论方面的重新确定方向，从把历史视为能复现过去的实证主义历史观转到历史可以以某种方式构建过去的历史观。

这种转变的潜在意义影响深远，尽管对某些历史学家来说，这种影响在实践中尚不很确切。在历史哲学中确乎已经存在着一种范式的转变，就像范恩提到的那样，但如果我们按库恩的意思来理解范式转变，即一种排列知识的新方式或理解的新途径，那么由语言学的转变为代表的新的范式则极其明显地预示着要打乱历史知识甚至否认其存在可能性。对声名卓著的历史学家乔治·伊格尔斯来说，怀特式历史学"革命"表现的就是这个意思。伊格尔斯对怀特的论述在这里值得一引，因为它涉及了这个历史学科中新的革命的几个方面：

> 这种新的把历史强调为文学的一种形式的行为与把历史缩化为语言有关。海登·怀特强调每个历史文本同样也是一个文学文本，应统律于文学原则……这一点是对的。但是怀特进一步做出结论道，一个历史文本本质上与一个文学文本——如饱含想象的诗歌和小说创造

---

21 理查德·T. 范恩：〈语言学的转变：历史和理论，1960－1975〉，参见安克斯密特和凯尔纳：《新编历史哲学》（Richard T. Vann, "Turning Linguistic: History and Theory, 1960－1975," in Ankersmit and Kellner, pp. 40－69, p. 69）。

22 安克斯密特：〈历史学和后现代主义〉（F. R. Ankersmit, " Historiography and Postmodernism," *History and Theory*, Vol. 28 No. 2 [1989]: 137－153, p. 143）。引文出自海登·怀特：《元历史：十九世纪欧洲的历史想象》（Hayden White, *Metahistory: The Historical Imagination In Nineteenth Century Europe*. Baltimore, MD: The Johns Hopkins University Press, 1973）。

——没什么两样。历史学家所写的历史最终不由与其研究的主题有关的东西来决定，而是由文学原则来决定，一些如“情节构筑”和“比喻的选择”等文学因素所能给予的有限的选择……[23]

怀特的这种阅读是否确切还有待讨论。希尼·莫纳斯（Sidney Monas）的看法有点不同，他认为怀特的观点说的是他眼中的历史学家和历史哲学家的不同，“不能用谁对谁错，谁关注‘客观现实’，谁没有这么做来解释，而应该从那些人的品性的差异以及其品性与风格、方式、情节构筑的关系的角度来做出解释。没有一人使用证据的方法是‘不恰当的’。”[24]

换言之，问题不是历史学家是不是要用证据，或只顾武断地操纵过去，而是什么是那些证据以外的适合一部历史著作的东西，特别是一部对我们理解过去能够产生重要影响的伟大著作。这样，很有反讽意味的是，怀特的著述没有削弱而是扩大了历史学家的作用，他们现在是作为历史的创造者，文本的主人，而不是以过去现实的转述者——这个任务最好的完成方式是使作者从文本中消失——的身份出现。

认识到这些论点很重要，因为它们指向一个更不可避免的由叙事的转变提出的问题：不是叙事与事实间的关系，而是叙事（从含义上说，也指事实）与客观真理间的关系。叙事之转变的意义最深远的结果是对同一个（些）事件和过去的多种叙事的可能性的肯定，这些叙事对过去的真相可做出同样有效的声称，这样做意味着拒绝了职业历史学家的假设，即，不同的对历史真相拥有的声称，只有依靠证据来裁决。我们或许会很爽快地同意伊格尔斯的观点：“一个历史文本应放在它所涉及的语境中来理解，这个语境包含一些客观性因素，它们与历史学家的主观性和理性的因素不是完全一致的，那种理性的因素认定在历史研究方法中存在着主体间性

23　伊格尔斯：〈理性和历史〉，第28页。

24　希尼·莫纳斯：〈导论：当代历史学：来自旧棺材里的抱怨〉，参见考兹基：《现代历史学的发展》（Sidney Monas, “Introduction: Contemporary Historiography: Some Kicks in the Old Coffin,” in Kozicki, pp. 1–16, p. 6）。

(intersubjectivity)的因素。”[25] 但是这并没有解决历史本身的真实性问题，此外历史“语境”(包括历史“事件”)作为一种历史状况的成分和作为一个产品的成分差不多。

虽然大多数历史学家会有一种正处于历史之终结的感觉，但是围绕专业历史的一种现代主义的“科学的”假设还是为大家所认同的，即过去确实流存于我们身后，但历史——一种理解和撰述过去的努力——在任何时候都是一项能够延伸到未来中去的事业。和现代性的“真理”一样，历史的真理是被阻延的真理，意指一方面未来或许能比现在更好地接近真理，另一方面，历史著作在任何时候都有一种内在的淘汰因素。用 J. B. 伯里(J. B. Bury)的话说，这个工作(指历史这个工作)，即那种砍树汲水的工作，要用一种信念去完成——这样一种信念，即最后应显示人类历史的最细微的事实是如何集合成一个整体的。这个工作是为后人——那些遥远未来的后代——而做的。”[26] 但是，由事实累积起来的信念却忽视了一个事实，即后代人的时间和空间的概念与现在人的会大不相同，就像现在人的概念与过去人的大不相同，或者说，“砍树”这个工作会导致历史真理这棵大树裂成碎片，而不是形成一个完整的统一体。这些正是在关于过去的、互相矛盾的但具有同样合法性(至少是可比性)的叙事所提示的意义，它们同时还表明未来并不许诺任何它更能接近真理的保证。

这些含义越过历史的目的进入实践领域。历史学家不再只是过去之真相的理性挖掘者，相反，他们变成为充满想象力的关于过去的创造者，用莫纳斯的话说，在这个创造过程中他们的品性变得至少是与理性和方法一样重要；和某些东西不一样——比方说意识形态——历史学家的品性不会简单地受制于理性的分析，而是突出他或她的主观性。[27] 文本的情节构筑和

25 伊格尔斯:〈理性和历史〉,第 19 页。

26 J. B. 伯里:〈历史的科学〉,援引于阿伦·梅吉尔:〈宏大叙事与历史学〉,参见 Ankersmit 和 Kellner 前引书 (J. B. Bury, “The Science of History,” quoted in Allan Megill, “Grand Narrative and the Discipline of History,” in Ankersmit and Kellner, pp. 151 – 173, p. 159)。

27 林达·奥尔:〈熟悉的形象:主观性与历史—斯塔尔夫人、米什莱和托克维尔〉,

结构等被赋予了新的重要性，另一方面，把注意力从历史著作涉及的背景转移到文本上，至少文本会被部分地当成一个自治的整体，或从它与其他文本的关系的角度来阅读它。对文本的分析和对作者的分析暗示着远离严格意义上的历史阅读，转向文学分析，在这个过程中，历史变成了文学的一个分类。

或许最重要的是，这些问题并非狭隘的认识论问题，而是一些有着广泛文化含义的认识论问题。与以前那些关于历史学的讨论不同，那些讨论只是围绕历史认知方式与科学的认知方法的地位问题，并且好像只是在文化真空里开展，叙事的转变几乎是不知不觉地把注意力引向了文化和历史的问题。海登·怀特从一开始就把他的工作描述为一项文化事业；历史实践批评不仅包括“历史文化”的问题或历史拥有的社会和政治含义问题，而且还包括历史与广泛的文化语境的关系。在前面提到1973年出版的文章里，他将“元历史”与历史相对照，把前者称为“社会意义上的创新的历史想象”，从历史/文化角度解释了为什么“元历史学家们”在欧洲大陆而不是在英美语境中找到了他们舒适的家：

> 在欧洲大陆，思辨性的历史哲学不仅非常活跃，而且它涉及的问题和提出的问题也处于有关历史研究的目的和历史意识的文化功用等讨论的中心。这无疑在一定程度上与盛行于欧洲大陆的哲学传统有关。在整个十九世纪，与英美相比，欧洲思想更朝向形而上学；欧洲思想家们都不大相信科学的力量能够代替形而上学；但是更重要的也许是有过两次世界大战和法西斯体验的欧洲大陆能够给伦理思想和本体论研究带来新的方向。28

参见安克斯密特和凯尔纳：《新编历史哲学》(Linda Orr, “Intimate Images: Subjectivity and History-Stael, Michelet and Tocqueville,” in Ankersmit 和 Kellner, pp. 89－107, p. 90)。与此相反，例如，让·谢诺：《过去和未来，或历史为什么？》(Jean Chesneaux, *Pasts and Futures, Or What Is History For?* London: Thames and Hudson, 1978)。此书的论点是塑造历史的基础是理性阶层和社会利益。

28 〈当代历史哲学和政治〉(“The Politics of Contemporary Philosophy of History,” p. 49)。怀特还充满热情地说：“在欧洲大陆，没有什么被认为是当然的，所有的问题都会怀特还提出了文化如何在一定程度上规定了历史学家的选择的问题。他于十多年之后写道，“任何关于一些特定的真实事件之叙事的表面上的真实性”，首先，“存在于事件的情节结构的丰满性、充足性中，这些特定的情节结构是用来表现历史学家所指事件的意义”，其次，“历史学家能够得到的用来赋予事件以意义的策略的数量与在历史学家自己的文化中可以得到的普通故事类型的数量大体是一致的。”29

历史是由文化语境——历史学家们本身参与了这种语境的形成——所决定的这个前提，刚好把历史学中的这种新的转变置放到了1968年后的与后现代主义和后结构主义相连的思想发展的背景里。在美国发生的历史叙事讨论中的叙事转折刚好与罗兰·巴特提出的对历史的质疑和一些后结构主义思想家如让—弗朗西斯·利奥塔提出的对“宏大”或“主要”叙事的反对同时发生。利奥塔最终要把后现代主义定义为对主叙事的摒弃，他更倾心于本土叙事和故事，并把注意力集中到叙事中的一些裂痕和缝隙上，因为它们可以成为获得关于过去的真相的良方，比那些实录式的事实所能提供的要好得多。对于叙事和表象的普遍关注很容易导致把这两种不同的思想发展混淆在一起，实际上应该把它们看成是在共同的历史情景下各自独立的发展，在构建新的文化语境中交叉到一起。尽管如此，或许应该公平地说，由怀特、路易斯·明克(Louis Mink)和其他人提出的新的历史观，从广为传播的、与他们自己的思想叠加到一起的后结构主义，以及广为流行的后现代主义对过去的表述中获益匪浅，正如他们或许也促进了后者的流行。30

被拿来质问，甚至连历史意识的功用本身也如此。”(p. 52)

29 海登·怀特：〈历史多元主义〉，《批评探询》(Hayden White, “Historical Pluralism,” *Critical Inquiry* 12 [Spring 1986]: 480–493, p. 488)。

30 理查德·范恩在叙事变化时提到了独立的发展，参见范恩：〈语言学的转变〉(Vann, “Turning Linquistic,” p. 59)。怀特显然不反对“元叙述”本身，与利奥塔——他的出发点是反马克思主义的——不同，他在欧洲的马克思主义的传统中发现了重要的启迪。但是，怀特在最近的一篇文章中认为，有必要区分“现代主义的”(它是“元历史”的语境)和后现代主义的历史叙事的方法：“在现代主义之后，在涉及到讲故事时，无论是在历史或文学写作方面，传统的叙事技巧都变得不能用了——除非是作为讽刺模仿。”他继续写道，就某些“事件”而言，尤其是那些在电子媒体上展现的事件，“对于一个已经发生的具有讽刺意味的是,那些拒绝怀疑历史真相的合法性,并且转向对由六十年代和七十年代的社会和政治环境引发的问题进行历史分析的历史学家们最后其本身也参与了促使历史解体的努力——在突出历史著作中的文化和叙事的重要性上发挥了作用。对于历史实践的文化语境的新的意识在七十年代后期发表的一本书中已经表达得很清楚。此书由乔治·伊格尔斯主编[31],即我在前面提到过的那个批评怀特和哈罗得·派克(杜克大学法国历史学家)的伊格尔斯。自那时起,伊格尔斯一直继续着对这个问题的探索,引起了历史学家的不断关注。这种探索本身并不指向"后现代主义"或"文化主义"的意蕴,因为想把世界范围内的历史研究用文化这个大网一网打尽并不一定表明朝向不可避免的多样性,但是对一种更新的普遍主义的追寻或许会激发对文化的关注,这种更新的普遍主义试图克服以往欧洲中心主义的普遍主义的狭隘性。[32]但不管怎样,有一点很重要,这就是,即使是那些捍卫以往的历史主义或无视文化语境坚持历史真理的观念的历史学家们,也都应把文化作为一个问题提出,它既存在于历史中也指向历史。

更为重要的是各种各样"新"的历史撰述产生的后果。那些七十年代浮现的"新历史"更进一步颠覆了完整、统一的历史概念,而且通过将文化彻底地历史化(包括时间和空间意义上的)也使文化的概念变得支离破碎。在诸如E. P. 汤普森和埃里克·霍布斯鲍姆等历史学家——他们已经将文化概

事件,只用一个权威性的故事来讲述"或许已是不可能了,"这就是说对一个事件可以讲述出几个不同的故事。"这种区别或许不应该过分的强调,因为在我看来,怀特并不在乎严格区分后现代主义和现代主义,他或多或少把后现代主义看成是现代主义的发展。参见怀特:〈现代主义事件〉(White, "The Modernist Event," in Sobchak, pp. 17–38, p. 24)。

31 《历史研究国际手册:当代研究和理论》(*International Handbook of Historical Studies: Contemporary Research and Theory*. Westport, CT: Greenwood Press, 1979)。

32 我的这个判断至少部分地来源于我和伊格尔斯一同参加的一个会议的体验,一同参加会议的还有琼·卢森(Jorn Rusen),他是一个公开的坚定的普遍论者(我对此表示敬意)。参见卢森:〈不同文化间比较史学的一些理论方法〉,《历史和理论》(Rusen, "Some Theoretical Approaches to Intercultural Comparative Historiography," *History and Theory* Vol. 35 No. 4 [December 1996]: 5–22)。

念引入到六十年代社会运动的马克思主义分析中——的著作的启发下，那些新的社会历史学家们——他们正在从事劳工运动研究和对一直被历史排除在外的群体的研究(从妇女到少数民族到本土人)——写出了各种各样的历史,向那些自我定义的各种群体表明了文化和历史的重要性。“文化的位置”，用霍米·笆笆(Homi Bhabha)措辞贴切的话来说，从国家的层次移到了群体的层次；更重要的是，这些群体被表明拥有他们自己的历史意识，这种意识与他们特殊的经验混为一体——这不仅挑战了社会中的统治地位群体的“历史意识”，而且也向为占统治地位的历史的形成和巩固发挥重要作用的历史学家的历史意识发起了挑战。当然，问题是如何把这些纷呈各一的叙事融合成一个整体，如何把政治和文化的历史与社会的历史联系到一起，如何整合纷乱的历史意识。在七十年代后期，历史知识的深化以及其越过已有的边界一事已经导致关于民族历史已被“巴尔干化”的怨言。[33] 统一体的问题也见于社区研究，以及受到人类学启发的新的“微观史”，特别是克利福德·格尔茨的“厚描述”的思想中。[34] 在这里值得重复的是，在所有这些例子里，不只是把不同的历史叙事组织起来这样的技术或理论问题，而更是如何面对不同的历史认识论的问题。“来自底层的历史”揭示了，在以往的历史研究中被压抑的故事和各种历史，现在则走上前来提出它们自己对过去的要求，挑战历史学家们的权力——而这也在事实上肯定了诸如怀特这样的历史学家或像利奥塔这样的后现代主义者们的抽象思索。[35] 后结构

33　塞缪尔·P. 海斯:〈近期关于美国社会和政治的历史研究的理论意义〉,《历史和理论》(Samuel P. Hays, “Theoretical Implications of Recent Work in the History of American Society and Politics,” *History and Theory* Vol. xxvi No. 1 [1987]: 15－31, p. 15)。相同的趋势也可见之于同一类的历史中。关于融合妇女史的问题的讨论,参见琼·斯科特:〈妇女史〉, 伯克:《历史写作的新角度》(Joan Scott, “Women’s History,” in Burke, pp. 42－46)。诺维克《那个高贵之梦》的第十四章“Every Group Its Own Historian”提供了对这些新问题的详尽的讨论。

34　乔瓦尼·利维:〈微观历史学〉,参见伯克:《历史写作的新角度》(Giovanni Levi, “Microhistory,” in Burke, pp. 93－113)。

35　参见下列历史学家的著作：勒华拉杜里(E. Le Roy Ladurie)、金兹伯格(C. Ginzburg)、R. 达恩顿(R. Darnton)和纳塔利·戴维斯(Natalie Davis)。关于“故事”如何能

主义的一些论点——包括拒绝承认现实与虚构之间的关系——公开地被那些新的文化历史学家们所采纳，而这又使得诸如马克·波斯特（Mark Poster）和弗兰克·安克斯密特这样的历史学家和哲学家宣称历史中后现代性的到来。[36]但是，此时的后现代性并不表明历史学家的失败，而是他们成功地获得了历史真相的产物，历史真相被证明过于复杂，不能包含在系统的叙事或理论体系中——或甚至是一种单一的认识论中。对过去的各式各样的要求不仅意味着历史这门学科中各式各样的叙事，而且意味着那些专业历史学家的各种各样的叙事被缩减成了这些叙事中的一种叙事。[37]问题已不再是在客观的意义上历史可以是真实的，而是真相是否会包含在一个叫做历史的东西里。伴随着一种对自八十年代以来的全球变化的新的意识的产生，这个问题被戏剧化地推向前台。我们所说的全球化的范式替代现代

帮助我们接近过去的"真实"以及如何颠覆历史的真实，参见纳塔利·戴维斯：《档案中的小说：十六世纪法国的赦免故事和它们的讲述者》(Natalie Davis, *Fiction in the Archives: Pardon Tales and Their Tellers in Sixteenth-Century France*. Standford, CA: Standford University Press, 1987)。关于我自己的研究领域中国历史方面的最近的例子，参见罗克斯安·普拉兹尼亚克：《骆驼王和其他事件：中华帝国晚期农村对现代性的反抗》(Roxann Prazniak, *Of Camel Kings and Other Things: Rural Rebels Against Modernity in Late Imperial China*. Boulder, CO: Rowman and Littlefield, 1999)。

36　参见波斯特《文化史和后现代性》，尤其是导论部分，以及安克斯密特的〈历史学和后现代主义〉，还有安克斯密特的〈历史表象〉，收于《历史和引申：比喻的盛衰》(F. R. Ankersmit, "Historical Representation," in Ankersmit, *History and Tropology: The Rise and Fall of Metaphor*. Berkeley, CA: University of California Press, 1994, pp. 97–124)。这是一个尚待定论的问题，即以上那些描述"后现代"的著作是否给出了它们的出处的准确印象，还是只是为着后现代的目的而使用了那些材料。作者们并不一定把他们的著作视为后现代的，严格地区分于现代主义，就像安克斯密特和波斯特那样。理查德·伊文斯(Richard Evans)，在其详尽的为历史的"辩护"中，很有道理地指出，与历史著作有关的"后现代"的问题长久以来已成为历史学家关注的事。另一方面，或许也可以这么说，不管他们最初的启发来自何处，他们的著作促进了后现代这种话语的发展。

37　在这个语境中，我指的是这么一个明显的事实，即历史从来就不为专业历史学家所垄断。报刊记者撰写的历史小说和历史故事是很显然的例子。近几年来，那些与历史学科不着边的学科如经济社会学和历史社会学以及文学加入了他们的队伍，声称能"更好"地讲述历史。目前来说，重要的是要公开地认可这些声称，就像要认可那些以往被忽视和边缘化的群体对历史的要求那样。

化的范式包括很多方面，从对新的群体的认同、赋予他者权力，对民族国家是否可以成为一个政治、经济和文化单位的怀疑，到相对于资本主义的社会主义选择的消失(具有讽刺意味的是，与此同时发生的是欧洲中心主义的现代性目的论的消融——应区别于欧美政治和经济力量的削弱)。这些正是引发福山提出他的"历史的终结"论点的现象。[38] 福山提出历史终结的意识形态的理由是站不住脚的，但是也许存在着与福山完全相反的认为历史到了终结的理由。我在这里简单地把它描述为时间的逆转，它一直伴随着对现代性目的论的广泛拒绝，和历史上的许多逆转现象同时存在——最重要的例子是过去两个世纪发生的伟大的革命。各种各样对于过去历史的拥有权的要求——它们在现代性的体制下没人理睬，不见踪影——又重新出现并缠扰当代世界，通过在全球范围内对社会和政治关系的改造重新回到意识的表层。

如果历史中的后现代主义确实意味着什么的话，至少它表明各种各样的过去对现在提出了拥有的要求。这种过去的多样性能解放人的思想，它丰富了可被利用的有关过去的储存，使其能够在现在有所表现并展望未来。但是其后果也可能是灾难性的，如果它导致的不是开放的对话而是死灰复燃的文化主义的话，后者置历史事实于不顾，坚持要在那些想象出来的文化认同中划定疆域——不只是把被当成域外的排除在外，更为严重的是，压制其中的多样性。在一个认同不是无拘无束谈判的结果，而是仍然受制于各种各样的权力特权的世界上，后者的可能性是很大的。对历史中延续至今的目的论的否定，不是宣称拥有了另一个未来的新的希望，相反，却使得未来更加模糊不清：当混乱不堪的现在嘲讽对过去(过去是由现在释放出来的)进行控制的努力时，未来本身于是深陷于现在的可怖的焦虑中，被剥夺了其启迪或指导的权力。

以下的两个例子足以说明问题。第一个是自八十年代以来的"记忆"文学的大行其事。很久以来历史学家就把记忆作为历史的原材料，一种获得

38　福山：《历史的终结和最后一个人》(Francis Fukuyama, *The End of History and the Last Man*. London: Hamish Hamilton, 1992)。

关于过去的真相的方法。如果上面讨论过的七十年代的新的历史研究给予了记忆更高的地位,那么在最近出现的记忆则已成为历史的竞争者,成为了它的对立面。[39]记忆可以在不同的环境下为不同的群体、不同的目的服务。新近的记忆文学大都与创伤事件紧密相关,如犹太人大屠杀或中国的文化大革命。关于如犹太人大屠杀之类的事件,海登·怀特写道,或许"没有任何一种语言,任何一种媒体——语言的、视觉的、口头的或形体的——能够对之加以描述和表述,更不用说有什么历史研究可以详尽地来解释它。"[40]对这些创伤体验的记忆在这种情况下或许能够完成历史不能加以解释和描述的工作。记忆或许还可以为那些在历史上被抹去的群体逮住过去的瞬间。另一方面,对某些群体来说,记忆还为他们在历史中增加了道德的力量(如二战中扣押的日裔美国人),他们试图以此寻求对其冤情的认同。记忆还可以用来支撑那些新近获得权力的群体的自我形象,以此克服他们在历史中的受害者的形象。

对于历史的信心的丧失或许是与我们在这里讨论的问题最有关系的。皮埃尔·诺拉(Pierre Nora)写道:"一种统一的阐释性原则的丧失,在把我们抛向一个支离破碎的宇宙的同时,也已使得每一个个体——既使是最卑微的、最不可能的、最不受影响的——获得了历史神话的尊严。既然没有人知道过去下一步会变成什么,焦虑便把一切变成了一个痕迹,一种可能的表示,一个玷污了所有东西的纯洁的历史的暗示。"[41]对于过去的支配权的衰落(诺拉所说的"断裂的体系")[42]使得各种各样的记忆可以向后看,不光是最近的仍历历在目的记忆,而且还把遥远的早已遗忘的记忆给挖掘出来了,

39 雅克·勒高夫:《历史与记忆》(Jacques Le Goff, *History and Memory*, tr. From the French by Steven Rendall and Elizabeth Claman, New York: Columbia University Press, 1992, p. xi)。

40 怀特:〈现代主义事件〉(White, "The Modernist Event," p. 30)。

41 皮埃尔·诺拉:〈记忆与历史之间:记忆的场所〉,《表象》(Pierre Nora, "Between Memory and History: Les Lieux de Memoire," *Representations* 26, [Spring 1989]: 7 – 25, p. 17)。

42 皮埃尔·诺拉:〈记忆与历史之间:记忆的场所〉(Pierre Nora, "Between Memory and History: Les Lieux de Memoire," p. 17)。

它们回到了历史中向历史发起了挑战。其结果是“要求获得个别历史的个人记忆”的泛滥。[43] 如果历史学家往往遗忘或压制他们认为不适合其目的的记忆的话，那么记忆则常常以与历史无关的面目出现。让人感到反讽的是，历史与记忆的对峙同时也表明了两者间的差异的消除。我们或许可以把记忆的盛行看成是历史已不存在的表示。我们也可以视其为历史多样化的表示;各种历史互不统一,也没有统一的希望,这或许是“社会记忆的民主化”要付出的代价。[44]

如果记忆要争取它们自己的相对于历史的真理的话，它们或许可以努力去颠覆后者并创造一个新的历史。在很多方面，这个过程正在已失落的共产主义体系的人群中发生，他们试图恢复被压制的历史。但是同样的事也发生在另一些人中，他们曾是历史的受害者，一旦那个历史被得到解释，并且退回到遥远的记忆中去，他们就企图创造一个他们自己的新的形象。一个犹太拉比——他领导了要求赔偿犹太人失去的遗产的斗争——提出他的目的是“重建战前犹太生活的形象,要把那种穿着破烂衣服脸颊消瘦的集中营俘虏的形象从人们心目中剔除出去……代之于一幅正常的战前犹太人的图画,不是受害者而是一个社会团体。”[45] 在世界的另一边,太平洋区域的人们则试图抹去他们被殖民的记忆而忘却受害的过程。[46] 事实上，取代被殖民和受害、甚至取代压迫者与被压迫者之间的区别的记忆已成为了所谓“后殖民批评”目标的中心。

我们在这里绕过了使那些“没有历史的人们”重新进入历史的问题,或使对过去的混乱叙事在现今的普遍接受的历史叙事中被修正的问题，这里涉及到如何重写过去的最重要的问题是出于现在的认同要求。

---

43 皮埃尔·诺拉:〈记忆与历史之间:记忆的场所〉(Pierre Nora, “Between Memory and History: Les Lieux de Memoire,” p. 15)。

44 勒高夫:《历史与记忆》(Le Goff, p. 99)。

45 理查德·沃尔夫:〈给野蛮定价〉,《财经时刊》(Richard Wolffe, “Putting a Price on Barbarity,” *Financial Times*, March 6/7, 1999, weekend supplement, p. 1)。

46 克劳斯·诺伊曼:〈为了赢得他们的友谊:重新谈判首次接触〉,《当代太平洋》(Klaus Neumann, “In Order to Win Their Friendship: Renegotiating First Contact,” *The Contemporary Pacific*, Vol. 6 No. 1 [Spring 1994]: 111－145)。

“逆转”的第二个例子是早先的第一世界和第三世界的关系，以及那些有国家和无国家的民族（尤其是那些本土人）的文化的逆转；这是后殖民批评关注的另一个重要问题。这种逆转同时也暗示了对曾被称为“第二世界”的历史判断的逆转，作为社会主义革命体系的第二世界已经从历史中消失了，留下来的不是希望和解放而是死亡和毁灭的形象。它们的消失使得另外两个世界可以面对对方，可以在新的“全球性”的情景下试着重开文化关系的谈判。对于这样的重新谈判，历史是中心话题。发达资本主义的历史学家试图通过对历史进行文化多元主义的改写给这种新的情景找到一个合适的位置，他们试图把那些在历史中被遗忘的或责备成落后的东西重新写进历史中去，同时在这个过程中把欧美现代性从中心移到历史的边缘——尽管同时也企图拯救普遍主义遗留下来的东西，如那种对于世界历史的重新关注。这种试图恢复正在衰落的文化霸权的努力并不一定被欧美现代性的“他者”所接受。那些他者们通过重新肯定他们的过去而重新确定他们的要求。被现代主义贬为等同于过去、在六十年代和七十年代被激进的知识分子视为欧洲中心主义的捏造之物而被拒绝的“传统”，现在在他者们争取另类的现代性或现代性以外的选择时被高高举起。那些在文明的名义下在全球范围内保持沉默和被压迫状态的“本土人”同样通过反对那些文明者的历史进而全盘否定历史而重新确定他们的过去。事实上，历史面对的最大的挑战不是对其他各种历史拥有的要求而是对“历史以外的另类选择”的要求，这种呼声广泛地见于第三世界和“本土人”的知识分子中，如印度的阿西·南迪(Ashis Nandy)和美国的小维恩·狄劳瑞(Vine Deloria, Jr.)。下面是南迪的引文：

> 在全球大部分地区，占统治地位的构建过去的模式或许就是历史模式，但它肯定不是最受欢迎的模式。这种统治地位来源于早已形成的历史概念与现代民族国家、世俗的世界观、培根式的科学理性、十九世纪进步理论以及最近几十年的发展理论之间的关联。47

47 〈遗忘的历史相似〉,《历史与理论》(“History's Forgotten Doubles,” *History and Theory*, Vol. 34 No. 2 [1995], pp. 44－66, p. 44)。狄劳瑞 (Deloria)对历史和科学的拒

南迪认为要结束这样的统治就需要拒绝科学和历史。这些话不是发表在一些非正统的刊物上,而是在《历史和理论》这本刊物上面,约三十年前同是这本刊物提供了"范式转变"讨论的场所。三十年前,历史声称具有普遍主义的方法论,而今它已被描述为受文化挟制的认识论,而这又必须被超越以"拯救人这个类群,这是作为知识分子必须履行的职责。"

这种历史的逆转有足够的理由和很高的认识价值,迫使我们重新思考作为文化产物的历史。但是它们所指的方向与我们所知的六十年代和七十年代历史所指的方向有很大的不同。查尔斯·梅尔(Charles Maier)如此论述记忆的泛滥:"过度的记忆不是对历史有信心的标志,而是表明从有改革能力的政治的倒退。它证实了对未来发展方向的丧失,以及向着平民权力和更多的平等的推进的丧失。它反映了一种新的对狭隘民族性的关注,它试图取代建立在宪法、法制和广泛的市民权特征上的大社区。"[48] 在关于历

绝则更是完全。参见《红土地,善意的谎言:土著美国人和科学事实的神话》(*Red Earth, White Lies: Native American and the Myth of Scientific Fact*. New York: Scriber, 1995)。这样的对历史的抛弃是带有"后历史性的",因为这种抛弃正是通过他们要拒绝的历史来表现的。这并不是瞧不起这种做法,恰恰相反,而是提高了它们的合理性。如果一些澳大利亚的土著人相信神下派人类学家来保护古老的传统,那么二十年代和三十年代的土耳其历史学家就可以相信用欧洲的土耳其学家来创造土耳其民族历史。把南迪(Nandy)或狄劳瑞(Deloria)对历史的抛弃描述为是向后看将是错误的,因为他们本身自觉地把现在作为他们的出发点。我在近期的一些文章中详细地阐述了这些观点:〈失去中心的历史?对欧洲中心主义的思考〉,收入埃克哈德特·富克斯和本尼迪克特·斯塔奇德编辑的《十九世纪和二十世纪的历史学传统和文化认同》("History Without A Center? Reflections on Eurocentrism," Eckhardt Fuchs and Benedikt Stuchtey ed., *Historiographical Traditions and Cultural Identities in the Nineteenth and Twentieth Centuries* [forthcoming]);〈解读阿西·南迪:过去的回归,或带着复仇心理的现代性〉,收入维奈·拉尔编辑的《拒绝知识,开放的未来:阿西·南迪的多种自我和奇怪的目标》("Reading Ashis Nandy: The Return of the Past, or Modernity With a Vengeance," in Vinay Lal ed., *Dissenting Knowledges, Open Futures: The Multiple Selves and Strange Destinations of Ashis Nandy*. Delhi: Oxford University Press, forthcoming);以及〈作为遗产和设想的过去:从本土人的历史主义看后殖民主义批评〉,《美国印地安人文化和研究杂志》("The Past as Legacy and Project: Postcolonial Criticism in the Perspective of Indigeneous Historicism," *American Indian Culture and Research Journal*, 20. 2 [1996]: 1-31)。

48　查尔斯·梅尔:〈记忆的泛滥?关于历史、忧郁和否定的思考〉,《历史和记忆》

史的意义和位置的全球文化争论中，民族化则更是表现得显而易见。在一些都市知识分子如南迪和狄劳瑞身上——他们的批判是自我意识很强的后历史性的，对于历史的攻击带有显然的批判目的，但是另一方面，这种攻击也可被最狭隘和最反动的本质主义和例外主义所用。

后现代主义和中国历史研究

中国历史研究很难与过去三十年的历史发展、自身文化氛围的变化相分离，尤其相关的是中国的一些促进氛围形成的事件——最重要的是革命的玷污。相比于文学和人类学的同行，历史学家们确实没有像他们那样对那些变化表现出足够的敏感。另一方面，这也是一个事实，即因为受到历史学科发展不可避免的影响，在这些学科间出现了界限的模糊。

我在别处已经对最近中国历史研究的变化发展做了详尽的讨论，在这里就没有必要细说了。[49] 提及以下几点已足以说明问题：1968 年事件对美国重订中国历史研究的方向至关重要，但是从事后看，随着七十年代中国对革命的放弃而引起的变化或许更为重要，另外一个同样重要的现象是其他中国人社会的产生。在这些变化中不能忽视的一点是有着中国背景的学者涌入美国的中国研究领域，以及各种不同的历史视角的对峙的强化，这使得我们所理解的中国历史变得急剧复杂。这不能说是一种范式转变，尽管在这些变化中这个因素确实存在，它更是一种对现有的范式的突破，而这或许是中国历史研究中最显然的后现代标志。

美国的中国历史研究的变化发展可以从两本相隔二十年创立的刊物的对比中得到最简洁的阐释。第一本是《现代中国》(*Modern China*)，是六十年代的直接产物，另一本则是发生在八十年代的变化的产物：*Positions*。《现代

(Charles Maier, "A Surfeit of Memory? Reflections on History, Melancholy and Denial," *History and Memory*, 5.2 [Fall/Winter 1993], pp. 136–151, p. 136)。

49　德里克：〈逆转、反讽和霸权：关于现代中国的当代史学的评论〉，《现代中国》(Arif Dirlik, "Reversals, Ironies, Hegemonies: Notes on the Contemporary Historiography of Modern China," *Modern China* 22.3 [July 1996]: pp. 243–284)。

中国》是六十年代有着激进的反帝国主义情绪的历史学家的思想产物,他们代表了对现代主义——主要是反共产主义——思想的自由主义的历史研究的反抗。自由主义的历史研究也曾表现出明显的文化主义的倾向，视文化为推进或阻碍走向现代性的主要因素。毫不奇怪，自由主义历史观的反对者站在了肯定中国的共产主义革命的历史合法性的立场上，同时在更大程度上接受了中国的马克思历史学家的研究成果，他们的工作在以往曾被斥为“意识形态的花招”。现在对于意识形态的斥责则转而针对自由主义的历史研究,新生代认为它与美帝国主义有共谋关系,为其提供了意识形态的合法性。与《现代中国》有关的大多数历史学家都对文化主义的遗产心存怀疑,他们把研究集中于社会和经济发展的问题,向人们表明在中国历史中一个很重要的不同的发展轨迹，它向主张欧美现代性的普遍主义的思想提出了质疑。他们专心致志地倾向于历史材料的发掘，试图从底层来探讨中国的发展问题,以此反对以往那种只关注政治、外交和思想领域的从上往下的历史研究方法。这种从下往上重写中国历史的想法，是在这个时期出现的“新社会史”的主要内容，它同时包括把以前被排除在历史之外的那些人——农民、工人以及在日后显得越来越重要的妇女——吸纳进历史中。虽然这一代的历史学家在他们的研究中参考了社会学和人类学的洞见，但没有一点要怀疑历史研究方法的合理性的意思,相反在应用其他学科的创见时,发现了增强其历史阐述合理性的路子;事实上,在其对意识形态和文化问题的不满中,他们表现了一种实证主义的倾向,深信新的材料的发现能促使他们更靠近历史真相——在很多方面他们也的确做到了。

Positions 开始出版于 1993 年,差不多是在《现代中国》创刊的二十年以后。它的取向是自觉的后现代主义的，但是是那种折射在第三世界旁系中的后现代主义，即后殖民主义批评。虽然它还没有完全甩掉政治经济学问题,但毫无疑问后者已经隐退,取而代之的是对话语和表象的关注,这标明了这本刊物是八十年代文化转型的产物。《现代中国》以其影响在历史讨论中增加了政治经济学、地区主义和阶级的问题；*Positions* 则表述了新生代对认同问题的关心——特别是性别、种族、民族认同,这些问题在遭遇殖民以

及现代国家产生的过程中被一次又一次地塑型。即使在有限的政治经济学问题的讨论中,趋势也是搁置关于经济、社会“现实”的问题,而更多地把注意力朝向关于这些现实的话语设置。如果这标明了“文化主义”在中国历史研究中的回归,那么文化在现在被理解的意义则大不同于以前:不仅表示为一种态度、行为和知识形成的时刻,而且也是指在社会和政治的对抗过程中文化是经常可以被调整和改变的。特别值得注意的是文化与知晓这个世界的方式的对峙关系,这种对峙关系使得文化所扮演的塑型当代知识和学科的角色成了问题。在这些探询中历史作为社会碰撞的产物本身受到了强烈的质疑显得并不奇怪。在那些社会碰撞中对于真理的要求被持续了下去,但常常是以抹煞其他的对历史真理的要求为代价。具有自我批判精神并且是意识到其殖民历史的人类学出现在这本杂志的醒目位置上,但最重要的学科革新或许是历史与文学间的界限的打破以及交流学中的一些新的发展。

也许这本杂志有许多可以批评的地方,如过度的文化主义,对于认同的那种琐碎、自恋式的关注(当代后现代主义和后殖民主义的一个普遍问题),它与其说是使人们更好地了解了世界,还不如说是生产出了一种学术风尚,其结果常常是那种浮于表面、缺少严谨的学术作品,但尽管如此,如果我们忽视这本杂志提出的一些问题,那么我们就会冒学术蒙昧主义的危险,即拒绝承认思想实践的时间和文化条件。尽管那些问题正在威胁历史这门学科存在的地位,同样重要的是我们应该问一问那些问题是否使我们更靠近了历史“现实”,即使它们对历史现实和我们获得历史现实的能力存有疑问。

正如我在上面提到过的那样,这是后现代主义的一个普遍问题。也许我们过多地赞誉了后现代主义造成历史混乱这一方面,而实践上它所做的一切只是发现了过去历史固有的不连贯,并以此为基点,对我们通过具有记录功能的物件获得认知过去的能力,以及通过思想构建(其本身受到这种活动的环境的限制)使过去获得连贯性的努力提出疑问。我们所能做的一切是“创造”过去——应区别于创造此词的原意(上帝创世从无到有的意义)。*Positions* 在把这些问题带入美国的中国历史研究的过程中起了很大的作用。

但是需要把 *Positions* 的出现放在自七十年代以来的发展背景中加以考察，因为这个背景提出了一个问题，即 *Positions* 所代表的历史叙事的姿态到底是现代性的还是后现代性的产物；这种区别的模糊性我在上面已经提到过了。后现代主义有这么一个思想，那就是后现代主义揭示了过去历史的不连贯和获取历史真理的无效。但是后现代主义者们在证明这个思想的正确时，所用的后现代主义的思想却与后现代主义本身没有多大关系，而是现代性的产物，它反过来对后现代主义的产生发挥了很大作用，事实上同时也压抑了后现代主义自己的历史。这样的做法也许能提高后现代主义的新颖性，但是同时漠视了后现代主义在刚产生时它自己抹煞掉的东西，这正道明了它的局限。后现代主义最新颖的地方也许是对过去的东西的重新命名，同时给予了被命名的东西新的意义。

在过去的三十年里，出现了为数不少的著作，它们一方面推动了对现有的历史撰写方法的质疑，另一方面却不拒绝历史本身的合法性，或并不标明使用了后现代主义的新颖方法。《现代中国》和与其同时期的刊物，《亚洲学者简报》(*Bulletin of Concerned Asian Scholars*)第一个向历史学术研究与权力的关系发出质疑，它们暗示了中国研究与帝国主义间的共谋关系。这两本刊物更进一步的做法是支持那些为早些时候被驱逐出历史的群体——最重要的是妇女，以及一些在历史中被压抑的少数派、少数民族和"本土人"——说话的学术研究，所有这些使得我们对中国历史的理解变得非常复杂——在某种程度上有一点已经很清楚，要把所有这些都放进一个完整的连贯的历史中已是一件不可能实现的事情。另一方面，也出现了很多超越历史概念界限和历史研究方法的例子，但是它们都作为历史学科中的革新被接受而不是被拒之门外。最著名的要算是史景迁（Jonathan Spence）的著作。他的诸如《王氏之死》(1978 年)和《胡若望的疑问》(1988 年)试图通过对过去的想象的重构来克服历史记录稀少的问题，但这样的想象取消了历史和虚构间的清晰的界限。另外一个例子如柯文(Paul Cohen)，他提出了历史研究中的民族差异，以及那些生活在过去的人和那些描写过去的人的历史体验的差异；柯文的《在中国发现历史：美国历史上关于中国近代史的研究》(1984年)提出了前一个论点，而他最近的一本著作《历史三调：作为事件、经历和神话的义和团》则是采用了罗生门式的历史阐释的方法(《罗生门》是日本导演黑泽明的著名影片，片中不同的人对同一事件的描述各异，本文所谓“罗生门式的历史阐释的方法”即是指对同一历史事件可以讲述出几个不同的故事——编者注)。与后者类似的是罗克斯安·普拉兹尼亚克(Roxann Prazniak)的《骆驼王和其他事件：中华帝国晚期农村对现代性的反抗》(1999年)，在这本书里，历史学家知晓过去的方法与那些生活在过去并塑造过去的人讲的故事搁置在一起。在一些表述近代中国一些创伤事件的记忆文学式的历史著作中，亲身体验的历史对抗抽象重构的历史的问题表现得更加尖锐。通过历史构建国家和民族认同这个问题，以一种不同的方式，不仅由人类学家提了出来，也由诸如柯娇燕(Pamela Crossley)这样的历史学家提出，如她的《孤军：三代满族人和清朝的灭亡》(1999年)。据我所知，上面提到的历史学家中，没有一个其目标是写一部后现代主义的历史。我自己的著作被描述为后现代主义的，也许确实如此，但这根本不是我有意为之。

在提到上述著作时，我的本意不是要说那些声明受到后现代主义启迪的历史研究没有什么新意，而只是想弄清楚两者间的已模糊的界限，赞成者和反对者似乎都忽视这个界限的存在。如果我们在一些声明没有受到后现代主义启发的历史研究中能够发现一些隐含的后现代因素，那么在后现代的著作中也可发现同样多的现代主义的因素。但是另一方面，有必要指出在八十年代逐渐形成的另一个区别。那些集聚在诸如 *Positions* 这样的杂志周围的历史学家中的大多数尽管其本身是1968年后的思想发展的产物，但他们所声称的后现代主义(或后殖民主义)掺杂着八十年代盛行的后结构主义的思想，而这使得他们的后现代主义区别于我在上面提到的那些历史学家的著作揭示出的后现代主义。现代中国历史研究中的自觉的后现代主义在九十年代发展成熟。虽然在那些以往的1968年后的激进主义者们中间遭到了很大反对，但同时它也得到了明显的尊重，一个显著例子是何伟亚

(James Hevia)的《怀柔远人》获得了一项专业奖,被认为是一部后现代主义的著作。

一旦后现代主义可以在这样的意义上确立,那么也就可以指出这些历史研究的发展是源于现代主义历史传统的,但以不同的方式表达了历史中的后现代性。从另一个角度,我们同样也可以质疑后现代主义所声称的新颖性,可以把它带来的革新看成是历史知识发展所造成的矛盾的进一步展开,看成是对变化中的历史情景的一种回应,这种历史情景是历史学家看到了以前未曾预见的问题。革新这种说法有时候是非常空洞的,只是把已经存在的问题重新命名而已;如杜赞奇(Prasenjit Duara)的《从国族中拯救历史》只是把一个新的标签"后殖民"贴到涉及到民族的长期存在的问题上,用一个空虚的靶子来提高新颖性的知名度。[50]何伟亚的《怀柔远人》在一点上更使人信服,它超越了以往的文化主义者的偏见,写出了对旧事物的新阅读,并在这个过程中使我们更接近它试图理解的历史情景。他的成果是否与"一种不同的历史有关",那是另外一回事。"这种不同的历史关注于各色各样的代理者之间的关系网络,而不是关注围绕不很复杂的因果关系而组织起来的不同单位"或一种"混合"的历史,后者把"过去与现在,'我们'与'他们'间的假定的距离"揭示为一种"现代主义的虚构"。[51]这是一个奇妙的想法,但它把避免对过去客观化的欲望与时间概念的废除混淆在一起,这样历史学家很可能被"杂交化",就像过去很可能被现在的意识所占据。这又是一个老问题了。[52]

但是这个问题因后现代主义对历史的文本化而变得复杂化了。这种文

50 杜赞奇:《从国族中拯救历史:质疑关于现代中国的叙事》(Prasenjit Duara, *Rescuing History from the Nation: Questioning Narratives of Modern China*. Chicago: University of Chicago Press, 1995)。

51 何伟亚:《怀柔远人》(Hevia, pp. 247-248)。

52 比如,很难看出何伟亚的新历史比这方面类似的研究进步了多少。参见小约翰·E. 威尔斯:《使团与幻想:晋见康熙的荷兰和葡萄牙使者,1666-1687》(John E. Wills, Jr. *Embassies and Illusions: Dutch and Portuguese Envoys to K'ang-Hsi, 1666-1687*. Cambridge, MA: Harvard University Press, 1984)。

本化迫切期望克制现在压倒过去或一个社会压倒另一个社会的权力，其结果是把塑造了历史的进程和决定了历史学家对过去的解读的那种权力结构搁置一边。何伟亚要求的新历史最终是以克制历史为其前提的；"取消过去与现在的距离"这种提法除了表示对过去的非历史化还能说明什么？这是后现代主义历史研究的一个主要问题，它把构建了历史的时间和空间差异变成了历史学家的解读、表述和阐释这样一件事。在杜赞奇处置民族和民族主义的问题里同样也可见到这个问题，他忽视了在不同的环境下和不同的政治情景里那些概念传达的意义是不同的。在关于认同问题的讨论中，这个问题更是显而易见，认同在这儿被当作似乎是可以随环境协商的产物，失去了其应有的社会、政治和文化权力所给予的负担。所有这些揭示的一个共同点就是历史阐释中的武断性。不涉及权力结构的后现代主义也许能够成功地使我们更接近历史情景，但是它是把历史从那些情景中移走才做到这一点的。

后现代主义在中国历史学家中并没有得到多少惠顾。一个原因是后现代主义在中国的思想界相对来说是一个后来者，只是在八十年代中期才到达，在九十年代前没有产生重大的影响。[53] 更重要的是，中国的历史学家们正忙于享受新找到的——尽管是相对的——自七十年代以来他们获得的脱离政治控制的自由，没有时间尝试后现代主义对历史的质疑。尽管官方的历史研究仍旧强调把马克思列宁主义作为历史研究的最终指导原则，历史学家已经重新发现了 1949 年前的非马克思主义的历史学家，他们把中心放在揭示历史真理的实证研究上。历史研究的范围也得到了相应的发展，一些以前不可想象的题目和阐释进入了历史研究中。[54] 就目前来说，中国的历史学家更感兴趣的是建立一门具有自己的方法的专业历史学，而不是对

53　关于后现代主义在中国的总体情况，参见德里克和张旭东编辑的《后现代主义和中国》（Arif Dirlik and Zhang Xudong eds., *Postmodernism and China*, Durham, NC: Duke University Press, 2000. This volume is an expanded edition of a special issue of *Boundary* 2, 24.3 [Fall 1997]）。

54　戴逸：〈世纪之交中国历史学的回顾与展望〉和林甘泉：〈新的起点：世纪之交的中国历史学〉，《历史研究》1997 年第 4 期，第 5－17 页。

历史的方法和文化含义提出质疑。也许可以这么说，在美国已经过时的具有十九世纪特征的历史主义在中国历史学家中依旧很活跃。

另一方面，在过去的十年间后现代主义（包括其他的各种“后主义”）在中国的思想界已经取得了长足的进展，甚至产生了一个新的词眼，“后学”，其意为“‘后’的学问”或“‘后’主义”。但是在历史研究方面却很少有后现代主义的迹象。前年有两篇文章发表向读者介绍了后现代主义对一般的历史学实践和思想的含义。[55]这些文章以理论为主，在不同程度上提到了在中国历史研究领域被认为是“后现代主义”的一些著作，这些著作我在上面都已提到。[56]对同一时间的一本最主要的历史刊物《历史研究》的调查表明在六十期中只有两篇文章涉及到了后现代主义和后结构主义；一篇是关于米歇尔·福柯历史思想的综述，另一篇是对何伟亚的《怀柔远人》一书的书评，此书论及了后现代主义与中国研究的关系。[57]关于福柯的那篇文章讨论了福柯超越理性和非理性这个二分法的努力。[58]关于何伟亚一书的书评尽管表示出非常赞同，但结论是后现代主义需要从对历史的解构进入到更多的对历史的建构，这样才能对历史研究做出持久的贡献。

但是诸如《历史研究》这样的杂志表现出对后现代主义缺乏明显的兴趣一事本身会产生误导。很可能的是如果进行更深入的查询，特别是对那些地方的历史刊物，则或许会发现更多对后现代主义提出的问题的兴趣，因为

---

55 王晴佳：〈如何看待后现代主义对史学的挑战〉，《新史学》(Edward Wang, “How to View the Postmodernist Assault on History”, *Xin shixue,* 10.2 [June 1999]: 107 - 144)，以及张永华：〈后现代观念与历史学〉，《新华文摘》，1999，241.1，第 85 - 89 页，此文原发表在《史学理论研究》1998 年第 3 期。这里要指出的是王晴佳是来自中国在美国工作的历史学家，我感谢王晴佳让我注意到了这些文章。

56 王晴佳：〈如何看待后现代主义对史学的挑战〉(Wang, pp. 139 - 140)。

57 高毅：〈福柯史学刍议〉，《历史研究》1994 年第 6 期，第 142 - 155 页；罗志田：〈后现代主义与中国研究：《怀柔远人》的史学启示〉，《历史研究》1999 年第 1 期，第 104 - 120 页。

58 这里的意思是：福柯的思想与欧洲思想框架是一致的，首先表现在理性与非理性的对峙上，同样，在讨论后现代主义时，张永华也认为后现代主义陷在欧洲思想的框框里不能自拔，而后者则来源于主观与客观的对峙这个问题。张的结论认为“中国的智慧”或许可以为克服这种对峙做出贡献。张永华，第 89 页。

在地方上的政治控制往往不如在中心那么有效。中国的历史学家现在拥有的自由比以前要多得多,但这并不意味着没有政治指导,只是在历史学家和政治当局之间谈判的可能性更多了点。但是政治指导并不需要从历史学科外面强加进去。就像在别的地方一样,在中国最有效的维护正统的办法是内部的指导,忠于正统且占统治地位的历史学家保证了这种内部指导的实现;有足够的证据表明在历史领域内继续占据主要位置的年长一代的历史学家在决定什么是可以接受什么是不可以接受的研究方法时用不着来自外部的帮助。后现代主义似乎是不符合历史学科的或国家的利益——而这是历史学家深为关注的。

与过去有很大不同的是中国历史学家已不再受到国家界限的限制。今天在谈到中国历史研究的时候,已不可能只把它限制为中国国内的历史学家。如果我们可以使用这个广泛的定义的话,那么事实上后现代主义早已经是中国的中国历史研究的一个特征了。这不仅表现于在海外工作的历史学家身上,他们的观点很容易被在中国的历史学家获知,而且也表现在国内的但其著作能够在海外得到发表的历史学家身上。就像我在上面已经提到的那样,许多八十年代在美国受过教育的中国历史学家从他们自己的生存情景出发已经对后现代主义和后殖民主义的认同问题产生了兴趣,他们被发现是 *Positions* 这样的杂志的投稿者。他们提出的关于中国的认同问题(仅是其中之一)也对在中国国内的历史学家产生了影响,这些历史学家通过一些中间环节或投稿者的直接要求找到了获得这些刊物的渠道。

因为中国历史研究界限的相对多样性,可以说中国的中国历史研究对由那些非历史学家撰写的历史著作采取了比较开放的态度。正如中国历史学会在他们的著作中使用一些文学手法,对于那些由文学研究者们写的历史著作则不能从它们是否符合历史学科的要求的角度去判断其价值,而是从它们是否给历史学的问题带来新的启示来判定其价值。[59] 这种做法当然

59 比如参见唐小兵:《全球空间和现代化的民族主义话语:关于梁启超的思考》(Xiaobing Tang, *Global Space and the Nationalist Discourse of Modernity: The Thinking of Liang Qichao*. Standford: Standford University Press, 1996);以及汪晖:〈中国历史研究

谈不上有什么创新或“后现代”的地方，因为在中国的知识分子生活中长久以来这已经是一种普遍的现象，在经历了现代对专业细分的压力后，它存活了下来。文化实践的差异要求在判断现代性和后现代性时要额外小心。蒲安迪（Andrew Plaks）在二十年前写到：“如何界定中国文学中的叙事类型的问题最后要归结为在传统的文明中是否存在着历史学和文学这两者间内在的相通性。”他自己对这个问题的答案是在这两者之间事实上没有明确的分别。60 这样的问题在现代历史研究包括马克思主义历史研究中也有体现，后者时常回避的不仅是历史和文学而且还包括历史和记忆间的清晰界限。不是因为中国历史学家对原始资料不严谨，对他们而言恰恰相反，而是因为他们对资料和历史间的关系有不同的观点。尽管这样的做法遭到了一些专业意识比较强的历史学家的轻蔑，但对这种方法在知识界的影响不能低估。

同样重要的是中国国内的文化环境，它也许没有直接影响历史学家的工作，但是却提出了有关历史的文化意义的问题。对某些中国知识分子而言，中国没有后现代主义存在的地方，因为这个国家还没有经历完现代主义。这种机械进化论把一个国家作为一个测算单位来看待，似乎各个国家都应以同样的方式经历发展过程，它忽视了中国融入全球体系的含义（或反过来，全球实践在中国社会中的融合）。今日的中国是一个有着多种空间性和时间性的国家，这使得后现代主义的概念与理解这个国家更加息息相关。就历史而言，对中国的研究不仅要提出中国的多样性问题，尽管这很难被那些具有比较强烈的爱国主义情绪的中国人接受。但这个问题的提出是

中的现代性和“亚洲”〉，收入埃克哈德特·富克斯和本尼迪克特·斯塔奇德编辑的《十九世纪和二十世纪的历史学传统和文化认同》（Wang Hui, “Modernity and ‘Asia’ in the Study of Chinese History,” in Eckhardt Fuchs and Benedikt Stuchtey ed., *Historiographical Traditions and Cultural Identities in the Nineteenth and Twentieth Centuries*）。

60 蒲安迪：〈走向中国叙事学的批评理论〉，收入蒲安迪编辑的《中国叙事学：批评和理论论文》（Andrew Plaks, “Towards a Critical Theory of Chinese Narrative,” in Andrew H. Plaks ed., *Chinese Narrative: Critical and Theoretical Essays*. Princeton: Princeton University Press, 1977, pp. 311－312）。

针对大众生活的史无前例的时间多样性而言——从当下的全球文化实践到继续对共产主义革命历史的肯定到民国历史的复活，从对整个现代中国革命的撇弃（随之而来的是民族主义情绪的涌动），到对现代历史研究曾经赖此为生的古代神话的重新确定。再者，这些互为冲突的时间性每天都通过媒体表达出来，而媒体就像在其他地方一样，涉及的文化范围是任何历史学家想做而做不到的，除非他们学会如何满足媒体的要求。问题的关键更在于历史学家本身对于那些问题莫衷一是，其著作则更推动了历史的分解，这是一个拒绝统一模式的过去，尽管已有人勇敢地充满民族情绪地声明拥有一个想象的统一历史。当然，总是存在着在官方的领导下撰写一个经过协商过的历史的可能性，正如共产党已经做到的写出一部"协调的历史"，至少可以在短时间内融合对历史的不同的阅读。[61] 但是这样的方法只能是暂时的。与这个问题更有关联的或许还应算是八十年代的那些有创造精神的作家，那些写出后被冠名为"新历史小说"的作家们，他们在历史中看到了一些可以玩弄的东西，按照作者自己的癖好分割或链接时间，就像后现代主义者根据他们的意愿取消"现在与过去的距离"一样。[62]

中国对历史学的肯定很难掩盖历史这门学科中存在的危机，这种危机也许是历史学家在面对如何处理以往的历史实践的后果时自己造成的。但是危机也与历史文化环境的变化有关，这使得我们所理解的历史学的意义产生了问题。在十年前台湾举行的一次会议上（会议的题目意味深长，"史学往那里走？"）著名历史学家杜维明评述说，历史学中存在着由经济增长和精神的适应之间正在拉大的距离所造成的危机。[63] 今天中国的历史学家

61　邓小平：〈关于建国以来若干历史问题的决议草案的意见〉，（1980 年 3 月 – 1981 年 6 月），收入《邓小平文选，1975 – 1982 年》，北京：外语出版社，1984 年，第 276 – 296 页。

62　这儿提及的作家包括诸如苏童、乔良、李晓、吴滨、余华等等，他们在八十年代晚期名声很响。此类评论参见王彪：〈与历史对话：新历史小说论〉，《文艺评论》1992 年第 4 期，第 26 – 32 页；宋晓萍：〈把玩旧瓶的游戏：新历史小说之我见〉，《华中师范大学学报》1995 年第 4 期，第 94 – 95 页；孙先科：〈新历史小说的意识形态特征〉，《当代文坛》1995 年第 6 期，第 8 – 10 页。

63　杜维明：〈史学往哪里走?〉，《近代中国》1989 年 4 月 30 日，1 – 14，第 6 页。

们也承认这样的危机，这次是换了一种说法，即由“社会主义市场经济”和“商品化”造成的危机。[64]不管是在哪种情况下历史的危机是不言而喻的，与美国的情况类似，这种危机表现在对专业历史学家所撰写的历史的兴趣的减弱。另一方面，与此同时对于文学形式的历史和由大众媒体产生出的历史的兴趣却急剧上升，他们在公众中激发起了极大的接受热情。部分原因可能是因为文学、电影和电视有能力处理发生在新近过去的一些复杂事件，而这些事件正是历史学家不能够和不愿面对的。但是我以为这种现象与在一个文化情景中对过去的历史进行想象式的重构这种事本身的魅力很有关系，在这个文化情景里复杂的现实要求创造一个同样复杂的能对应于现在的观念和需要的过去；总之，把历史带进每个人的日常体验中去。韩国文学批评家金禹昌在提到韩国的文化情景时写道：“历史和政治使人成为外在型的动物：物质的局限，社会的限制，以及道德责任。文化，包括文学在不停地试图改变或重组那些外在的东西，以致它们表现出似乎原本就是人内在的东西。”[65]建立一个想象的过去这种行为或许会蔑视历史学家关于历史现实的思想，但是指出这一点并不是说它们缺乏真实，事实上它们回应了由日常生活的现实提出的文化需要的问题，就像我们所知的那样，历史只是这些现实中的一个。历史学家的历史实践与文化对历史的要求的差异不是一个新问题；正如和其他地方一样，如果中国的现代情景有什么新颖的地方，那就是另类历史要求获得合法地位。这或许正是历史中的后现代主义意义最重要的地方。

结　　语

后现代主义也许会不会被历史学家接受。但就我而言，似乎存在着一

64　戴逸，第13－16页；林甘泉，第16页。

65　金禹昌：〈文化建设的痛苦：现代韩国的政治和文化〉，收入哈根·库编辑的《当代韩国的国家与社会》(Uchang Kim, “The Agony of Cultural Construction: Politics and Culture in Modern Korea,” in Hagen Koo ed., *State and Society in Contemporary Korea*. Ithaca, NY: Cornell University Press, 1993, 163－195, p. 192)。

种后现代性状况，它提出了一些新的问题并要求得到不同的答案，这些问题与那些经过专业训练或约束而被历史学家所熟悉的问题很不相同。不管是在中国或美国，历史学家面对的不仅是历史研究的方法还有历史的文化意义问题。历史不可能会随着这些新的事物的发展而消失，恰恰相反，它们有可能会巩固历史学家一直担当的历史记录者的角色。这是他们最早的工作，在一个急剧变化的需要靠历史来确定认同的时代里，这一点显得更为重要。但是对于自十九世纪以来历史学家自己认定的既指导过去又指引未来的角色——这种角色使得革命者和保守派都把历史看成是时间智慧的源泉——而言，现在则是被大打折扣。不管它有多少价值和缺点，后现代主义都应该被作为我们这个时代文化情景的一个标识而认真对待。在一个欧洲中心主义的现代性目的论就像以往的乌托邦一样已经过时的世界里，不同的时间性共存于移动着的空间结构中，把历史变成了一个包括许多不同版本的过去的拼盘的一部分。这个拼盘本身是后历史的；没有了历史，没有了赋予其特征并促使其全球化的现代性，也就不存在拼盘，只是零散的时间和空间。但这样我们又处于何方？

尽管废除历史形成的等级制度会受到欢迎，但从历史的桎梏中获得自由是要付出代价的：即对于未来的展望的丧失。这种展望或许能够帮助我们认清现在以及过去。更糟糕的是，这种展望的丧失同时还会使我们陷于我们自己所创造的力量的控制之中。海尔布龙纳(Heilbroner)用“恐惧”来描述现在的情绪，他写道：“如果有那么一个时代事物形成的力量是由非人的力量统治的，那就是我们这个时代。”[66] 当未来的唯一选择成为要么是无尽的游戏要么是那种非人的力量的统治时，历史还有存在的意义吗？

历史学的“革命”或六十年代和七十年代的范式转变产生的动机，不管是由历史学家还是由元历史学家促成的，都是一种对历史实行民主化的冲动，这一点很成功，但同时带来了一些讽刺性的后果，它同时造成了历史和历史

66　罗伯特·海尔布龙纳：《未来的展望：遥远的过去，昨天，今天和明天》(Robert Heilbroner, *Visions of the Future: The Distant Past, Yesterday, Today and Tomorrow*. New York: Oxford University Press, 1995, pp. 69, 13)。

学家的边缘化,这种结果并不一定会给民主带来什么好处。历史的民主化也许在为当前的大众文化消费而进行的历史生产中表现得最为清楚,同时也表明了历史和民主的困境。几年以前当历史学家对迪斯尼在弗吉尼亚建造一个美国历史主题公园提出反对时,迪斯尼的代表回应说既然历史是被构建的,如果历史学家有特权拥有这个领域,那么迪斯尼也有这个权力去构建过去。历史学家或许可以争辩说在历史学家对过去的构建与建一个把蒙地凯罗庄园搁在麦当劳旁边(这意味着把一个与过去历史有着同等地位的民主标志商品化)的主题公园这两件事之间存在着很大的区别;但是当阐释的界限已经变得模糊不堪时,这种反对意见也就意义不大了,相反历史学家们自己参与了证明那些关于过去历史的"通俗"表述不是捏造的这一举措。

后者在一些诸如电影和电视这样的媒体中更是随处可见,它们每天把触角伸向成百成千万人,甚至很可能吸引一些专业历史学家,这些历史学家正企图把他们的思想传达到更广泛的人群中去,而不是只限于一些消费他们的文字作品的学术界同仁。电影表述的历史至少在目前肯定了安克斯密特的说法,"表述"(与艺术类似)给历史学家提供了比阐述或叙事(类似于文学)更好的表达方式。[67] 罗森斯通(Rosenstone)认为电影使我们看到了关于过去的不同的多样化的版本,"通过声音、形象、语词和思想的诗意般的叠加"[68],现实和虚构,或真实和仿真被融合在一起。传统意义上即"语词和思想"意义上的历史也许可以成为电影的一个内容,但现在也成为了范围更大的语言表述的一部分,它以其他的方式把过去的真实带到现实生活中。那些以顾问或实际事件参与者的身份被召唤去授予电影或电视的历史叙事以真实性的历史学家们同样也发现他们成为整个历史生产过程的一部分,并且他们已不受制于过去了。在写于 1967 年的一篇文章里,著名历史学家 J. H. 海克斯特(J. H. Hexter)把"脚注"这种形式视为是一种历史写作的特殊形式。[69] 在电影里的历史中,历史学家起了脚注的作用,被塞进叙事

67 安克斯密特的〈历史表象〉("Historical Representation," op. cit.)。

68 罗森斯通:〈过去之未来〉(Rosenstone, p. 213)。

69 范恩:〈语言学的转变〉(Vann, p. 53)。

中作一些评述并使其更加复杂化。历史学家起的这种“脚注”作用可以被理解为在给后现代主义文本授以真实性的过程中历史学家仍然是不可缺少的。[70] 但是同时也说明在历史生产的过程中历史学家作用的式微。从后现代主义者的角度来看，根本不存在着电影或电视中的历史是否颠覆了那种历史的理解或历史的真理，但同时我们也不能避开生产历史引起的一些问题，某些原则在这个过程中被遵循，如市场因素必定要比对知识的追求考虑在先，而作为消费者的公众是最重要的。在这些问题中同样重要的是这种历史生产也促进了对技术的崇拜。

这些关于过去的表述并没什么后现代可言，除非我们把它们放回到十九世纪现代性的中心。今天的主题公园在十九世纪的世界博览会中已经有了先例，后者同样声称要从整体上表述历史，尽管是从为技术“文明”服务的角度来提出的，当时的西方代表了技术文明的顶峰。[71] 用电影表述过去就像电影这种媒体的历史一样古老；相应于从视觉角度来表述历史的历史虚构小说则更加古老。为着各种动机来使用过去，从政治的到商业的，从民主的到反民主的则更没有什么新鲜可言。有一点可能是新的，即对于未来的展望(认为未来能带来变化的想象)和认为了解过去能有助于这种展望的实现的信念这两种东西在上述提到的事物中相应地消失了。正如鲁兹·尼特

70　我在这里释义了格拉夫通 (Grafton) 那本奇妙的关于脚注的书的最后几句话，原文如下：“脚注本身不作任何保证。真理的敌人——真理是有敌人的——可以用它们来否定事实，诚实的历史学家用它们来确定同样的事实。思想的敌人——思想也有敌人的——可以用它们来集聚读者不感兴趣的引言和语录或攻击一个新的论题。但是在由艺术和科学组成的这个不可或缺的、杂乱的混合体——现代历史中，脚注构成了那个不可或缺的，虽然有点杂乱的部分。”安东尼·格拉夫通：《脚注：一部奇怪的历史》(Anthony Grafton, *The Footnote: A Curious History*. London: Faber and Faber, 1997, p. 235)。

71　保罗·格林哈尔福：《短暂的景象：世界博览，1851－1939年》(Paul Greenhalgh, Ephemeral Vistas: *The Expositions Universelles, Great Exhibitions and World's Fairs, 1851－1939*. Manchester, UK: Manchester University Press, 1988)；以及罗伯特·W. 吕德尔：《世界博览会总览》(Robert W. Rydell, *All The World is a Fair*. Chicago and London: University of Chicago Press, 1984)。很有意思的是，历史学家，特别是人类学家是世界博览会的积极的参加者，他们充当了顾问、主管等，因为他们相信这些博览会是宣传他们的工作和学科的黄金时机。

哈默尔(Lutz Niethammer)指出的那样：

> 各种各样“后”概念的膨胀或许可以表明我们已不再能够或不愿界定我们处在何方、要走向哪里这样的内容；我们只是努力去知道我们来自哪里。曾经表现的有自我信心的或有希望的已失去它的纯真，现在，词语或多或少让我们失望。“后历史”成为了这些概念中的最有影响的一个，这不仅因为它否决了把未来给予历史中某个特殊阶段（现代性，革命，工业等阶段），而且也否决给予未来以历史概念本身。[72]

在某些方面，后现代主义被证明是能很好地起到思想解放的作用的，在另外一些方面，则是自我毁灭性的。空缺了历史的后现代主义不仅可以拿来为各种各样的目的服务，而且还可以被用来削弱它最初确定的民主目标。帕特纳写道：“历史性的原则被变化无常、机会主义式的行为所破坏，其内在的危险不是在于导致成百上千万人绝对地相信这个或那个，而是成百上千万人会变得愤世嫉俗，没有幻想和小心翼翼，变得什么也不相信，并由此感到与社会群体毫无关联。”[73]

对于这么一个涉及到广泛的文化和政治领域的大问题，历史学家或许没有什么办法可施。在这个人类正处在被制造的边缘上的世界里，制造历史也许算不上什么奇怪的事。如果就像赖因哈特·科泽勒克（Reinhart Koselleck）所说的那样，历史时间产生于“体验与期待间的张力”，那么事情就会变得毫无意义，因为“期待”实则就是指等待被消费，与之同时，对未来的展望在头脑中湮灭，或消失在对永恒现在的日常体验中；波斯特认为事实上这样的事在电子媒体领域内正在发生，时间和空间概念崩溃，未来变成了现在。[74]

---

72 鲁兹·尼特哈默尔、迪克·范·拉克：《后历史：历史走到了尽头了吗？》(Lutz Niethammer, in collaboration with Dirk Van Laak, *Posthistoire: Has History Come to an End?* London: Verso, 1992, tr. by Patrick Camiller, p. 10)。请注意，这里作为历史的尽头的“后历史”的概念与我在上面使用的有很大不同。尼特哈默尔还把这个概念的源头追溯到了三十年代德国右翼知识分子。在1968年后这个概念被左翼知识分子采纳。

73 帕特纳：〈现实—虚构时代的历史真实性〉(Partner, p. 39)。

74 波斯特：〈文化史和后现代性〉(Poster, pp. 67 – 70)。波斯特援引了科泽勒克另外一个同样重要的问题是历史和文化间的关系。大多数关于后现代主义和历史的讨论在欧美思想界展开,都忽视了一个重要的问题,即后现代主义和历史在不同的文化语境里会产生不同的意义。近年来,有一点已非常明显,只把文化历史化已不足以说明问题,我们还需面对作为知晓过去的方法的历史空间和时间界限这样的问题。尼特哈默尔关于"后历史"挑战了"历史概念本身"的抱怨忽视了一个可能,即可以从其他的文化角度以不同的方法感知历史,就像上面提到的阿西·南迪和小维恩·狄劳瑞的论述。不用说,断定从历史角度理解过去就是"西方"文化的一个特征,那是很愚蠢的,因为历史和现代性一样在全球范围内改变了对过去的意识,现在历史仍是最重要的——如果不是唯一的——解读过去和撰写过去的方法。但是其他方式依旧存在,看到并承认这些方式也许是后现代主义质问历史的一个最大的贡献。

另一方面,同样重要的是要注意到在不同的社会、政治和文化语境中后现代主义表现出不同的意义。[75]后现代主义在中国和在欧美一样都是一件会引起争议的事,但是中国的支持者和美国的支持者阐发的意义是不同的;在中国的语境中,后现代主义不仅把自己置于现代性的对立面而且还将自己置于受欧美思想引导的霸权主义的后现代性的对立面。中国的后现代主义的反对派指责它是欧美潮流的模仿,会在政治上和文化上起到削弱作用。另一方面,对那些反对者而言,后现代主义也提供了走出由"过去"和"西方"这两个概念的陷阱(一方面是民族主义的历史学,另一方面是现代主义的自由主义,后者认为现代性的目的论是想当然的)所造成的困境的一条出路。它也因此提供了以不同的方式解读过去的可能性,其目的是希望看到一个不同于现在(既包括中国也包括西方)的选择。

(Koselleck)的话,见〈文化史和后现代性〉,第 68 页。波斯特把后现代主义视为是解决由对时间和空间的新感觉引发的问题的方法,这些问题与提供它们物质背景的新技术不可分离。

75 关于这个问题的讨论,参见德里克和张旭东编辑的《后现代主义和中国》(Arif Dirlik 和 Zhang Xudong ed., *Postmodernism and China*, special issue of *Boundary* 2, Vol. 24 No. 3 [Fall 1997])。

从其深层动机来说，这种对不同选择的展望是很具有思想解放的意义的。从这个角度看，在极力维持现状的是按照本土主义的要求改造过的现代的历史学,它同时给予这种现状这样或那样的“中国”特色。在这种历史学中最醒目的是拒绝对现在的挑战，因为这些挑战不仅对后革命社会的历史研究的方法提出了疑问而且也对历史学家认定的空间性——中国这个概念本身产生了怀疑。现在的对中国历史——其特征是后革命的中国——的重新解读,尽管会产生同过去的解读不同的结论,但其动机是要提供这种或那种的直线叙事,用来解释现在是怎么形成的;在这个过程中其他的解读被取消了,那些解读或许会对现在做出更多的批评性的评价,正如那种声称拥有真理的革命的历史学在早些时候取消了不同的解读过去的方法一样。从这个意义上说，历史主义的首要目的是要把现在囚禁于过去之中——不仅是中国的过去而且还是现代性的过去。但是为了达到这个目的，它首先得拒绝所有其他的很可能会指向别的结局的过去;换言之,把过去囚禁于现在的想象的目标中。把过去从历史主义的牢牢拽紧的手中释放出来需要人们不仅主动承认过去的多样性,而且还要看到理解它们的不同方法,历史仅仅是这些方法中的一个。问题不仅仅是我们是否可以废除“事实”以及关于过去的证据，而是关于过去的不同的版本可能从不同的甚至相同的证据中构造出来的:换言之,不是历史与过去的证据间的关系,而是历史通向真理的声明,而这又完全是另一回事。

虽然没有理由要求历史学的实践放弃对真理的追求，这是历史学家多年来所理解的他们的工作，但是另一方面历史学家同样也没有理由继续认为过去三十年来对历史的挑战意义不大，或根本不承认存在着对现在的挑战。即使像理查德·伊文斯(Richard Evans)这样一个历史学的坚定捍卫者也不得不做出如下的结论:

> 后现代主义以其更加建设性的方式促使历史学家更为仔细地研究文件记录,更为认真地对待其表面的色泽,以一种新的方式来思考文本和叙事。它已经帮助开辟了许多新的研究领域,建立了新的课题,同时把一些以前似乎已经穷尽的题目重新放回到了日程表上。它迫使历史

学家质疑他们的方法和研究过程。而这在以前是从来没有的，在这个过程中使得他们更具有自我批判意识，而这是最好不过的事了。76

后现代主义面临的挑战是它要面对这样一个事实，即历史的建构本质还要继续存在下去，它还需从关于过去的可能性的丰富材料中构建出一种对未来的不同的展望；其特征不仅是古老的关于人的尊严和解放的观点，而且还能解释由时代的变化而引发的问题。如果它能根植于过去和现在的现实之中，这样的观点最终会是可信的；历史对现实的揭示仍将会起到很大的作用——只要它能自始至终地认识到其自身在认识上的和文化上的局限性。

（金衡山　译）

76　伊文斯：《为历史辩护》(Evans, p. 248)。

默契还是预约？
——结构、解构的中国梦

苏源熙（美国斯坦福大学）

对当代思想有兴趣的人可能会很惊讶地发现，在中国，所谓后现代主义大受欢迎，而结构主义和解构主义，却好像少有人提及。惊奇的原因是，在国外结构和解构在历史上，也在逻辑上，是后现代主义的必要前提，而好像在中国，这样的前提却并不存在。中国人接受当代西方思想的范围，大概表现出某种选择跟需求，这是理所当然的，接纳跟选择后面一定有深层的背景因素。我不愿意在大圣门前卖三字经，在这儿就不讲这个文化交易的中国方面。我主要想说明的是“中国”或者“东方”在解构思想著作中的地位，以便比我更有了解的人可以推测最近五十年的欧洲思想在中国的特殊的接受方式。

结构、解构、后现代主义三者的出发点不同，其主张也不同，下面我打算以比较有批判性的解构主义为主线展开讨论。解构主义一向对中国表示一种认同感。对解构主义者来说，东亚似乎提供了一种未来的典范，一种对西方主流文化的例外；而这个典范，这个例外，正是他们所希望占有的位子。但是，文化的认同岂是那么简单容易的一回事？就因为有了这么一个中国梦，解构主义一接触到中国，就一定会引起误会。这个问题值得引些例证仔细谈谈。

一、横竖

解构对中国的思考或梦想发生于文字学（grammatology）与人文主义的

终结这两个广泛的主题之下。米歇尔·福柯说道：

> 在我们梦想的世界里，难道中国不正是这理想空间的所在吗？在我们传统的形象里，中国文化乃是最讲究细节、最严守清规戒律、最不顾时间的变动、最注意纯粹空间轮廓的。我们想到中国，辨识横陈在永恒天空下面一种沟渠堤坝的文明，我们看见它展开在整整一片大陆的表面，宽广而凝固，四围都是城墙。甚至它的文字也不是以平行横写再现声音的起伏逃逸，却以垂直竖写树立起静止的、尚可辨认出来的事物本身的形象。[1]

菲利普·索勒斯又说：

> 中国古代的书并不是“书”，其边框和装订法都使之成为一系列的观镜，一层一层的原野和瀑布，还有小的分野和滑坡式的转折，随时预备好返回而又总还没有返回。其左面的一页就是右面一页的加深，而在西方，只有排除左面一页，才能有右面一页。且让我们再仔细看看。
>
> 文字是从铭刻的视野涌现出来的，因为它不是在面对面的交锋中，而是在看不见的空间距离和时间上的移动中出现的。它不是要求人看，而是要人跟踪，于是具体的支撑分裂成廊柱，好像回忆起书写发生时那复数的虚空。文字只是附着在表面上，它自己织进表面去，服从于一种不是本源的本源，走向不是表面的表面，而是走向一块纤维，书写时起上部与下部被拉成垂直，手是把毛笔举得笔直的。所以中国的表意文字坐落在柱子、管道或梯子之间，就像声音原野上被单音节释放的复杂条纹一样。[2]

在1966－1969年间发表的这两段话，把汉字视为与字母文化那种蟹行的、有声的、时间性的单向文字相反的另一种类型。两位作家都认为书写不

1　Michel Foucault(米歇尔·福柯), *Les Mots et les choses*(《词与物》)(Paris: Gallimard, 1966), p. 10. 在此用张隆溪教授的翻译。该段仍引自 Borges 虚构的“中国百科全书”对禽兽进行分类的滑稽学问。我特别感谢张隆溪教授的多方帮助。

2　Philippe Sollers(菲利普·索勒斯), *Sur le matérialisme*(《论唯物主义》)(Paris: Seuil, 1974), pp. 40－41.

仅是语音的视觉表现；他们于是寻找中国汉字之所以不受语音或语意限制的成分。以这个比较观点来看，西方文字代表单向的时间：一个字一种音，每个音节一结束就消失在过去之中。汉字则把事物叠合起来，在时间和历史以外储存所讲内容的形象，就像大玻璃罐中储存时菜一样。因此，福柯称汉字为“最注意纯粹空间轮廓的”文化的代表产物。

对福柯来说，中国书写的魔力在于它把时空的对立变为全是空间的关系。说中国文字是从上到下“竖写”的，好像不值得注意。有趣的是“横向”的消失。在开始时，横、竖的对比是互相相关的；到了最后，对比的一方面（空间）把另一方面（时间）取消了，剩下的只有空间。索勒斯解释中国书写，结果跟福柯差不多。西方用的笔似乎刀尖一样铭刻石头或者羊皮的表面，是工具对原料的攻击，而中国毛笔的书写法却像滴水一样和平自然：文字从“本源”（就是那个“不是本源的本源”）流到表面上，笔、纸的不同，几乎削弱到零点。中国文字从“纤维”的一个部位（毛笔）释放到另一个部位（纸），好像不假于人手。总而言之，以写字的例子来讲两种文化，西方文化的几种二元现象，都在中国有了相应的单元现象。

索勒斯再来要攻击的目标就是西方的书的观念。在1967年的《文字学》中，德里达已预言过“书的终结和书写的开始”，也说“书的概念与文字的意义是完全不同的。书是一个总体，而书写是有分散效果的。书是神学和逻各斯中心主义的最完整的保证，以免它遭到文字的瓦解而被破坏。”[3] 要表达书的观念之形而上的意思，没有哪个作者能与但丁相比，他在《神曲》的末尾这样写到：

我看到了全宇宙的四散的书页
　　完全被收集在那光明的深处，
　　有仁爱装订成完整的一本书卷；
实物和偶然物，以及其间的关系，
　　仿佛柔和融化在一起，

3　Jacques Derrida（雅克·德里达），*De la grammatologie*（《论文字学》）（Paris：Minuit, 1967），pp. 15，30.

使我所讲的只是一个简单的模样。[4]

索勒斯使中国的书成为完全相反的世界观的代表：中国书的思维作用不是集结为一，而是分散和增长。[5]这样解释中国文本，不是完全没有道理。通常中国古书是片断和轶事的编撰，很难将其视为一个有系统有次序的整体。对于读者来讲，描述《论语》或《韩非子》的结构为“一层一层的原野和瀑布，还有小的分野和滑坡式的转折”，也许是不错的介绍。但是不妨看看相反类型的逻辑：对于索勒斯来说，中国书是西方人所习惯的书的对立面。但是，难道中西有差异就等于彼此相反吗？就算早期中国书有点杂乱不一致，就算打开一本中国书像是走进“一层一层的原野和瀑布”，一直向前进展而不回归到统一结论，难道因此就可以保证中国思想是如此多元，不求同一吗？难道在中国，书从没有过权威吗？“书”的综合性可不是那么容易逃避的。

福柯、索勒斯通过中国梦窥见了另外一个世界。在那个世界，西方的二元会变成单元的，西方历史变成中国图形，西方的综合体变成收拾不回来的中国的多元分散。这场中国梦给早期解构主义一种支持，一种想象空间。好几个要超越人文主义的理论家都是为了一样的目的而迷上中国的。简言之，中国变成了西方的反例或例外。例外，也就是在(西方)历史以外。因此，中国正处在解构主义者们寻求的位置。反逻各斯中心主义的作家沿着中国的路去探索一个“发展于一切逻各斯中心主义之外的文明”，他们想看看通到神学之后的世界是什么样子。文字学、人文主义批判、解构主义的工作，都是开那条中国的路，而开到终站，东亚文化与西方当代的激进批判思想有那么一个融合点，发生在一定的条件与期望之下。

4　Dante Alighieri, *Paradiso*, xxxiii, 85－90；此处用朱维基的翻译，但丁：《神曲·天堂篇》，上海：上海译文出版社，1984年，第264页。

5　这种对中国书的看法大概受了一些德鲁兹（Gilles Deleuze）的“精神分裂症探源”思想的影响。德鲁兹对中国及与其相邻的游牧部落的兴趣已被东亚学者慷慨报答了。例如，见 Kenneth Dean and Brian Massumi（迪恩和马苏米），*First and Last Emperors*（《第一个和最后一个皇帝》），New York：Autonomedia, 1990；Christopher L. Connery（康奈里），*The Empire of the Text*（《文本的帝国》），New York：Rowan and Littlefield, 1998.

我认为，中国人看这些资料会感到奇怪。难道中国在思想史的地位就是作一个例外吗？法国理论家建立往中国的路，就是为了让他们能脱离西方的逻各斯，但是已经在中国的人没办法用此路，用了就是走反方向，不如留在本位吧。想到这种结果，难怪有的东方人对西方当代理论（文字学、人文批判，等等）有排斥感。在东、西方的交融里，东方是目的地，而因此，东方可以说是没有将来的。历史已经结束了，连脱开历史的余地都没有。

用对立比较来想事情，有一点太方便了。不必到中国去问中国人是怎么看他们的书，是怎么了解他们的世界，是怎么对待他们社会的。如果中国想法是西方典型想法的相反，那么知道了这个，就算满足了对中国的求知欲了。的确是有的观念可以用对立逻辑来分析：譬如几何学观念就是。福柯、索勒斯用几何学词汇来表达欧洲、中国的对立关系的意思，就是想利用这种词汇的内向解构来补充对东亚知道得不够的地方。“垂直”图形的浪漫化（如福柯的“以垂直竖写树立起……事物本身的形象”的文字；索勒斯的“分裂成廊柱……柱子、管道或梯子”的竖形空间）可作为显例。“垂直”的确跟平行的相反。但是垂直和水平的差别在狭窄的共同性上并存。二者不过是同一个平面的两根轴。梦游中国的两位思想家并没有去想那个平面是什么。所谓平面，就是在比较下的两种现象的共同性。这共同性不一定是本来就有的，可能是比较所创立的，但是不可能没有这么一个关系、范围或共同性。就上面所举例子而言，汉字原来无所谓是垂直的或无时间性的；只有在我们把西方文字看成是水平的和受时间限制的情况下，才会显得是垂直的和无时间性的。

福柯、索勒斯的文字学，好像是要接受最遥远的影响，出一趟远门到中国，但最后还是走了一大圈回到家里了。我这么说，并不是要以东亚专家的身份来说那些可怜的法国思想家没有弄懂亚洲。对理论家，那样的批评是无力而不太公平的。我只是要分析东亚如何会变成这么重要的思想资源。东亚的重要性好像跟具体知识没有多少关系，而是所用的对立描写笔法产生了它的重要性。保罗·德曼常常分析的隐喻的形式，也有类似的特点。德曼把隐喻说明为“句法与形象两种领域的矛盾混合”，在这儿也就是说，一种对立修辞学以句法（非……而……）自动代替了属于“形象领域”的感受。[6] 读一片隐喻不是不可能的，但困难的是如何看清什么是句法的，什么是形象的。追寻这个分别，而又不断发现追不到，这就是解构式的阅读。清醒的读者会始终怀疑形象的叙述，一直试图把形象换回句法。

二、愉快的神话学

在这个引起质疑的隐喻逻辑中，怎么做个直爽人？罗兰·巴特很诚实地告诉我们，他一点也不老实。

> 假如我想象一个虚构的国家，我可以随便给他发明一个名字，创造一个新的乌托邦，把它当作小说里的背景……我也可以从世界上某个地方抽出一些特色来，并用这些特色刻意建造一个系统，但这绝非在现成分析现实（这是西方人话语一贯的姿态）。我所谓日本，就是我建造出来的这个系统。
>
> 东方对我说来，本是无足轻重的，它只给我提供了一些特点，让我随意安排其中的若干关系，而从此“臆想”一个闻所未闻的符号制度，与我们自己的制度迥然不同。[7]

巴特明确告诉读者：这不是写实文学。

巴特的《符号帝国》的随笔短文常常把日本的某种现象解释为其法国对应物的反面。例如叉子刺穿食物，筷子却轻拈起食物；西方的演员的理想是把藏在心里的感觉表达出来，东方的演员则为了坚守传统的角色而努力。拉斯维加斯的吃银毫子老虎机疯狂攫取滚滚银圆，弹球盘（一种日本赌具）发出来的奖赏只是用于更多场赌局，而不可转让弹球。多么稀奇！？这些文化差异的共同轴心是：日本这个国家充满了“强烈的”符号，日本符号不是为

6　Paul de Man（保罗·德曼），*Allegories of Reading*（《阅读的隐喻》）（New Haven: Yale University Press, 1979），pp. 268 – 270.

7　Roland Barthes（罗兰·巴特），*L'Empire des signes*（《符号帝国》），Geneva: Skira, 1970, p. 9. 这本著作已经收在 *Œuvres complètes*（《巴特全集》）中出版，Paris: Seuil, 1994, II: 743 – 831. 以下用 *Œuvres complètes* 做参考本。此段，II: 747.

了任何意义、目的或指示服务的，强符号的最大功能就是肯定符号制度本身。这些依靠符号、通过符号、为了符号的表演，巴特不断地名之为“书写”(écriture)。东京人上街，选衣服和走路的方式都是“书写”。厨师炸一盘天妇罗也是“书写”。巴特的用意在于“扬文除语”——他想使我们把景象看成一个单独而足够的生活方式。且看他如何描写日本插花艺术：

> 日本的花卉……所成就的是空气的循环，花、叶、枝……只不过是其中的隔离物、走廊、或篱笆……人们能够置身于花枝之间，与其说是读它（读它的象征），不如说是追踪书写它的那只手：是一种真正的书写，因为它生产了一个空间，而且因为它否定了阅读仅仅是解读信息（无论其象征意义多么深刻），而又允许阅读去重绘那作品的轮廓。[8]

要阅读巴特的日本游记，也就该用这种方式：不去破译它的信息密码，不去获取关于日本的信息，而去观察作者的手段。

巴特的日本跟福柯、索勒斯的中国一样，全是由对比而生。是一个只有特色，没有本质的幻想国家。但不同的是巴特承认这是句法，不是现象所为的。他不假装他在描写一个在实际历史上存在过的东方。批评巴特《符号帝国》的人经常就是碰到这个障碍而过不去的。比如克恩(Donald Keene)，那位有名的翻译家，骂巴特是“靠三个星期的经验，就敢写一本‘日本人论’的游客”，或者是娄(Lisa Lowe)指出巴特与克里斯捷娃都把东亚偶像化了。如此地评语是认为，巴特的描写后边还有一个真的日本，认为他书里的现象跟日本人所认识的日本有若干关系。[9] 拿日本作“虚名”而玩文字游戏，太侮辱日本了。在这儿，受隐喻欺骗的恐怕是巴特的读者，不是巴特自己。

这么一来，好像巴特著作的涵义就不大了。如果连游记都不是，那么除巴特迷以外，谁还要看这本书呢？其实，《符号帝国》是巴特写作履历上很重要的一环，算是代表他对文学、社会批评的关系的一个大转变。《符号帝国》

---

8 Barthes, *Œuvres complètes*, II: 778.

9 Lisa Lowe, *Critical Terrains: French and British Orientalisms*(《批评地带：法国与英国的东方主义》) (Ithaca: Cornell University Press, 1991), pp. 188, 173. Keene 对《符号帝国》的书评出于 1983 年的《纽约书评旬刊》(*The New York Review of Books*).

应当与二十年前出的酸腐的《神话学》一起对照起来。巴特在1950年代初的《神话学》创立了一种媒体批评，用符号学工具来谈法国资产社会的景象表现，也是很强烈的批判。《神话学》责备法国符号制度不老实。媒体、广告、报纸的头栏消息已变为现代市民的民间文化了，而且这个文化传达的遗产不是上代的智慧，而是市场社会深层的动机的间接支配。五十年代的巴特总是个很刻薄地拉下社会美丽外表的批评家；他的批评目标就是用符号学来分辨媒体产物的真假。但到了1971年，访问巴特的记者问他："写到日本，您用的写实形文笔跟几年前《神话学》的写法很相似。你当时是讽刺，现在是不是写了理想国游记呢？"巴特回答："我在日本以游客的身份，甚至于是个人类学家，去观光；所以我的立场完全不正常。我因此就可以忘记或者忽略日本的小中产阶级，可以不管他们对生活方式的控制力，他们对物质生活的影响等等。神话学的讨厌心理，我都可以避免。"[10] 然而他也因此能写出愉快的神话来。符号学进入了符号帝国，他的分析工具碰不到什么阻力。后现代人游后现代的日本，相看两不厌，只有符号国。因为用这种眼光来感受，巴特的日本随笔就并不是私人游戏，而还有更普及的涵义。是个文学、社会交错上的试验。假如真有如此的"强烈符号"的境界，巴特就是第一个太空探索者。

巴特不会停在纯粹"愉快"的境界，他还很勇敢地去碰撞符号学的限制，例如下面一段：

> 全学联（Zengakuren，全日本学生联合会的好战分子，当时正在抗议《美日共同安全条约》和越南战争）的狂暴……直接具有符号性。它不是某种其它事情（仇恨、愤慨或某种道德观念）的表达，而是直接达到某一目的（占据市政厅，毁坏带刺的铁丝网围墙）以后而停的……暴力行动等于一种大众书写；不是小组的书写（所有行动却彻底完成，没有人会完成其他任何人的行动）。最后，在一种极端的符号性的愚勇（semiotic audacity）中，有时示威者会有节律地咏唱："全学联要投入战

10 Barthes, "Réponses"（"回应"），*Tel Quel* 47（《太凯尔》第47卷，1971），*Œuvres complètes*, II: 1319.

斗。"这样的叫声,不是要唤起行动的起源或主题,而本身就是行动。行动不再由语言统领,指挥,辩护或者净化,语言也不再像神一样高高在上,远离开战斗,就像头戴红色小帽的自由女神那样。喊口号不过是在暴力上多加一层肌肉,多加一副姿态而已。11

换句话说,观察学生示威的规则与观察插花的规则是一样:这个行动没有一个超过它本身的意义,只有一个(大众,而非小组的)具体作用。参加的人不说他们为什么奋斗,他们如何盼望被认可,不演"为了……而……"那出戏。旁观者也不能用解码态度,只好"追踪书写它的那只手"了。

全学联的示威对巴特也是一种典范,代表"意识形态之后"的社群。东方路线又从文字学达到人文主义的终结了,只是这一次的中间站是经过插花,天妇罗,相扑,禅,包装,鞠躬,能剧等……各种华彩,迷人的例子。

文字的无条件胜利,人文的消灭,不只在日本领土上发生。离开了强符号的家乡去访问中国时,巴特看到了另外一种"后"的出发点,就是差异的缺乏。

中国似乎抑制着(访问者所寻求的)意义,这并非因为中国有什么东西要隐藏,而更具颠覆性的是因为中国(以非儒学的方式)拆除了概念、主题和名称的结构……这是解释学的终结……

撇开其古代宫殿、标语、儿童芭蕾和五一节游行不论,中国并非是绚丽多彩的。农村平淡无奇……没有历史性的事物打断它(没有尖塔,没有庄园)……任何异国情调也没有……

最后,这种如此明显的(政治的)代码话语并不排除创新,我甚至可以说某种游戏性质;且看当前的批林批孔运动;它到处蔓延,采取了数以千计的形式;甚至它的名称(批林批孔)听来也像一个快乐的铃铛一样叮当作响,农村遍布着各种虚构的游戏……政治文本(并且惟独它)造成了这些微缩"事件"(happenings)。12

---

11 Barthes, *Œuvres complètes*, II: 818.

12 Barthes, "Alors, la Chine?"("哦,中国呢?"), *Le Monde* (《世界》), May 24, 1974. 见 Barthes, *Œuvres complètes*, III: 32-34. 原文用英文 happenings 一词,本来指

巴特这段文字的情调非常沮丧，好像失恋人的口气。在日本，可以牺牲意义，还会赢得强壮的符号做代价；在文革时的中国，人文主义没了，符号也独力而有天下了，但是中国符号怎么那么弱？“是解释学的终结”：无话可说。剩下在各个农村批林批孔的有趣铃铛声，政治文本的必要谱子，十亿人民在玩的一个儿童游戏。

三、礼运

大概没有中国人或日本人会承认这些对东方的描写有什么正确性。那些话是西方人说给西方人听的；算是针对西方的历史观、西方的思想习惯而讲的。如巴特所说，随便叫个什么名字都可以，其要点只是：这是异乡。解构对东方的认同感，像从西到东的后人文那条路一样，是单向的。

有的汉学家还会受认同的诱惑，然后替东方去接受后现代主义的赞美。八十年代初，葛瑞汉认为德里达著作的重要之处在于：它颠覆了西方思想的等级对立，比如在场/缺席，雄/雌，善/恶，等等。“在德里达的意义上，中国的传统不是逻各斯中心主义的，并不集中于活生生的言语和所指的完全在场。”[13] 在葛瑞汉看来，既然中国思想中的那些相反的方面是相互补充的，而不是相互对立的，那么中国传统就不需要解构的批判劳力了。葛瑞汉这个意见在汉学界好像很受欢迎。对不少人来说，古代中国的思想跟形而

六十年代纽约艺术家所设计的公共场所艺术表演。*Tel Quel* 代表团的中国之旅（包括巴特、克里斯捷娃、普勒涅[Marcelin Pleynet]和瓦尔[François Wahl]同行）在克里斯捷娃的小说 *Les Samouraïs*（《武士》）中有记载（Paris: Fayard, 1990）.

13 A. C. Graham（葛瑞汉），*Disputers of the Tao*（《论道者》）（Chicago: Open Court, 1989），p. 227. 葛瑞汉对德里达的主要参考是 Donald Wesling（唐纳德·维斯灵）的论文，“Methodological Implications of the Philosophy of Jacques Derrida for Comparative Literature: The Opposition East-West and Several Other Oppositions”（〈德里达的哲学对比较文学的方法论意义：东西对立和几种其它对立〉），见 John J. Deeney（约翰·J. 迪内）主编的 *Chinese-Western Comparative Literature: Theory and Strategy*（《中西比较文学：理论和策略》）（Hong Kong and Seattle: Chinese University Press / University of Washington Press, 1980），pp. 79－111），而后者大量依据德里达的访谈录 *Positions*（《立场》），Paris: Minuit, 1972.

上学的“终结”恰相吻合。比较哲学专家郝大维和安乐哲采用这种策略，宣称中国古代的思想“严格地说，是‘无根的’。没有在本体论上最终极的观念或价值，辩证法没有顶点，而且无法再进一步分析对象是不存在的。”[14]这种论调在今天已近乎老生常谈，在郝、安二位看来，所有中国早期的哲学家都可以成为后现代思维者，因为中国思想并不涉及本质、真理、或者超验根源的基础假设。就像在从文字学的假定出发的前例中一样，就后现代性而论，中国乃是后现代西方自身所预期的形象。中国思想“缺乏”传统西方思想所用的很多基本观念——而且，这是中国思想之福。少了一个真理理论也无所谓；还是本来就没有的好。而“‘知识’在古代中国不是对自然环境的知识，也不是对某某事物的认识，而是认识如何在各种关系中驾轻就熟……界定认识的那些术语因而也是提纲挈领和劝告性的”，而不属于任何认识论。[15]至于这些关系，它们赖以存在的形式是礼，是相互关联的各种角色的一个总的体系，概括地说，是一个“通过顺从的模式来调整意义的社会秩序”。[16]人们不是演角色，而是角色创造了人；人不是生而为人，人有了社会上的角色才会变成人。郝、安坚持认为，中国的自我观一贯继承了“在仪式上构成的社会”的影响。[17]按照郝、安的说法，作为儒家不是求真理，而是求道。这个“道”与认识论的“真理”毫无关系。

> 中国人追求和谐，因而把一个人设在一系列关系中，那种关系，别的社会可能当作个人道德上或者社会道德上的关系，而在中国却主要是以审美为基础的关系……中国人不把人看做一个独立进行行动的力量；“人”就是由角色和关系构成的，由功能而决定的，在时间中进行的事件。[18]

14　David L. Hall（郝大维）and Roger T. Ames（安乐哲），*Thinking from the Han*（《汉哲学思维的文化探源》），Albany: State University of New York Press, 1998, pp. 114, 134, 204.

15　Hall and Ames, *Thinking from the Han*, p. 150.

16　Hall and Ames, *Thinking from the Han*, pp. 281, 279.

17　Hall and Ames, *Thinking from the Han*, p. 271.

18　Hall and Ames, *Democracy of the Dead: Dewey, Confucius, and the Hope for*

> 今日中国是一个礼仪社会，在社会主义下也仍然如此。涉及于客观真理，自然法则，那种原理，连表面上也没有人重视。但这不是说中国社会是一种机器性的、人际关系无情的社会……。中国当代社会秩序是由传统所保留的圣贤模样而设定的。活在中国社会，作为人，不是天赐给他们的特权，也不是种族所包含的遗传，而是进行礼仪而后得来的角色。[19]

总之，没有真理理论，因为社会格局是最后的思想视界；也没有自我理论，因为自我是在与仪式共同体的交流中被创造的。前一代的西方社会科学家大概会认为，中国社会由此可证还没有进化到现代社会那个阶段。郝、安不然。对他们，中国没有创造客观真理、法制社会、个人权利，是美丽的缺乏。那些怪物都继承了西方形而上学的前提。但是按照郝、安的说法，在西方，聪明的、跟得上时代的人已经不相信那一套了。他们回到或者发展到"中国"那个步子了。中国历史替中国人省了不少麻烦。在我们正在面对的东西文化大交融当中，没有创造自我或真理的东方碰到已经不信任自我和真理的后现代西方，两者正要统一起来，真是皆大欢喜，值得各方庆祝的会合。

郝、安对民主、人权题目大感兴趣。他们认为"古典西方的种族中心论的最重要面具就是宣布自己价值的普遍性——比方说，理性、科学、人权"。[20]他们建议，中国人应该利用礼教的观念来拒斥权利的观念。中国这个"礼教之邦"(ritual community)已经顺利和谐地起作用，为何要接受"非礼"的形而上学观念？他们好像没有认识到他们置身于谁的世界。[21]对郝、安来说，违背礼教只会引起不断的冲突，而礼教就是最受不了冲突的制度。

Democracy in China(《死者的民主：杜威、孔子和民主在中国的希望》)，Chicago: Open Court, 1999, pp. 194 – 196.

19 Hall and Ames, *Democracy of the Dead*, p. 234.

20 Hall and Ames, *Democracy of the Dead*, p. 7.

21 如此的话郝、安当然不敢直接说出；他们也许不认为他们对礼教的理论可能引起如此的结论。请见 *Democracy of the Dead*, pp. 52 – 56, 212, 233 – 234。

郝、安虽然提到近代法国哲学家的地方不多,但是看得出来,郝、安与福柯、索勒斯、巴特文化上的比较法有一些共同点,即中国总是一个西方过程的最后一站,而且那个过程主要是一种脱离,一种取消。西方人"有过"的一些东西,现在要抛弃了。东方人"没有过",也不应该去追求。想要去追求,就大概只表示他们已经不是纯粹的东方人了。然而,难道东方人不能在异乡取得思想的补充吗?[22]

现在让我们来弄清楚这个"有"跟"无"的关系。说东方人"没有"客观真理理论,是说他们分不清楚不同说法的强弱真假吗?说他们"没有"人权理论,是说中国人一向就接受他们社会里的各种不公平对待吗?稍微读过一点中国历史的,哪怕是看武侠小说也好,都会明白中国是有本身的批评资源的。就像上述的横、竖例子一样,这个"有"跟"无"是在一定的范围里划分的,而不去了解范围和划分手段,就受范围的限制也没办法。郝、安这套对立比较就是从那两种社会制度最表面的模样得出来的。这好像一幅对联,在左边写上"西方理性法治人",在右边写上"中国礼教天下和"就成了!这种夸张的对联说法,最会避免关键问题。对郝、安来说,也许中国的礼仪跟西方的人权是对立的、彼此相反的价值观,但是对立跟相反还是得靠一个共同背景,而这共同背景恰好是他们不愿意去谈的。礼、权不是两个世界或者两种词汇的相等单位,而是同一件事情的两个对待法。且让我们给那件事情找个名字吧:比方说,权势。礼教,人权都是对权势的对待方式;模式不同,前提不同,结论可能也不同,不过基本上是同一件事情的两个方面。就是因为否认了这个人类历史上的共同基础,郝、安才可以这么顺利地把中国的礼教看作独一无二的制度,而主张它永远维持不变。有的人会很高兴地看见郝、安为了"中国"商标这样打市场。也会有人指责他们伪造。

郝、安的礼教中国跟巴特的富于强符号的日本有不少类似之处。回到全学联的例子来比较一下吧:示威的学生叫喊"全学联要投入战斗!",不是

22 见 Chen Xiaomei(陈小眉), *Occidentalism: A Theory of Counter-Discourse in Post-Mao China*(《西方主义:后毛泽东时代中国的反话语》)(New York: Oxford University Press, 1995);亦见张隆溪:《走出文化的封闭圈》,香港:商务印书馆,2000 年。

待外在世界来证明其真假的一句话。如巴特说，这样叫喊跟行动是同一的。口号创造一个团体的“自我”，口号也是这个自我的行动，这才叫做强符号。而郝、安把“礼”的观念也讲得像强符号一样地不依赖于外在世界。对礼而言，我这个人只是行礼的一枚代位数；我算不算“人”不在于我来决定，而在于礼。我不合作就表示我不够格，礼仪制度就会很快把我替换掉。这不就是一种结构主义式的社会学吗？虽然整个系统不是同时在场的，但我们随时面对的不外是系统的一切，在系统以外的单元是没有价值的。索绪尔讲历史语言学，列维－施特劳斯讲民族婚姻制度或者神话学，都承认理论最能掌握的是一次平衡、不变、封闭的系统阶段。当然，所有语言或社会制度的系统不断地面对外来的或内部产生的压力，使一段平衡制度经过变化，然后再恢复新的平衡。郝、安的错误在于用结构模式的时候，没考虑到纯结构不过是两段混乱之间的过渡期而已。他们的对联不能应变。

说不定郝、安还达到我们本来要解决的问题上。礼教跟后现代主义都是不受外来压力的结构人类学式的循环，自给自足。结构所称为系统的，礼教称之为和。而解构主义就爱找出系统的漏洞，自相矛盾，双重标准——就是分析和批评每一个系统之所以不可能作为系统存在。

在这个文化交流的故事里，颇为幽默的是，把后现代主义分析到它结构主义的前身，不过是把中国货寄回中国来了。1930年代，年轻的克洛德·列维－施特劳斯找不到人类学系的导师，只好去求助于葛兰言（Marcel Granet）那位大汉学家了。专门研究阴阳五行、吕律、月令、明堂位这方面的古代王制思想的葛兰言帮了施特劳斯找出他要研究的婚姻制度的代位数学原理，也就为十年以后，施特劳斯认识了雅可布逊（Roman Jakobson）后才会真正宣布出来的结构主义作了预备。始于礼记，终于礼记，不就很圆满吗？

当后现代的关键词成为文化相对主义的辩护辞时，在我看来，整体主义没有放弃它的旧特权。那么解构主义的读法还有事做。自相符合体系越完美，解构的任务也就越明显。中国很久以来作为完美系统的象征。这个关于中国的神话，不管由谁口中说出，都给予解构主义一个出发点和批判对象。

（马寅卯、汪堂家　译，苏源熙　校）

论中国的有翼神兽

李　零(北京大学)

一、引言

有翼神兽在中国古代文物中是一种使用材料很广、流行时间很长的艺术主题。这一主题包括若干不同种类(如带翼的狮、虎、鹿、羊等),其中尤以天禄、辟邪最引人注目。在一般人的印象里,它主要流行于东汉以后,并以南朝陵墓的神道石刻最引人注目(形体巨大,雕刻精美)[1],因此其讨论多围绕于南朝的神道石刻。如三十年代出版的《六朝陵墓调查报告》(中央古物委员会,1935年)就是这方面的代表作。在这部报告中,学者曾对天禄、辟邪做专门探讨,为后来的研究提供了基础。关于天禄、辟邪的起源,他们有两种观点:一种比较大胆,见于滕固〈六朝陵墓石迹述略〉(第71-90页);一种比较谨慎,见于朱希祖〈天禄辟邪考〉(第183-199页)。滕固的看法是,这类主题于六朝时期虽已“十足的中国化”,但出现当更早(不但可以追溯到汉代,而且可以提早到战国)[2],渊源是古代亚述地区的艺术,类似主题也见于塞种和大夏,以及希腊和印度的艺术,西人或称 winged chimera。[3] 这是受西

1　这类主题也见于同一时期的其他文物,如六朝时期的青瓷水注和虎子。

2　其“早至战国说”是据徐中舒对杕氏壶的考证。参看徐氏:〈古代狩猎图象考〉,收入《徐中舒历史论文选辑》,北京:中华书局,1998年,上册,第225-293页(原载《国立中央研究院历史语言研究所集刊》外编《蔡元培先生六十五岁纪念论文集》下册)。但徐氏此文只说该器“上镌鸟兽奔腾与人持戈矛剑盾追逐刺击之形”,并没有说该器有表现翼兽的花纹。当时,滕氏还没有找到真正的证据。

3　西人所说 chimera 有宽狭二义,狭义是指希腊神话中特有的一种神兽,宽义则指任何想象的和用不同动物拼凑而成的神兽。滕固说,西人尝称六朝陵墓上的有翼神兽为 winged chimera,但他在意大利曾亲见其物,“前身是狮子,背脊的中部昂起一头山羊,其

方学者影响。[4]而朱希祖的看法则颇有保留。他引中国古书中的"如虎添翼"说，引《山海经》中讲带翼神怪的话，以为这类形象在中国非常古老，它们究竟"是吾国固有之遗风，抑外国传来之新范"，很难肯定。尽管"外来说"在当时的学术界还是一种"海外奇谈"，长期以来并没有被国人接受[5]，但笔者认为，这却是一个值得认真对待的想法。特别是七十年代，在白狄国家中山王墓的出土物中，人们再次见到这种神兽，它们是与不少带草原风格的器物共出，这一想法被再度激活。有些学者认为，我们应放开眼界，对习惯的想法做重新思考。[6]

现在因为整个讨论还不够深入和系统，国内学者对境外的材料很不熟悉，国外学者对境内的材料也了解不够，无论哪一种想法，片言孤证，都难以定论，故本文汇集有关材料，试就这一想法进行探讨，希望对问题的研究能有所推进。

二、出土发现的有翼神兽

有翼神兽在出土发现中材料很多，笔者眼界有限，难以搜罗齐全，下面仅就目前所知，以时(春秋到东汉)为经，以地(出土地和国别)为纬，把其中年代较早也比较典型的例子列举如下(汉以后的材料暂不讨论)：

尾为一长蛇，乘势折回而咬住山羊之角。审其体制，似和六朝实物无干，西伦云云，乃亦暂定之称谓"(第85－86页)。案：滕固所说雕刻是佛罗伦萨考古博物馆的藏品，此器与中国的天禄、辟邪确实相差甚远，但西人以此为名，多取宽义，即其表示混合动物的含义，所谓winged chimera，只是泛指"有翼神兽"。

4　滕固所据是法国学者格罗塞的说法，见 René Grousset, *The Civilization of the East* (*the Near and Middle East*), New York 1931, pp. 80－86, 126－133。

5　如姚迁、古兵：《南朝陵墓石刻》，北京：文物出版社，1981年，第1－5页；管玉春：〈试论南京六朝陵墓石刻艺术〉，《文物》1981年8期，第61－64页；杨泓：〈丹阳南朝陵墓石刻〉，收入杨泓、孙机：《寻常的精致》，沈阳：辽宁教育出版社，1996年，第150－157页。

6　如李学勤：《比较考古学随笔》，香港：中华书局，1991年，第117－125页；李零：〈入山与出塞〉，《文物》2000年2期，第87－95页。

（一）春秋时期

主要有两个例子，都是属于青铜饰件：

1. 河南新郑李家楼郑国大墓出土的立鹤方壶（图一）。[7] 原出为一对，一藏故宫博物院，一藏河南省博物馆。它们除有两兽耳，器腹四隅的下方还各饰爬兽。后者与一般方壶上的爬兽相似，但不同点是背树双翼，翼尖朝后。其造型比较简率，缺乏细部描写，它们究竟是偶然的艺术变形，还是外来的艺术主题，尚须进一步证明，但对问题的讨论还是不容忽视。从墓葬年代考虑，其制作时间约在春秋中期（公元前六世纪前后）。

2. 日本泉屋博古馆藏青铜器饰（图二：1–3）。[8] 相传是 1930 年河南新乡附近的古墓出土，包括装配在一圈状物上的兽形饰四件，及散置的鸟形饰和兽形饰各两件。前者类似东周流行的兽纽器盖，后者类似东周流行的铺首衔环，因此梅原末治推测它们是一件硕大圆壶（从复原图推测，高度约 70–80 厘米）的器饰，并画了复原图（图三）。其所谓器盖上的兽形饰是作侧首蹲伏状。它们既有狮虎类的兽首，张口露齿，兽口两侧有翼，又在头上立一小鸟，口衔兽首的肉冠（瘤状突起），双翼平举；既有狮虎类的兽身，又背树双翼，略呈 S 形，翼尖朝后，作垂鳞状叠羽（两排）；[9] 四足也作鸟爪：前足是钩爪，后足是尖爪，腿后有距（类似鸟爪后面的突出物）。其纹饰，兽身为云纹，兽口为 S 纹，口侧的翼为简化羽纹（作篦齿状），铜圈为绳索纹。而所谓器腹上的神物，二兽有狮虎类的头和鸟类的双翼，二鸟（头上有隆起的肉冠）有相同的云纹在身，相同的羽纹（作篦齿状）在翼，衔环则饰重环纹，显然是前一种饰件的另一种表现形式，即同样是翼兽和神鸟的组合。其纹饰与侯马陶范中的纹饰相似。从纹饰判断，年代似可定为春秋晚期。战国时期的狮首翼兽或即由此发展而来，鸟首（由鹰首变形）翼兽也与此或有关联，因此它是最有代表性的一件。

---

7 《中国青铜器全集》，北京：文物出版社，1998 年，第 7 卷，第 22 页：图版 22。案：此条是承法国科学研究中心的杜德兰（Alain Thote）先生提示。

8 《泉屋清赏新编》，京都株式会社便利堂，1962 年，第 11–13 页：图版 12–15。

9 中国古代翼兽的羽毛有两排和一排之分，这种特点一直延续到汉魏时代。

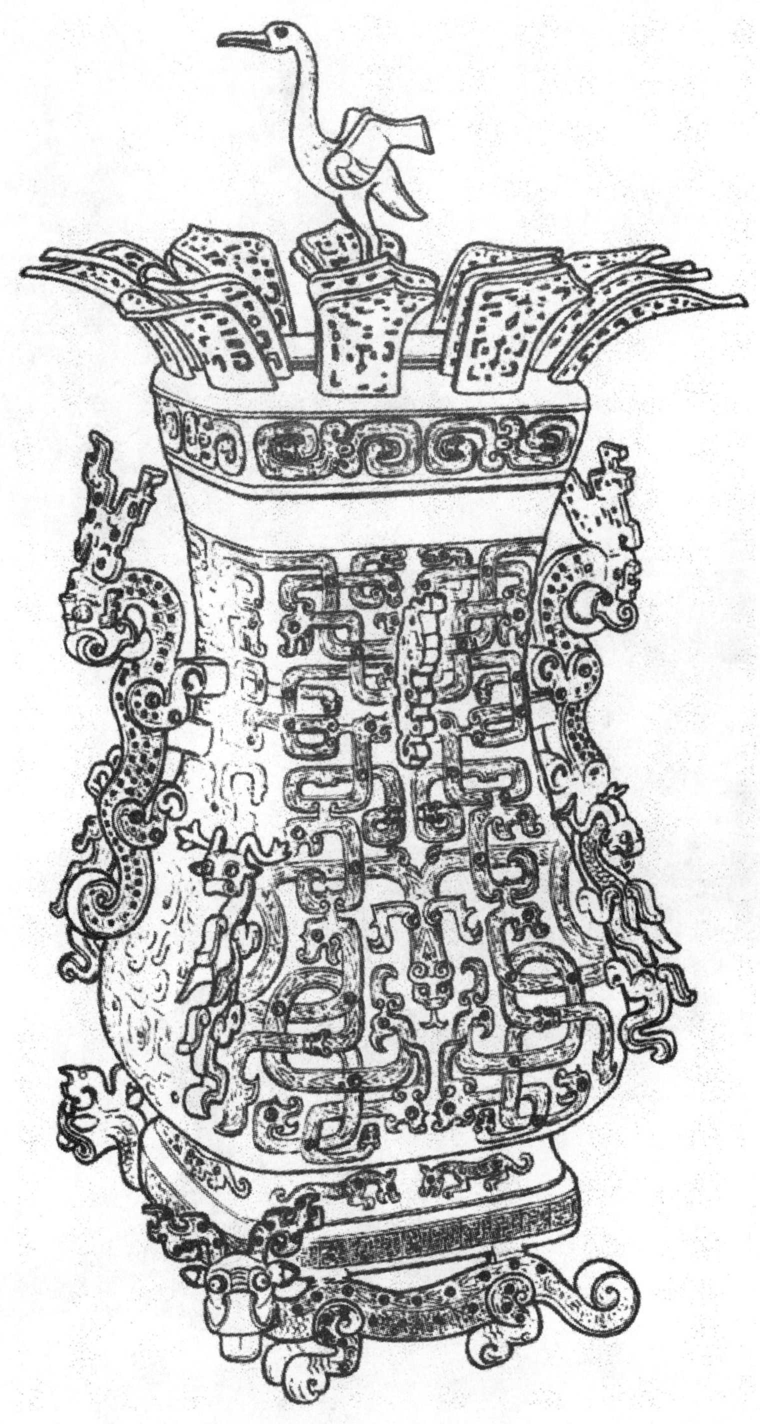

图一　有翼神兽装饰的立鹤方壶

（铜，新郑李家楼郑墓出土）

1

2

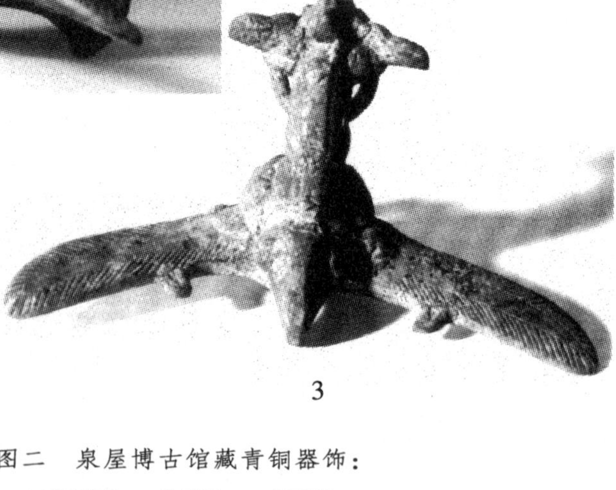

3

图二　泉屋博古馆藏青铜器饰：

1. 四兽铜圈；2. 兽形饰；3. 鸟形饰。

图三　泉屋博古馆藏青铜器饰

（梅原末治的复原图）

图四　翼兽形提梁盉(铜):

上:甘肃泾川出土;下:上海博物馆藏。

(二) 战国时期

(甲)铜器。

1. 甘肃泾川出土的“翼兽形提梁盉”(图四：上)。[10]现藏甘肃省博物馆。其特点是以兽首为器流,兽身为器身,兽足为器足,并饰双翼于器腹。兽首,从发表照片看,不太清楚(未见原物)。双翼,是以突起的阳线(上面的细纹是阴线)表现翅脊,细密的阴线表示羽毛(从下故宫藏器看,阳线的前端是一钩喙的鸟头),翼尖朝后,四足作鸟爪,腿后有距。此器年代估计在战国早期,国别不详,但从下述器物看,应是三晋制造。

2. 故宫博物院、广东省博物馆和上海博物馆藏“翼兽形提梁盉”(图四：下)。[11]它们和上器的不同点是器流作鸟首,盖纽和提梁也不太一样,但明显属于同一类造型。故宫所藏(见于陈列),是1946年入藏,出土不详,其头部与上博所藏不尽相同,鸟嘴较尖,双目填金(疑是后做)。广博所藏,出土亦不详。上博所藏,原在伦敦戴迪野行(Deydier),据云是从山西太原金胜村盗出。[12]由这一线索判断,我们怀疑,上述各器都是三晋制造。

3. 台北故宫博物院藏“鸟首兽尊”(图五)。[13]这件器

图五 台北故宫博物院藏“鸟首兽尊”(铜)

10 《中国青铜器全集》,第7卷,第52页:图版50。

11 故宫博物院编:《故宫青铜器》,北京:紫禁城出版社,1999年,第288页:图版286;广东省博物馆:《广东省博物馆藏品选》,北京:文物出版社,1999年,第188页:图版17;李学勤、艾兰编:《欧洲所藏中国青铜器遗珠》,北京:文物出版社,1995年,图版135-A-B。

12 出土来源是承罗泰(Lothar von Falkenhausen)教授告。

13 台北故宫博物院联合管理处编:《故宫青铜器图录》,台北:中华丛书委员会,

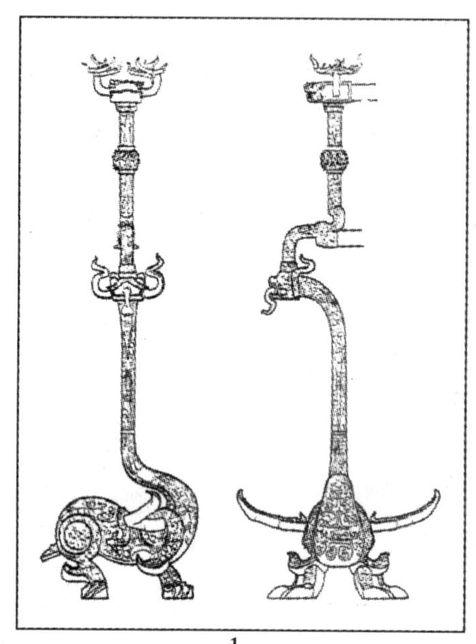
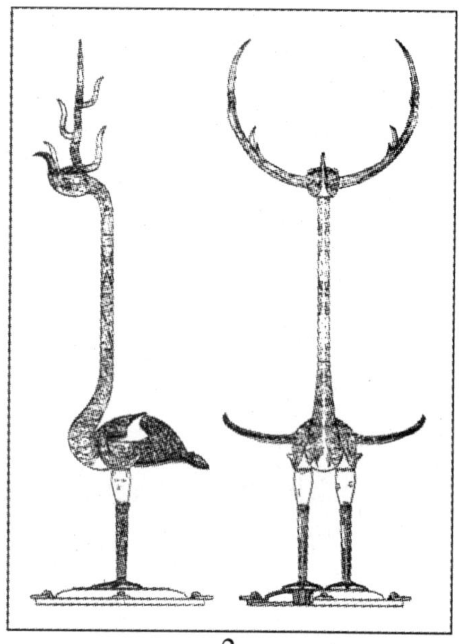

1　　2

图六　曾侯乙墓的有翼神兽(铜):
1. 承托磬虡的有翼神兽;2. 鹿角立鹤。

物与2相似,也是属于鸟首类。其双翼在身侧,用阴线表示,作平面装饰,翼尖朝后,呈S形;足作鸟爪,爪侧有距。年代,估计为战国早期;国别,应属三晋系统。其鸟首的装饰与浑源李峪村出土的铜器相近,身上的S形纹则见于下述侯马铸铜遗址出土的"鸟形模"和"虎形模"(注意:此兽的双肩和双髋作涡纹装饰,与下文图四九巴泽雷克(Pazyryk)出土鞍鞯的图案有相似处,类似装饰也见于上2,下4等器,但多为浮雕)。

4. 湖北随县(今湖北随州市)曾侯乙墓出土编磬承托磬虡的有翼神兽(图六:1)。[14] 两件,皆作兽首长颈(长颈是为了承托磬虡)。其身口各有双

1958年,图上壹壹陆(上册上编,第79页;下册下编,第107页。案:李夏廷先生已指出这是一件格里芬式的铜器,见所著〈关于图像纹铜器的几点认识〉,《文物季刊》1992年4期,第45–54页;又,参看山西省考古研究所《侯马陶范艺术》,新泽西:普林斯顿大学出版社,1996年,第一章〈侯马陶范艺术概论〉,第3–17页(李夏廷、梁子明撰)。

14　湖北省博物馆编:《曾侯乙墓》,北京:文物出版社,1989年,上册,第134–137页。图像见该书第136页:图六一;下册,彩版五和图版四一。

翼,可与泉屋博古馆所藏相比,有类似特点;四足作鸟爪,后足腿后有距。年代为战国早期。值得注意的是,河南淅川徐家岭楚墓出土过一件镶嵌绿松石的神兽器座(图七)[15],该器没有明显的翼,但从造型看,与曾侯乙墓所出颇为相似(特别是头、耳、口、舌)。[16]曾、楚二国,互为姻娅,器物、文字本来就相近,二者都是战国早期的国家,共同点多,自在情理之中。它使我们联想,从今山西到河南、湖北,可能存在一条从南到北的文化传播渠道。又,曾侯乙墓还出土过一件"鹿角立鹤"鼓座(图六:2)[17],也是鸟兽复合的器物。

5. 河北平山中山王墓出土的有翼神兽。分三种:(1)错银双翼神兽(图八:1)。[18]共四件,可能是镇物,其造型与泉屋博古馆的藏品相似,也有狮虎类张口露齿的兽首,背树双翼,翼尖朝后,羽毛作垂鳞状,足作鸟爪,前后足的掌外侧皆有距;(2)中山王方壶(图八:2)。[19]其四隅爬兽背树双翼,与上立鹤方壶相似,但头向相反;(3)错金银四龙四凤铜方案(图八:3)。[20]所谓"四龙"也是背树双翼(头生双角,长颈有鳞,四足为鸟爪,腿后有距)。中山是与三晋(特别是魏国和赵国)有关的白狄国家(类似十六国时期汉化的外族国家),出土物既有三晋特点,又有草原风格。如该墓出土的虎食鹿器座就有斯基泰风格,而该国遗址出土的虎形金饰也是草原地区所习见。

15　《中国青铜器全集》第10卷,第84页:图版84。案:这类器座(包括下文所说中山王墓出土的器座)在汉代有进一步发展,天禄、辟邪正是器座常用的造型。

16　汉代墓前使用的成对石狮,无翼者和有翼者一样是作"天禄"、"辟邪"(详下)。这件器物与曾侯乙墓所出是类似情况。

17　《曾侯乙墓》上册,第250页。图像见该书上册,第251页:图一四七;下册,图版八三。案:1991年江苏徐州后楼山西汉墓出土过一件玉枕,其四角神兽与此相似,但没有明显的翼,参看徐州博物馆:〈徐州后楼山西汉墓发掘报告〉,《文物》1993年4期,第29–45页。图像见该文第43–44页:图三三、三四。

18　河北省文物研究所:《礜墓——战国中山国国王之墓》,北京:文物出版社,1995年,上册,第139–141页。图像见该书第143页:图五一;下册,彩版一六,图版九四、九五。

19　同上,上册,第118–119页。图像见该书第119–120页:图三九(A)(B);下册,彩版七,图版七九、八〇。

20　同上,上册,第137–138页,图像见该书第139页:图四九:(A)(B)(C);下册,彩版一四,图版九一、九二。

图七　楚神兽器座

（铜，河南淅川徐家岭楚墓出土）

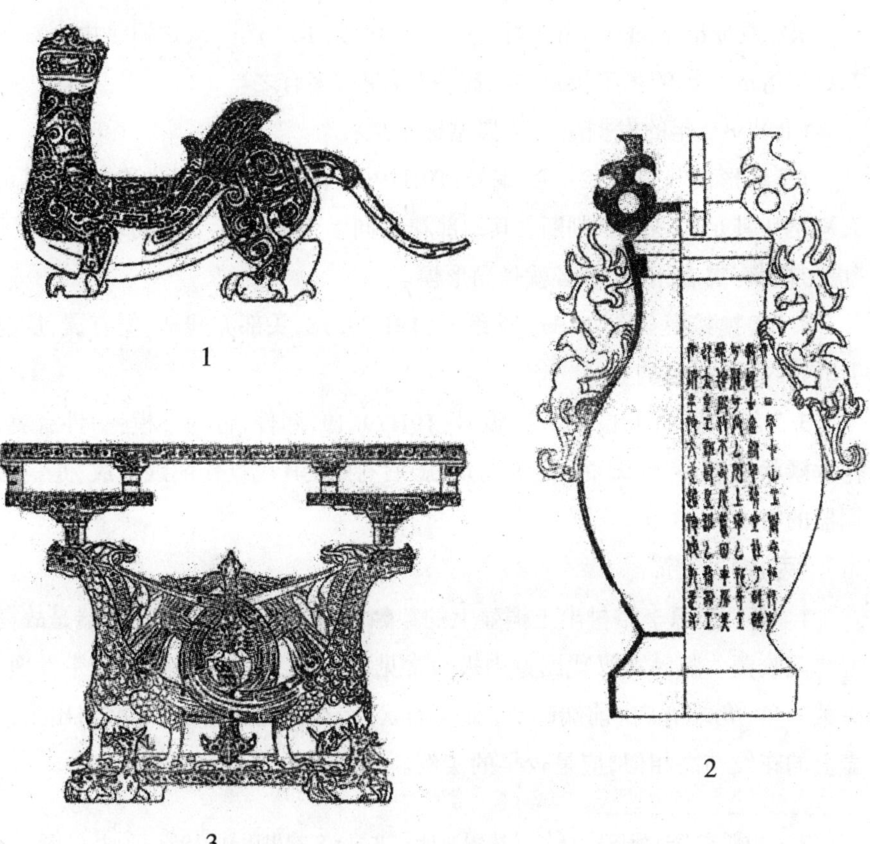

图八　中山王墓的有翼神兽(铜)：

1. 错银双翼神兽；2. 中山王方壶上的爬兽；

3. 错金银四龙四凤铜方案。

(乙)铜器陶范。

春秋战国时期,三晋境内多戎狄,北部(代地)与草原地区邻近,所出器物或杂草原风格,侯马铸铜遗址出土的陶范是其集中体现。如:

(Ⅰ)1959－1964 年的发掘品。[21] 典型标本是:

Ⅱ号遗址出土的钟钮范(图九:1)。[22] 编号:ⅡT13⑤:6,钟钮是由一对龙首翼兽组成。翼的表现极富写实感,三晋花纹多有之。

(Ⅱ)1992 年的发掘品。[23] 典型标本是:

1."鸟形模"(图九:2)。[24] 编号:T9H79:17,头部残缺,报告称"鸟形模",大概是从其足作鸟爪来判断,其颈部花纹同下"虎形模",翼的装饰也与下"虎形模"有翼者相似,未必就是鸟形模。

2."兽擒蛇模"(图九:3)。[25] 编号:T9H79:18,头部亦残缺,但有翼,从身上的花纹看,似是豹类。

3."虎形模"(图九:4)。[26] 编号:T9H79:19,两件,皆为半模:一件有翼,作垂鳞状叠羽;一件无羽。足为鸟爪,腿后有距。其虎纹作阴线 S 纹,是三晋铜器的特点。

(丙)铜器纹饰。

1. 山西浑源李峪村出土铜壶上的麒麟纹(图一〇:左)。[27] 此器是故宫博物院收藏。麒麟在汉代图像中极为常见(图一〇:右),形象多作带翼鹿,头戴一角,角端有肉(前端起节,如肉瘤状)。孙机先生指出,李峪村出土铜壶上的花纹与之相似,应是较早的实例。此器也是出自三晋系统。

---

21 山西省考古研究所:《侯马铸铜遗址》,北京:文物出版社,1993 年,上册,第 134 页。图像见该书上册,第 135 页:图六七:1;下册,图版七二:3。

22 同上,上册,第 134 页。图像见该书第 135 页:图六七:1;下册,图版七二:3。

23 山西省考古研究所:〈1992 年侯马铸铜遗址发掘简报〉,《文物》1995 年 2 期,第 29－53 页。

24 同上。图像见该书第 40 页:图二一:1,第 47 页:图四二。

25 同上。图像见该书第 37 页:图一六:4,第 46 页:图三六。

26 同上。图像见该书第 42 页:图二六,第 49 页:图四八。

27 参看:孙机〈几种汉代的图案纹饰〉,《文物》1982 年 3 期,第 63－69 页。图像见该文第 65 页:图二:1。

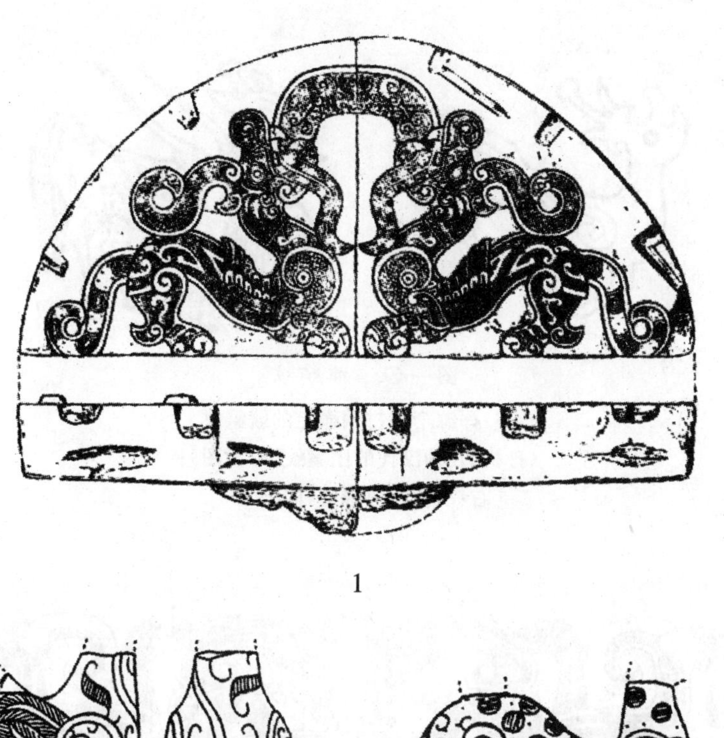

1

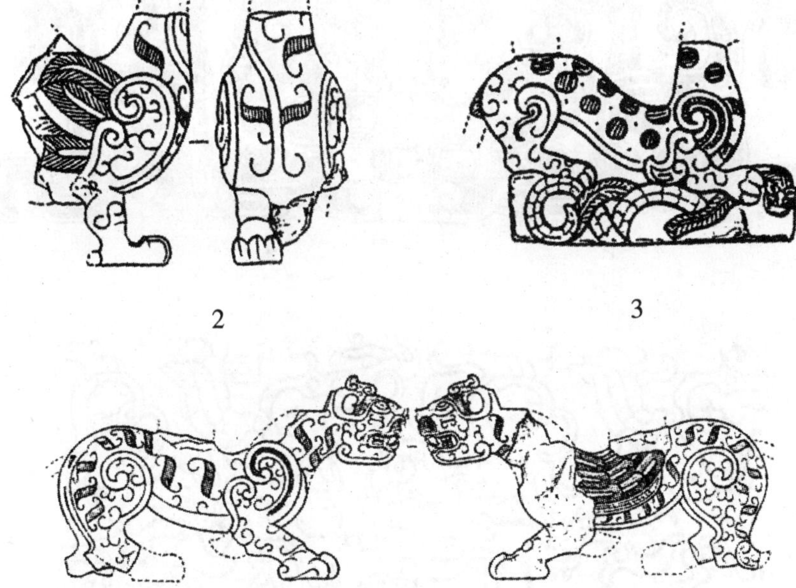

2　　　3

4

图九　侯马铸铜遗址陶范上的有翼神兽：

1. 钟钮范上的对兽；2. 鸟形模；

3. 兽擒蛇模；4. 虎形模。

图一〇　麒麟纹：

左：浑源李峪村铜壶上的麒麟纹

（孙机《几种汉代的图案纹饰》插图）；

右：汉代的麒麟纹（同上）。

图一一　三晋的鸟首翼兽纹：

上：侯马铸铜遗址出土陶范上的花纹；

下：河南辉县琉璃阁 M57 出土铜鉴上的花纹。

1

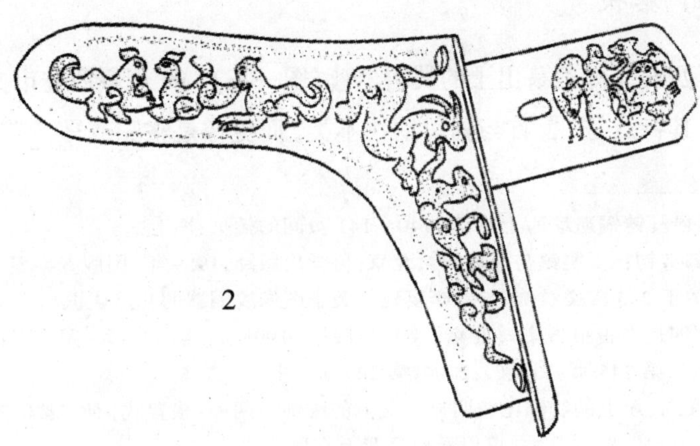

2

图一二　巴蜀兵器上的有翼神兽：

1. 巴蜀铜矛上的带翼虎；

2. 广元市文物管理所藏铜戈上的花纹。

2. 山西侯马铸铜遗址出土陶范上的兽面纹(图一一:上)。[28]是由变形的鸟首翼兽组成。这类花纹在三晋铜器中极为常见,往往正视可见其耳,侧视可见其冠,而且有如同鹰翼的鸟羽和类似泉屋博古馆藏器的简化羽纹。

3. 河南辉县琉璃阁战国魏墓 M57出土铜鉴上的动物纹(图一一:下)。[29]分上下两层,上层是鸟首翼兽和蛇,下层是马、鹿。其鸟首翼兽,皆长颈带冠,翼或上举,或下垂。[30]

4. 巴蜀兵器上的纹饰(图一二:1)。[31]巴蜀流行虎纹,虎纹多作带翼虎,用以装饰兵器。[32]这种纹饰虽有当地特点,但与其南的滇文化和其北的草原地区可能有渊源关系。如:(1)四川广元市文物管理所藏铜戈(六十年代在昭化宝轮院收集),器形属巴蜀式,但纹饰是鄂尔多斯式,上面不但有虎噬羊(或鹿)的场面,还有一兽很像是狮虎类的有翼神兽(图一二:2);[33](2)四川南部的石棺墓和云南滇文化的墓葬经常出土所谓"三叉格式铜剑",这种铜剑也流行于内蒙古、宁夏一带;(3)翼虎也见于云南晋宁石寨山7号墓出土的银带扣(详下)。这三点都暗示出,从内蒙古西部到云贵高原一直有一条贯穿南北的传播渠道。

(三) 秦代

陕西西安北郊秦墓出土的翼兽器座(图一三)。[34]现藏西安市文物管理委员会。其特点是,兽首与猫科动物不类,而更像是骆驼或马,有尖耳和长

28 《侯马铸铜遗址》,上册,第140-141页间的插页:图七二。

29 郭宝钧:《山彪镇与琉璃阁》,北京:科学出版社,1959年,图版壹零零。

30 关于2、3两类纹饰,参看李夏廷:〈关于图像纹铜器的几点认识〉。

31 《四川考古报告集》,北京:文物出版社,1998年,第138页:图二五:4,第141页:图二八:3,第245页:图五〇:2-4,第247页:图五一:7、8。

32 其剑、矛上的纹饰比较明显。戈上的纹饰分两种:横置式,身首被阑隔断,看不清是否有翼;竖置式,在阑左,可以看出是背上有翼。

33 广元市文物管理所:〈四川广元收藏的一件兽纹铜戈〉,《文物》1992年7期,第86页。图像见第86页:图一、二。

34 傅天仇主编:《中国美术全集》,雕塑编2,北京:文物出版社,1985年,第34页:图三二。

图一三　秦代的翼兽器座
（铜，陕西西安北郊秦墓出土）

尾，背树双翼是分铸而配装。

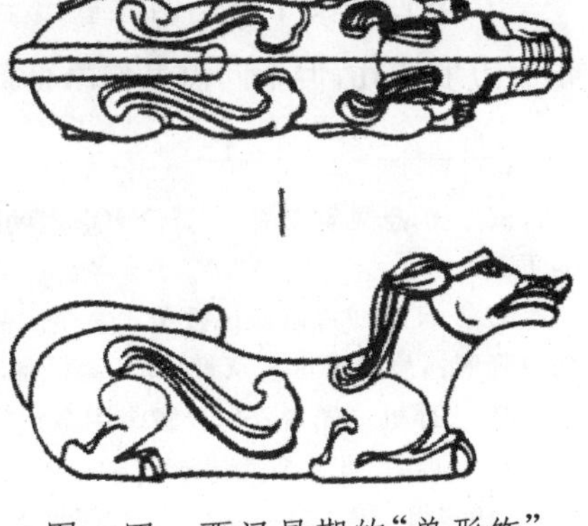

图一四　西汉早期的“兽形饰”
（铜，江苏徐州汉宛朐侯刘埶墓出土）

（四）西汉

（甲）铜器。

1. 江苏徐州西汉宛朐侯刘埶墓出土的“兽形饰”（图一四）。[35] 其造型与上述秦代的翼兽相似，也是作驼、马类形象，但头上有向后弯曲的双角（作羊角式），并且双翼朝后。同出有类似动物形象的金带扣一组。其年代不晚于

35　徐州博物馆：〈徐州西汉宛朐侯刘埶墓〉，《文物》1997 年 2 期，第 4－21 页。图像见 14 页：图二六：11，13 页：图二五。

公元前155年,属西汉早期。战国翼兽有不少是背树双翼,这种特点在汉器中比较少见。汉代翼兽的特点是,它们的翼多作长条形或叶片形,翼尖朝后,贴于身侧,羽毛则有两排和一排之分。

2. 江苏苏州虎丘农机厂出土的"辟邪形铜座"。[36]原物未见,器形不详,器底有铭文"尚方作河平元年五月甲子造"。此器是公元前28年的作品,属西汉晚期。翼兽形器座在两汉时期非常流行。

3. 日本泉屋博古馆藏鎏金镶嵌翼兽镇。[37]两件:(1)"蝦蟆式"翼兽(图一五:上)。狮首,独角,状如蝦蟆,器底有男根,浑身镶嵌红宝石、绿松石、蓝宝石和水晶,即采用所谓"青碧玫瑰式"装饰;[38](2)雌雄双兽(图一五:下)。作上下二兽,上兽为独角,下兽无角,身上亦镶嵌绿松石。这两件器物,日本学者均断为西汉之物,但它们也有可能是东汉的器物。

(乙)陶器。

1. 陕西西安龙首原西北医疗设备厂福利区92号西汉墓出土(图一六:上)和美国芝加哥艺术研究所博物馆收藏的翼兽器座(图一六:下)。[39]两件基本相同,皆彩绘,大嘴尖耳,双翼朝后,足三分,颈后有方形插孔。其头部造型也与驼、马有类似之处,并且双翼在侧。此器是西汉早期的器物。

2. 陕西西安十里铺西汉墓出土的翼兽器座(图一七)。[40]亦彩绘,颈后也有方形插孔,但不同点是作昂首挺胸的带翼狮。昂首挺胸也是后来天禄、

---

36 消息见管玉春:〈试论南京六朝陵墓石刻艺术〉,《文物》1981年8期,第61-64页。

37 泉屋博古馆:《仏教美术·金工品》,未印出版社和出版年月,第9、37、38页。又樋口隆康:《泉屋博古》,京都:株式会社便利堂,1994年,第44页:图67。

38 孙机:〈先秦、汉、晋腰带用金银带扣〉,《文物》1994年1期,第50-64页。

39 前者,见西安市文物保护考古所编:《西安龙首原汉墓》甲编,西安:西北大学出版社,1999年,第120-122页。图像见该书上册,第143页:图九四:7;下册,图版二和图版三八。后者,承美国芝加哥艺术研究所博物馆的潘思婷(Elinor Pearlstein)女士提供照片。该器是由Stanley Herzman女士捐献,Robert Hashimoto先生摄影,尺寸:22.2×43.8厘米,编号:1997.337。

40 王九刚、孙敬毅:〈西安北郊出土陶辟邪等汉代文物〉,《考古与文物》1992年5期,第39-40页。图像见该文39页:图一:3。

图一五　泉屋博古馆藏鎏金镶嵌西汉翼兽镇(铜)：
上:“蝦蟆式”翼兽;下:雌雄双兽。

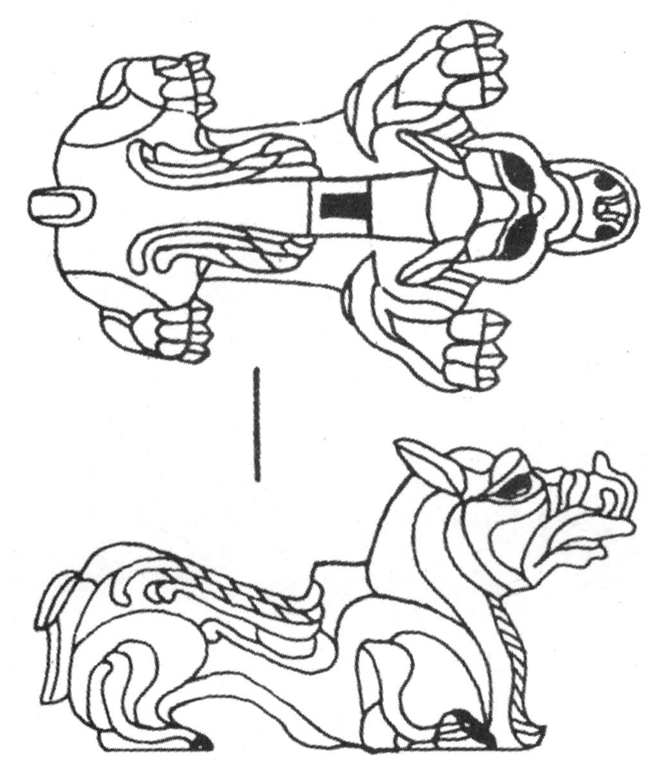

图一六　西汉早期的翼兽器座(陶)：

上:陕西西安龙首原92号西汉墓出土；

下:美国芝加哥艺术研究所博物馆藏。

辟邪的特点。此器年代也在西汉早期。

图一七　西汉早期的翼兽器座
(陶,陕西西安十里铺西汉墓出土)

(丙)玉器。

1. 陕西咸阳汉渭陵(汉元帝陵)出土的带翼狮(图一八:1、2)。[41] 两件,现藏咸阳市博物馆,一件作昂首挺胸式,头上有双角,贴头顶向后弯;一件作俯首状,头上也有双角,双角并合,角端向左右分开。其年代在西汉晚期(公元前33年之前)。前者与东汉神道石刻中的天禄、辟邪相似,已具备其特点;后者作“蝦蟆”式。同出有骑马羽人(注意:马是有翼的天马)、鹰、熊等玉器,可以让人感受到一种草原艺术的气息。[42]

2. 故宫博物院藏带翼狮(图一九)。[43] 清宫旧藏,与渭陵所出作“蝦蟆式”者大同小异,当是时间相近的作品。[44]

3. 美国华盛顿赛克勒美术馆藏带翼狮(图二〇)。[45] 狮首似龙,亦昂首

41　张子波:〈咸阳市新庄出土的四件汉代玉器〉,《考古》1979年2期,第60页;李宏涛、王丕忠:〈汉元帝渭陵调查记〉,《考古与文物》1980年创刊号,第38-41页;李绥成、王晓谋:〈咸阳出土珍品一览:西汉玉雕群〉,《鉴赏家》,no. 5,第26-32页。图像见李绥成、王晓谋文,第29页。

42　故宫博物院有两件汉代的玉天马(皆清宫旧藏),也有双翼,见周南泉主编《故宫博物院藏文物珍品全集》40《玉器》(上),生活·读书·新知三联书店(北京)和商务印书馆(香港)有限公司1996年版,第235页:图版196,第236页:图版197。羽人是中国式的艺术主题(大洋洲商代墓葬已有玉羽人发现),但战国以来的神仙思想常与西王母的传说有关,羽人骑天马或羽人骑天禄辟邪,也不能排除是受外来影响。

43　《故宫博物院藏文物珍品全集》40《玉器》(上),第240页:图版201。

44　清宫旧藏还有几件玉辟邪,不知是西汉晚期还是东汉时期的器物,见《故宫博物院藏文物珍品全集》40《玉器》(上),第242页:图版202,第243页:图版203(有乾隆御款),第266页:图版222。

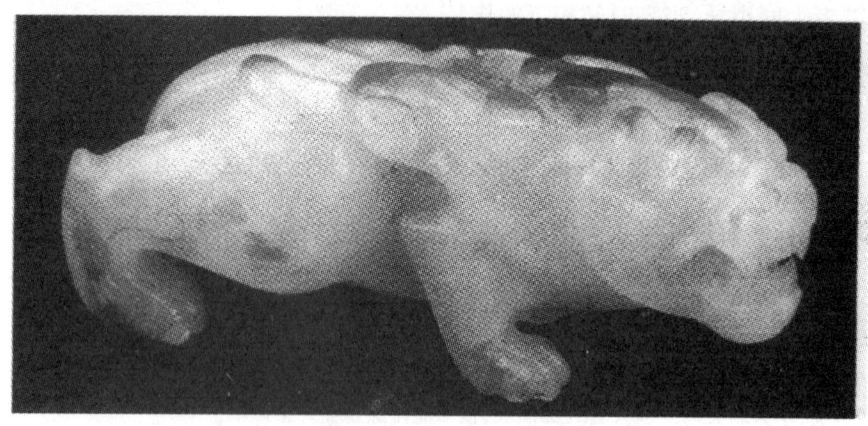

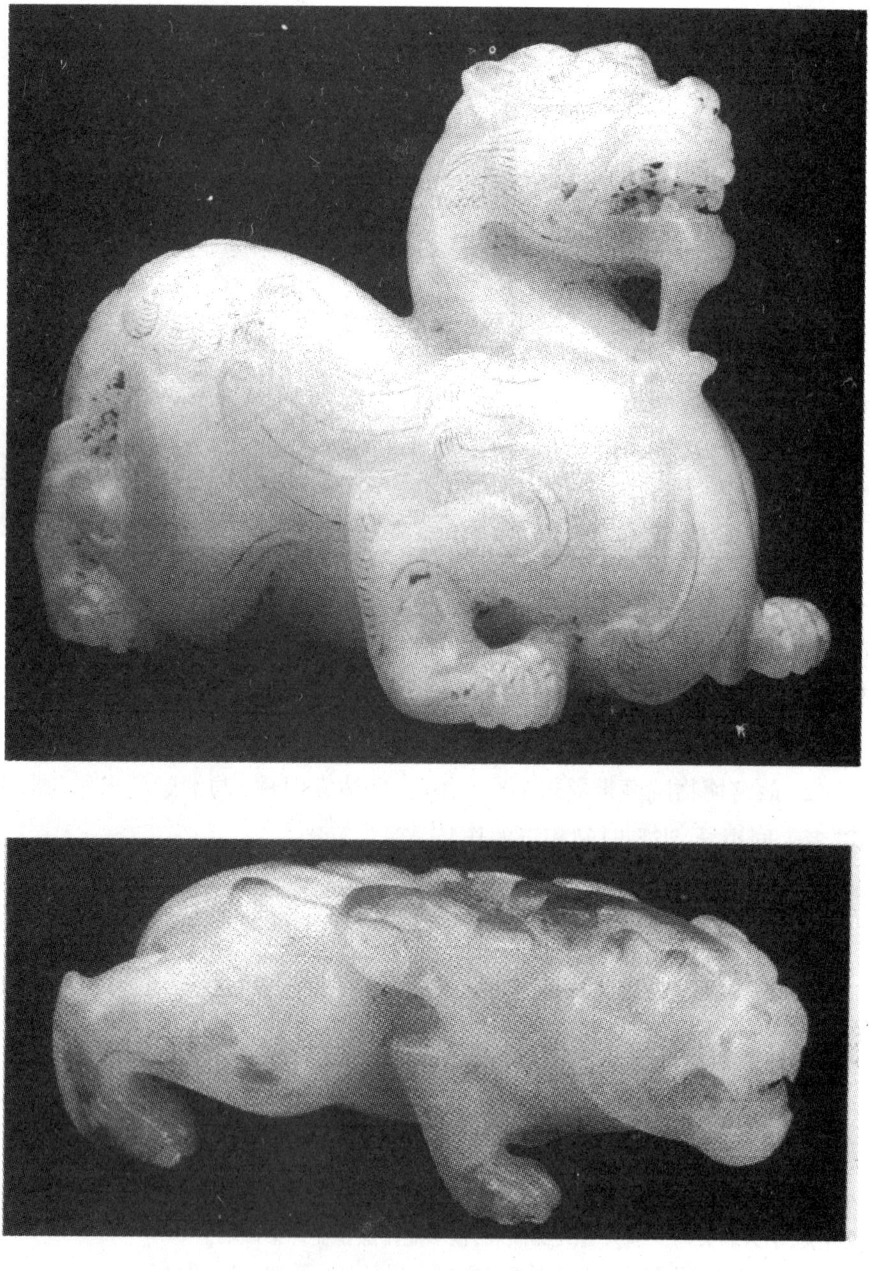

图一八　西汉晚期的带翼狮

（玉，陕西咸阳汉渭陵出土）：

上：昂首式；下：俯首式。

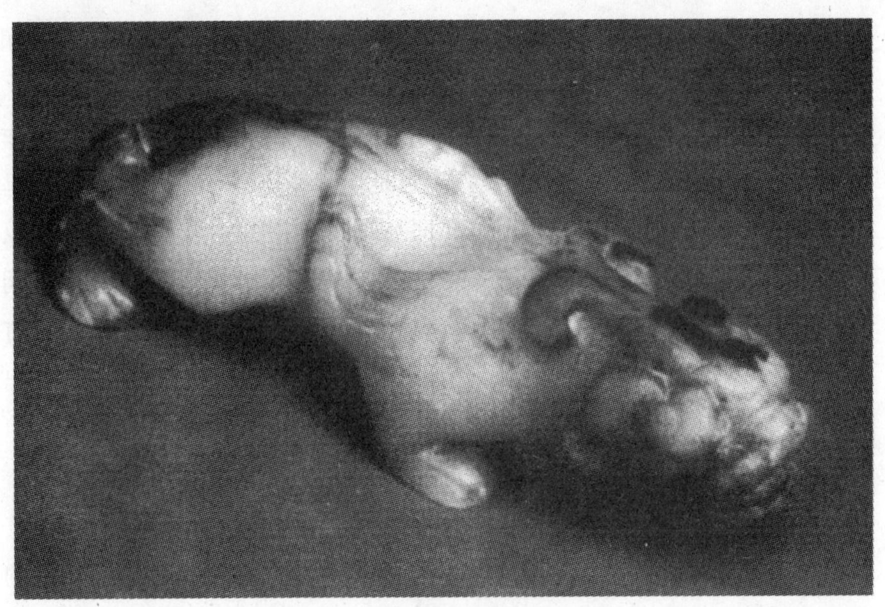

图一九　西汉晚期的带翼狮

（玉，故宫博物院藏）

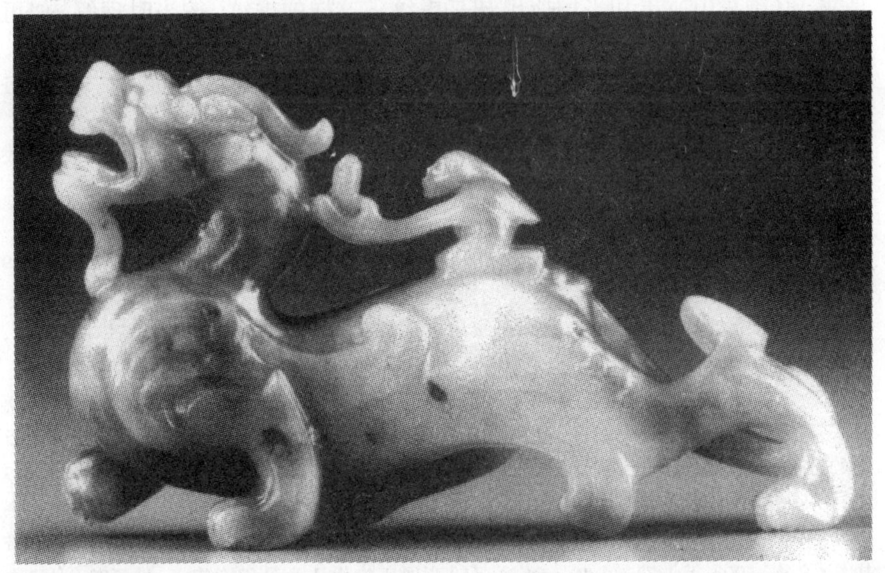

图二〇　西汉的带翼狮

（玉，华盛顿赛克勒美术馆藏）

挺胸,头上有双角,背上有羽人为御,与上骑马羽人意匠同,可能也是时间相近的作品。

4. 汉长安城武库遗址出土浮雕饰件上的带翼山羊(图二一:上)。[46] 作独角山羊。汉代艺术形象中的麒麟,多数是作带翼鹿,一角,角端有肉,这是中国风格的麒麟,但也有作这种形象,即与西亚风格更为接近。例如东汉以来的“五灵纹”,其中的“麒麟”,很多就是山羊式。[47] 此器与广西西林普驮铜鼓墓出土铜牌饰(图二一:下)上的动物酷为相似,不同点只是后者没有翼。[48]前者是西汉遗址所出,后者是西汉墓葬所出,时代相近,但它们一出北方,一出南方,可以反映南北文化传播的广泛。

(丁)金银器。

云南晋宁石寨山 7 号墓出土的银带扣(图二二:上)。[49] 主题是翼虎。其形式与朝鲜乐浪遗址出土的虎纹带扣相似(图二二:下),但后者没有明显的翼。我国早期带扣有些是草原地区的制品,也有些是模仿这类风格的汉地制品。二者的关系值得探讨。[50] 在出土发现中,类似出土物很多,主题往往是龙,但石寨山所出和平壤所出却是虎纹。这样的虎纹,按当时理解,似可

45 这里的照片是承华盛顿弗利尔—赛克勒美术馆的苏芳淑博士提供。该器编号是 S. 1987. 26 vw2。

46 中国社会科学院考古研究所汉城工作队:〈汉长安城武库遗址发掘的初步收获〉,《考古》1978 年 4 期,第 261 – 269 页。图像见该文第 265 页:图六。

47 孙机:〈几种汉代的图案纹饰〉,《文物》1982 年 3 期,第 63 – 69 页。

48 广西壮族自治区文物工作队:〈广西西林县普驮铜鼓墓葬〉,《文物》1978 年 9 期,第 43 – 51 页。图像见该文第 45 页:图三。

49 云南省博物馆:〈云南晋宁石寨山古墓发掘报告〉,北京:文物出版社,1959 年,图版 107。

50 这件带扣的来源,学者有不同看法:(1) 发掘者认为是从希腊传入,纹饰与“亚述式”翼兽相似,见〈云南晋宁石寨山古墓发掘报告〉;(2) 张增祺先生认为是斯基泰在云南的移民所造,见所著〈战国至西汉时期滇池区域发现的西亚文物〉,《考古》1989 年 9 期,第 808 – 820 页;(3) 王仁湘先生认为是本土制造,见所著〈带扣略论〉,《考古》1986 年 1 期,第 65 – 75 页;(4) 孙机先生也认为是本土制造,见所著〈先秦、汉、晋腰带用金银带扣〉,《文物》1994 年 1 期,第 50 – 64 页;(5) 童恩正先生认为是印度传入,见所著〈古代中国南方与印度交通的考古研究〉,《考古》1999 年 4 期,第 79 – 87 页。案:诸说似以本土说较为合理。

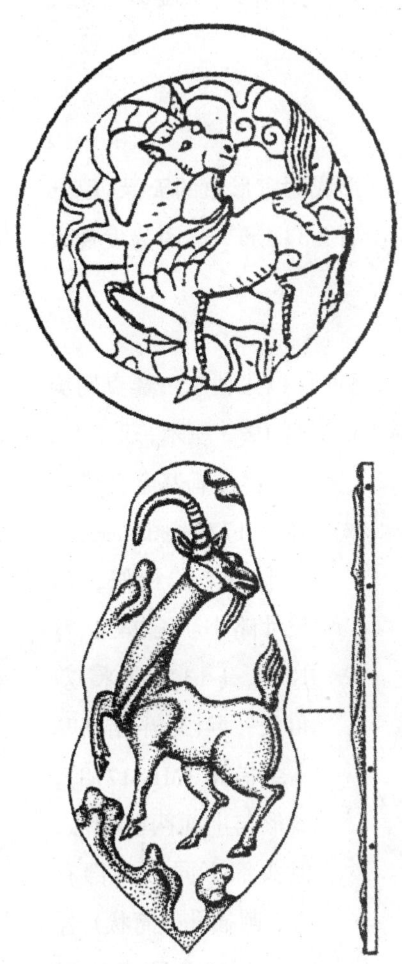

图二一　西汉的带翼山羊：

上：汉长安城武库遗址出土的玉器；

下：广西西林普驮铜鼓墓出土的铜牌饰。

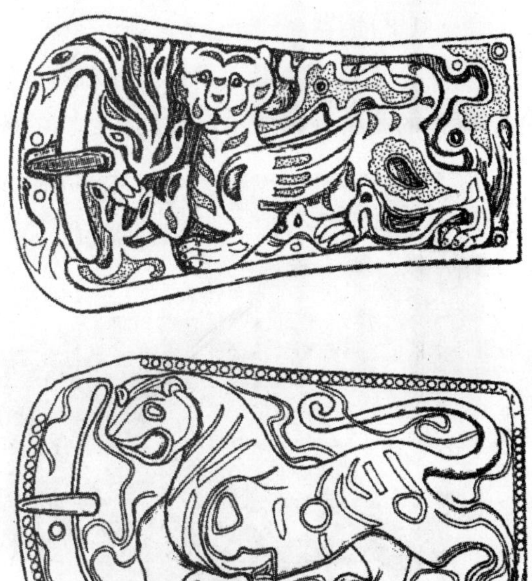

图二二　西汉的翼虎纹带扣(银)：

上：云南晋宁石寨山7号墓出土；

下：朝鲜平壤乐浪遗址出土。

归入四灵系统的中国纹饰，但加翼却是受外来影响。现已出土的金银带扣，此种类型多见于汉地和与汉地邻近的地区（东见于朝鲜、日本，西见于新疆，南见于云南和广东），当然不能认为都是外来物，但它们的审美趣味还是受到外来影响。

（五）东汉

东汉时期，上述翼兽中的带翼狮开始定型，形成固定形象的天禄、辟邪（下文按惯例，称成对者为“天禄”、“辟邪”，单出者为“辟邪”）。因为发现太多，这里只能择要做简短介绍。

（甲）铜器。

1. 美国赛克勒美术馆藏辟邪式器物。[51] 共三件：（1）弗利尔—赛克勒美术馆的藏品（F1961.3），背部开口，长 36.6、宽 13.7、高 19.3 厘米，双角存；（2）赛克勒基金会借存（MLS1779，图二三），器形与上器相似，但尺寸略小：长 24.2、宽 11.6、高 13.3 厘米，双角失；[52]（3）赛克勒基金会借存（MLS1778），器形与上面两器相似，但头部不同，背部有方、圆插孔（筒状）各一，规格介于上述二器：长 25.6、宽 15.3、

图二三　东汉的辟邪器物
（铜，赛克勒美术馆藏）

51　承苏芳淑博士寄赠照片（8 月 13 日）。

52　Jenny F. So, *Eastern Zhou Ritual Bronzes from the Arthur M. Sackler Collections*, Arthur M. Sackler Foundation 1995, p. 57, fig. 95.

图二四　东汉的辟邪砚盒
（铜，鎏金镶嵌，江苏徐州汉彭城王刘恭墓出土）

图二五　东汉鎏金辟邪镇
（泉屋博古馆藏）

高 16.5 厘米,双角存。此类辟邪往往是足掌上翻。[53]

2. 江苏徐州汉彭城王刘恭墓出土鎏金镶嵌辟邪式砚盒(图二四)。[54] 这是典型的“蝦蟆式”翼兽,头上有双角。此器装饰豪华,器表鎏金,镶嵌红珊瑚、绿松石和青金石,亦属“青碧玫瑰式”装饰。其年代约在东汉明帝时(公元 58 – 75 年)。

3. 日本泉屋博古馆藏鎏金辟邪镇(图二五)。[55] 造型与东汉常见的辟邪相似,身上有类似豹纹的花纹。

图二六　东汉铜镜上的辟邪纹
(孙机《汉镇艺术》插图)

4. 铜镜 (图二六)。[56] 孙机先生提到,浙江出土的一面汉镜上有独角翼龙式花纹,旁注铭文“辟邪”。

(乙)陶器。

1. 陕西咸阳市出土的翼兽器座(图二七)。[57] 陕西省博物馆藏。兽首似驼、马类动物,与上西安北郊所出秦器座、龙首原所出西汉器座似为一系,而与东汉常见的辟邪器座不同。东汉的辟邪器座,多与下器相似。[58]

2. 美国洛杉矶县立艺术博物馆藏东汉彩绘辟邪(图二八)。[59] 头上有双

53　又参看:*Gisèle Croës*, n. 30 (13 – 21 March 1993), p. 18, 42 所收的两件辟邪器座,及刘海超〈阜阳博物馆藏品简介〉(《文物天地》2000 年 1 期,32 – 36 页)介绍的一件器座。后者被作者定为西汉铜器。

54　夏鼐:〈无产阶级文化大革命中的考古新发现〉,《考古》1972 年 1 期,第 29 – 42 页。图像见该文第 33 页:图六。

55　《仏教美术 · 金工品》,第 19 页。

56　见孙机:〈汉镇艺术〉,北京:《文物》1983年6期,第69 – 72页,图像见该文第71页:图二:1。又孙机:《汉代物质文化资料图说》,北京:文物出版社,1991 年,第 420 页。

57　《中国美术全集》,雕塑编 2,第 132 页:图版 129。

58　上文所记战国秦汉时代的翼兽形器座,它们原来是干什么用,很多情况还并不清楚。但东汉时期的这类器座,特别是四川地区出土的陶器座,有些是所谓“摇钱树”的器座(除辟邪式,也有作带翼马或带翼羊式)。参看:Susan N. Erickson, “Money Trees of the Eastern Han Dynasty,” *Bulletin of the Museum of Far Eastern Antiquities*, no. 66 (1994), pp. 5 – 115。案:四川出土的带翼羊是绵羊。

59　此器照片是承洛杉矶县立艺术博物馆提供,编号:AC1997. 1. 1,名称:东汉辟邪 25 – 220,制作:中国,尺寸:42. 6 × 39 × 26 厘米,捐献:Elly Nordskog and family in memory of BOb Nordskog, 版权:Photograph © 2000 Museum Associates/LACMA。

图二七　东汉的翼兽器座

（陶，陕西咸阳出土）

图二八　东汉彩绘辟邪

（洛杉矶县立艺术博物馆藏）

角,前后足的上方皆有四条前端弯曲如钩状的羽翼。这件辟邪是东汉辟邪的典型式样,当时的陶器座很多都是采取这种形式。60

(丙)玉器。

陕西宝鸡市北郊东汉墓出土的辟邪式器座(图二九)。61 头顶有一方形插孔,背部有一圆形插孔。62

图二九　东汉的辟邪器座

(玉,陕西宝鸡市北郊东汉墓出土)

(丁)金银器。

河北定县汉中山穆王刘畅墓出土的天禄、辟邪(图三〇)。63 是用金丝掐制,一件作双角,一件作独角,皆有翼。同出还有掐丝金龙、掐丝金羊和各种金饰片多种。墓葬年代约在公元174年。

(戊)神道石刻。头上或无角,或一角,或两角。东汉时期的标本,现在有十几对(但有些只剩一件),除四川地区的发现,似以河南,特别是帝都洛阳和豪族云集的南阳最集中。本世纪以来流散于各国博物馆的藏品,很多也

60　这类陶器在各地博物馆中多有收藏,如1997年参观济宁市博物馆就见到过一对。

61　《中国文物精华》编辑委员会编:《中国文物精华》1992,北京:文物出版社,1992年,图版78。

62　又台湾故宫博物院有一件玉辟邪,造型与下奈尔逊—阿特金斯艺术博物馆藏天禄、辟邪石刻相似,见《中华五千年文物集刊·玉器篇(汉代)》,台北:中华五千年文物集刊委员会,1991年,第46页:图79。原器有乾隆御款,苏芳淑博士认为是明清时代的仿古艺术品。

63　见定县博物馆:〈河北定县43号墓发掘简报〉,《文物》1973年11期,第8–20页。图像见该文图版叁:2。

图三〇　东汉的天禄、辟邪

（金，掐丝，河北定县汉中山穆王刘畅墓出土）

图三一　东汉神道石刻的天禄、辟邪

（原在河南南阳汉宗资墓前）

是出自河南。南阳所出，一角者铭刻“天禄”，两角者铭刻“辟邪”（皆刻于翼上）；四川所出，则没有铭文。以天禄、辟邪守护阙门和神道是东汉以来的风气，常例是以一角者居左，两角者居右（六朝则是以一角者居右，两角者居左）[64]，形体不算太大（一般在1－1.6米左右）。它们是魏晋南北朝这类石刻的前身（形体不如后来巨大，但基本特征相同）。魏晋时期，这类石刻未见，南北朝时期才重新流行（但南北朝以后衰落）。北朝所刻不精，制作精美者多是南朝的作品（集中于南京、丹徒一带）。它们的共同源头还是河南，雕刻工艺也是沿袭汉代，彼此非常相似。其实物有：

（Ⅰ）河南的标本。

1. 南阳宗资墓前的天禄、辟邪。据宋以来的金石著录[65]，河南出土的天禄、辟邪石刻是以南阳、宝丰二地最集中。南阳所出主要有汉宗资墓前的一对、汉宋均墓前的一对，以及麒麟岗汉墓前的一对。宝丰所出则有州辅墓前的一对。[66]这些石刻，现在只有宗资墓前的一对（或说只有一件属宗资墓，另一件不是）还在，现藏南阳汉画馆（图三一）。[67]

2. 河南洛阳涧西孙旗屯出土的天禄、辟邪（图三二）。[68]一藏洛阳关林石刻艺术馆，一藏中国历史博物馆，其造型与上相似，下有方座，颈部有铭，曰“缑氏蒿聚成奴作”。

（Ⅱ）四川的标本。

1. 雅安汉高颐墓的天禄、辟邪（图三三）。[69]一对，造型粗犷，不如河南所出者精细。

---

64 朱希祖：〈天禄辟邪考〉，第198页引其子朱偰〈六朝陵墓总说〉。

65 见欧阳修《集古录跋尾》卷三、沈括《梦溪笔谈》卷二一、赵明诚《金石录》卷一五等书。

66 朱希祖：〈天禄辟邪考〉，第185－187、192－194页。州辅墓前的一对，朱氏认为是四对（第193页）。

67 《中国美术全集》，雕塑编2，第88－89页：图版八七。又上引Barry Till文，p. 271，fig. 9。

68 《中国美术全集》，雕塑编2，第96页：图版93。

69 徐文彬等编：《四川汉代石阙》，北京：文物出版社，1992年，第113页：图版一一七。

图三二　东汉神道石刻的天禄、辟邪

（河南洛阳涧西出土）

图三三　东汉神道石刻的天禄、辟邪
（四川雅安汉高颐墓前）

2. 芦山樊敏墓的天禄、辟邪。[70]一对。造型也比较粗犷。

(Ⅲ)散藏于西方博物馆中的藏品。[71]

1. 美国费城:宾州大学博物馆的藏品。一对,传出河南内丘县。

2. 法国巴黎:吉美博物馆的藏品。一对,传出河南内丘县。

3. 美国布法罗:阿尔布莱特—诺克斯美术馆的藏品。一件。

4. 瑞士苏黎士:莱特堡博物馆的藏品。一件。

5. 美国堪萨斯:奈尔逊—阿特金斯艺术博物馆的藏品(图三四)。一对。此器下有方座,与涧西所出同。

6. 美国旧金山:亚洲艺术博物馆的藏品。一件。

7. 瑞典斯德哥尔摩:远东古物博物馆的藏品。一件。

此外,应当指出的是,东汉时期的天禄、辟邪,有些无翼,学者或称"狮子",如:(1)四川芦山杨君墓前的一对[72],(2)山东嘉祥武氏祠前的一对[73],(3)1959年陕西咸阳西郊出土的一对(图三五)[74],它们在墓地的位置和功能(看守阙门),它们的造型和姿态均与有翼者无别,其实仍应视为天禄、辟邪。

(己)画像石。

在东汉时期的画像石中,有翼神兽是常见主题。其中既有格里芬式的鸟首神兽和天禄、辟邪,也有翼虎、翼豹、翼马、翼鹿和人首(九头、三头和两头)兽身的带翼神物,例子极多,不胜枚举。这里可举两个例子:

---

70 徐文彬等编:《四川汉代石阙》,北京:文物出版社,1992年,第117页:图版一三二、一三三。

71 Barry Till, "Some observations on stone winged chimeras at ancient Chinese tomb sites," *Artibus Asiae*, vol. 42, pp. 261–281. 案:作者把上述器物分为两大类,第一类是下述1–4,第二类是下述5–7。另外,该文还收有一件下落不明的私人藏品,照片见p. 277, fig. 21。该器是盖特格雷氏(Mr. Gategory)于解放前获自洛阳,然后迁到北京,器形与旧金山亚洲艺术博物馆的藏品相似,作者怀疑是一对。

72 《中国美术全集》,雕塑编2,第92–93页:图版九〇。

73 《中国美术全集》,雕塑编2,第94–95页:图版九一。

74 《中国美术全集》,雕塑编2,第94–95页:图版九二。

图三四　东汉神道石刻的天禄、辟邪

（奈尔逊—阿特金斯艺术博物馆藏）

图三五　东汉神道石刻的天禄、辟邪

（陕西咸阳西郊出土）

图三六　东汉画像石上的有翼神兽

（山东沂南出土）

1. 山东沂南画像石中的例子(图三六)。[75]

2. 山东嘉祥画像石中的例子(图三七)。[76]

(庚)其他石刻。

1. 四川雅安点将台汉墓出土的“辟邪插座”(图三八)。[77] 现藏四川省博物馆,颈后有圆形插孔。

2. 河南淮阳县北关纱厂汉墓(M1)出土的“石天禄承盘”(图三九)。[78] 也是比较小的石刻(长22厘米、高46厘米),同出有石俑、虎形座、狮形座、双兽座等其他石刻。

(辛)丝织品。

在新疆出土的汉地织锦中,我们经常可以见到一种鸟兽纹夹汉字的图案。其中的兽类,除狮、虎外,辟邪也是常见之物。如民丰县尼雅遗址出土的“五星出东方利中国”锦、“讨南羌”锦、“延年益寿长葆子孙”锦、“宜子孙”锦、“文大”锦、“安乐绣”锦(图四〇),上面就有这类图像。[79]

75　引自 Käte Finsterbusch, *Verzeichnis und Motivindex der Han-Darstellungen*, Wiesbaden: Otto Harrassowitz 1971, Abbildung 335, Tafel 99(原出曾昭燏《沂南古画像石墓发掘报告》,上海,1956年)。

76　济宁地区文物组、嘉祥县文管所:〈山东嘉祥宋山1980年出土的汉画像石〉,《文物》1982年5期,第60－70页。图像见该文第68页:图二三至二五,模糊不清。

77　《中国美术全集》,雕塑编2,第98页:图版九五。

78　周口地区文物工作队、淮阳县博物馆:〈河南淮阳北关一号汉墓发掘简报〉,《文物》1991年4期,第34－46页。图像见该文第39页:图九:1。

79　新疆文物考古研究所:〈新疆民丰县尼雅遗址95MN1号墓地M8发掘简报〉,《文物》2000年1期,第4－40页。图像见该文第28页:图六〇,第34页:图七〇、七一。

图三七　东汉画像石上的有翼神兽

（山东嘉祥出土）

图三八　东汉的辟邪插座

（石，四川雅安点将台汉墓出土）

图三九　东汉的石天禄承盘
（石，河南淮阳北关纱厂汉墓出土）

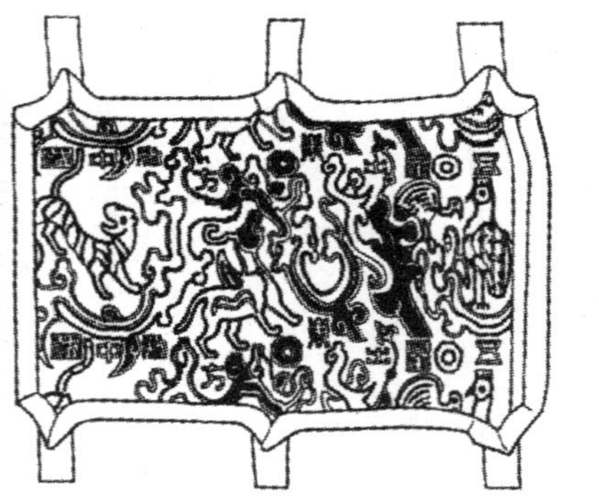

图四〇　尼雅遗址出土的丝织品
（带辟邪纹）

（六）其他

1. 汉墓出土的“系臂辟邪”。(图四一)。[80] 是一种用琥珀、炭精、黄金、琉璃、骨头制作的无翼小狮，一般大小只有 1 厘米多长，主要流行于两汉和魏晋南北朝时期的墓葬，孙机先生推测，当是系臂用来辟邪的用品。

2. 广西合浦西汉墓出土的“辟邪镇”(图四二)。[81] 辟邪镇。作三兽环立，也没有明显的翼。[82]

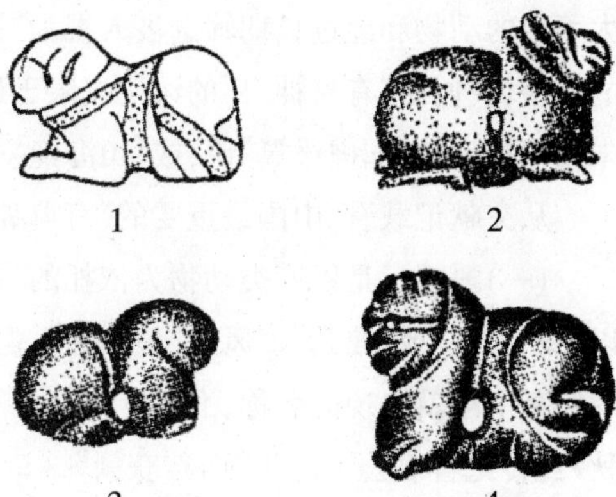

图四一　系臂辟邪：
1. 陕西咸阳马泉西汉墓出土(琥珀)；
2. 3. 贵州清镇平坝汉墓出土(骨)；
4. 四川昭化宝轮院南北朝墓出土(炭精)。

三、传世文献中的有翼神兽

图四二　辟邪镇
(铜，广西合浦西汉墓出土，孙机《汉镇艺术》插图)

中国古代艺术中的动物形象可分两大类，一类是写实的动物，一类是用不同种类的动物（特别是飞禽和走兽）夸张变形、混合而成，即纯属想象的动物。后者又可分为随意想象不

80　如：(1)贵州清镇平坝东汉墓出土(琉璃和骨制)，见《考古学报》1959 年 1 期，第 101 页：图十七；(2)河北定县汉中山穆王墓出土(琥珀制)，见《文物》1973 年 11 期，第 12 页：图五；(3)咸阳马泉西汉墓出土(琥珀制)，见《考古》1979 年 2 期，第 130 页：图六；(4)湖北宜都陆城东汉墓出土(黄金制)，见《考古》1988 年 10 期，图版陆：6。参看孙机《汉镇艺术》，《文物》1983 年 6 期，第 69 – 72 页。案：孙机先生引《急就篇》卷三“系臂琅玕虎魄龙，璧碧珠玑玫瑰瓮，玉玦环佩靡从容，射魃辟邪除群凶”，似以诸物皆可避邪，因称此物为“系臂辟邪”。

81　广西壮族自治区文物考古写作小组：〈合浦西汉木椁墓〉，《考古》1972 年 5 期，图版陆：3。参看孙机：〈汉镇艺术〉。

82　还有一些材料可附记于此：(1) 四川合川东汉墓出土辟邪石座，见《文物》

太著名的动物和经过长期筛选被人视为“祥禽瑞兽”的动物。这里为了讨论的方便，我们对“有翼神兽”的讨论仅限于最后一种，而并不包括前两种。如朱希祖提到的“如虎添翼”说，或《山海经》中的毛神杂怪，这里都不再讨论。

从文献记载看，中国最重要的“有翼神兽”是：

(一)麒麟。是以鹿类动物为依托的有翼神兽。中国早期的祥禽瑞兽是以“龙”、“凤”或“麒麟”、“凤凰”最出名。但值得注意的是，“龙”、“凤”虽是商周铭刻中早就出现的名称，但“麒麟”和“凤凰”却并不见于早期铭刻。《春秋》经传记鲁哀公十四年“西狩获麟”，《诗经·周南》有《麟之趾》，它们提到的都是“麟”而不是“麒麟”。“麒麟”作为瑞兽而与“凤凰”对举，似乎只是从战国文献才出现。[83]“麒麟”称“麟”，一般认为是省称，就像“凤凰”称“凤”也被认为是省称。但我们从词汇发展的顺序看，情况却毋宁相反。它们也许反而是“麟”、“凤”二字的扩展。据《尔雅》、《说文》等书，“麒”、“麟”和“凤”、“凰”都是同一种动物的雌雄二体。但我们怀疑，“麟”(亦作“麐”)在未被神化之前大概只是一种鹿类的动物。[84]这种动物被神化，是因为历史上的两个著名事件：(1)鲁哀公十四年(公元前481年)“西狩获麟”(注意：其获是在西方)，它的被擒曾引起孔子的哀悯，传说孔子竟因此而绝笔《春秋》；(2)汉武帝于公元前122年西祠五畤，据说也曾猎获“白麟”(注意：其获也是在西方，所获之兽色白，正是西方的象征)，因之改元元狩，为作麒麟阁。孔子见到的“麟”是什么样？《春秋》、《左传》没有讲，《公羊传》说是“非中国之兽”或“仁兽”，“麕而有角”(麕即獐，Chinese water deer, *Hydropotes inermis*，只分

1977年2期，第67页：图一九，第68页：图二二；(2)居延甲渠侯官遗址(EP)出土木版画上的带翼虎，见《文物》1978年1期，图版叁：1。

83 如《大戴礼·易本命》、《礼记·礼运》、《孟子·公孙丑上》、《管子·封禅》、《吕氏春秋·应同》、《楚辞》的《惜誓》和《九叹》。案：《礼记·礼运》也把麟、凤、龟、龙称为“四灵”。

84 旧说麒麟即长颈鹿，孙机已正其误，见所著〈麒麟和长颈鹿〉，收入孙机、杨泓：《文物丛谈》，北京：文物出版社，1991年，第336－342页。又学者或说麒麟即狷羚(hartebeest, *Alcelaphus*)，也不可信，见郭郛、李约瑟、成庆泰：《中国古代动物学史》，北京：科学出版社，1999年，第21、63、64、103、533页。

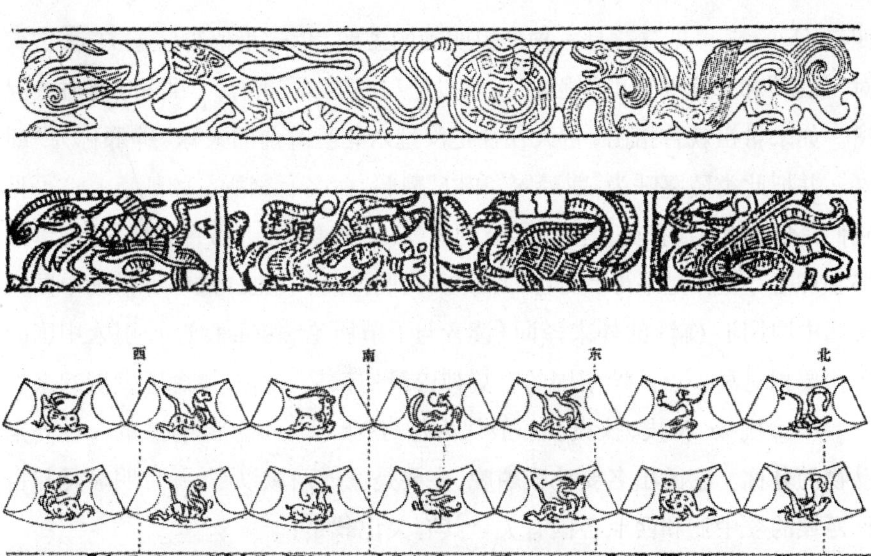

图四三　四灵纹和五灵纹

上:四灵纹(陕西咸阳马泉西汉墓出土铜酒尊上的花纹);
中:四灵纹(青海西宁北朝墓出土角质印匣上的花纹);
下:五灵纹(孙机《几种汉代的图案纹饰》插图)。

布于中国和朝鲜)。[85]孔子见了这样的动物为什么会大哭?原因是他自己就是一位仁者，在他看来，这种仁兽的被擒正是其道不行的象征。武帝所获“白麟”,据说是“一角而五蹄”,在当时是作为汉征四夷、武功全盛的象征,特别是与他对匈奴的征服有关(《汉书·终军传》)。汉以来,学者多谓麒麟是一种麕身、牛尾、狼额、马蹄的神物,雄曰麒而无角,雌曰麟而一角,并且角端有肉。[86]但因为麒麟单称只叫“麟”,所以更多是以“一角”而为人所知。其出土形象,上文已说,是以一角而角端有肉者为多,但也有作山羊形象,头戴尖长角或两角并合者。西汉以后,“麟”还常常加入由青龙、朱雀、白虎、玄武代表四方的“四灵纹”(图四三:上、中),进一步构成四方加中央的“五灵纹”(图

85　《汉书·宣帝纪》说元康四年(公元前62年)“九真(在今越南)献奇兽”,据说也是“麟”,《论衡·讲瑞》说宣帝所获是“状如麋而两角”。

86　如《尔雅·释兽》、《广雅·释兽》、《左传》哀公十三年杜预注、《国语·鲁语》韦昭注、《汉书·武帝本纪》颜师古注等。

四三：下）。[87] 可见“麟”是一种形象明确的主题。但这里值得注意的是，古人对“麒麟”和下面要讲的“桃拔”、“符拔”、“扶拔”或“天禄”、“辟邪”有时会混淆。如朱希祖就曾指出，古人往往把汉魏六朝陵墓前的天禄、辟邪称为“麒麟”，并把此类陵墓呼为“麒麟冢”和以“麒麟”命名石刻所在的地点。[88] 可见它们是形象相似（有翼），性质接近的神兽。“麒麟”的上古音，“麒”是群母之部字（giə），“麟”是来母真部字（lien）。我们怀疑，它也许是一种借助中国概念和中国词汇（麟）的外来译词（读音与下节所论 griffin 相近），引入中国的年代要相对早一点。[89] 中国的有翼神兽最初就是在这一概念下发展起来。

（二）桃拔、符拔、扶拔。一般认为是与“天禄”、“辟邪”有关的一种外来动物的名称。它的出名要比麒麟晚，主要是汉通西域以来，并且明显是与古称西域的今中亚和西亚各国有关。其有关记载是：

（1）《汉书·西域传》：“乌弋山离国（在今阿富汗一带），王〔案：下脱表示其首都的“治某某城”〕[90]，去长安万二千二百里，……乌弋地暑热莽平，其草木、畜产、五谷、果菜、食饮、宫室、市列、钱货、兵器、金珠之属皆与罽宾同，而有桃拔、师子、犀牛。”孟康注曰：“桃拔一名符拔，似鹿，长尾，一角者或为天鹿，两角者或为辟邪。师子似虎，正黄有颟耏，尾端茸毛大如斗。”

（2）《后汉书·章帝纪》：“章和元年（公元 87 年），……是岁，西域长史班超击莎车，大破之。月氏国（在今新疆和新疆以西）遣使献扶拔、狮子。”注：“扶拔，似麟无角。拔音步末反。”

（3）《后汉书·和帝纪》：“章和二年（公元 88 年），……安息国（在今伊朗和伊拉克一带）遣使献狮子、扶拔。”注：“解在《章纪》。”

（4）《后汉书·班超传》：“初，月氏尝助汉击车师有功，是岁贡符拔、狮

87 孙机：〈几种汉代的图案纹饰〉。

88 朱希祖：〈天禄辟邪考〉。

89 何莫邪（Christoph Harbsmeier）教授怀疑，“凤凰”既与“麒麟”并称，也有可能是按同样方法创造的外来语。

90 林梅村先生说缺文当作“治乌弋山离城”，见他的〈天禄辟邪与古代中西文化交流〉，收入所著《汉唐西域与中国文明》，北京：文物出版社，1998 年，第 96 – 101 页。但《汉书·西域传》和《后汉书·西域传》，它们的国名和首都也有不同名者。

子”。注:“《续汉书》曰:‘符拔,形似麟而无角。’”

在上述材料中,我们应当注意的是,“桃拔”、“符拔”和“扶拔”应是同一外来词汇的不同写法。它们的第一字,似是表示该词的辅音部分或靠前的音节,略如后世的反切上字。在中国的上古音中,“桃”是定母宵部字,“符”是並母侯部字,“扶”是並母鱼部字,第一字与后两字声母不同,显然有误。我们怀疑,“桃”字其实是“排”字之误(详下)。“排”是並母微部字。它们都是以b或p为声母。而“拔”是並母月部字,则以at为韵尾。

对上述材料,过去有两种理解,一种是以“桃拔”(或“符拔”、“扶拔”,下不再注)和“狮子”为两种动物,比如认为它是麒麟的别名或无角的麒麟(即麒)[91],或者猜测它是西亚或中亚的某种其他动物。[92]因为孟康对“桃拔”和“狮子”的解释是分开的,李贤也是但释“符拔”。这种解释似乎比较合理。但值得注意的是,在上引各句中,“桃拔”类的词汇和“狮子”虽偶尔倒置,但所有句例都是连在一起,它们也有可能是连读。例如朱希祖就是采用连读。

这里我们希望指出的是,尽管古书记载比较模糊,学者理解颇多分歧,但有两点可以肯定。第一,“桃拔”是与天禄、辟邪相同,或至少是有关(即天禄、辟邪的统称,或无角的天禄、辟邪);第二,天禄、辟邪,见于出土发现,一律都是以成对的带翼狮或狮子的形象出现,而与出土麒麟的形象有别。如果我们以“桃拔”指麒麟或其他动物,则与出土形象不合;如果我们以它们指狮子,又嫌语义重复。因此,上面的后一种读法也值得考虑。这里有两种可能:

第一种可能,“桃拔狮子”是指具有某种神力的狮子或以狮子为化身的某种神物。也就是说,“桃拔狮子”或“狮子桃拔”都是狮子的神秘说法。孟康说“符拔”似鹿,一角者或称“天鹿”,与麒麟相似,则此物可能是依托“麒麟”

---

91 如杨宽:《中国古代陵寝制度史研究》,上海:上海古籍出版社,1985年,第152页。

92 如林梅村:〈天禄辟邪与古代中西文化交流〉以“桃拔”为误,“符拔”或“扶拔”为正,并把“符拔”或“扶拔”理解为“天禄”,按沙畹的考证,解释为西域叉角羚(antelope, 古希腊文作boubalis),把“辟邪”解释为犀牛。

的形象或概念来理解。它是以比较熟悉的东西来解释不太熟悉的东西（就像古人以肿背马解释骆驼，以短毛虎解释狮子，都是属于语言学家称为“catachresis”的现象）。如果这种理解是正确的话，那么它就可以解释朱希祖提出的问题，即古人为什么会用“麒麟”代指神道石刻的天禄、辟邪。在这个意义上，我们甚至可以说，“桃拔狮子”或“狮子桃拔”就是一种麒麟式的狮子或狮子式的麒麟。但这种可能似不如第二种可能更有说服力。

第二种可能，“桃拔狮子”是说“桃拔”出产的“狮子”。也就是说，“桃拔”是表示狮子的产地（但如果是这样，那么“狮子扶拔”就肯定是倒误）。比如说，我们可以考虑的是，它是不是与《汉书·西域传》所说出产狮子的乌弋山离国属于同一地区。据《汉书·西域传》，乌弋山离是汉通西域，在丝路南道的终点首先碰到的大国。《后汉书·西域传》说，东汉时乌弋山离改名叫“排特”。“排特”，不但字形与“桃拔”相近，读音也与“符拔”、“扶拔”（pat）相近。其领土，东面是罽宾（在今克什米尔地区），北面是扑挑（即巴克特利亚〈Bactria〉，在今兴都库什山和阿姆河上游之间），西通犁靬（埃及的亚历山大城）和条支（在今叙利亚），范围在今阿富汗境内。乌弋山离（古书多简称“乌弋”），古音与亚历山大（Alexandria）接近。其首都（《汉书·西域传》脱去其名）当是今阿富汗境内以亚历山大为名的很多城市中的一个。[93] 我们怀疑，上文“桃拔”是“排拔”之误，实即乌弋山离的别名“排特”。

（三）天禄、辟邪。什么是“天禄”？什么是“辟邪”？学者争论很大。[94] 但无论怎么看，有两点不能怀疑：（1）它们是从西域传入，是外来之物（从汉代文献看）；（2）它们应与“狮子”有关（从出土实物看）。从上述理解出发，我们

93 乌弋山离究竟是哪一座亚历山大城，学界主要有四说：Herat、Kandahar、Farah、Ghazni。参看余太山：《塞种史研究》，北京：中国社会科学出版社，1992 年，第 168 – 181 页。案：“排拔”与第一和第三说读音稍近。

94 一说独角者为天禄，双角者为辟邪，无角者为符拔，见朱希祖〈天禄辟邪考〉；一说独角者为麒麟，双角者为天禄，无角者为符拔，见朱偰：《建康兰陵六朝陵墓图考》，上海：商务印书馆，1935 年；一说无论独角、双角都是麒麟，见杨宽：《中国古代陵寝制度史研究》，上海：上海古籍出版社，1985 年，第 152 页；一说独角者为辟邪，双角者为天禄，见孙机：《汉代物质文化资料图说》，第 420 页。

的看法是,“桃(排)拔狮子”乃“天禄”、“辟邪”的外来名称,“天禄”、“辟邪”乃“桃(排)拔狮子”的中国名称,两者是一回事。“桃(排)拔狮子”易名“天禄”、“辟邪”,其实是一种“中国化”的改造:一是形象的改造,二是词汇的改造。下面不妨做一点解释。

第一,上面我们已经说过,这类神物的引入是参照“麒麟”的概念,它被说成成对的神物,这是模仿麒麟。“麟”而分称“麒”、“麟”,据说是以有角无角而定:麒无角而麟一角。同样,“天禄”、“辟邪”也是按这样的方法来划分。它们的形象,验之出土发现,情况比较复杂:有时是单出,有时是双见;有时带角,有时不带角;有时一角,有时两角,最初并无严格区分。我们怀疑,“桃(排)拔狮子”的一分为二和以“天禄”、“辟邪”成对出现,这很可能是后起的说法。孟康说“一角者或为天禄,两角者或为辟邪”,李贤说“扶拔,似麟无角”,都可说明这并不是截然的划分。截然划分只是在成对出现类似麒麟的情况下。如果单出,大家就很难叫,根本无法按一角两角而定,更何况它们还往往无角。学者把单出者叫“辟邪”(比如上节提到的很多“辟邪”),其实只是一种习惯,并没有真实根据,我们把它称为“天禄”也无妨(比如下面考证的“天禄蝦蟆”就是两角)。

第二,“天禄”、“辟邪”是中国词汇。它们是中国人为了表示祥瑞的套话。“天禄”,见《孟子·万章下》,本来是指上天所赐的福禄,但因为“麒麟”也叫“天鹿”,正好谐音“天禄”,所以也指类似麒麟的神兽,其实是一种吉语。同样,“辟邪”见《急就篇》卷三,是与“除群凶”连言,本来是祛除邪魅的意思,古人认为狮虎凶猛,可除凶祟(详第五节),所以用这种神兽来看守阙门和神道。在四川出土的汉代画像石上,我们曾见过一对老虎,作用类似天禄、辟邪(虎在当地很流行,上已提到),一件标“辟卯(邪)”(“卯”是笔误),一件标“除凶”(图四四)[95],同样的词,既可用于成对的狮子,也可用于成对的

95　照片见 Cheng Te-K'un, *Archaeological Studies in Szechwan*, Cambridge University Press 1957, pl. 33(图画和文字都是用红色表示)。这里的摹本是据 Käte Finsterbusch, *Verzeichnis und Motivindex der Han-Darstellungen*, Wiesbaden: Otto Harrassowitz 1971, Abbildung 256, 257, Tafel 61。

图四四 标“辟卯(邪)”、“除凶”铭文的老虎
(四川出土的画像石)

老虎，可见是类似的吉语，使用并不严格。

与文献比较，我们认为，上述考古发现主要都是属于这一类。但种类却不限于此，除兽首类，还有鸟首类，兽首类中也有不同类别。特别是它们的年代，其中有不少是属于西汉以前，当时的狮子是叫狻猊。所以我们还不能以“桃(排)拔狮子”或“天禄”、“辟邪”来为所有发现命名,东汉以前,还是称为“有翼神兽”或“翼兽”。

汉代以瑞兽名殿,有天禄阁和麒麟殿,据说乃萧何所建(见《三辅黄图·未央宫》引《汉宫殿疏》),其中或即陈有这类神物的铜像或石像,可惜它们都已湮没无闻。

(四)天禄蝦蟆。也是与天禄、辟邪有关的一种神物。关于这种神物,文献记载是:

(1)《后汉书·灵帝纪》:“中平三年(公元186年)二月,复修玉堂殿,铸铜人四,及天禄蝦蟆。”注:“天禄,兽也。时使掖庭令毕岚铸铜人,列于仓龙玄武阙外，锺悬于玉堂及云臺殿前，天禄蝦蟆吐水于平门外，事具《宦者传》。”

(2)《后汉书·张让传》:“明年,遂使鉤盾令宋典缮修南宫玉堂,又使掖庭令毕岚铸铜人四,列于仓龙、玄武阙。又铸四钟,皆受二千斛,县于玉堂及云臺殿前。又铸天禄蝦蟆,吐水于平门外桥东,转水入宫。又作翻车渴乌,施于桥西,用灑南北郊路,以省百姓灑道之费。……”

这两条文献是讲同一事情。其所谓“铜人”、“钟”、“天禄蝦蟆”、“翻车渴乌”都是殿宇陈设的豪华物品。类似之物也见于两汉魏晋南北朝的很多记载。如所谓“铜人”，实即翁仲，史凡六见，都是取自匈奴或仿自匈奴的殿宇装饰；“钟”往往就是以铜人承簴。“天禄”、“辟邪”、“麒麟”、“飞廉”之属也是这类东西。它们多是富有异国情调的作品。文中的“天禄蝦蟆”，过去一般都是分读。如果照此读法，则文中吐水者就不是同一物品，而是两种形象不同的东西。我们以为还是以连读为好。因为从考古发现看，上文所述两汉时期的翼兽，它们中的一种往往作青蛙匍匐状，或为镇物，或为砚盒，或为器座，我们怀疑就是“天禄蝦蟆”。如上节提到的汉彭城王刘恭墓所出就非常像是“蝦蟆”。[96]

（五）飞廉。见《楚辞·离骚》、《淮南子·俶真》等书，是一种能致风气的神物。《三辅黄图·观》说：“飞廉观在上林，武帝元封二年作。飞廉，神禽能致风气者，身似鹿，头如雀，有角而蛇尾，文如豹。武帝命以铜铸观上，因以为名。”[97]值得注意的是，古书说秦人的祖先有一位是叫“飞廉”，大约在商代，他曾住在今山西一带的北方，为商王养马。这似乎暗示，“飞廉”也可能是与北方民族有关的艺术主题（疑即下节所述“鹰首鹿”）。上文说曾侯乙墓曾出土一件“鹿角立鹤”，有学者认为就是古书中的飞廉。[98]情况是否如此，还要研究。[99]

四、西亚、中亚和欧亚草原的有翼神兽

上文是讲中国的有翼神兽，这里要谈的是它是否与外来影响有关。这个问题牵涉广泛，要靠比较才能解决，但笔者所见不广，缺乏深入研究，这里

96 它们与内蒙古阿鲁柴登出土的金“虎形饰片”姿态相似（同墓出土“鹰形冠饰”和“镶宝石饰牌”上也有类似的卧兽）。参看田广金、郭素新：〈内蒙古阿鲁柴登发现的匈奴遗物〉，《考古》1980年4期，第333－338转364页。图像见该文334页：图一和335页：图三：5、6、11。

97 武帝作飞廉观，又见《史记·封禅书》和《汉书·武帝纪》。

98 《曾侯乙墓》上册，第250页。

99 这种立鸟也可能是外来。如巴泽雷克出土过一件挂毯，就有这种形象，图案左边的神物是头戴鹿角的鸟，右边是头戴鹿角的人。

只能讲点粗糙的想法,抛砖引玉,请大家来讨论。

首先,我们都知道,有翼神兽在欧亚各地的艺术中有许多种类[100],其中与上述问题关系最大,恐怕要算格里芬(griffin)。[101]这种艺术主题起源很早,几乎和地中海地区的司芬克斯一样古老。早在公元前三千纪,它就已经出现于两河流域,并向世界各地广泛传播。[102]这类主题在北非、南欧、南亚、西亚、中亚和欧亚草原都有发现(前三个地区的格里芬,见图四五;后三个地区的格里芬,见图四六至五三),是古代世界最有国际性的艺术主题。但它们有很多变种,在早期宗教和神话中的含义并不是很清楚,在不同时期和不同地区有不同表现,彼此的文化关系非常复杂。

研究格里芬的传播,有三点值得注意:第一,它是以西亚为中心向四面传播:地中海和近东是南系,中亚和欧亚草原是北系,印度是介于两者之间,前者有狮无虎,后者有虎无狮,印度则两者都有,它们代表了动物生态分布的两个区域;[103]第二,西亚艺术向北和向东传播,它的进入黑海北岸、进入南西伯利亚和阿尔泰地区是以中亚为枢纽,进入新疆、蒙古草原和中国腹地也是以中亚为枢纽;第三,中国对格里芬的接受可能有不同渠道,既可能从新疆方向接受中亚和西亚的影响(大致沿所谓“丝路”的走向),也可能从内蒙古和东北接受来自欧亚草原的影响。[104]

100 如:(1)司芬克斯(sphinx,人面狮身),埃及有(公元前三千纪的埃及已有),希腊也有;(2)格里芬(griffin,鹰首狮、带翼狮等),起源于两河流域(公元前三千纪已有),传播极广;(3)齐美拉(chimera,是一种背生鹿头,尾为龙蛇的狮形怪物),希腊有;飞马(Pegasus,带翼马),希腊有;(4)飞龙(dragon,带翼龙),希腊有。此外,亚述/波斯还有拉马苏(lamassu,人首带翼兽)、森莫夫(senmurv,一种兽首的鸟形怪兽)和各种翼人、鸟人。

101 “格里芬”是闪语的词汇,并被所有欧洲语言共同使用。

102 L. Legrain, *Ur Excavations, Seal Cylinders X*, Publication of the Joint Expedition of the British Museum and the University Museum, University of Pennsylvania to Mesopotamia, London/Philadelphia 1951, pl. 42, nos. 805–806.

103 狮子的分布区是非洲大陆、两河流域、西亚和印度西北。欧洲有史时期没有狮子,但希腊可能有过。老虎的分布区是亚洲大陆:北到阿穆尔河,南到苏门达腊,西到格鲁吉亚,东到萨哈林群岛,很多地方都有。亚洲的老虎是以中国为中心:东北有东北虎,华南有华南虎(野外已灭绝),新疆有伊犁虎(三十年代后灭绝),西藏有与印度东北孟加拉虎同种的老虎。但中亚高原没有老虎。

104 除年代较早的亚述、巴比伦艺术,这些地区的艺术往往是相互影响(其中还包

1

2

3

4

图四五　北非、南欧、南亚的格里芬：

1. 埃及的格里芬；2. 以色列的格里芬；3. 希腊的格里芬；4. 印度的格里芬。

图四六　亚述带翼狮：

左：卡拉(Calah)宫墙上的装饰；右：苏萨(Susa)宫墙上的装饰。

图四七 吉维耶胸饰上的有翼神兽

我们先谈亚述、波斯和中亚地区的格里芬,即公元前九至四世纪当地流行的这类主题。[105] 它们可以分为三大类型:

括希腊艺术的影响),年代关系和风格关系极为复杂,学者对其年代早晚和传播关系有各种不同的猜测和分析,参看 S. J. Rudenko, "The Mythological eagle, the gryphon, the winged lion, and the wolf in the art of northern nomads," *Artibus Asiae*, 1958, vol. 21, pp. 101－122; Guitty Azarpay, "Some classical and Near Eastern motifs in the art of Pazyryk," *Artibus Asiae*, vol. 22(1959), pp. 313－339; Michelle Chiu Wang, "Variations on a Wing: The Transmission of the Griffin Motif from the Ancient Near East to China," *Art History* M262A, April 16, 2000(未刊)。

105 亚述艺术是以亚述王阿舒尔那西尔帕二世(Assur-nasir-pal II,公元前 883－前 859 年)在卡拉(Calah,今 Nimrud)所建宫殿的浮雕壁画为代表,波斯艺术是以波斯阿契美尼德王朝(Achaemenid Dynasty,公元前 559－330 年)在波斯波利斯(Persepolis)和苏萨

(一)鹰首格里芬或鸟首格里芬(eagle griffin 或 bird griffin,见图四七最上一排的左起第一种)。如图所示,它是以鹰首加狮身混合而成。这是本来意义上的格里芬或狭义的格里芬(世界各地的格里芬都是以这一种为主)。它对广义格里芬贡献最大的是它的翼(后两种的翼都是借自这一种),但它的身体却是借自下一种。这种格里芬一般都无角,但阿姆河宝藏(Oxus Treasure)的一件金手镯,它上面的格里芬却有双角,而且角端有结,作圆饼状(图四八),显然是与下述第三类的混合。

图四八　鹰首格里芬:阿姆河宝藏中的金手镯

(二)狮首格里芬或带翼狮(lion griffin 或 winged lion,见图四六:左、右和图四七每排中间的一种)。它是前一种格里芬的变种,与前者的区别是以狮首代替鹰首或鸟首。此类格里芬最初无角,加角是波斯、中亚、南西伯利亚和阿尔泰艺术的特点,亚述艺术未见,黑海地区的艺术也少见。它们主要是仿野山羊角,即借自下一种。野山羊的角有两种,一种是尖角,一种是末端上卷。

(三)羊首格里芬或带翼羊(ibex griffin 或 winged ibex,见图四七中间一排的左起第一种)。其形象是以西亚和中亚地区的亚洲野山羊(Asiatic ibex, *Capra sibirica*)为原型而添加翅膀。这种格里芬是偶蹄有角的格里芬:偶蹄可与狮身别,有角是自身特点。它的角,既有按真实形象作两角者,也有作

(Susa)的建筑和各种艺术品为代表。中亚,这里指阿富汗和土库曼斯坦、乌兹别克斯坦、吉尔吉斯斯坦、塔吉克斯坦、哈萨克斯坦一带,其艺术是以阿姆河宝藏(Oxus Treasure)为代表。此外,与亚述、波斯系统的艺术有关,而又带有草原地区的影响,还有吉维耶(Ziwiye)和洛雷斯坦(Luristan)的发现。

两角并合或一角者，形状一般是向后弯曲，但也有作其他形状者。上面两种格里芬本以无角为常，但与此种混合，也有加角的形象。

此外，我们应该注意的是，亚述、波斯系统和中亚系统的格里芬是以青铜装饰、石刻雕像、瓷砖壁画、金银首饰和滚筒印为主，在复杂的表现场面里，它们往往会与其他带翼神物（如司芬克斯、拉马苏，以及鸟人、羽人）一起出现（如图四七）。上述格里芬，因为往往是施于金石雕刻，所以对鹰首和鹰翼，狮首和狮身，羊首和羊角，特别是它们的肌肉，刻画得很细致，有强烈的写实感。特别是它们还有三个装饰特点：(1)双翼多上举，略呈S形，翼尖朝前（头的方向）；(2)兽足（鹰首格里芬和狮首格里芬的足）或作鸟爪，特别是后足，更往往是如此；(3)其臀部或有形状作“(”或“·”的装饰（所谓“apple and pear”或“bow and dot”），翼下的腹部有时还伸出一块条形的羽纹。这三个特点，也见于欧亚草原的出土物。

下面，我们再简单说说欧亚草原的格里芬。

通常所说的欧亚草原，是指(1)黑海北岸高加索以北的南俄草原（所谓“塞种”和“斯基泰艺术”，主要就是指这一地区的居民和他们的艺术）；(2)南西伯利亚和阿尔泰地区；(3)我国的新疆和蒙古草原。在这一范围内的古代部族十分复杂，既有希腊人叫Scythian或波斯人叫Saka的部族（即中国史籍所说的“塞种”），也有中国文献称为“月氏”、“匈奴”和“鲜卑”、“东胡”的部族。这些地区不但流行格里芬，而且有趣的是，照希腊古典时代的传说，在Scythian人的东面（似指阿尔泰地区）住着Arimaspi人，他们杀死了“看守黄金的格里芬”，夺走了黄金（阿尔泰山是欧亚草原最著名的黄金产地，其名称本身就是“金山”的意思）。

从考古材料看，公元前七至四世纪，南俄草原、南西伯利亚和阿尔泰地区曾流行所谓斯基泰艺术，是一种与波斯系统的艺术、中亚系统的艺术，以及希腊殖民地系统的艺术都有关系，而且相互影响的艺术。其出土物多为小件饰品，装饰于马具、毡毯、金银带扣和牌饰，以及用来文身。这种艺术是以丰富的动物纹饰和表现其搏斗场面为特点。在这些场面中，充当杀手的是鹰、虎、狼、熊，皆属食肉动物；而被杀者则是驼、马、羊、鹿，皆属食草动

图四九　神鹰：
左：巴泽雷克出土的鞍鞯；
右：七兄弟石冢(Seven Brothers Kurgan)出土的银鹰头。

物。它们虽兼有上述三种格里芬，但以角色互换的规律看，鹰首格里芬是代替鹰，狮首格里芬是代替虎(以及豹、熊和狼)。它们的鹰、虎写实性较强，但鹰首格里芬和带翼狮则完全是想象，即使在当地的艺术中也是一种"异国情调"。[106]

在这类艺术中，与我们的讨论有关的，主要有下面几种主题：[107]

(一)神鹰(mythological eagle，图四九)。特点是大耳、短额、钩喙，头戴肉冠，颈项和胸脯饰垂鳞纹。

(二)格里芬。又可分为：

1. 鹰首格里芬(图五〇)。它的特点是，其鹰首往往都是采用上述"神鹰"的形式，并且有S形的双翼，翼尖朝前(朝向头部)。这种翼形和中亚及波斯的格里芬是一样的，但值得注意的是，它还带有希腊艺术的特点。如它们的鹰首往往都是背上有鬣(mane)，早期作锯齿状，晚期作鱼鳍状，这种特点就是受公元五世纪希腊艺术的影响(亚述和希腊有这种特点，波斯没有)。

106　参看：上注104引Guitty Azarpay文。

107　参看：上注104引S. J. Rudenko、Guitty Azarpay文。

图五〇　鹰首格里芬：

左:图克丁石冢(Tuktin Kurgan)出土的木雕;

右:巴泽雷克出土的铜牌饰。

图五一　带翼狮：

彼得大帝藏品中的金项圈

2. 狮首格里芬或带翼狮(图五一)。它和波斯和中亚的带翼狮在总体特点上是一样的,但也有一些不同,一是因为所用材料不同(如刻画于木材、皮革或毡毯),有些只是表现其轮廓,缺乏立体感和细部描写,写实性不如前者;二是有"虎化"的趋势,很多"带翼狮"被改造,去其雄狮之鬣,如同母狮,或者干脆和老虎一样,学者常以表示猫科动物的 feline 一词称之,并把此类和下一类混称为 feline griffin;三是多半有角(或一角,或两角),角端有结,或作圆纽状,或作圆饼状,同于中国文献描写麒麟所说的"角端有肉"。前者是从上面提到的卷角发展而来,后者则与上述阿姆河宝藏金手镯上格里芬的角是一样的。

3. 带翼虎(winged tiger,图五二)。是带翼狮的一种变形。欧亚草原是老虎活动的舞台,虎在当地艺术中占有中心地位,往往是搏斗场面的"第一杀手"。它与前者有相似角色,往往互相代替,但带翼虎的特点是有条形虎纹,并且没角。这是我们可以把它们勉强分开的标志。

图五二 带翼虎:
图克丁石冢出土的木雕

4. 鹰首鹿(winged stag,图五三)。鹿嘴作钩喙,如同鹰首格里芬,但蹄是偶蹄。这是格里芬的又一变种。鹿在草原艺术中也是流行主题。特别是有些鹿(stag, *Cervus yarkandensis*),它们的角很大,分叉也很多,常常被夸张表现。它和西亚艺术流行的带翼羊(winged ibex)大体对应,但不同点是变羊为鹿,与鹰首格里芬混合,而且无翼。

最后,我们还应提到的是,公元前四至二世纪,在我国的新疆、宁夏和甘

图五三 鹰首鹿：
帕西里克石冢二(second Pasirik Kurgan)
出土的文身图案

肃地区，蒙古草原和与蒙古草原邻近的我国东北地区，黄河流域的陕西、山西和河北的北部，很多北方民族的出土物，其中也有与斯基泰艺术有关的艺术表现形式，可作研究上述主题如何传入中国的背景参考。如：

（一）新疆地区

1. 新疆新源县出土的翼兽铜圈(图五四)。[108] 是以一对带翼狮为装饰，年代相当中原地区的战国时期。此器是西亚作风的器

图五四 西亚风格的翼兽项圈
（铜，新疆新源出土）

108 新疆自治区文物事业管理局等编：《新疆文物古迹大观》，乌鲁木齐：新疆美术摄影出版社，1999 年，第 371 页，图 1055。

物。[109]

2. 新疆吐鲁番交河故城沟北1号台地1号墓出土的"鹰嘴怪兽搏虎金牌饰"(图五五:上)。[110]墓地是车师墓地,年代相当于中原地区的西汉早期。此器是表现"神鹰"(即上所说斯基泰式的"神鹰")与老虎搏斗的场面。这类主题在草原地区极为常见,如俄国爱尔米塔什美术馆的彼得大帝藏品中有一件金带扣,上面有完全相似的场面(图五五:下)。

(二) 匈奴系统

1. 内蒙古准格尔旗西沟畔匈奴墓出土的"怪兽纹"金饰片。[111]其所谓"怪兽"分两类,一类是钩喙大角鹿(图五六:1),一类是草原艺术流行的狼(图五七:上、中)。前者是以神鹰式的头部和鹿的身体混合而成,头上的角纠结缭绕,有如树冠(注意:其中作卧姿者,背上还有一神鹰式小头)。对比斯基泰艺术中的同类作品:如伊赛克(Issyk)王墓出土金带扣上的钩喙大角鹿(图五六:3)[112],我们不难看出,此类应属斯基泰艺术流行的鹰首鹿式的格里芬。后者则见于狼、虎搏斗的场面(注意:其中第一件有鹰首鹿见于画面上方)。俄国爱尔米塔什美术馆的彼得大帝藏品中有一件金带扣,上面也有同样的主题(图五七:下)。这些饰片的年代可能相当中原地区的战国晚期。

2. 陕西神木县纳林高兔匈奴墓出土的"鹿形怪兽"(图五六:2)。[113]与西沟畔所出的钩喙大角鹿相似,也是属于鹰首鹿式的格里芬。其鹿角和尾部都是由神鹰式的鸟首而变形。其年代可能相当中原地区的战国晚期。

3. 内蒙古赤峰市翁牛特旗牧民捐献的"虎鹰夺羊"铜牌饰(图五五:

---

109 参看:Michelle Chiu Wang, *Variations on a Wing: The Transmission of the Griffin Motif from the Ancient Near East to China*。

110 新疆文物考古研究所:〈吐鲁番交河故城沟北1号台地墓葬发掘报告〉,《文物》1999年6期,第18–25页。图像见该期彩插。

111 伊克昭盟文物工作站、内蒙古文物工作队:〈西沟畔匈奴墓〉,《文物》1980年7期,第1–10页。图像见该文2页:图三:2–4、6,3页:图四:1、2、3,6页:图九:2。

112 孙机:《先秦、汉、晋腰带用金银带扣》。

113 戴应新:〈陕西神木县出土匈奴文物〉,《文物》1983年12期,第23–30页。图像见该期图版肆:1。

图五五　鹰虎搏斗：

上：新疆吐鲁番交河故城出土的金牌饰；

中：内蒙赤峰翁牛特旗出土的铜牌饰；

下：彼得大帝藏品中的金带扣。

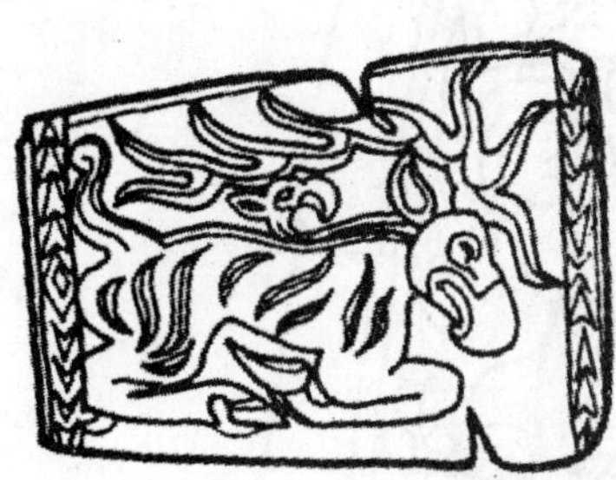

1

2

3

图五六　鹰首鹿：

1. 内蒙准格尔西沟畔匈奴墓出土的金饰片；
2. 陕西神木纳林高兔匈奴墓出土的金饰物；
3. 伊塞克(Issyk)王墓出土的金带扣
(孙机《先秦、汉、晋腰带用金银带扣》)。

图五七　虎、狼搏斗：

上、中：内蒙准格尔西沟畔匈奴墓出土的金饰片；

下：彼得大帝藏品中的金带扣。

中)。114 它与交河故城出土的金牌饰为同类主题。其所谓“鹰”者也是上面所说的“神鹰”。其年代可能相当中原地区的两汉时期。

(三) 鲜卑系统

内蒙古扎赉诺尔和吉林榆树老河深鲜卑墓出土的飞马纹铜牌饰(图五八:1、2)。115 其形象是头戴尖角,背树双翼,这是鲜卑民族的典型牌饰 116,类似形象在中原地区还没有发现。

图五八 飞马纹牌饰

(铜,鎏金,吉林榆树老河深鲜卑墓出土)

同上述材料比较,我们的印象是,中国的有翼神兽,其主题类型和装饰风格与西亚和欧亚草原流行的格里芬在各方面都很相似。如:(1)他们有鹰首、狮首、虎首、羊首、鹿首等各式格里芬,我们也有类似的各类翼兽;(2)他们的鹰首格里芬或狮首格里芬,属西亚早期风格,羽毛比较写实,侯马铸铜遗址陶范上的鸟首翼兽,其羽毛也是如此;(3)他们的狮首格里芬,足爪或作鸟爪,

114 庞昊:〈翁牛特旗发现两汉铜牌饰〉,《文物》1998 年 7 期,第 42－43 转 78 页。图像见该文第 43 页:图五:7、8。

115 郑隆:〈内蒙古扎赉诺尔古墓群调查记〉,《文物》1961 年 9 期,第 16－19 页;内蒙古文物工作队《内蒙古扎赉诺尔古墓群发掘简报》,《考古》1961 年 12 期,第 673－680 页;吉林省文物工作队等《吉林榆树县老河深鲜卑墓群部分墓葬发掘简报》,《文物》1985 年 2 期,第 68－82 页。图像见该文 73 页:图七:1、2。

116 宿白先生把它与《魏书 · 帝纪 · 序纪》所说“其形似马”的“神兽”联系起来,见所著〈盛乐、平城一带的拓跋鲜卑—北魏遗迹〉,《文物》1977 年 11 期,第 38－46 页。

图五九　泉屋藏器与巴泽雷克项圈(金,古坟2出土)的比较

头上或有角,或无角,或一角,或两角,角端有结,我们的狮首翼兽也是如此(并且为了表示是鸟爪,我们还在腿上或掌侧加距);(4)他们的羊首格里芬或鹿首格里芬,头上有时作一角,有时作两角,我们的麒麟也是如此。[117]此外,除了这些细节,它们在姿态和神态上也颇多相似。比如我们不妨拿泉屋博古馆所藏的青铜卧兽和巴泽雷克出土的项圈(图五九)做一对比,就不难发现二者的相似。这是它们相同或相似的地方。但另一方面,我们也要看到,中国的有翼神兽对外来影响并不是被动接受,而是既有吸收,也有改造,甚至还有输出(如三晋铜器向代地的输出,以及汉代牌饰和带扣在周边

117　麒麟应属格里芬,而与西方艺术中的unicorn(独角兽)不同,unicorn无翼,而麒麟则有翼,它们的角也不同,西人或以unicorn译之,不妥。

的流传)。此外,在艺术手法上,它也有自身的特点。如:(1)它的翼形,往往都是翼尖朝后,而不是朝前;(2)它的狮首,往往与龙、虎和麒麟有同化的趋势。

五、有关的动物主题

(一)鹰。是草原地区流行的艺术主题。它在中国艺术和与中国邻近的地区虽时有发现,如兴隆洼陶器纹饰上的鹰首,红山玉器中的玉鹰,楚幽王墓出土的铜鹰,汉渭陵出土的玉鹰,都是非常精美的艺术品,但真正与上述“神鹰”类似的形象还比较少见[118],除泉屋博古馆所藏可能是这类主题,其他发现主要是鹰首翼兽或鸟首翼兽。如上述“翼兽形提梁盉”和三晋铜器纹饰即属这一类。它们在战国时期曾一度流行,但战国以后逐渐衰微。

(二)狮。狮子本来是西亚地区的重要动物,因此在它们的艺术中占有重要地位,但草原地区没有狮子,中国也没有狮子,它们的进入,从一开始就带有神秘色彩和异国情调。狮子在中国艺术上的表现似乎可以分为三个时期:

1. 战国时期的狮子。

当时,中国人对狮子有两种叫法,一种是“狻猊”,见《穆天子传》卷一和《尔雅·释兽》;一种是“豿貎”,则是从新出楚简中获得的知识。前者可能是西域方言的一种叫法[119],后者则与希腊、罗马对狮子的叫法有关。[120]从材

118　有些类似形象可附记于此。如:(1)陕西宝鸡益门春秋墓出土的鹰形带钩,见《文物》1993年10期,第11页:图三:1;(2)安徽舒城秦家桥西汉墓出土玉佩上的神物,见《考古》1996年10期,第40页:图一二:3;(3)故宫博物院藏春秋玉双鸟纹嵌件(清宫旧藏),见《故宫博物院藏文物珍品全集·玉器(上)》,第138页:图版115;(4)故宫博物院藏战国玉龙鸟纹佩(清宫旧藏),同上,第185页:图版154(注意:其表现手法与西沟畔所出卧式大角鹿有相似处,也是背上起一钩喙鸟头。案:本文图七的器座也是背上另起一小兽。

119　林梅村:〈狮子与狻猊〉,收入《汉唐西域与中国文明》,北京:文物出版社,1998年,第87-95页。

120　“豿貎”,上字是来母字,此名与希腊、罗马表示狮子的词汇发音相近。狮子,希腊语作 leōn,拉丁语作 leo,今英语作 lion。

料对比,我们得到的印象是:(1)“狻猊”或“狳貌”就是汉代的狮子;(2)古人把狻猊的发现归之穆天子西游,这在汉通西域以前是重要记录(其所游所历不必实有其事,但所记所述必资辗转传说);(3)当时人对狮子的理解是借助老虎,他们把狮子说成是短毛虎(见《尔雅·释兽》),认为它比老虎还厉害,不但可以吃老虎,而且还以“狻猊食虎”为祥瑞。狮子在艺术上的表现是狮首翼兽,写实的狮子还未发现。这样的狮子都是“神化”的狮子或“虎化”的狮子。

2. 汉代和魏晋南北朝的狮子。

狮子的传入和被称为“狮子”是在汉代。它的传入地点很明确,全部都是在西亚或邻近的中亚地区。当时的狮子也是被视为神秘的瑞兽,而不是一般的动物。它的传入,最初是依托麒麟,取其有翼和有角,当作狮首格里芬的化身。两汉的狮子仍然是以神化的狮子即天禄、辟邪为主。东汉以来有写实性的狮子,但数量有限,而且无论天禄、辟邪,还是写实性的狮子,其形象都被“虎化”。

3. 隋唐以来的狮子。

趋势是上述两种狮子分化:天禄、辟邪式的狮子,其形象被固定,逐渐排除于狮子之外,不再作为狮子;而写实性的狮子则因佛教艺术的影响而获得普及,成为新的造型。这类狮子的特点是:(1)受印度和吐蕃影响,往往作卷发;(2)形象较为可爱,有“狗化”的趋势。后世所见狮子,无论是看门的狮子(从汉代守阙的狮子发展而来),还是由狮子舞表现的狮子,基本都是采用这类形象,由此才确立所谓“中国式的狮子”。[121]

(三) 虎。上面说过,狮子是从西亚地区引入的艺术主题,但引入后被

121 很多中国人都认为狮子是我们自己的动物,舞狮子是我们自己的艺术。例如新盖的上海博物馆,它的门口有八个仿古狮子或天禄、辟邪,记者问过路行人“狮子象征什么”,他们说“象征中国精神”。但狮子不仅本身是外来,而且狮子舞也未必是我们创造。《汉书·礼乐志》孟康注“象人,若今戏虾鱼师子者也”是年代较早的舞狮记载,而出土实物则有新疆吐鲁番阿斯塔那古墓出土的舞狮俑,年代约当公元七 – 九世纪,参看穆舜英主编:《中国新疆古代艺术》,乌鲁木齐:新疆美术摄影出版社,1994 年,第 156 页:图版 403),我们怀疑,它很可能是从西域传入。

“虎化”。“狮子”被“虎化”,原因很简单,这是因为狮子本来是西亚、北非的动物,欧亚草原和中国没有狮子,只有老虎。老虎在欧亚草原和中国都有广泛分布,在艺术上是流行主题。草原地区有翼虎,中国也有翼虎。它们对狮子艺术形象的改变无疑有重大影响,但写实的翼虎无论在草原艺术还是中国艺术中都不是主流。

(四)鹿。也是草原地区的流行主题。它是麒麟、飞廉类的有翼神兽所依托,在中国艺术中也有一定的重要性。但中国的鹿多半是小型的鹿,麒麟所依托的,主要是梅花鹿(*Cervus nippon*)一类小型鹿,而不是草原地区流行的大角鹿(stag),鹰首鹿式的格里芬在中原地区的艺术品中还从未发现。

(五)羊。我们在上面说过,中国的麒麟有两种,一种是鹿首式,一种是羊首式。后者是以野山羊为原型。这两种风格,前者与草原艺术接近,后者与西亚艺术接近。但应当补充的是,中国艺术中的鹿不是草原流行的大角鹿,而是本地常见的鹿,真正有外来风格的反而是羊。

(六)龙。本来是中国艺术的典型主题,但汉代以来,却与狮首翼兽相互影响,同时改变着它们各自的形象:一方面是天禄、辟邪的“龙化”,一方面是“龙”的添加羽翼。这种相互影响的结果是,在东汉魏晋时期的艺术表现中,我们很容易把两者看混。如果要仔细分辨,往往要看它们的整体组合。比如在“四灵纹”和“五灵纹”中,我们就比较容易认出,但单独出现,就有点困难。

此外,应当指出的是,狼、熊在草原地区的艺术中虽很重要,但它们脱离西亚艺术的主流比较远,对草原地区的有翼神兽没有太大影响,中国的情况也一样。

六、结论

综上所述,我们对“中国的有翼神兽”有下述印象:

(一)中国的有翼神兽,无论就文献记载看(如《汉书·西域传》的记载),还是从文物形象看(如依托狮子的形象),都与西亚、中亚和欧亚草原的艺术有不解之缘。它在中国艺术中的出现似可上溯到春秋中期或至少是晚期，是从那时突然出现，逐渐发展为中国艺术的重要主题。其流行时期主要是从公元前六世纪到公元六世纪这一段。春秋中期到战国时期（公元前六–三世纪），即与格里芬在波斯、中亚和欧亚草原的流行期大致同步而略晚，中国也有很多类似发现，他们是以铜器和铜器纹饰为主，即主要是小件青铜器或青铜器的装饰物。主题，最初是以典型的格里芬即鹰首类最突出（战国以后逐渐衰亡），但带翼鹿（麒麟）、带翼狮和带翼虎也已出现，主要类型都已齐全。它们的风格与西亚等地流行的格里芬在主体特征上是一致的，比后来更有外来特点。秦代和西汉前期（公元前221–前87年），这类主题曾被用于某些宫观的装饰手段以及某些小型器物，在形式特点上已经具备后来的许多要素。西汉晚期到东汉（公元前86年–公元220年），随着汉平匈奴和开通西域，这类主题十分活跃，它们被广泛用于各种材质，除铜器、陶器和石器，还包括贵重材料（金银和玉器），既用于精巧的装饰品（器座、砚盒和镇），也用于大型雕刻（神道石刻和画像石）。这一时期，鹰首类只是偶尔还见于画像石，已不再流行；鹿首类形成固定风格的麒麟；狮首类形成固定风格的天禄、辟邪。后者自东汉以来地位十分突出，不仅流行程度高，还被用于陵寝装饰，成为魏晋南北朝时期中国纪念艺术的重要组成部分。其泛称是“麒麟”，专名是“桃（排）拔狮子”（前者可能是译自griffin，后者则是借用西域出产的一种狮子）。

（二）中国的有翼神兽，出土地点很多，但时代较早，似乎是集中于黄河流域，即与西域相通也与草原相邻的今甘、陕、晋、冀四省，特别是它们的北部，三晋地区的铜器是其代表。它的产品不仅与周、郑等地的铜器型式有关，也与陕北、晋北、冀北和内蒙古草原的南部，以及白狄中山国的铜器型式有关，既受草原地区影响，又向草原地区输出，是文化融合的典型。当时的有翼神兽主要是三晋系统的有翼神兽，楚、曾和中山的有翼神兽或即从其派生（春秋时代的晋楚交争可能是有翼神兽南传的背景）。此外，中国的有翼神兽不仅在北方流行，在长江流域和长江以南也有不少发现，东可及于江苏、浙江，南可及于两广、云南，西可至于四川。它们当中，有些年代还很早，可以早到战国早期，说明古代的传播与交流远比想象要发达。其传播路线，除与古代丝路有关的东西通道值得重视，还有很多南北通道也值得考虑。如：(1)从内蒙古东部、辽宁西部到河北北部，经山东，进入江、浙的路线；(2)从内蒙古草原中部，经山西到河南，走洛阳、南阳、淅川、襄樊到江汉平原的路线；(3)从内蒙古草原中西部，经宁夏、甘肃和陕西，入四川、云南的路线。汉代文化，是南北文化、中西文化大交流的结果。秦汉以来，有翼神兽逐渐成为普遍的主题。

(三) 中国的有翼神兽是受外来影响，但它们与中国的艺术主题长期共存，又受后者影响，二者是互动关系。中国古代艺术，自商周以降，是以龙、凤为主。战国以来，并形成由青龙、白虎、朱雀、玄武构成的“四灵”，后来麒麟加入其中，也叫“五灵”，但天禄、辟邪不在其中。天禄、辟邪在中国艺术中的地位很微妙，它不仅是以外来的狮子作为依托，从一开始就与外来艺术有不解之缘，而且还经常与其他表现异国情调的动物一起构成中国古代的“纪念艺术”。中国古代的“纪念艺术”是以秦汉、特别是汉代最辉煌(以疆域广大的统一帝国为背景)，其典型表现有三，一是汉代的宫观，二是汉代的祠畤，三是汉代的陵墓。这些建筑往往都有大型的铜器和石刻作装饰。它们包括：翁仲、麒麟、天禄、辟邪，以及各种表示域外珍奇和大漠风情的动物(大象、鸵鸟、骆驼，等等)。天禄、辟邪主要就是属于这类主题。它对中国艺术的影响，不仅是各种动物的“翼化”，而且对本土艺术中的龙和外来艺术中的狮子也有很大影响，使它们彼此的形象都得到很大改观。但最终，它并没有取代龙的地位，而是以一种虽经改造而仍留有神秘的色彩，长期地保留在我们的艺术之中。

2000 年 4 月 4 日 -5 月 18 日写于奥斯陆挪威科学院，6 月 6 日 -7 月 16 日改定于北京。

后记：本文写作过程中，曾得到挪威奥斯陆大学何莫邪 (Christoph Harbsmeier) 教授和美国加州大学洛杉矶分校罗泰 (Lothar von Falkenhausen) 教授的指点与帮助，并参考过 Michelle Chiu Wang 女士的新作（见上注 104 引，内容是讨论格里芬从西亚向欧亚草原和中国传播的途径与方式）。此外，日本泉屋博古馆、美国芝加哥艺术研究所博物馆、奈尔逊—阿特金斯艺术博物馆、华盛顿弗利尔—赛克勒美术馆和洛杉矶县立艺术博物馆也为本文提供了珍贵图片，均此致谢。

编钟“堵”“肆”问题新探

陈双新(河北大学)

先秦编钟以“堵”与“肆”为组列之名,确无疑问,传世文献和铜器铭文中都多次提到,但它们各自所指的数目与相互关系,一直成为学者们力图弄清又聚讼不决的难题。最近几年出土了好几批套数完整的编钟,为探讨这一问题提供了新的材料。下面我们结合文献、铭文以及实物的出土情况,从“堵”与“肆”的含义入手,对这一问题再作探讨。首先,我们把相关的铭文材料罗列于下(《集成》指中华书局 1984 年开始出版的《殷周金文集成》;《铭文选》指马承源主编、文物出版社 1988 和 1990 年出版的《商周青铜器铭文选》第 3、4 册):

邵钟:大钟八聿(肆),其竈四堵。 (《集成》1. 225 - 237)

邾公牼钟:铸辝和钟二锗(堵)。 (《集成》1. 149 - 152)

鼉簋:公易鼉宗彝一隸(肆)。 (《铭文选》3. 328)

卯簋:易女……宗彝一牆。 (《铭文选》3. 244)

洹子孟姜壶:鼓钟一銉(肆)。 (《铭文选》4. 850)

多友鼎:汤钟一牆(肆)。 (《铭文选》3. 408)

繁卣:宗彝一鮹(肆)[1]。 (《铭文选》3. 191)

子犯钟:用为和钟九堵。 (台湾《故宫文物月刊》1995 年 4 月)

楚公逆钟:楚公逆用自作和爕钖钟百飤(肆)。

(《考古》1995 年第 2 期)

---

1 此器与上多友鼎、鼉簋之“肆”字从李学勤先生释,参阅〈论多友鼎时代及意义〉,《新出青铜器研究》,北京:文物出版社,1990 年,第 129 页。

一、"堵"、"肆"的含义

《周礼·春官·小胥》:"凡悬钟磬,半为堵,全为肆。"郑玄注:"钟磬者,编悬之,二八十六枚而在一虡谓之堵。钟一堵,磬一堵,谓之肆。"[2] 其意即十六枚为一堵,堵钟堵磬合为一肆。《左传·襄公十一年》:"郑人赂晋侯歌钟二肆及其镈磬。"杜预注:"肆,列也。悬钟十六为一肆,二肆三十二枚。"[3] 这里把单独悬钟十六枚称为肆,与郑说有别,不过,从编钟的数量来看,二者并不矛盾,郑注的一肆只是加入了十六枚编磬而已。孔颖达对杜注加以辩证,云:"钟与磬全乃成为肆……此传言'歌钟二肆',则兼有磬矣,若其无磬不得成肆,杜以传唯言歌钟,故但解钟数云三十二枚,其磬数亦同矣。"[4] 江藩、孙诒让亦以杜注为非,然孙诒让又云:"杜注以钟悬自得称肆,则是一虡二筍,筍各八钟,共十六钟,谓之肆。半肆谓之堵。磬亦如之。此与传'歌钟二肆'及《国语·晋语》'公赐魏绛歌钟一肆'之文,亦自无迕,然非郑义也。"[5]

一"肆"是否必有钟、磬,历代学者多肯定之,杜预的相反意见则受到不少驳斥,但从出土实物来看,杜说不无道理。最近河南省文物考古研究所为配合基本建设进行的考古发掘中,于新郑市郑韩故城已清理出 11 座乐器坑,除被盗者外,每坑的钟架上均放置镈一肆四件、钮钟两肆各十件。每三架为一组共 72 件,符合《周礼·春官·宗伯》所说的"轩悬"之制。[6] 礼器坑除被盗者外,皆出九鼎八簋或九鼎九鬲,此乃当时天子的规格(这里当是郑君的僭越行为),但各坑均未见编磬出土。这么高的规格,这么多的钟数,若说因无磬而不及一堵,恐怕令人难以置信。前举洹子孟姜壶、多友鼎、楚公逆钟皆单举钟而言"肆"更为明证。如此看来,把邵钟"大钟八肆,其竈四堵"

2 《十三经注疏》上册,北京:中华书局,1991 年,第 795 页。

3 《十三经注疏》下册,第 1951 页。

4 《十三经注疏》上册,第 795 页。

5 孙诒让:《周礼正义》第 7 册,北京:中华书局,1987 年,第 1831 页。

6 蔡全法、马俊才:〈郑韩故城 4 号、15 号坑铜礼乐器浅析〉,《华夏考古》1998 年第 4 期。

的"四堵"理解为磬的组合是值得怀疑的。这种看法的根据主要是薛尚功《历代钟鼎彝器款识法帖》所录怀石磬中"自作窹(造)磬"一语。[7] 而此磬王辉先生以为伪造,"窹"乃"寶"之讹。[8] 然纵非伪非讹,"窹"亦当与筥大使申鼎"作其造鼎十"一样理解为祭名。[9] 李朝远先生正确地指出郘钟"'其造四堵'之'其'为指称代词,指代'大钟八肆'","'八肆'、'四堵'的所指应为同一套编钟,并未关联到磬。"[10] 不过,他据《诗·大雅·大明》"造舟为梁"之"造"为比连义,而释此句为"八肆大钟,连接起来为四堵",则又有未安。此"寵"字与秦公钟"寵又(有)下国"、秦公簋"寵囿四方"之"寵"当为同字。新出秦公钟、镈及郘钟作"匍有四方",《诗经·鲁颂·閟宫》作"奄有下国"、《大雅·皇矣》作"奄有四方"。"寵"、"匍"、"奄"字虽不同而义实无别。"匍",《汉语大字典》以为"通抚"[11],不确,当通"甫"。《诗经·齐风·甫田》毛传:"甫,大也";"奄",《说文》(北京:中华书局,1963 年,第 213 页)释为"覆也,大有余也。""寵"的含义当与它们类似,即"大至覆盖四方"。郘钟里它用作名词,指编钟的四面排列,也就是《周礼》中所说的"宫悬"。因此,经文所说"凡悬钟磬,半为堵,全为肆"当理解为悬钟或悬磬皆合二堵而为一肆(按:当校改为合二肆而为一堵。详后文),而非谓合钟磬才为肆也。前引《左传·襄公十一年》郑人赂晋侯以"歌钟二肆,及其镈、磬",杨伯峻注云:"但此文只言钟,

---

7　薛尚功:《历代钟鼎彝器款识法帖》,北京:中华书局,1986 年,第 38 页。

8　王辉:〈"窹磬"辩伪〉,《古文字研究》第 19 辑,北京:中华书局,1992 年,第 360 页。

9　大使申鼎之"造"有人理解为"灶"之借字,"造鼎"即"灶鼎"也就是腹下面带承炭火托盘或炉灶的鼎(张亚初:〈殷周青铜鼎器名、用途研究〉,《古文字研究》第 18 辑,北京:中华书局,1992 年,第 289 页)。但该鼎下面无灶,理解为"灶鼎"明显名实不符。把"造"解为祭名则文从字顺,这种祭祀方式文献中多有记载,如:《周礼·春官·大祝》:"掌六祇以同鬼神示:一曰类,二曰造,三曰禬……"郑注:"造,造于祖也,郑司农云:'类,造,禬……皆祭名也。'"《礼记·王制》:"天子将出,类乎上帝,宜乎社,造乎祢。"郑注:"类宜造,皆祭名,其礼亡。"

10　李朝远:〈从新出青铜钟再论"堵"与"肆"〉,北京:《中国文物报》1996 年 4 月 14 日。

11　《汉语大字典》(缩印本),湖北辞书出版社、四川辞书出版社,1992 年,第 109 页。

下文又言‘及其镈、磬’，则此二肆，磬不在列”12，此言是矣。

上面讨论钟的编悬不管是“堵”是“肆”，都不包括磬在内，但“堵”与“肆”关系是否如《周礼》所说“半为堵，全为肆”呢？唐兰先生以为非是，他据叔夷钟与郘钟铭文而“颇疑《小胥》为误倒，其本文当为‘全为堵，半为肆’，郑氏作注时经本已误，故郑以钟磬各一堵为一肆附会之。”13 但李朝远先生认为“与其疑《周礼》所记非，不如疑郘钟铭文的数字有误植之嫌，‘大钟八肆，其造四堵’有无可能实为‘大钟四肆，其造八堵’呢？”14 我们以为李说非是。首先，从字义来看，“肆”，《诗经·大雅·行苇》：“或肆之筵，或授之几。”毛传：“肆，列也”；《左传·襄公十一年》“歌钟二肆”杜注：“肆，列也”；《玉篇·长部》：“肆，陈也，列也”；可见“肆”就是列。“堵”，《说文》(第 287 页)训为“垣也，五版为一堵，……𩫖，籀文从𩫖”(郘钟之“堵”正与籀文形同)，《诗经·小雅·鸿雁》“之子于垣，百堵皆作”郑玄笺：“《春秋传》曰：‘五版为堵，五堵为雉’，雉长三丈，则版六尺”，王筠《说文句读》卷二六：“堵，《礼记·儒行》曰：‘环堵室’，注云：‘面一堵也’，则是一室四堵也，然堵亦为垣之别名”。因此，“堵”指古代用版筑法筑的土墙，有五版的高度，而编钟悬于钟架后正与此相似，即王国维所说：“案堵之名出於垣墙，墙制高广各一丈谓之堵，钟磬簴之高，以击者为度，高广亦不能踰丈。”15 另外，李说据文献记载而疑铭文有误，证据不足。地下出土的古文字资料一字一画皆为当时之实录，较之历几千年屡经传抄翻刻的传世文献，其可信程度之高下无须在此论证。当然，铜器铭文由于铸造程序复杂，也难免出现脱文、颠倒、错讹、位移等问题，需要作一定的校勘工作 16，有时甚至需要利用传世文献来校勘古文字材料 17，

12 杨伯峻：《春秋左传注》(第三册)，北京：中华书局，1981 年，第 992 页。

13 唐兰：〈古乐器小记〉，《唐兰先生金文论集》，北京：紫禁城出版社，1995 年，第 362、363 页。

14 李朝远：〈从新出青铜钟再论“堵”与“肆”〉，北京：《中国文物报》1996 年 4 月 14 日。

15 王国维：《观堂集林》(附别集)第四册，北京：中华书局，1994 年，第 1217 页。

16 参阅陈初生：〈古文字材料校勘刍议〉，广州：《暨南学报》1995 年第 1 期。

17 如马王堆汉墓帛书《老子》第十四章甲、乙本之“执今之道，以御今之有”和第二十三章乙本之“天地而弗能久，有兄于人乎”当依王弼《老子注》等传世本校改为“执古之

但这种现象毕竟极为少见，铜器铭文中也还没有发现例证，纵有，在校勘时一定要证据确凿，不能为适合己说作少证甚至无证的改动。针对这一点，张振林先生曾指出：“原则上，我们不能以传世文献作为校雠的范本，去校对商周铜器铭文，而是倒过来，应以商周原始记录作为范本，去看待商周的传世文献。而在事理的理解方面，则可以传世的商周文献为桥梁，作参考，以准确地理解和把握商周铜器铭文的涵义作为努力的目标。”[18]这种态度是审慎的、科学的，因而是可取的。

总之，我们以为“堵”、“肆”皆不对应于某一特定的数字，而是对器物排列形式的描述。从前面所列铭文材料可以看出，不光钟可以称“肆”，其他“或是大小相次的一类铜器，或是大小相等的一类铜器，或是数类相关铜器的组合”[19]都可称“肆”。张振林先生最近面告笔者：“西周春秋时期，宗彝、钟鼓、舞者的集合单位词，从语言学角度考察应该读‘逸’或‘肄’(余母质部)，共同的意义为‘列’；从文字学考察，从‘聿’从‘佾’得音的‘肄’、‘肄’、‘佾’等字皆同音。故铜器铭文凡称‘一肆’者，不读 sì 而读 yì”。商承祚先生也曾指出“魏三体石经多士：‘诞淫厥逸。’逸古文作䏌。《集韵》逸古文作㑹，自以此为近，然亦讹舛过甚。王国维谓《尚书》逸、泆诸字古多作屑或作佾……考屑、佾一字，《说文》无佾，盖以为屑之俗字”。[20]如此看来，前引卯簋、繁卣等铭文中的“䐗”“䏌”，李学勤先生厘定为“逸”是正确的，作为单位词，其意义等同于文献中的“佾”；“肆”只是文献中的写法，在当时记录该词有从“聿”声或从“𦘒”声的多种形体。至于“堵”，它是一个与钟架相联系的概念，一堵可悬钟一层或两层[21]，每层又可悬一肆或两肆。黄锡全先生说：“所谓

道，以御今之有”、“天地尚弗能久，而况于人乎？”参阅陈初生：〈校勘学与古文字学〉，《李新魁教授纪念文集》，北京：中华书局，1998 年，第 271 页。

18　张振林：〈商周铜器铭文之校雠〉，《第一届国际暨第三届全国训诂学学术研讨会论文》，(台湾) 国立中山大学中国文学系、中国训诂学会主编，1997 年，第 767－768 页。

19　陈梦家：〈西周铜器断代(三)〉，《考古学报》1956 年第 1 期，第 73 页。

20　商承祚：〈《石刻篆文编》字说(二十七则)〉，《古文字研究》第 5 辑，北京：中华书局，1981 年，第 221 页。

21　曾侯乙编钟每架三层，但据研究上层三组编钟及其钟架皆为后加，原来只有上

‘钟一肆’,可能是指大小相次的编钟一组,多少不等。……所谓‘堵’,可能就是一虡(一排,似一堵墙),有上下三层或两层,邵钟‘大钟八肆,其竈四堵’,可能就是八组大钟,分四虡(排)悬挂,每虡两层。郑玄所谓‘二八在一虡为一堵’,可能是指一虡两层,一层八件。”[22]此言甚确。不过由于音乐发展水平的提高和礼乐制度的形成与遭破坏,堵与肆的关系总在不断地发展变化,在一定时、空领域,又有一定的规律。

二、“堵”、“肆”与钟数的关系及其变化

“堵”、“肆”之钟数是一个聚讼千年而不决的难题,前人提出过诸如“乐生于风”,故乐悬之法取数于八音八风;一悬十九钟,十二钟当一月,十二月十二辰,辰加七律之钟则十九钟;钟磬参悬之,正声十二倍声十二而悬二十四钟等许多牵强附会的说法[23],皆不可取。近人吴大澂提出“所谓全与半或指十二律而言,大钟具全律者谓之肆,小钟得半律者谓之堵,邵子所铸十二钟,大者八,小者四,故云八肆四堵”。[24]堵、肆各为一钟,这不但于字义难通,亦与出土实物不符,新出子犯钟已见十六件而云“铸为和钟九堵”,“九堵”虽未必实指,但绝不会是九枚。

容庚先生对这一问题先后提出过几种看法。早年在《善斋彝器图录》中,据铭文只言堵与肆而不言其数,地下所发现者又与十六钟一肆不合,因而“窃疑‘肆,列也’而不必为十六之数,尝见手持而击之商铙,以三器为一组,所见五组均如是,以声类通假或者四马为驷,四钟为肆欤?”[25]后来根据

下两层,共悬五列编钟;而新郑郑韩故城每架4镈、20钮钟也分两层悬于同一钟架,只是钮钟又分悬于同一层平行的两列。参阅李纯一:〈曾侯乙墓编钟的编次和乐悬〉,《音乐研究》1985年第2期,第66页;蔡全法、马俊才:〈郑韩故城青铜礼乐器坑的分析〉,《华夏考古》1998年第4期。

22 黄锡全、于炳文:〈山西晋侯墓地所出楚公逆钟铭文初释〉,《考古》1995年第2期,第175页。

23 参阅孙诒让:《周礼正义》第七册,北京:中华书局,1987年,第1828–1829页。

24 吴大澂:《窸斋集古录》第一册第八页,转引自《金文诂林》第十四册,第7438页。

25 转引自《金文诂林》第四册,第1818页。

唐兰先生对叔夷钟铭文读法的分析而赞同一肆八钟、二肆十六枚为一堵之说。不过他是以钟的全文作为一肆的标准，因而谓"克钟、邢人钟都合两钟而成全文，则合两钟为一肆。虢叔编钟，者沪编钟合四钟而成全文（虢叔编钟末一钟未见）则四钟为一肆。沪编钟第一组合七钟而成全文，则七钟为一肆"。[26] 从出土实物看，堵、肆与编钟全铭的组合形式无多大关系，如子犯钟两组十六件，每组八件合为全铭；晋侯苏钟两组十六件，合为一篇全铭；新出楚公逆钟一组八件，每钟全铭。所以，容说非是。

我们知道，迄今考古发现的殷铙大多三件一组，如安阳大司空 M51[27]、M312[28]、M663[29]，安阳薛庄 M8[30]，安阳殷墟西区 M699[31]、安阳戚家庄 M269[32] 等等，皆是其例。而西周早期甬钟也基本上是这种组合，如陕西长安普渡村长囟墓[33]、宝鸡竹园沟 M7[34]、宝鸡市茹家庄 M1[35] 等等。很显然，西周甬钟在组合上曾受到过商铙的影响。从它们内壁光平、无调音痕迹、正侧两鼓音音程大小不定、侧鼓又无第二基音标志等特点来看，可能还处于编钟发展的初级阶段，但这大小相次的三件也应称为一肆。[36]

26　容庚、张维持：《殷周青铜器通论》，北京：科学出版社，1958 年，第 74 页。

27　河南省文化局文物工作队：〈1958 年春河南安阳市大司空村殷代墓葬发掘简报〉，《考古通讯》1958 年第 10 期，第 56 页。

28　马得志等：〈1953 年安阳大司空村发掘报告〉，《考古学报》第 9 册，第 49 页。

29　中国社会科学院考古研究所：〈安阳大司空村东南的一座殷墓〉，《考古》1988 年第 10 期，第 865 页。

30　周到、刘东亚：〈1957 年秋安阳高楼庄殷代遗址发掘〉，《考古》1963 年第 4 期，第 213 页。

31　中国社会科学院考古研究所安阳工作队：〈1969 – 1977 殷墟西区墓葬发掘报告〉，《考古学报》1979 年第 1 期，第 27 页。

32　安阳市文物工作队：〈殷墟戚家庄东 269 号墓〉，《考古学报》1991 年第 3 期，第 340 页。

33　陕西省文物管理委员会：〈长安普渡村西周墓的发掘〉，《考古学报》1957 年第 1 期。

34　卢连成、胡智生：《宝鸡茹家庄、竹园沟墓地有关问题的探讨〉，《文物》1983 年第 2 期。

35　宝鸡市茹家庄西周墓发掘队：〈陕西省宝鸡市茹家庄西周墓发掘简报〉，《文物》1976 年第 4 期。

36　西周成康之时的䨓簋有铭文"宗彝一肆"，可见"肆"的概念早已出现。

西周建立后，经过近百年的征讨平叛、分封行赏，到穆王时期就逐渐形成了一套完备而定型的礼乐制度。[37] 乐与礼相辅相成，“礼也者，理也；乐也者，节也。……达于礼而不达于乐，谓之素；达于乐而不达于礼，谓之偏。”[38]“乐统同、礼辩异……礼乐不可斯须去身”[39]，它们共同维护着西周宗法等级制度。在统治阶级的倡导、音乐自身发展水平的提高和铸造冶炼技术的进步等因素的共同作用下，作为“众乐之首”的编钟在这一时期得到快速发展，每肆钟数由原来的三件经四件、五件、六件、七件到西周晚期而成八件的定式。三件一肆者前已例举，其时代为西周早期。四件一肆者如陕西耀县丁家沟窖藏[40]、安徽青阳庙前公社窖藏[41] 等等，二者时代均为西周中期偏晚。西周晚期的士父钟现存四件，从拓片看，其大小无显著差别，均为全铭 57 字（开头 4 字被有意刮去，原本应有 61 字），若其前后没有缺式当然也属此式。五件一肆者殷商已有其例，如安阳殷墟 M5 所出编铙。[42] 西周器目前所见不多，仅有陕西扶风法门官务吊庄窖藏所出编甬钟为其例证[43]，但铭文中有明确记载，如 1975 年出土的公臣簋铭曰：

虢中令公臣司朕百工，易女(汝)马乘、钟五、金，用事。

由于钟为旋律乐器，一般都是成组配套使用，所赐之五钟应该是完整的一肆。此式东周时期则有不少例证，如山东海洋嘴子前村 M1[44]、山东临朐杨善公社[45]、湖北随县季氏梁所出编钟[46] 等等。六件一肆者亦见于铭文记载，西

37　参阅杨华：《先秦礼乐文化》，武汉：湖北教育出版社，1997 年，第 64－68 页。

38　《礼记・仲尼燕居》，《十三经注疏》下册，第 1614 页。

39　《礼记・乐记》，《十三经注疏》下册，第 1537、1543 页。

40　呼林贵、薛东星：〈耀县丁家沟出土西周窖藏青铜器〉，《考古与文物》1986 年第 4 期，第 5 页。

41　刘兴：〈东南地区青铜器分期〉，《考古与文物》1985 年第 5 期，第 92 页。

42　中国社会科学院考古研究所：《殷墟妇好墓》，北京：文物出版社，1980 年，第 100 页。

43　高西省、侯若斌：〈扶风发现一铜器窖藏〉，《文博》1985 年第 1 期，第 93 页。

44　海阳县博物馆：〈山东海阳嘴子前村春秋墓出土铜器〉，《文物》1985 年第 3 期，第 12 页。

45　齐天涛：〈概述近年来山东出土的商周青铜器〉，《文物》1972 年第 5 期，第 11 页。

46　随县博物馆：〈湖北随县城郊发现春秋墓葬和铜器〉，《文物》1980 年第 1 期，第

周中晚期的叔尃父作郑季盨曰：

叔尃父作郑季宝钟六、金尊盨四、鼎七……

这六钟视为完整的一肆也是没有问题的，只是西周实物我们还没有发现典型的例证。不过现存四件的夷厉时期的井人妄钟（1·109－112）复原后应为此式。其前三件为传世品，末件为近年所出，铭文组合情况为：109号41字与110号40字合全铭；111号字数、行款与109号完全相同，但笔画较粗壮，其后当缺一钟与110号字数相同。112号41字（仅比110号多一"处"字），其前缺一钟当比109号少一"处"字。[47] 因此该钟应有6件，分别两两合为全铭。不过从现存四钟的纹饰看，它们并非同时铸造，而是经过补铸拼为一肆的，这也是它们的字体有明显差别的原因。1978年陕西宝鸡出土的秦公钟虽只五件，但末钟铭文未完，可以推定其后尚缺一钟，为此式之继续。另外，广东、云南等地也出土了不少六件一肆的战国编钟，如广东罗定南门垌M1、肇庆北岭松山M1、兴宁新圩所出战国编甬钟[48]、云南楚雄万家坝M1所出编羊角钮钟、牟定福土龙所出编钮钟[49]等等，不知是否受此影响。七件一肆的组合不见于铭文记载，出土西周实物有河南平顶山市薛庄应国墓地M95[50]、山西天马——曲村遗址M91[51]所出编甬钟等等。此式的东周之器亦有不少，如江苏六合程桥所出旨赏钟[52]、丹徒背山顶所出遣邧编钮钟[53]、清

38页。

47 马承源主编《商周青铜器铭文选》第三册第396号器将所列二钟（即《集成》第一册111、112号）视为合铭，并说后钟钲间首字"处"为衍文，不妥。

48 广东省博物馆：〈广东罗定出土一批战国青铜器〉，《考古》1983年第1期；〈广东肇庆市北岭松山古墓发掘简报〉，《文物》1974年第11期。黄玉质：〈建国以来广东考古发现述略〉，《广东文博》1988年第1、2期。

49 云南省文物工作队：〈楚雄万家坝古墓群发掘报告〉，《考古学报》1983年第3期；杨玠：〈云南牟定出土一大套铜钟〉，《文物》1982年第5期。

50 河南省文物研究所、平顶山市文物管理委员会：〈平顶山应国墓地九十五号墓的发掘〉，《华夏考古》1992年第3期。

51 北京大学考古系、山西省考古研究所：〈天马——曲村遗址北赵晋侯墓地第五次发掘〉，《文物》1995年第7期。

52 南京博物院：〈江苏六合程桥二号东周墓〉，《考古》1974年第2期。

53 江苏丹徒考古队：〈江苏丹徒背山顶春秋墓发掘报告〉，南京：《东南文化》1988年第3－4期合刊。

道光年间浙江武康出土的其次句鑃[54]、河南洛阳所出的天尹钟[55]等等，从这些例证来看，七件一肆的编钟要么无铭文，要么各自全铭，未见多器合铭者。八件一肆是西周晚期特别是宣王前后最常见的一种形式，例证甚多，不细罗列。音乐史家对它们进行测音后发现，每肆编钟除第一二件只用正鼓音外，后六钟都有意识地使用与正鼓成小三度谐和关系的第二基音[56]，并在右侧鼓常有小鸟纹(或象纹、涡纹、穿山甲等)作为标志。[57]据研究，八件一肆是这一时期最标准的一种模式，同时一堵又常悬钟二肆，这时候一堵之钟数就正好与《周礼》郑注“二八十六枚而在一虡谓之堵”相合。又《周礼·春官·小胥》：“王宫悬，诸侯轩悬，大夫判悬，士特悬。”郑注：“宫悬，四面悬。”“四面悬”即四堵。依上计，四堵之钟数为八肆六十四枚。

由此，我们想到文献中有关“八佾”的记载。《公羊传·昭公二十五年》：“八佾以舞大武。”《礼记·祭统》：“八佾以舞大夏。”“大武”、“大夏”乃周天子娱乐鬼神、娱乐自己的御用歌舞，说明“八佾”为其所专。[58]《左传·隐公五年》：“公问羽数于众仲，对曰：天子用八，诸侯用六，大夫四，士二。”杜预注：“八八，六十四人；六六，三十六人。”孔颖达疏：“服虔以‘用六’为六八四十八，大夫四为四八三十二，士二为二八十六。杜以舞势宜方，行列既减，即每行人数亦宜减。”按当以服虔之说为是。“佾”作为队列的单位与指称编钟的肆应是相同的概念。《左传·襄公十一年》：“郑人赂晋侯以……歌钟二肆，及其镈磬，女乐二八。”钟以肆为单位，“女乐”以八人为单位，二者所指数量应该相同。“八佾”文献记载正是六十四人。《公羊传·隐公五年》：“天子八佾。”何注：“佾，列也，八人为列，八八六十四人。”《谷梁传·隐公五年》亦曰：“舞《夏》，天子八佾。”范注：“佾之言列，八人为列，又有八列，八八六十四人也。”《论语·八佾》：“孔子谓：季氏八佾舞于庭，是可忍，孰不可忍也。”

---

54 《殷周金文集成》第二册第421器之“说明”。

55 《殷周金文集成》第一册第5器之“说明”。

56 参阅黄翔鹏：〈先秦编钟音阶结构的断代研究〉，《江汉考古》1982年第1期。

57 值得注意的是，这种现象出现于本期也只盛行于本期。春秋以后，可能由于钟音的正、侧鼓之分已成常识，或由于增加钟数，将侧鼓音移作正鼓音而无须侧鼓标记。

58 高亨：〈周代大武乐考释〉，《文史述林》，北京：中华书局，1980年，第80－116页。

《集解》引马注:"佾,列也。天子八佾,八人为列,八八六十四人也。"鲁大夫季氏因僭越行为过甚,孔子才有"不可忍"之慨叹。由上看出,乐悬的八肆六十四枚与乐舞的八佾六十四人,在制度、规模、使用对象上完全相同,推测其起始时代应为西周晚期,它与当时天子九鼎八簋的制度相适应,构成严密的"钟铭鼎食"的礼乐制度。

前文已说,西周早期编钟承袭商制已是三件一肆,但从陕西扶风北桥窖藏[59]、扶风黄堆M4[60]、江西萍乡彭家桥[61]、湖南湘潭花石洪家峭[62]、湖北大冶罗桥[63]等所出编钟皆为两件来看,当时还可能存在过两件一肆的组合,而陕西眉县杨家村青铜乐器窖藏所出编钟之甲组两件,据其纹饰可推断为西周初期偏晚铸品,与同坑所出时代稍晚的乙、丙组编钟有明显差别,也应视为单独的一肆。[64]不过,这两件钟由于铸造精良、形体较大,很可能后来根据其发音规律而增扩成音域跨度大得多的新编钟。

春秋早、中期,由于王室力量开始衰微,西周时期严格的礼乐制度逐渐遭到破坏,这对音乐自身的发展却减少了很多束缚,因而此期编钟分布的地域较以前广泛,钮钟和镈有很明显的发展,甬钟的组合亦有成长,虽如上述仍有承袭西周而来的五六件一肆的情况,但规格较高者基本上是以八、九件为一肆。如山东临淄大夫观出土甬钟8件[65],河南三门峡上村岭M1052出编钮钟一肆9件(这是目前已知年代最早的一肆9件的编钮钟)[66],山东沂

59 罗西章:〈陕西扶风北桥出土一批西周青铜器〉,《文物》1974年第11期。

60 陕西周原考古队:〈扶风黄堆西周墓地钻探清理简报〉,《文物》1986年第8期。

61 薛尧:〈江西出土的几件青铜器〉,《考古》1963年第8期。

62 湖南省博物馆:〈湖南省博物馆新发现的几件青铜器〉,《文物》1966年第4期。

63 梅正国、余为民:〈湖北大冶罗桥出土商周铜器〉,《文物资料丛刊》第5辑,第204页。

64 刘怀君:〈眉县出土一批西周窖藏青铜乐器〉,《文博》1987年第2期。

65 王世民:〈春秋战国葬制中乐器和礼器的组合状况〉,《曾侯乙编钟研究》,武汉:湖北人民出版社,1992年,第98页。

66 中国科学院考古研究所:《上村岭虢国墓地》,北京:科学出版社,1959年,第28页。

水刘家店子 M1 出编甬钟、编钮钟各一肆 9 件和 4 件编镈[67]，山西长治分水岭 M209 出土编甬钟、编钮钟各一肆 9 件、M270 出编甬钟一肆 8 件、编钮钟一肆 9 件[68]等等。

到了春秋晚以至战国时期，各诸侯国势力进一步强大，周王室几近名存实亡，列国竞相僭越礼制以显国力，音乐的发展更加丰富多彩，不但编钟的数量由原来的一肆 8 件、9 件扩展到 11 件、13 件、14 件，而且在乐器的制造上更加精雕细琢，走上了华丽、精致、繁缛的时尚。这是编钟发展的巅峰时期。此期出土的材料极多，仅举几例如下：河南淅川下寺 M1、M2 分别出土编钮钟 9 件和编甬钟 26 件（8 件一肆者一套、9 件一肆者两套，分两层挂于同一钟架上而为一堵）[69]；河南信阳长台关 M1、M2 分别出铜质、木质编钮钟一肆 13 件[70]；河北平山中山王墓、四川涪陵小田溪 M1 以及洛阳金村出土的𠫑羌钟都是钮钟一肆 14 件[71]；当然最为引人注目的是湖北随县擂鼓墩 M1、M2，M1 即闻名于世的曾侯乙墓，65 件编钟分 8 肆两堵悬挂，下层两肆甬钟分别为 3 件和 9 件（当为 10 件），中层三肆甬钟分别为 11 件、12 件和 10 件，上层三肆钮钟分别为 6 件、6 件、7 件。M2 出了 36 件甬钟，分大型编钟一肆 8 件，小型两肆各 14 件[72]。

67　山东省文物考古研究所：〈山东沂水刘家店子春秋墓发掘简报〉，《文物》1984 年第 9 期。

68　山西省文物工作委员会：〈长治分水岭 M269、270 号东周墓〉，《考古学报》1974 年第 2 期。

69　河南省博物馆、淅川县文管会、南阳地区文管会：〈河南淅川县下寺一号墓发掘简报〉，《考古》1981 年第 2 期；赵世纲：〈淅川楚墓王孙诰钟的分析〉，《江汉考古》1986 年第 3 期。

70　河南省文物研究所：《信阳楚墓》，北京：文物出版社，1986 年，第 21、86 页。

71　河北省文管处：〈河北省平山县战国时期中山国墓葬发掘简报〉，《文物》1979 年第 1 期；四川省博物馆等：〈四川涪陵地区小田溪战国土坑墓清理简报〉，《文物》1974 年第 5 期；唐兰：〈𠫑羌钟考释〉，《唐兰先生金文论集》，北京：紫禁城出版社，1995 年，第 1 页。

72　随县擂鼓墩一号墓考古发掘队：〈湖北随县曾侯乙墓发掘简报〉，《文物》1979 年第 7 期；湖北省博物馆、随州市博物馆：〈湖北随县擂鼓墩二号墓发掘简报〉，《文物》1985 年第 1 期。

到战国晚期，整个青铜器的发展已进入了所谓的堕落期。各诸侯国国力盛极而衰，而编钟的发展也已经是日薄西山了。

综上所述，"肆"是指编钟大小相次的一列，其数量由西周早期的三件发展到西周晚期的八件。此时由于礼制的严密化，出现钟之排列取八的倍数、舞者的队列亦取八之倍数作为常例，单位"肆"才赋予一个固定的数字"八"。但春秋以后，随着诸侯国的日益强盛，传统礼乐制度遭到僭越，"肆"的数量又打破已有之规范并逐渐膨胀，先后出现了9件、10件、11件、12件、13件、14件的情况，但以9件为多，编钮钟尤其明显。"堵"所包含的钟数不易确定，少至两件，多至四五十件，如山东蓬莱柳格庄六号墓出土单层钟架悬挂钮钟一肆9件，此亦为一堵之钟数[73]；河南固始侯古堆一号墓出土的8件编镈却分如曲尺形的两虡（即两堵）悬挂，一虡6件，另一虡2件[74]；曾侯乙墓65件编钟也是分两虡悬挂，南虡共20件、西虡共45件。

总的来看，一肆或一堵之钟数随时代的变化而呈逐渐增多之势，这首先应该是人们对音阶、音律的认识逐渐加深、音乐发展水平日益提高的结果；其次，统治阶级对礼乐的推崇、铸造技术的日渐高超也起了很大的推动作用。

73 烟台市文管会：〈山东蓬莱县柳格庄墓群发掘简报〉，《考古》1990年第9期。

74 固始侯古堆一号墓发掘组：〈河南固始侯古堆一号墓发掘简报〉，《文物》1981年第1期。

中国早期历史中文学、文人的形态和观念*

于迎春(北京大学)

在我们目前经常使用的概念语汇中，有一批实际上是出自中国固有的文化土壤之中，但是后来在意义内涵上又深受近现代西方的影响。这些在相当程度上被视为是与新文化、新学科、新时代相联系的新语汇，在增加了其意义的层累时，无疑也相应地偏离了其所源自其中的传统背景，混淆了其在历史上原本可能拥有的意义内涵。今天，越来越多的学者已经意识到，在以其现代语义为必要参照的基础上，从中国传统语境出发，对这些概念进行语义清理和还原，已成为深入而贴切地进行中国传统文化研究的先决条件；但是，这样一番概念的辨识、厘清工作，迄今为止，仍很不够。只有当那些复杂、微妙，有时又可能是模糊、游移的涵义不仅被充分认识到，而且可用现代学术语言表述，恰如其分而不是削足适履地阐释中国固有的文化传统时，它们才具有了坚实的基础，同时，古老的遗产也才可能更加有机地成为现代学术的丰富滋养。

我们现在使用的"文学"一语，虽然表面看来是古代已有的成词，但其内涵其实是经过日本传输进来的近代西方的观念，在用来解释中国长期以来以诗文为主所构成的作品范围和写作传统时，它不免时常显现出难以克服的偏差和出入。在谈到诗文作品及其写作者的时候，事实上，中国古代并没有与当今的文学理论和学科分类上的术语十分对应的概念[1]，毋宁说，存在

---

* 本文的写作，获得了德国洪堡基金会(Alexander von Humboldt-Stiftung)的资助。

1 James J. Y. Liu, *Chinese Theories of Literature*, Chicago: The University of Chicago Press, 1975, p. 7.

着一些与当今所谓的文学和文学家相关却又不尽相同的概念。在中国固有的文化系统当中,"文学",这个自先秦时代即已活跃着的古老术语,不仅自有其与时推移的不同时代侧重,并几乎始终拥有更多的学术色彩。与现代的文学概念更为接近的,其实是人们在指称诗、文时惯常使用的"文"、"文章"等,不过,即使像这一类传统上可以兼称诗文的综合性辞汇,它们的所指其实也与现代意义上的文学颇相参差。至于"文人",这个迄今为止未曾得到深入、细致剖析的名词,并不简单地等同于作家、诗人或写作者,它所涉及的人物及其可能包含的价值意味,乃是深深地植根于中国的文化土壤之中的。说到底,中国传统的文学和文人自有其独特的形态和观念。

中国固有的文学和文人形态,在先秦,特别是在汉代逐渐发展起来,并具备了影响后代的深远的观念意义。在概述其在中国早期历史阶段演进过程的基础上,本文想要呈示的是,中国文化中这两个重要的观念及其所关联的事实,它们具有什么样的文化特色,人们对它们所持的复杂态度,以及何以会有这样一些矛盾看法。总之,我试图揭示与一般所谓的文学、文学家不尽相同的"文"或"文章"、"文人"的特质,以及它们在中国传统的社会和思想体系中所处的位置。

一、"文"是事物的内质富于美感的自然呈现

"文"是中国文化中一个十分古老的重要概念,其复杂、丰富的涵义构成了理解"文章"、"文人"这些概念的基础。

按照中国学术界一般的看法,"文"的本义,是指以不同线条、色彩交错而成的花纹、纹理。由于交错成形的事物,往往具有一种可观赏的秩序感,在以取象比类、"观其会通"为特征的重直观和整体的中国古代思维的作用下,"文"的涵义便由作为有纹理的物质形式自然而然地发散开去,推广及于天地自然、社会人事中许多有规律性的现象[2],譬如"天文"、"人文",并在不

2 周策纵(Chow Tse-Tsung)运用语源学、语义学的方法,考察了作为动物花纹的"文"在其起源和发展过程中,与数字五、六,爻,乾坤卦,天地,道,以及农业的发展等诸多

断抽象中,使其内容越来越充实、丰富、深刻。与人事相关之“文”,联系着整个人类生活的精华,它可以泛指人类的文明、文化,尤其是与作为儒家圣贤政治的核心和要害的文教德化和国家、社会建设中的礼法制度,以及前代流传下来的典章、文献等息息相关,从而形成一个与“武力”相对,又高出于“武力”之上,以道德、政教、礼乐制度和经典著作为主体的“文”。“文”遂被赋予尊贵、阔大的色彩和意义,并因此在古代社会中具有相当崇高的地位。刘勰在《文心雕龙》的开头就曾感慨:“文之为德也大矣,与天地并生者何哉!”[3]

如此崇高、广大之“文”,自然被认为是与作为事物根本的“道”密切相关。但是,无论刘勰的文以“明道”,还是后来唐、宋学者、思想家的“贯道”、“载道”说[4],在富于理想性地将“文”的观念价值上推的同时,实际上却也明豁了它最终不能够等同于“道”;或者勿宁说,相对于根本性的“道”,“文”经常被视作外部的表现和存在形式。《韩非子·解老》曰:“道者,万物之所以然也,万理之所稽也。理者,成物之文也。”朱熹的阐释就更简捷:“道之显者谓之文”(《论语集注·子罕》)。事实上,“文”被普遍地看作是事物的内在本质的外部表现,《逸周书·常训解》:“动之以则,发之以文。”《礼记·乐记》强调:“乐由中出故情,礼自外作故文。”[5]

显然,这种外部的表现和存在形式不是简单的,作为一种广泛、普遍的自然现象,它具有一定的审美效果和价值,相当程度上构成了对事物的美化

事物和生活方面所存在着的某种关联的可能性。见其〈中国古代关于文学、道及其相互关系的观念〉(“Ancient Chinese Views on Literature, the Tao, and Their Relationship”, *Chinese Literature: Essays, Articles, Reviews,* Vol. 1, 1979, Madison University of Wisconsin)。

3 关于“文”与“德”,与天、地的关系,可参看《国语·周语下》的说法。一则曰:“其行也文,能文则得天地。”另一则曰:“文王质文,故天胙之以天下。”韦昭注“质文”曰:“其质性有文德也。”韦昭又有注曰:“文者,德之总名也。”可以说,“文”即“德”,是“德”的总称,它是通于天地,同时获得天下国家的品性,因而是人最高的品性。

4 《文心雕龙·原道》:“道沿圣以垂文,圣因文而明道。”唐李汉《昌黎先生集序》:“文者,贯道之器也。”宋周敦颐《通书·文辞》:“文所以载道也。”

5 《韩非子·解老》:“礼者,所以貌情也,群义之文章也,君臣父子之交也,贵贱贤不肖之所以别也。中心怀而不谕,故疾趋卑拜以明之;实心爱而不知,故好言繁辞以信之。礼者,外饰之所以谕内也。”

和装饰[6]，所以刘师培在《论文杂记》之十中谈到："故道之发现于外者为文,事之条理秩然者为文,而言词之有缘饰者,亦莫不称之为文。"他对"文"之为文的内在品格加以总结说:"盖'文'训为'饰',乃英华发外,秩然有章之谓也。"[7] 毫无疑问,"文"之可被训作"饰",乃是基于其原初义中所内在固有的审美性质。这一重要意义的获得,盖缘自花纹、纹饰具有一定可观的视觉效果。[8]

"夫岂外饰,盖自然耳"(《文心雕龙·原道》)。这种表现于外的美饰,基本上不能被理解成从外部而来的对事物添加的修饰;方向恰恰相反,就其产生而言,乃是事物的内质和精华较为完美地自动呈现于外[9],而且这种外现自然采取了具有美感的适当形式,"精理为文,秀气成采"(《文心雕龙·征圣》),或者如刘师培所定义的"英华发外,秩然有章"。

总括所有可得以"文"视之的事物,虽然其内涵和外延相当不确定,还是可以就中抽取出"文"的共通的基本品性:

1. 是事物的根本由内而外的自然显现;

2. 这种外现乃是有秩序、有美感的。

这是"文"十分古老而重要的底蕴。具体说来,诗歌一向被认为是人的

6　应玚《文质论》谈到"文"曰:"日月运其光,列宿曜于文,百谷丽于土,芳华茂于春。"(《全后汉文》卷四十二)。刘勰在《文心雕龙·原道》中描述"文""郁然有彩"的特性,强调其普遍具有的美感意味曰:"日月叠璧,以垂丽天之象;山川焕绮,以铺理地之形。此盖道之文也。……旁及万物,动植皆文:龙凤以藻绘呈瑞,虎豹以炳蔚凝姿;云霞雕色,有逾画工之妙;草木贲华,无待锦匠之奇。"

7　刘师培:《中国中古文学史·论文杂记》,北京:人民文学出版社,1959年。

8　"象"无疑是具有视觉性的,《国语·周语下》的这几则明显地将"文"与"象"联系在一起。"经之以天,纬之以地。经纬不爽,文之象也。"如果说这里的"文之象"不免抽象的话,"天象"这一说法的视觉性就要明显得多。"象物天地。"韦昭注曰:"取法天地之物象也。在天成象,在地成形也。"而"大不从象,小不从文",暗示了天之"象"与"文"之间的某种对应性、类比性。"文"与视觉联系的紧密性,还可从"文彩"、"文章"这些词中见出。据《考工记》,青赤相配合为文,赤白为章,"文章"一词在先秦时代大量用来表示彩绘图案。季镇淮在〈"文"义探原〉中说,"文"与"章"都有这样一种涵义,"形容可以看见或想象的一种事物的形象"(见季氏《来之文录》,北京:北京大学出版社,1992年,第30–31页)。当然,"文"的表示花纹、纹理的原初义,无疑奠定了其具有较多的视觉侧重的基础。

9　《国语·鲁语下》:"夫服,心之文也。如龟焉,灼其中,必文于外。"

内在情志的外在表达,《尚书·舜典》的“诗言志”,《毛诗序》的“诗者,志之所之也。在心为志,发言为诗”,以及萧统《文选序》的“诗者,盖志之所之也,情动于中而形于言”,事实上都将诗歌看作是人的内在世界的精华,也就是人的较为自觉并且合乎规范的意识和情感,自然、优美地呈现出来,外化为语言。在《论衡·超奇》中,王充将这种外内表里的自然关系进一步推及一般的写作:“有根株于下,有荣叶于上,有实核于内,有皮壳于外。文墨辞说,士之荣叶皮壳也。实诚在胸臆,文墨著竹帛,外内表里,自相副称。意奋而笔纵,故文见而实露。”

语言可以说是人的装饰,《左传·僖公二十四年》:“言,身之文也。”甚至进一步的,比普通的语言更富美感和吸引力的“文”,也就是富于修辞艺术的语言文字,又被视作对言辞的装饰,所谓“言以足志,文以足言”。这种装饰不是可有可无的,因为还在中国文明的早期,人们就意识到,对于表达情志等更为内在、根本的人的世界,普通的语言本身是不充分的[10],而富于形式美的“文”,无疑被认为是人的语言表达最高的、同时也是最圆满的状态。[11]《左传·襄公二十五年》中这段著名的话,包含了值得重视的思想:

> 仲尼曰:“志有之:言以足志,文以足言。不言,谁知其志?言之无文,行而不远。”

“文”不仅是对内容表达的充分实现,它本身还被视为一种力量,可以行之长久、辽远,传播向广大的区域,流传在较长的时期,也就是渡越时间和空间。而且,这种力量的取得又几乎是必然的,因为一个受过教育并意识到自己的

---

10 “诗言志,歌咏言”、“言之不足,故嗟叹之”,以及“文以足言”等等,《尚书》、《左传》、《毛诗序》中这些著名的说法,实际上都或隐或显地表示着语言在表情述志上的不完美状态。关于“言”的这种不完美性,可参见宇文所安(Stephen Owen)在其《中国文学思想读本》(*Readings in Chinese Literary Thought*, Council on East Asian Studies, Harvard University, 1992, p. 30)中的有关论述。

11 在前引宇文所安的《中国文学思想读本》一书中,他非常正确地把“文”理解为“富有形式美的、文学性的、书面的文字(the patterned, literary word and the written word)”,并视之为“完美的、最后的语言形式”(p. 25)。事实上,中国的文论家早就表达过类似的看法,《艺概·文概》曰:“文之为物,尤言语之精者乎?”

社会存在的人,必然要借助于“文”来表达自己。

“文”对心的自然呈现,或者心的自动流露于言,被看作是世间的普遍规律。[12] 不啻如此,由于人被视为“天地之心”,通过呈现人心,也就可以呈现天地之道;甚至,文论家索性就说:“言之文也,天地之心哉!”(《文心雕龙·原道》)“道沿圣以垂文,圣因文而明道。”虽然事实上只有圣人有资格当得起“天地之心”,但藉助于圣人,“文”自然而然地便被张大到“明道”的地步。

无论是作为“道”之显现于外的存在,还是“志”的最完满的语言表达,都意味着“文”的巨大的可能性:它不仅能够表达“道”和“志”,而且“道”和“志”不可避免地依赖于它,无论世界还是人,都要借助于它表现于外。但是,“文”归根结底不是与“道”和“志”同等的概念。当文字、篇章、书籍等等作为上述内容的载体,作为其赖以成形、显现的形式而存在的时候,相对于这些崇高、根本的内容,形之于外而又斐然可观的“文”,却又不免于被视作外在、虚浮的空壳和工具;同时,从一切事物、现象中抽象出来的“华饰”之义,时常会被认为较朴素、实在的内在本质为次要、多余,从而在性质上是从属的,在价值上是第二位的。[13] 换言之,“文”在被视为语言表达的最高形式的同时,又被认为是远离事物的内在本质,无论是上述孔子所谓的志—言—文,还是孟子所提示的文—辞—志,都体现着这样的逻辑。

同时,这些关系模式中又潜含着这样的思想:审美优势使得“文”获得了一种“行远”的力量,但是这种非同小可的力量使它又不无危险,因为它有可能自足地走得太远,从而违背、脱离了根本,妨害了内在本质的实现和实

12 《文心雕龙·原道》:“心生而言立,言立而文明,自然之道也。”

13 《韩非子·解老》:“礼为情貌者也,文为质饰者也。夫君子取情而去貌,好质而恶饰。”《淮南子》:“文不胜质之谓君子。”董仲舒《春秋繁露·玉杯》:“志为质,物为文。文著于质,质不居文,文安施质?质文两备,然后其礼成。文质偏行,不得有我尔之名。俱不能备而偏行之,宁有质而无文。”刘向《说苑·反质》:“君子虽有外文,必不离内质矣。”阮瑀《文质论》对文、质加以抑扬曰:“盖闻日月丽天,可瞻而难附;群物著地,可见而易制。夫远不可识,文之观也;近而易察,质之用也。文虚质实,远疏近密。……阳春敷华,遇冲风而陨落;素叶变秋,既究物而定体。丽物若伪,丑器多牢;华璧易碎,金铁难陶。”(《全后汉文》卷九十三)

行。[14] 可以推想，它愈是登峰造极，对它的这种指控也就愈强。这其实是以农业立国的周代文明的一贯思路。《逸周书·大开武》罗列"淫好破义"、"淫乐破德"、"淫采破服"、"淫巧破用"等"十淫"，其七曰："淫文破典。典不式教，民乃不类。"必须防止对古老的法典、规章的任何变乱和曲解，不然，其对民众行为规范的有效性和约束力就将丧失。"呜呼！十淫不违，危哉！今商维兹"。可以看出，西周的政治上层人物在反思既往、总结历史经验的基础上，要求整个社会的公私生活必须保持在适度和不过分的状态下，以此为建立、维护社会秩序的必要前提。这种适度和不过分状态的基准，便是重农言论中一再强调的顺时、省用。谈到"慎用必爱"，使物尽其材、地尽其力，《程典解》曰："土劝不极美，美不害用"。"极美"固然由于过分而变成负面，即使"美"本身也会被视为一种非常，在《酆保解》[15] 中，"美好怪奇"与"淫言流说"等一概被看作是具有腐蚀性和侵害力的事物，这种看法在《墨子》、《韩非子》等人那里，都不难找到回响。在以顺时、省用状态存在着的农业活动及生活方式之外，所有其它的人类活动和人生状态，都可能因其被视为非必需而涂染上了奢华乃至邪恶的色彩，不仅是"单财劳力，毕归之于无用"（《墨子·辞过》），而且还可能天然地具有某种程度的危险、危害因素，如果这种活动或事物不能够取消，就须得对它加以提防和限抑。

简言之，"文"被抽象为事物内在精华的外在表现，并且这种表现中潜含有审美意味；或者进一步的，"文"可以狭义地被视为附丽于质素之上的形式美因素。纯文学的演进后来事实上就大致是向这一意义上凝聚。不过，说到底，"文"的意义和价值层次极其错杂，就其较为抽象和宏大的层面而言，它可以是与"道"、与"德"成内外表里之物，甚或上扬为与"道"齐同、与"德"合

14　《逸周书·官人解》以周公之口曰："无质者""其言工巧"，而"有虑者""不文而辩"。韩非批评当时"以文害用"的社会现象，从否定的方面证明了具有美感的修饰性语言的力量。《韩非子·外储说左上》："今世之谈也，皆道辩说文辞之言，人主览其文而忘有用。"李斯又指责韩非曰："臣视非之言，文其淫说，靡辩才甚。臣恐陛下淫非之辩而听其盗心，因不详察事情"（《韩非子·存韩》）。

15　唐大沛认为此篇出于战国人之作伪。参见唐大沛：《逸周书汇校集注》卷三，上海：上海古籍出版社，1995 年。

一的地步；同时，就其较为细微的方面说来，它不仅从属于“道”、外在于“德”，而且常常被认为对“道”和“德”不无妨碍。事实上，天地之道、人类文明以及文字、文章，这些高下不等的层次时常交织在一起；而文教德化、文饰、文学等并不相同的意义，往往难以判然分清。换言之，几乎无法抽取出一种而单独言“文”，文学与其它之“文”有脱不开的干系。中国古代的文论家谈论文章、文学时大都会兼涉天文、人文，萧统感慨“文之时义，远矣哉”，刘勰赞叹“文之为德也大矣”，莫不由此而来。这既可以看作是对文学价值的弘扬，但在相当程度上，其实是缘自制约着中国文学的一种极为深刻的思维和文化背景。必须强调指出，“文”作为一个其原始义中潜含有审美意味的概念，在春秋战国这一中国经典文化重要的奠基时期，从道德、政教角度对它的强调十分突出，它因而获得了明显的社会、政治、道德色彩[16]；后来，当它的审美、文学意义有了长足发展，道德、政教反过来又成了对它的理解不能剥离的社会文化背景。

“文”的这种在意义上相当模糊、游移的复杂性，不能不影响着人们对文学的期待和评判。

二、士是孕育“文人”的母体

与“文”被视为道德态度的外化表现，甚至被作为人世间各种基本美德和重要品格的综合和集中相关，春秋时代以前，“文人”指崇高的道德人格，并大都用于指称已故的祖先。《尚书·文侯之命》：“追孝于前文人。”《疏》谓：“追行孝道于前世文德之人。”《诗·江汉》：“秬鬯一卣，告于文人。”《毛传》谓：“文人，文德之人也。”其意谓与后世十分不同。

战国、汉初，“文人”、“文士”的意义开始偏侧向具有辞采的语言文字，用

16　关于“文”义演变的历史过程，可参见季镇淮：〈“文”义探原〉（见季氏《来之文录》，北京大学出版社，1992年）；周策纵：〈中国古代关于文学、道及其相互关系的观念〉（“Ancient Chinese Views on Literature, the Tao, and Their Relationship”, *Chinese Literature: Essays, Articles, Reviews*, Vol. 1, 1979, Madison: University of Wisconsin ）。

来指称那些特别擅长言辩或写作的士人，或者说，士阶层内部那些显示出语言文字才能的人。与意义相当丰富的“文”相关，“文人”在中国古代乃是一个外延不十分确定的概念，就其在中国历史中更为宽泛的涵义来说，这个词可以放大来指一般知书能文的人，换言之，即那些具有书面读写能力的人。由于中国古代的读书人、文化人，几乎大都集中于“士”这个社会政治—文化阶层，所以在意义上，“文人”又不免经常与“士”相混同。很显然，无论是其较宽还是较狭的意义，“文人”都与“士”密切相关。

春秋晚期以降，“士”在大动荡之际的历史变革中登上社会舞台，扮演了令人瞩目的角色，并显示出其独特的阶层品性和价值。作为中国古代社会中一个集中掌握着书面文化知识的重要阶层，“士”往往能够超越了生存的自发状态和物质的直接满足，自觉地思考和追求人生新的更大的可能。考虑到人应当怎样活着，孔子奠定了“士志于道”(《论语·里仁》)的人生总则，设计并倡导了“志于道，据于德，依于仁，游于艺”(《论语·述而》)的“士”的完整的人格理想，并在实践中身体力行，以德行、政治、言语、文学“四科”来培养年轻一代。可以说，孔子的努力直接奠定了迢递后世达二千年之久的“士”阶层的价值传统。概而言之，这一传统乃是在对以“道”为象征的崇高精神境界的追求中，建立完善的道德人格；关怀并积极参与社会政治，进而实现其不可推卸的政教责任和社会理想；同时还要博学多文，也就是具有深厚的经典学问和文学艺术素养。这一切合在一起，方始构成了彬彬君子的完整形象。作为这个阶层最早的伟大思想家，孔子人生思考的着眼点可以说是超越时间和空间的，他曾表白说：“君子疾没世而名不称焉”(《论语·卫灵公》)。在他看来，道德、政治、文化是足可令士人自我实现的人生活动，由此而来的不朽的名声，则是值得矢志以求的人生目标。

这种价值组合也许不能算是全新的。因为在孔子出生之前两年，公元前549年，他的国家，鲁国中的一位有名的贤智人物叔孙豹，就针对人生永恒的价值这一问题，表达了与当时一般贵族十分不同的新意识：“豹闻之：大上有立德，其次有立功，其次有立言。虽久不废，此之谓不朽”(《左传·襄公二十四年》)。这著名的“三不朽”的说法，事实上在后来被士人们用作对其阶层价值精确的概括。

很明显,“立德”、“立功”、“立言”这三种值得人努力而为的活动,虽然都有可能使人名垂史册,但是从价值顺序上说,却又不能不有先后、高低之分。承袭了“三不朽”的价值格局,孔子在对人格修养和人生价值的宣称中,实际上也是有先后、重轻的层次区别的。他强调,“有德者必有言,有言者不必有德”(《论语·宪问》),就把道德人格的建立置于成一家之言和文化创造之前、之上;所谓“行有余力,则以学文”(《论语·学而》),实际上就是强调“文”应当受制于那些体之于行的人生活动,是在修身立德和平治天下之后、之余的事情。很清楚,虽然儒家在诸子中被认为是最尚“文”的,孔子对“言以足志,文以足言”也有明确的认识,但是,一旦放置于人生价值的完整系统中,相对于道德和政教理想的实现这样一些“文”的更宏大也更沉实的方面,语言文字的表达,特别是富于修辞艺术的表达,就不免显得细小、不自足,因而减轻了份量。总之,对于中国古代士人们的价值选择而言,“立德”是“立功”、“立言”的基础;而“立功”与“立言”相比较,又是首选的目标。

“士”阶层的这种价值格局无疑深刻地影响了中国古代文学和文人的面貌。当那些能文之士选择或进行写作的时候,人格修养、对社会政治强烈的关心和责任担当意识、学问与文章,这种价值的综合性和层次性不能不对他们产生巨大的牵制。这不仅是指中国古代文学长期以来一直以事关道德风化、政教建设为其目标预设和公开标准,文人们不断在作品中寓托其治平之念;而且,士阶层中那些有文学爱好,并且又擅长文字表达的成员,他们往往把直接参与社会政治作为无可争议的、现实的人生活动,他们对以写作为代表的文化创造的选择,相对说来是有条件的。换言之,写作被当作人生最后的出路,社会政治参与的失败,治平理想的失落,往往成为他们致力于写作的必要前提。不仅是在理论上,我们看到在历史现实中,士人的致力于著书作文,大多也是作为不得“通其道于世”之后退而求其次的选择,孔丘、孟轲如此,庄周如此,即使墨翟、荀况、韩非,也几乎算不得有事功成就可言。

这种价值的综合性在汉代更进一步为国家制度所强化。战国时代,随着称雄割据的诸侯竞相招揽人材,士人纷纷游历于其间,择主而效力,士与君的合作松散而无定规,也基本上没有什么明确的标准可言。在秦朝,新兴的大一统专制统治者要建设绝对的秩序社会的理想,使得以游走状态存在的士人一下子断绝了出路,两者不可避免地发生了短暂却是激烈的冲突。到了汉代,经过汉武帝,逐渐建立起了将"士"这一股力量有效地组织进国家行政管理系统和社会政治生活中去的方式体系,即以经明行修、尚文修德为入仕基本资格的选举制度。以道德、学问相尚,同时对政治又予以强烈关注的"士",成为为大一统帝国正式认可的国家官吏当然的候选者,他们的学养和价值组合不仅基本上得到了政权的肯定,还受到了鼓励,读书习文之士和国家官吏的双重身份从此得以稳定地叠合在一起,"士"从而演变为"士大夫"。[17] 在后来的社会政治和文化建设等方面发挥了举足轻重作用的士大夫,以其学士文人与官吏或候补官吏兼而有之的复合身份,加强了思想道德、学问与政治权力合而为一的中国古代文化观念和社会机制,同时也意味着道德、事功和学术文章这些士人所追求的不朽价值在现实中的三位一体。

秦汉之际皇帝集权的大一统专制主义制度的建立和逐步巩固,是对中国社会和文化产生了深刻影响的一大历史要素。战国诸侯大量养士,士人在君主竞相礼贤下士的社会潮流中,"不合则去",甚至为君之师、友,入仕门径杂多而不固定,并相对自由。先前的这一局面,至此已经变更为向国家求仕,对专制皇帝绝对负责的制度化、规范化关系。经过必要的环节、程序,通过由基层而中央、层层负责的选拔举荐系统,自其崛起之初,就以散乱无序状态存在着的士人,因而便被纳入由中央集权的一统政治所规范好的轨道,按照对文化思想和人材素质的一定要求,按照年龄、员额等方面的一定之规,士人无论在成长还是自我价值的建立上,都开始接受标准和规范的塑造。依赖于对士人思想意识和社会成功方式的统一,皇帝能够有效地控制

17　关于这一演变过程,可参见许倬云:《求古编·西汉政权与社会势力的交互作用》,台北:联经出版事业公司,1984年;余英时:《士与中国文化·东汉政权之建立与士族大姓之关系》,上海:上海人民出版社,1987年;阎步克:《士大夫政治演生史稿》,北京:北京大学出版社,1996年。他们分别从政治制度、经济和社会力量等方面,作了详尽的分析。另外,在北京大学出版社正在印行中的《秦汉士史》中,对于秦至西汉前期"士"的演化及其与国家的关系,以及其中所包含的社会文化意义,笔者有详论。

士人,使其便于为国家所用。

当汉代士人们意识到时代所发生的巨大变化，以及他们与战国士人所面临的迥然不同的社会政治局势的时候，他们在不适应中或多或少地表现出内心的痛苦和感伤。东方朔在《答客难》中对比了古今,得出“时异事异”的结论:既然诸侯力政的战国乱世已为天下一统的皇帝独尊时代全面取代,“得士者强,失士者亡”的战国神话自然就丧失了存在的社会基础,在专制集权的巨大压力下,其社会出路变得越来越被动、狭窄,就成为士人们必然而来的命运。

意识到命运的受框限,士人们在恪守儒家道德教训的同时,又显而易见地将自甘淡泊、安于退守的道家思想引为他们人生安顿的方法。汉初以来,内心敏感的能文之士在相继抒发其失志不遇之感的同时，就已经表露出了对道家思想汲取的趋势。深以屈原为同调的贾谊，在对先贤的追悼和自我抒怀中,将道家思想明显地引入对楚辞传统的继承之中。其《吊屈原赋》颇以屈原不曾“自引远去”、“远浊世而自臧”为遗憾,在《鹏鸟赋》中,他更是不厌其烦地摭拾老庄祸福倚伏、齐同遗物之类的话头。对“兼济”、“独善”的相对性的认识,以及对于以“明哲”为概括的人生哲学的推许,成为汉代文人在观照屈原时的一种集体自觉,或者说,集中体现了汉代文人在面对屈原式的政治困境和压力时所可能产生的反应。随着专制集权政治的日渐巩固和作为社会意识形态的儒术的日益深化，道家思想也从先秦时代的诸子学之一家,扩展为整个“士”阶层的自处与处世之道的普遍哲学依据。司马迁《悲士不遇赋》曰:“无造福先,无触祸始。委之自然,终归一矣。”淡然于世事的道家观念,是如此深契于文人的内在天性。董仲舒也因有感于“努力触藩,徒摧角矣。不出户庭,庶无过矣”的人生艰危,表示要将自己寄托于清素自守、与世无争的道德、文章之事,他在《士不遇赋》中感慨:“孰若返身于素业兮,莫随世而轮转。”著名的文人司马相如“常称疾闲居,不慕官爵”,这种人生倾向，虽然与其口吃的生理缺陷和良好的经济条件不无关联[18]，但也未始

18　《汉书·司马相如传》:“相如口吃而善著书。常有消渴病。与卓氏婚,饶于财。故其仕宦,未尝肯与公卿国家之事。”

不可以说，是源自其不屑世务的文人习性的主动选择。

随着时代的迁移，汉代的能文之士越来越表现出一些与先秦士人不同的风貌。由于仕进热情显然越来越消退，在向写作转移的时候，他们相对说来要更容易，也更易自安于其中。这固然在相当程度上是出自其政治失败的不得已，但也未必不是道家思想影响渐次深固的结果。或者说，两者常常是如影随形般密不可分的，因为对于政治参与的忧惧体验，十分容易唤起士人们心中退守自藏的潜在意识；而对于道家学理的了解，反过来又加剧了他们对于皇权政治不同程度的倦怠、疏离情绪。

作为一位著名的儒家学者，扬雄无论在天性，抑或成长背景上，都具有显而易见的道家色彩。他"为人简易佚荡，口吃不能剧谈，默而好深湛之思，清静亡为，少耆欲，不汲汲于富贵，不戚戚于贫贱，不修廉隅以徼名当世"(《汉书·扬雄传》)。跟随隐逸之士、老庄一派学者游学的经历，无疑强化了他清静自守的性度，而清晰的时代认识，更进一步为其淡泊世事的人生选择提供了理性的社会基础。在《解嘲》中，扬雄表达了与东方朔一致的看法：在皇帝独尊的大一统的汉代社会里，战国游士"矫翼厉翮，恣意所存"的人生作风已经丧失了其存在的基础，士人的出路变得越来越受拘束和限制。不仅如此，对于当前士人社会政治出路的毫不自主及其命运的充满危机，扬雄较之东方朔更为悲观，他甚至把入仕为政的严酷，表述为必然之理。既然当前危及生命的社会政治现实并不宜于建立事功，那么，对于扬雄说来，仕运落拓也就算不得什么了，相反，"默然独守吾《太玄》"，这种清寂的个体写作的生活，自然就显示出其不能被忽视的价值，成了明智、现实而又可靠的人生选择。

自东方朔、扬雄以来，文人安身立命的人生方式选择，与他们对大一统专制集权政治的严苛、残酷性的清醒认识密切相关，这不能不说是一件令人深长思之的事情。扬雄之所以能够将一般士人对仕事的热衷，转投入他所热爱的文化创造，固然是由于他"恬于势利"、"用心于内，不求于外"，然而同时，他之能够自安于其中，乃是"其意欲求文章成名于后世"。换言之，他相信，仕途失利者可以期望通过文章写作而使之声名垂于后世。

扬雄潜思积力于文的事行及其名声彰著的结局，给了不久之后的班固直接的启示和鼓励。他在《汉书·叙传》中写到："渊哉若人！实好斯文。初拟相如，献赋黄门，辍而覃思，草《法》纂《玄》，斟酌六经，放《易》象《论》，潜于篇籍，以章厥身。"事实上，回首古来足智多文之人，特别是由陆贾、董仲舒、刘向等人编缀起来的西汉述作历史，作为史家的班固要获得对文章声名的印证，是不困难的。正是基于这种获得了历史的可能性和现实性充分支持的强烈个人兴趣，他对藉文章以成名和不朽充满了信心。是故，面对"太上有立德，其次有立功"、"取舍者昔人之上务，著作者前列之余事"这些士阶层价值的传统说法，这位"二世才术，位不过郎"的文士敢于宣称："密尔自娱于斯文"(《答宾戏》)。

在政治进取中建立事功，乃是最值得士人而为的并几乎是其唯一的事业，这一观念在汉代社会中无疑根深蒂固，能文之士们也因而不能不普遍承受着功名成就的压力。张衡，这位东汉中期的博学高才，同时被认为淡静脱俗的文章之士，曾写有一篇自述情志的《应间》。在这篇文章中，面对所谓"佐国理民，有云为也"、"立功立事，式昭德音"的社会流行说法，他试图为自己的仕运蹉跎予以申辩。在他看来，"人各有能，因艺授任"，"官无二业，事不并济"，人的才能、性情等方面既互有差别，人在社会生活中的命运遭遇又各不相同，为政立功便不能不只是具有一种相对的性质。他强调，"所考不齐，如何可一？"无论从士人的主观选择，还是他们的客观所成上，事功事实上都很难成为衡量士人的唯一标准。

正是从淡化仕宦之于人生的重大意义出发，张衡充满自信地对属于"下列"、又无济于功名富贵的艺文学术，表示出坚执而清醒的热爱和选择："愍《三坟》之既颓，惜《八索》之不理。庶前训之可钻，聊朝隐乎柱史。且韫椟以待价，踵颜氏以行止。曾不慊夫晋、楚，敢告诚于知己。""方将师天老而友地典，与之乎高睨而大谈，孔甲且不足慕，焉称殷彭及周聃！与世殊技，固孤是求。"在对其文智之好的辩护中，张衡还不得不对当时社会的既定价值表示了一定的尊重，并因而难免带有谦退的色彩。尽管如此，他的"与世殊技，固孤是求"，他的"告诚于知己"，都显然是他根据自己的性情、才能，又基于较为独立的人生意识，经过独立思考而主动选择、确立的人生目标。这种表白，即使尚带有士人的事业自觉分流之初的矛盾性，但毕竟意味着事功已不被东汉士大夫视作唯一的人生必然追求。

西汉末年以来，特别是在王莽之变以后，经历了思想上的震惊和社会大动乱的士人们，对政治参与的热衷和对社会意识形态的信任，越来越普遍地成为有条件的了。为了解决精神上的矛盾，经术正统之外的新思想——老庄思想，就有了更深、更广地介入的充分契机。由史传中可以清楚地见出，在东汉明显增多的恬退之士中，相当一部分人已经将《易》、《老》、《庄》为代表的道家经典，作为其知识背景中的重要组成。

东汉中后期，由于公、私学校的发展，教育扩大，士人的数量剧增。然而，他们的出路非但不可能因此而增多，相反，因仕途的越来越拥挤和不畅通而变得日益艰难。随着政治的黑暗和作为社会意识形态的经学的日趋僵化，面临社会政治现实愈来愈无可挽救的颓势，士人中逐渐蔓延着悲观绝望的情绪；而他们本人所遭遇的仕途挫折，又进而使他们原先对社会政治的热情和对仕事的营求变得越来越消极；对仕途危险、宦海风波直接和间接的经验，使他们对仕宦生涯的畏惧和厌弃只能日益增多。于是，东汉后期，士人往往持一种政治疏离的姿态，拒仕和不仕之士大量涌现。

对事功追求的淡化和舍弃，这对文学的发展，不能不说是充分必要的。因为客观上，立功、立言毕竟是不同的人生活动，需要不同的才能和实现方式，两者一般不是可以兼顾或并行的。对于有写作之好的士人来说，只有脱出来自仕业的拘束和限制，他们才有向其他领域倾注精力的余暇和可能。

在对社会政治的退守态度中，士人的人生方向不可能不发生转换。对于他们当中有文学爱好和文学才情的一些人说来，其无处可去的生命热情和能量遂自然向文学创作上转移，他们困顿的灵魂、涣散的精神也同时在其中寻获庇护和安寄，总之，他们的一腔愁绪只有在著述之业中才能寻找到安慰和补偿。随着政治责任的践履越来越有条件，文化创造在当时被普遍地用作人生退守策略的同时，也就辩证地上升为价值实现不可轻视的重要方式。先前曾被视为倡优之事的文学，至此不仅成为一些人主动选择的所为，而且被赋予了托寄身心性命的庄重意义，承载起他们较为普遍的生命价值的期望，并因而有可能获得愈来愈多的社会认同。

三、文学，以富于修饰性的书面语写成的短篇诗文

战国有时用“文人”、“文士”来称呼文辩之士，比如《战国策·秦策一》中的“文士”，指的就是那些特别擅长运用“繁称文辞”来纵横辩说的人，也就是具有很高的口头语言技巧和能力的人。随着文字自身的发展、稳定和书写工具的越来越便利，秦汉以来，文字写成物大量增加，书写行为也变得日益平常化，文化中“书写”、“书面化”所占的比重因而越来越大。西汉前期，“文士”已开始被视为擅长书面写作的士人，《韩诗外传》卷七不仅将“文士之笔端”与“武士之锋端”并称，而且还与“辩士之舌端”相提并论。到了东汉初，王充在其著名的《论衡》中，就索性把“文人”定义为具有较强的书面写作能力的人，具体而言，就是指从能够“连句结章”，到独立运思地进行“造论著说”的人，所以他说：“孔子，周之文人也”（《论衡·佚文》），“唐勒、宋玉，亦楚文人也”（《论衡·超奇》）。

与之相应，文学表达和传播、保存的方式也逐渐由音声趋向文字，文学开始成为主要是运用文字的一种行为；与一般的写作不同，人们常常将优美华丽的辞藻与这一种行为联系在一起。傅毅在其《舞赋》中曰：“文人不能怀其藻兮，武毅不能隐其刚。”在强调书面写作的同时，又显现出向藻彩趋进的纯文学潜势。[19]与傅毅同时的王充引述当时社会的一般观点曰：“文必丽以好，言必辩以巧。言了于耳，则事味于心；文察于目，则篇留于手。故辩言无不听，丽文无不写”（《论衡·自纪》）。这其实只是对范围庞杂的文字作品的浮泛看法，并不特别指向文学性的诗文，但其中所显现的对语言的修饰性的重视，已经十分清楚。所以谈到“敏于赋颂，为弘丽之文”的司马相如、扬雄一类汉赋作家，王充对其作品“文丽而务巨”、“文如锦绣”的特点，就格外

19　陆机《文赋序》有语：“作《文赋》以述先士之盛藻。”《文选》李善注引孔安国《尚书传》曰：“‘藻，水草之有文者。’故以喻文焉。”以富有文采的文字来代表文章。

予以强调(《论衡·定贤》)。换言之,文学开始明显地向“文字”和“文采”的意义上归结,文学被集中地看作是一种富有技巧地使用了修饰性文字的作品或写作行为。

在文学形态和观念日益显化的过程中,汉赋,特别是宏衍巨丽的汉大赋,无疑对之起了重要的塑造作用。在中国古代文体中,汉大赋突出体现并利用了汉字的视觉效果,当赋中极力推类铺陈,同类的物象被大量排列、堆垛起来,汉文字的形声特点自然也使得形符类聚在一起,使人单从视觉上便可获得一种“繁类以成艳”(《文心雕龙·诠赋》)的盛大、华美的感受。更重要的是,作为一种以“不歌而颂”、“铺采摛文”为特点、为能事的文体,它与前不同地明显表现出文学脱离了音声向文字化、书面化趋进之势,并因而极大地推动了文字修饰技巧和风气的发展。事实上,对于象形性的汉字来说,文字修饰艺术不能不以书面化为必要的前提,只有淡化并至少是暂时地脱离了音声,书面读写也就是诉诸视觉的方式转化为文学的重要形式之后,以“文辞”、“文言”为体现的语言艺术,才有了充分发展的可能。这不仅是因为与口耳习诵不同的书面读写方式,使得文辞可以停留下来,被充分地推敲和斟酌;还在于,由于淡化音乐所造成的一部分艺术效果的丧失,将使人们有可能更加专注于文字,从而极大地丰富它的表现力。像骈偶对仗、使事用典等,这些根植于汉语言文字特色、同时深刻地决定了中国文学面貌的修辞手段,确是在经过了汉赋之后,为文人们自觉地追求并越来越熟练地加以运用。可以说,汉大赋不仅是文学由口头向书面转变的重要途径之一,而且是形成书面语的修辞方式和美学效果的关键。[20] 文言,一种富有修饰性的书面语,从汉代起成为了中国古代文人写作的传统的单一语言系统。

汉代前期,人们对文学的范畴意识还是十分粗疏、原始的,“文”或者是不加区别地指由字句章节构造起来的各种书面作品[21],或者又在相当程度

20 《文选》卷四十五皇甫谧《三都赋序》:“引而申之,故文必极美;触类而长之,故辞必尽丽。然则美丽之文,赋之作也。”

21 比如王充的“文”的概念,就具有总括图书著作的整体色彩,“五经六艺为文,诸子传书为文,造论著说为文,上书奏记为文,文德之操为文”(《论衡·佚文》)。

上，只是意味着某种具体的文体或作品。作为最早得到承认的文学样式，诗、赋在相当长的时期中甚至被视同于文学，在刘向父子和班固的图书分类，即《七略》和《汉书·艺文志》中，诗赋乃是与经、子、方术等并立的单独一类。两汉以来，随着写作活动的日益繁荣，文章体裁不仅逐渐丰富，而且几乎各自形成了其相对稳定的体制特点，有了较为纯熟的写作者和具有代表性的作品。诗、赋这两种最为人熟知，同时也是最鲜明地体现着文学特质的体式，固然是文学的重心，但是作为一个类别概念，却显然缺乏将众多其它文体，特别是实用性文章，总括起来的足够的涵盖力。换言之，文体的大量增多，必然要求着一个更具概括力的集合式的文学概念。

汉末曹丕所代表的文章观念，乃是中国文学史中一个划时代的进展。他在《典论·论文》中说："夫文本同而末异，盖奏议宜雅，书论宜理，铭诔尚实，诗赋欲丽。此四科不同，故能之者偏也；唯通才能备其体。"在他看来，除了最能够显示文学审美特征的诗赋，文学还包括其它实用性文章体裁。换言之，诗歌、辞赋与士大夫公私生活中常常使用的文体（书信、议论文、器物铭文、祭文，以及几乎完全是议论政事的朝廷奏章）一起，构成了当时"文学"的基本范畴。后来，陆机、刘勰等著名的文论家对文学范围的具体划定，也是由此而出发。将士大夫的政治性文章纳入文学之列，这形成了此后长期以来中国古代文体分类中的一个固有传统。毫无疑问，这在表明士人与社会政治生活密切相关的同时，也意味着士人与文人的相互表里。

对于这样的与现在不同的文学意识，需要指出几点：首先，这些文体基本上都独立成篇，而且篇幅往往短小。也就是说，所谓文学概念乃是在摒去了经、史、子等专门著作的同时，以独立成文的短篇作品为立足点的。后来萧统在《文选序》中尤其明确了这一去取标准：经书固"孝敬之准式，人伦之师友"，不宜被选入文章集子；诸子论著，"盖以立意为宗，不以能文为本。今之所撰，又略诸"；历史上的贤人忠臣、谋夫辩士的言论，由于"事异篇章，今之所集，亦所不取"；至于史籍，"所以褒贬是非，纪别异同，方之篇翰，亦已不同"，故而不选。这里强调的其实是中国文化传统中的所谓"文学"作品，与"哲学"、"历史"等专门著作的门类区分，并与影响深远的经史子集的四部分类，大致呼应。

其中尤需注意的是子书的问题。诸子，尤其是荀子、韩非以来的战国末期和汉代各家，以相对较严密的逻辑性和相对较多的篇幅，较为系统地讨论问题、论说事理，也就是萧统所谓之“以立意为宗”。然而，在对旨在建立理论主张的诸子著作的排斥的同时，论说文又是被包括在文学之列的。既然诸子之被摒于文学之外，乃是由于其如萧统所谓的“以立意为宗，不以能文为本”，则论说文之得予文学之列，自然是被认为体现了相反的特性。

曹丕在《典论·论文》中说“书论宜理”，陆机在《文赋》中说“论精微而朗畅”，萧统在《文选序》中说“论则析理精微，铭则序事清润”，刘勰在《文心雕龙·论说》中说“义贵圆通，辞忌枝碎”，所有这些说法都意味着，与“蔓延杂说”的诸子不同，论乃是一种相对集中的精美的说理方式。《文心雕龙·诸子》曾这样区别两者曰：“博明万事为子，适辨一理为论。”事实上，篇幅短小的论说文很难展开繁复的主题，无法阐述系统的思想。这种基于“研精一理”，而不“以立意为宗”，并且也难以“以立意为宗”之文，它所谓的对事理精微的辨析和条理秩然的表达，都并不是为了求得“理胜于辞”的效果。相反，严密紧凑的文章格局，短小有限的篇幅，使得优美的文字、精巧的结构、细密的条理等富有匠心的艺术安排，便于浮现出来，容易被意识到。

在这里，篇幅的长短虽不是一个绝对的概念，却也不是可以忽视的。因为，倘若一篇被视为文学作品的“论”，在其既有的水平、风格上继续扩展，成为极长的作品，或者由多篇组合成书，都可能不再属于文学之列，从而进入了另一个范畴。

其次，这个以各种诗文为基础的文学范畴，虽然也有人从情思、想象的角度予以探讨，却往往以之为某种文体的个别特点或创作方法，甚至被归为题材类别。[22] 虽然事理内容不是不重要的，但那所谓“能文之本”，则显然是在文字运用的层面上。所谓文学性，或者如曹丕在《典论·论文》中所提到

22　比如陆机《文赋》就以“缘情”为诗这一文体的特点；而《文选》在依题材为赋体分目时，则将“情”与京都、纪行、宫殿、鸟兽等内容并列。至于创作过程中想象的运用，可参见《文赋》和《文心雕龙》的有关论述。

的“文”的“本同”之处，即从奏议到诗赋等各种相差极大的作品集合在一起的共同性质，也就是各种不同文体间内在的共通之处，在相当程度上被视同为文字的修辞性，具体地说，是强调作品在遣辞、造句上的技术性和艺术性，诸如对偶、用典、声律等这些根植于汉语言文字的修辞手段的运用。就其之所以不选史书而独取其中的赞论序述一类短文，萧统在《文选序》中特予说明曰：“若其赞论之综缉辞采，序述之错比文华，事出于沈思，义归乎翰藻，故与夫篇什，杂而集之。”在萧统看来，这些作品虽然就其来源而言是非文学的，但是，作者富于文采的精心撰作，使其获得了充分的文学性。

长期以来，对别人文辞或文字能力的赞美，成为肯定其文章成就的最普遍、最基本的表示。尽管王充一再重申，写作不应当专事调文饰辞，但是谈到一些文章之为人喜闻乐见，他还是要落实在文辞之美上。《论衡·书解》曰：“为丽美之文于笔札。”他在《论衡·案书》中称赞班固、傅毅等人，“赋颂记奏，文辞斐炳”。在《佚文》中又提到“上书陈便宜，奏记荐吏士”的“繁文丽辞”。正因为人们把文字表达的艺术视为首要的、基础的标准，所以，即使章奏书记一类的实用性文章，因作者运用才思，使其辞采美丽可观，也自然就可以进入文学之列。[23]“譬陶匏异器，并为入耳之娱；黼黻不同，俱为悦目之玩。”在罗列包括“诏诰教令之流，表奏笺记之列，书誓符檄之品，吊祭悲哀之作”等各种文体及其特点之后，萧统《文选序》总括性的这两句，其中所传达的那一片感性之美，可以说，主要便是基于文字的修饰性。

要之，从东汉中后期开始，文人文学不仅确立了其以书面文学为主流的格局，而且，以富于修饰性的文字、富于匠心的精巧结构撰作成的短篇诗文，也从此上升为中国古代正统文学的重心，并奠定了中国传统中固有文学观念的重要基石。[24]

23　曹道衡〈从文学角度看《文选》所收齐梁应用文〉：“古代人论文，常常以辞令之妙作为文章的一大优点。”具体到应用文，又说：“他们对这种文字的要求，似乎主要是强调其措辞的技巧。”载郑州大学古籍所编：《中外学者文选学论集》，北京：中华书局，1998年，第519页。

24　关于“文学”一词的现代定义，罗竹风主编的《汉语大词典》曰：“以语言塑造形象来反映现实的艺术”（第6册，上海：汉语大词典出版社，1990年，第1543页）；林尹主

四、擅于艺术性地使用文字的“文人”由士中脱胎出来

既然文学的范域被认为主要是基于文字艺术，因此，倘若从较为狭义的文学角度来理解，则不妨视“文人”为善于艺术性地使用文字的人，同时，他们还必然以较多的精力投入于此。

文章写作倘若不只是作为闲散的游戏和消遣，是需要花费专门的精力、心血、时间而刻苦经营的。《论衡·书解》中的一些话，颇可反映当时社会的一般观点：“著作者，思虑闲也。”“使著作之人，总众事之凡，典国境之职，汲汲忙忙，何暇著作？”“凡作者精思已极，居位不能领职。盖人思有所倚着，则精有所尽索。……案古作书者，多位布散槃解；辅倾宁危，非著作之人所能为也。”说到底，“深于作文，安能不浅于政治？”这不仅是指文章写作是与行政管理不同的活动，文人常常不一定具备后者所要求的实际才干，而且，这种观点实际上还承认了，文学活动在需要专门的才能和技巧的同时，需要相对集中的注意力和有充分保障的自由时间。

事实上，汉代著名的文人往往以十分艰苦执着的努力，倾注心血于文学创作。《西京杂记》卷二载，司马相如作《上林》、《子虚》赋，“意思萧散，不复与外事相关”，“忽然如睡，焕然而兴，几百日而后成”。桓谭《新论·祛蔽》记载扬雄写作《甘泉赋》，由于他思考过度，以至赋成而患病一年。据《后汉书·张衡传》，张衡作《二京赋》，谢绝辟举为官，也是长期专心致志于此，“精思傅会，十年乃成”。他们的努力除了表明其对文学之事的珍重，还意味着

编的《中文大辞典》：“近世所谓文学有广狭二义。……狭义则专指偏重想像及感情之艺术作品。故又称纯文学，诗歌、小说、戏剧等属之”（第4册，台湾：中国文化大学出版部，1985年，第1009页）；《中国大百科全书》（中国文学卷）也说：“它以语言文字为媒介和手段塑造艺术形象。”大致而言，从西方引入的中国这一现代的文学观念，强调文学的形象感和想象性。而即使在西方，按照 Rene Wellek 的说法，这个偏重想象、虚构和审美的概念也是十八世纪末以来，尤其是十九世纪的产物。此前，“文学”（literature）的较早含义，指的是知识、学问，以及对古典文献的研究。关于文学概念古今不同的历史演变，参见 Rene Wellek, *Discriminations,* New Haven. 1970, pp. 3－6。

写作有必要,也有可能发展成一项专门学问。

求仕从政无疑是士人社会实践活动的重心，但在认识了专制集权政治的严酷和士人政治力量的有限之后，他们在对自己与政治现实的关系加以调剂,以保持足够的身心平衡的同时,又试图寻求新的生活拓展和补充。以对政治现实的态度和与之的关系距离为衡准，士人的生活被大致划分为出进与处退这样两大领域,并各以儒道为其理论象征。在“独尊儒术”并以之为社会意识形态的汉代社会里，道家思想事实上就逐渐被调整为更关注个体闲逸生活的理论。

这种与道家的人生理论相互动的、寻求新的生活满足的倾向,东汉中后期以来变得明显起来。当时,社会政治形势持续恶化,同时,重师传、重章句的经术学风,因其迂腐、鄙固而为士人们越来越厌烦,儒学意识形态原先所曾拥有的社会规范性和凝聚力,也因其日趋衰落而逐步瓦解。换言之,经明行修的士大夫价值标准不再是绝对的了，士人们在经历价值上的溃毁和混乱的同时，也正在进行着精神上的突破和转向。随着士人数量在汉代的大量增加,特别是与士人内部的相互交流和社会交往的扩大有关,新思想、新风气在他们中间极易传播。

这一变乱时期为文学的迅速拓展提供了重要的契机。喜好诗文的文人们不仅得以把较多的精力投入于创作,而且较为自由的时代气氛,以及生活情趣的开发、人们对诗文爱好的普遍增加,使他们的文学才情获得了较大的发挥,也激励了他们的成长。文学的繁荣、文人的活跃,都有助于凸显这样一些人在社会中的位置和形象。

对仕事日益厌倦并偏离了人生正轨的不仕之士，他们的大量增加无疑带来了士人人生方式的显著变化。他们中有许多人转向了内在世界的营建,通过不断增多的逍遥自得的个体性生活方式来满足、安置自己。在“左琴右书”式的士大夫闲适生活中,一些人将读书作文、谈学论理相当程度上只是作为自乐心性的人生活动。以其卓越的“志行文采”而被视为与屈原同列的延笃，这位当时名声显赫的博学能文之士，在表达其不肯入仕的心愿时,以动人的笔墨描述了他闲居读书所获得的巨大的精神乐趣:“洋洋乎其盈耳也,涣烂兮其溢目也,纷纷欣欣兮其独乐也。当此之时,不知天之为盖,地之为舆,不知世之有人,己之有躯也。虽渐离击筑,傍若无人,高凤读书,不知暴雨,方之于吾,未足况也"(《后汉书·延笃传》)。精神视野逐渐开阔、生活情趣日益丰富的士人们,在逐步拓展生活领域和空间,寻找能够使他们的心灵获得满足和愉悦的事物或形态。[25] 对自然的喜好、对山水的盘桓,此时也明显增多。《三国志·蜀书》本传载有秦宓的这样一封信:"仆得曝背乎陇亩之中,诵颜氏之箪瓢,咏原宪之蓬户,时翱翔于林泽,与沮、溺之等俦,听玄猿之悲吟,察鹤鸣于九皋,……斯乃仆得志之秋也,何困苦之戚焉!"

这种自由、适意的人生愉悦中,无疑潜含有相当的诗意和美感。在士人们对闲适生活日益向往、并开始营建的同时,文人的审美意识和能力也逐渐得到扩展。东汉中期,张衡开始用审美的眼光看待自然,写下清新隽永的《归田赋》。东汉末,"通达有隽才"的蔡邕已有能力在日常生活中发现诗意和美感。在《与袁公书》中,他写到:"朝夕游谈,从学宴饮,酌麦醴,燔干鱼,欣欣焉乐在其中矣。"这就使平常的人生焕发出艺术的愉悦之感。他的赋作,如《琴赋》、《笔赋》、《弹棋赋》、《圆扇赋》等作品,在表现士大夫愈来愈广泛的生活情趣的同时,还体现出他们用美文来表达个人爱好、描画身边事物的愿望,以及题材的扩大和赋作内容的平凡化。从"润色鸿业"的汉大赋到抒情言志的小赋,汉赋体式的盛衰不仅是篇幅和内容上的,更重要的是,意味着当时文人的文学价值及其精神追求的转变。甚至,随着世俗享乐情绪的蔓延,东汉文人越来越多地使用华辞丽藻,富于美感和情韵地描写耳目之好、声色之娱,这种缺乏社会实际功用的自我娱悦的生活情调,在无益于天下治平、经世致用的同时,却通过对文人生活的新开拓,从而对文学的趋向产生重大影响。从先前事关朝廷、政教的大题目,文学正转向日常生活中的小事情和平常心思;从较少关注一己内心的宏大的外在铺叙,转向个人真实细微的生活感受和日益丰富的人生情趣。文心由外向内,并更加贴近真实的人,唯其如此,文学才有普及、发展的可能。

25　参见于迎春:《汉代文人与文学观念的演进》,北京:东方出版社,1997年,第219－225页。

东汉后期以来,随着士阶层文化的全面发展,与士人内在生活的日趋丰富、发达相表里,他们多方面的才能、技艺也得到了发展,并愈来愈普遍地运用于他们的日常生活,融入其人生之中。比如音乐这种古老的贵族修养,原先与礼密切结合并集中体现德化政教原则,此时逐渐演化为个人内心需求的艺术形式,并开始在文人的综合修养中占据一定的位置。还有新起的书法艺术,以及棋艺,也于汉末魏初时开始在文人所特有的生活修养和形象的基本模式的确立中,扮演起重要角色。

钱穆在《读文选》中云:“古之为文,则莫不于社会实际世务有某种特定之应用。经史百家皆然。故古有文章而无文人。”“前汉有儒林,无文苑。贾董匡刘皆儒生也。惟邹枚司马相如之徒,不列儒林,是先已有文人之格,而尚无文人之称。”[26] 换言之,文人作为具有其特定形态的一种人物类别出现,是在东汉时代,从那时始,文人开始名实俱存。随着写作者数量和写作活动在东汉的大大增加,文学在生活中的影响越来越扩大,文人的社会活跃使得他们身上的一些共同特性越来越被注意,原先主要以个体形象单独存在着的文人,开始被作为一个类别来认识。

对于东汉前期的文人,史家就已经有“才士负能而遗行”的概括(《后汉书·桓谭冯衍列传》)。桓谭“好音律,善鼓琴。博学对通,遍习五经,皆诂训大义,不为章句。能文章,尤好古学,数从刘歆、扬雄辩析疑异。性嗜倡乐,简易不修威仪,而喜非毁俗儒,由是多见排抵”。与之合传的冯衍,也是位聪慧、有奇才,然而节行有亏的文士。据《后汉书》本传,博学能文的贾逵著述颇多,“然不修小节,当世以此颇讥焉,故不至大官”。

东汉后期以来,随着整个社会的价值溃毁和传统道德约束力的日趋衰退,文章之士在好学博通、才艺富赡之外,愈来愈显现出任性适情的强烈个性色彩。才高情侈的一代文章宗主马融,被称为“达生任性,不拘儒者之节”。《后汉书》本传描述他奢乐恣性的事行曰:融善鼓琴,好吹笛,他教养诸生千数,“常坐高堂,施绛纱帐,前授生徒,后列女乐,弟子以次相传,鲜有入

26　钱穆:《中国学术思想史论丛》(三),台湾:东大图书有限公司,1977 年。

其室者”。至于《后汉书·文苑列传》所描写的张升、高彪、边让这一系列汉末文人，恃才傲物、狂放不羁更成为他们鲜明的性格，赵壹对长官和名臣的倨傲，祢衡击鼓骂曹式的对执政者的一再侮慢不逊，是其中昭昭尤著者。在汉代士人普遍的言行放恣中，文人恃才傲物、狂放不羁的表现尤为突出。在那个非常的时代里，文士们不仅任凭内心激情的驱遣，自由挥洒、任性使气，而且有意无意地以怪诞夸张、放浪不羁的方式将自己不加拘束的情绪表达得触目淋漓。

据《后汉书·仲长统传》，仲长统“性倜傥，敢直言，不矜小节，默语无常，时人或谓之狂生。每州郡命召，辄称疾不就”。这位性格狂放的赡于文辞之士，其不仕而优游自乐其志的生活理想，在黑暗动荡的汉末时代里，显得十分醒目。“使居有良田广宅，背山临流，沟池环匝，竹木周布，场圃筑前，果园树后。舟车足以代步涉之艰，使令足以息四体之役。养亲有兼珍之膳，妻孥无苦身之劳。良朋萃止，则陈酒肴以娱之；嘉时吉日，则亨羔豚以奉之。踯躅畦苑，游戏平林，濯清水，追凉风，钓游鲤，弋高鸿。逢于舞雩之下，咏归高堂之上。安神闺房，思老氏之玄虚；呼吸精和，求至人之仿佛。与达者数子，论道讲书，俯仰二仪，错综人物。弹《南风》之雅操，发清商之妙曲。消摇一世之上，睥睨天地之间。不受当时之责，永保性命之期。如是，则可以陵霄汉，出宇宙之外矣。岂羡夫入帝王之门哉！”诗意盎然的生活憧憬，自由不拘的个性，作为汉末十分突出的人物，仲长统可谓提供了当时文人形象值得注意的范本。

与士人集群的扩大和士阶层内部生活的发达、活跃相关，原先以少数个体单独存在着的文人，如今不仅较多地出现，而且开始形成其自身相对独特的审美趣味和生活方式，东汉文人已经逐渐显现出博学多才、富于生活情趣而又不拘小节的大致接近的面目和方向，如马融、郦炎、祢衡等。在事功不得意之外，这些富有才情之士往往在个人德行上不甚检束，《后汉书·文苑列传》中的传主，大多为东汉中后期人物，他们具有狂放任性的明显的共同性格。作为正在显化于世的一种人物类型，他们在道德人格的建树上几乎不具备社会楷模的意义。但是毫无疑问，这种任情不羁的个性，十分有助于摆脱趋"同"、尚"类"的思维和人生作风，并开启个性化的文学局面。可以说，这些作风鲜明的人物在士阶层内部又自成一个形态接近的类别，所以，曹丕会在《典论·论文》中以"文人"冠"七子"，范晔也需要在《后汉书》中为"文苑"特辟一传。要之，"文人"几乎可以作为一个整体从"士"中分离出来。

五、对"文学"和"文人"的矛盾态度

至少从东汉末年开始，社会上就有了从较为狭窄的文学角度出发，对文学这一专门类别、"文人"这一特定群体进行把握的尝试。

在此之前，先秦诸子和汉代学者对《诗经》的功用和价值给予了极大的推崇，不过其基础乃在于视之为先圣的政教工具，其着眼点既是非文学的，又是非现世的。与之不同，曹丕所讨论的已不再是先圣无可逾越的典范之作，而是具有弱点和缺陷的现实的作者及其作品。而且，就曹丕而言，其文学期待与其说是关乎世道人心，不如说更多的考虑的是写作者的永生。在认识到以"七子"为代表的文人在个性、才能、品格上不可避免的缺失和局限后，仍然推崇文章写作的不朽，这事实上就肯定了写作本身有在立德、立功之外独立存在的可能性和意义，并且表明，写作者足可单单以这一种他们所擅长的活动，作为其生命价值战胜时间和死亡的基本手段。

然而，曹丕态度上的游移也是明显可见的。其《典论·论文》以"文人相轻"、众体难备这样一个有缺失的当前现实开始，但是到了最后，当其低调的声音上扬为"经国之大业，不朽之盛事"的崇高、恢宏时，他对文章的赞美，其实便导向了文王演易、周公制礼等事关经国治世的伟大事业，说到底，他心目中文章写作的最高范本仍然是圣人的经典制作。因而，他在惋惜孔融等人的同时，于七子中又独推徐干"著论成一家言"。而这并不是曹丕偶一为之的表示，在《与吴质书》中，他用更明确的语言称赞徐干："著《中论》二十余篇，成一家之业，辞义典雅，足传于后，此子为不朽矣。"并深惜七子中的应玚曰："常斐然有述作意，才学足以著书，美志不遂，良可痛惜。"

一方面注重文章的文学性，把章表辞赋等独立成文的短篇作品作为文章的重心，并在此基础上明确提出“四科”的具体分类和风格归纳，又上承于此，直陈“文章经国之大业，不朽之盛事”；另一方面，又一再视讨论社会问题的大部头理论著作为最高的写作活动。在具体论文的时候，着重于讲究修辞艺术的短篇文章，而涉及到人生价值的实现，又不免推崇与“辞人美丽之文”不同的“立一家之言”。同样有玩味文辞、以文会友之好，并且文学成就更高的曹植，则在坦陈“辞赋小道，固未足以揄扬大义，彰示来世”的同时，声称若其治国立功之志不能实现，“亦将采史官之实录，辩时俗之得失，定仁义之衷，成一家之言”(《与杨德祖书》)。

这不是一人一时的思想。“诸子者，入道见志之书”（《文心雕龙·诸子》)。由于子、史在内容上往往较多地涉及社会事务，因此相对较易获得强大、沉实的社会影响力，故不免为置身于经世致用之文化格局的士人们所格外推崇。“持之有故，言之成理，卓然成一家言，而后可以名曰子书”(江瑔《读子卮言》)。建立理论、树立学说，如此才可能成就“立言”的人生理想，也才有望进入真正“不朽”的行列。

作为一个社会政治—文化阶层，“士”极为看重学识渊博、具有判断力的个人修养和智慧，“辨然否，通古今之道，谓之士”(《说苑·修文》之四)。而文章著述通常被看作是一个人学识、才智的体现，“智弥盛者其言博，才益多者其识远”(王逸《楚辞章句序》)，甚至篇幅的大小、言论的多少，都直接对应于其才智的丰赡与否。王充在《论衡》中就一再强调，“出文多者才知茂”(《效力》)，“盖文多胜寡，财富愈贫。世无一卷，吾有百篇；人无一字，吾有万言，孰者为贤？”(《自纪》)将字多句长视作人创造能力强大的表现，之所以如此，在他看来，乃是由于“笔能著文，则心能谋论，文由胸中而出，心以文为表。观见其文，奇伟倜傥，可谓得论也。由此言之，繁文之人，人之杰也”(《超奇》)。而内容广博、篇幅宏大的子、史之作，在便于显现作者的才学、见识的同时，无疑也要求着作者相对较高的才识，所以曹丕在谈到应玚有写作大部头著作的打算时，称赞他“才学足以著书”(《与吴质书》)。

很显然，在士阶层较为社会化的生活价值推崇中，比起主要给人以审美愉悦的短篇诗文，被认为务本切用的子、史著作，无疑有着更为厚重的分量。说到底，对于隶属于“士”阶层、难脱其文化格局的文人们而言，著书有比作文更宏大、庄重的意义，或者说，“立意”比“能文”更诉诸士之所以为士的深厚学养根柢，更适合寄托修齐治平的怀抱，也因而更关人生的大节或根本。就此说来，文章概念之不包括子、史之作，与其说是文学的挑剔和主动的舍弃，不如说，被普遍认为更切经国治世之用的子、史事实上被视为更高的写作范畴。

至于“文人”，这一种人物类型身上所具有的明显的兼综性，使得他们也不可避免地面临着社会多重的价值预期和评判。由于社会基本不重视对写作者进行诗人、散文家等名目上的区分，文人们往往兼擅各种文体；此外，后来还很可能兼及书法、绘画等其它不同的才艺修养。不仅如此，兼综的特点从别的方面更加深刻地体现出来。作为文人之母体的“士”，固然是社会中具有文字能力的读书人，士大夫也一般具有诗文爱好和修养，但同时，他们更自认为是精神道义的自觉者和社会政治责任的承担者。“立德”、“立功”在大多数时候，对于大多数人而言，都是基础的、首选的人生目标。“文人”作为中国文化中的一个人物类型，不仅天然地来源、脱胎于“士”，而且即便在与这一阶层有所分离之后，也仍内在地隶属于其中。在中国历史上，“文人”经常是与“士”或“士大夫”混用的名词[27]，或者说，“文人”这个概念中宽、狭不同的意义是相互贯通、纠缠着的。说到底，“士”的价值原则、阶层品性不能不制约着文人，并始终成为文人及其文学最终的衡量标准。

随着文人的形态特点凸显于世，魏晋以来，对于文人的指斥也开始增多。曹丕《与吴质书》:“观古今文人，类不护细行，鲜能以名节自立。”《典论·论文》:“文人相轻，自古而然。”《文心雕龙·程器》列举了许多“文士之疵”。《魏书·文苑·温子升传》:“杨遵彦作《文德论》，以为古今辞人，皆负才遗行，浇薄险忌。”《颜氏家训·文章》在肯定文章之用的同时，也认为:

27　最明显的例子是“文人画”又被称作“士大夫画”。日人大村西崖《文人画之复兴》云:“文人画者，有文学人所作之画也。又谓文人士夫之画。在支那，士大夫尝皆有文学”(陈衡恪译述:《中国文人画之研究》，上海:中华书局，1931 年，第二十六页下)。

"然而自古文人,多陷轻薄。"而在其《后汉书》中首辟《文苑列传》的范晔,曾于激愤中表示:"常耻作文士"(《宋书·范晔传》)。指斥的方面不仅限于道德行品,也包括器识、政能;指斥的声音贯穿于整个中国历史。顾炎武在《日知录》卷十九中说:"宋刘挚之训子孙,每曰:士当以器识为先,一号为文人,无足观矣。然则以文人名于世,焉足重哉!"

中国历来强调"诗言志"、"言为心声",也就是意味着文人与其作品的内外相符、表里如一。[28] 在一个注重文学的道德价值的文化传统里,这种合一性或者同一性,必然导致对作者本人的道德要求。换言之,对文学功能、价值的期待,必然对应到对作者的要求上。

对于文学性质及由此而来的文人特点,其实历来都有通透之论。不仅萧纲、萧绎总结文章之道为"且须放荡"或"性灵摇荡",即使指摘文人无行的颜之推,在列举了历史上众多文人的过失之后,推究其原因也曰:"文章之体,标举兴会,发引性灵,使人矜伐,故忽于持操,果于进取"(《颜氏家训·文章》)。但是文学的特性并不被视为足以为文人辩护的理由。作为士阶层中独特的一类,文人时常不被从其特异之处加以衡论,而是从士整体出发予以要求,在才学之外,德行与政能同样成为施诸文人的价值标准。在这样的时候,士或者士大夫阶层的共同属性就压倒了文人的独特性。

纵观整个中国文学史,文人及其文学与道德、政治的关系十分耐人寻味。一方面,随着文学自身规律的发展,文人不断产生与道德、政治相悖离的趋势,并试图在此之外另辟蹊径,汉代文学和文人的演化所呈示的,便是在历史的某一特定阶段,一定程度上偏离道德、政治的正常轨道,并因而获得了其自身的重大进展的过程;但是另一方面,社会文化格局和士阶层的价值模式的力量是如此强大,文人和文学最终几乎总是被笼罩在其中,难以摆脱与道德、政治之间关系的缠结。

---

28 宇文所安曾如是比较中、西诗学的不同:西方所谓的"诗",不是作者本人,而是他作出的东西。与之不同,在中国的传统里,"诗不是作者的'对象物'(object);它就是作者,是其内在世界的外化"。见其《中国文学思想读本》(*Readings in Chinese Literary Thought*, Council on East Asian Studies, Harvard University, 1992),第 27 页。

结　论

回顾文学和文人发展、演进的早期历史，从东汉后期开始，文人文学确立了其以书面文学为主流的格局，经过精心构思所巧妙撰作成的富于辞采的短篇诗文，从此成为中国古代正统文学的重心，与之相应，精巧的结构、细密的条理，特别是富于技巧和修辞效果的文字艺术，成为与现今的一般理解有明显差别的所谓文学性的基本。先前就已经单独存在了的“文人”，作为擅长艺术性地使用文字的写作者，此时也显现出他们相较共通的群体特性，开始在社会中被视作一个稳定的人物类别。

然而，这只是文学和文人较为纯粹的意义，在现实的运用中，其所指十分参差。中国文学的观念源自“文”，“文”的涵义很广，具有涵盖一切文化、文明现象的广阔意义。与之相应，中国古代对于文学的认识天然有着泛文化的思维基础，文学的概念和范围几乎始终显得宽泛、游移、散漫，因为，即使在指诗文这样一个较为有限、具体的范围时，文学也因为与其它文化现象之间的顽强的思维关联，而几乎是必然地具有了学术、文德、政教等方面的大背景，这些背景不间断地影响着它的面貌、功用。毫无疑问，即便在它已经成熟到有可能作为一个单独门类而存在的时候，文学的所谓独立也仍然是相当有限的，它深深地植根于这种综合性的文化体系之中。而且，作为“附丽于质素之上的形式美因素”，“文”的这一与纯文学最为贴近的意义，乃被认为是与“质”、“实”相对立的，如果不肯被轻易归入享乐、点缀、虚浮的巧饰之物，就必须有意识地将文学的范围扩大，将文学的份量加重。

游移的性质加大了文学在理论和实存上所可能有的层次区别。“文”之大者关乎道，“文”之小者只是指文字或文饰，前者意味着文学可能的高度，后者则是文学之所以为文学的基质或出发点。中国古代的文学乃是，从微观上说，着重于文字艺术，但在宏观上，又期望上达于“道”。因此，文章可以是游目娱心的文字游戏，也可以是宗经征圣的政教工具。

我想指出，“文”的各种关联着人事与自然、道与修饰的涵义，这些大小、高低十分不同却又密切相关的意义之间的相互贯通、相互融渗,使得文学在概念不很确定之中,有可能获得更为丰厚的资源和营养。然而同时,由于中国古代文学一方面与一些至高、至大的价值理念相关联,一方面又在事实上被作为一种文字艺术,这使得它时常面临这样两种危险,或者说,很容易在这样两极中摆荡:它有可能被夸大,在“文以载道”、文德教化的价值推许和功能预期中被崇高化、神圣化,被相信具有成政化民之用,并进而异化为政治教育、宣传工具;同时,它又十分容易在私人性和自娱的过程中,被视为雕虫小技,变为排斥思想、义理的单纯的文字游戏。

“文人之事,何事邪?无非文辞诗赋而已。”[29] 虽如此说,“文人”身份却难免时常显得模糊而难以判断。因为文人是从士中生长出来,不同于士却又隶属于士,擅长写作的人都往往以入仕为人生的重要成就;而即使文人在对现实政治绝意后转投于写作,这种转移也不意味着文学和文人可以与士的母体及其价值相脱离,因为社会在欣赏他们的美辞佳句的同时,往往又会批评他们的人格,要求他们的作品有益于世道人心。同时,士大夫又大都兼有诗文之好和修养,换言之,在漫长的中国古代,文学写作都不是谋生的职业和专业。

并无一个确定界线的中国文学,除了按照作品的文字风格或者文辞水平来进行判断,相当程度上还取决于写作者的态度、目的和身份。与政治治理不同的文学写作领域,需要不同的才能和技巧,但是这种擅长文辞的本领本身却不免容易被看轻。对于以“尚志”、“志于道”为标榜的孔孟及其后继者说来,据德成仁、行义达道才是培养完满人格并实现伟大的社会政治理想的士君子的必由之路;而各种具体琐细的专业技能、才艺活动,因其低浅卑俗,难以行远,故不值得尽心致力。“德成而上,艺成而下”(《礼记·乐记》),这一重道轻术、据德游艺的儒学文化意识源远流长,一以贯之。王充曰:“道胜于事”(《论衡·谢短》)。徐干在《中论·艺纪》中曰:“其道则君子专之,其事则有司共之。此艺之大体也。”“事者,有司之职也。道者,君子之业也。

29　陈衡恪:〈文人画之价值〉,见陈衡恪译述:《中国文人画之研究》,上海:中华书局,1931年,第三页下。

先王之贱艺者，盖贱有司也，君子兼之则贵也。”才艺、技巧只是人生的修饰和点缀，它本身没有独立存在的价值，必须建基于、服从于仁义道德这些更深刻、博大的内涵和实质。“艺者，德之枝叶也。德者，人之根干也。斯二物者，不偏行，不独立。”专门性的才艺之人，只会为士大夫所轻贱；相反，对于道德有成的士君子，才艺兼行所增加的便完全是正面的价值。事实上，中国古代的文人也的确并不将自己限制在较为狭隘的纯文学范域里，作为潜在的或现实的学者、士大夫，他们的写作领域始终是开放的，有可能扩大至整个书面表达。

总之，中国古代的文人虽不一定要致力于学术、政治，但是他们往往同时兼具学者、士大夫的学养和身份。对于他们来说，写作乃是这样的一种活动：以富于修饰性的艺术化言辞，以独立成篇的短小诗文，表现基于深厚的历史经验、人文传统之上的社会感知、人生义理和个人情性。总之，文学不能不是以人品、学问为根底，并与政教得失息息相关的文字艺术。

过去的终结：民国初年对文学史的重写

宇文所安（哈佛大学）

短序

本文的观点只不过是对于一个博大领域进行的初步探索。对这个领域做详尽的研究讨论既限于文章的篇幅，也非我个人能力所及；它需要的是一个浩大的文学社会学工程，其中包括探讨在中华民国和后来的共和国学校系统里，文学是如何作为一门学科被建立起来的。关于五四学者对文学教育的辩论我们掌握了充分的资料，但是，新一代的教师被培养出来的具体过程，以及五四时期对文学过去的诠释怎么样变成了标准的教学内容，这才是我要提出的种种问题的关键所在。

我在文中谈到的是一些个例，但是实际上每一个时期、每一种文学体裁、每一位作家都有其自身的批评历史和作品编选历史，他们是带着这些历史进入民国的。在每个所举的例子里，我们都会看到，民国的作品编选者和文学史家总是要和文学过去之每一个组成部分的固定传统进行一番较量。如果对文学从社会学角度进行研究，那么可以在作品选集的编辑与出版、文学批评的阵营以及版本发行量这些方面找到相当丰富的研究资料。对任何关于文学的新“故事”做总结，都不能够脱离大量的具体个例。

这里要谈的一个中心问题是民国时期对“传统中国”的盖棺论定。时间距今越近，古典文学的作品选就越发呈现出一致性，这种一致性得到一个标准文学史的支持，使得人们对文学过去的基本发展脉络可以得出相当统一的结论。这种统一性的倾向在认为自己是在保存“传统”的人们身上尤其显著,好像这“传统”是某种一旦达成便亘古未变的协议。近时在中国古典文化的很多领域里,人们都作了许多重新评判,但是古典文学——这里指用文言创作的文学作品——却似乎已经变成了“传统”文化的偶像。

当然了,优秀的学者和学生对此深有察觉,他们知道,古代中国的历史充满了不同的见解和不断变化的各种视角。但是一谈到古典文学,人们却对于“经典”的一成不变性怀有极大的信心。“我们为什么不读那些名篇?”我的学生们常常这么问我。我则指出,我们阅读的这些诗,在某一历史时期曾被认为是特别重要的,而同学认为是名篇的作品则是到了民国初年(或是到了清朝——尤其是唐诗)才被编选进各种选集和受到赞颂的。然而,这些“名篇”却几乎魔术般地成了“传统”的象征!对它们的地位提出怀疑,或是把它们的地位放在具体历史情境之中进行探讨,变得十分困难。从某种程度上说,对这些诗篇的深厚感情和坚定信仰往往来自童年的学习,但是同时,它也意味着把“过去”涂抹上防腐的油膏,做成一具木乃伊。这个涂抹了油膏的过去,乃是五四一代的学者一手造成的。[1]

宣告革命

“五四”是中国文化史上第二个重要的日期;第一个则是民国的创立。这两个事件在时间上极为接近,因此完全可以模糊成一个——我们可以简单地称之为那个“大写的日期”(the Date),它是把时间划分成“XX前”与“XX后”的一种方式。[2]希伯来人有自己的“大写日期”(不过这个日期只有

1　我必须在此声明:我不是在攻击五四学者,也不是想借着批评五四学者来反衬传统文学批评的好处。但是,为了把五四学者和他们至今为止一直被视为理所当然的价值判断重新放回到其特殊的历史情境里进行考察(historicize),我们需要保持一种心理的距离,一种幽默的反讽态度。

2　“大写的日期”指的是在文化史上非常重要的日期。因为它的重要性,人们往往以它为坐标,来衡度这个“大写日期”“之前”和“之后”的时间与这些人为规定的时间段里发生的事件。比如说,希伯来人的“大写日期”便是上帝之创造世界万物,故此这个日期只有其后,没有以前。——译者注

"以后",没有"以前"),罗马人有自己的"大写日期",基督教徒和穆斯林教徒也都各有各的"大写日期"。在众多的文化舶来品中,中国吸收了"大写日期"这个概念,凭此创造出了"前现代中国"(premodern China)或者"传统中国"种种不同的说法。不过是弹指一刹那之前,人们还觉得自己是生活在"大清王朝";在那个"大写日期"之后,他们发现,原来自己以前生活的时代叫做"传统中国"、"封建中国"或者"古代中国"!从那个日期之前延续下来的习俗变得过时了。人们可以对中国进行革新,或者也可以保存"传统";不管这两种选择之间的区别如何重要,二者都是那个"大写日期"的产物。

根据这个日期——也就是"五四"——的精彩构想,年轻的知识分子有了一样借以诠释文化史和文学史的工具。如果中国的文化过去是一个沉重的包袱,那么这便是宣布过去已经终结的手段。站在"现代"的门槛里面,我们可以宣称自己对过去的理解是从一个全新的角度出发的。那些在疆界的这一边继续用传统方式写作的人们成了老朽守旧派,和现代世界格格不入,而且他们的作品,因为不合时宜,简直就算不得数。鲁迅的旧体诗似乎是他"真正的"文学作品的附庸,而不是它们的一部分。古典文学体裁的作品在二十和三十年代仍然有人写,有人看,有人欣赏,但是却变得无关紧要。直到现在也还是如此,虽然发生在一个更小的规模上。

五四的学者们和前辈的学者一样博学,但是在他们自己的眼里,他们是第一批真正的学者——第一批把过去当做对象进行"研究"的人。在一本发表于1927年的著作《研究中国文学的新途径》里,郑振铎为埋头于传统文学研究的传统学者作了一系列近乎讽刺漫画的小像。比如说小像的第一幅:

> 浓密的绿荫底下,放了一张藤榻,一个不衫不履的文人,倚在榻上,微声地咿唔着一部诗集,那也许是李太白集,那也许是王右丞集,看得被沉浸在诗的美境中了;头上的太阳的小金光,从小叶片的间隙中向下睒眼窥望着,微飔轻便地由他身旁呼的一声溜了过去,他都不觉得,他受感动,他受感动得自然而然的生了一种说不出的灵感,一种至高无上的灵感,他在心底轻轻呼了一口气道:"真好呀,太白的这首诗!"于是他反复地讽吟着。如此的可算是在研究李太白或王右丞么?不,那是鉴

赏,不是研究。3

郑振铎说得对:在“前现代”(premodern)世界里,文学和文学史从来不曾成为郑氏所意指的那种“研究”的对象。郑氏在这里使用的语言风格,是白话小说式的中文。那场革命创造出来一个被束之高阁的过去,也带来了语言革命:人们都辨认得出,哪些语体是属于过去是。“文言”就属于过去,国语或曰白话则属于现代。因此,古代白话文学的历史成了导向现代的文学史叙事的一部分。

白话被普遍认为是活生生的口语,和僵死的、不自然的文言(从过去继承下来、被强制性地灌输给学校里念书的孩子)正好相反。但是如果我们好好看一看郑氏的那段话,我们会发现:它和口语的最主要的联系不过就是人们可以听得懂它——但是,除了做公众演讲或者授课,没有人在日常生活中真地这样说话。唯一最能代表口语的反倒是那一句被作者所嘲讽的:“真好呀——太白的这首诗!”这段话的语言风格,我们与其说接近人们真正使用的口语,还不如说更接近《儒林外史》所代表的语言风格。因此,从另一个角度看来,并没有什么语言革命或者现代对古典的胜利;事实上白话小说所用的书面语已经有一个很长的历史,现在不过被扩展到新的文学体裁——诗歌、戏剧,还有最主要的散文。一个已经建立的语言体系扩张其应用体裁是一个重要现象,但是这种现象并没有“革命”到足以产生一个“大写日期”的程度。那个革命性的大写日期本身是一种履行性话语(performative utterance),而且,还是相当成功的履行性话语。4

白话小说的语言扩展到其他那些原本把它排斥在外的文体也许的确产生了重大的影响,但是这些影响不一定和文化革命家们所宣称的目的是一致的。古典白话小说所使用的白话不是中性的语言媒介,而是讲述一个情节丰富、刻画生动的故事之手段,一种叙事性语言。那么,用白话写作的批评性文字在阐释作品意义的时候,总是把作品的意义当成是一个故事、一个叙事

3　郑振铎:《研究中国文学的新途径》,香港:龙门书店,1969年重印,第1页。

4　“履行性话语”指一旦出口就使得所说的话成为“现实”的一种特殊话语:言说本身造成行动的发生。——译者注

结构的一部分,这也就无足为奇了。而用文言写作的传统文学批评,均衡了判断和比较,其复杂的、非叙事性的结构与白话文学批评实在大相径庭。

无论革命还是激进的变革时期,都被迫讲述一个新的故事来阐释历史,都要重写过去,以使得这个现在显得顺理成章,无可避免。但是,同样一种对过去的描述在革命时期的人看来也许是自然而然,在远离了革命时期的人看来却可能好像是出于某强烈动机而有意为之的建构。站在二十世纪末叶回头看,这样的动机似乎看得格外分明。在他们写的文学史里,在他们的批评文章里,在他们编选的作品集里,五四知识分子们有效地重写了中国古典文学史来为他们的目的服务。由于传统文学经典具有的分量,重写文言文学史比重写白话文学史要难得多。但他们还是成功了——大概远远出乎他们的意表之外。当初他们所做的判断堪称大胆,到了今天却往往已经成为老生常谈。这在很大程度上应该归功于大众出版业的发达,使得他们的著作得到大量发行;也应该归功于他们编选的作品在学校系统内的广泛应用。同时,还因为他们讲述的故事是相当精彩的。

在他们所写的文学史里,他们必须讲述这样的一个故事:这个故事应该得出古典文学已然宣告终止的结论。这个结论控制了历史的结构。在这里,值得指出的是,由于这种具有履行性质的对现代性的宣告,现在与过去之间出现了一些简单基本的对立。这种差异首先反映在"文学"概念本身:在清朝,文学是一个由不同文学体裁组成的大的群体。古典散文和诗歌这两种"高雅"文学体裁依然保持着它们在传统上的特权地位,但是很多其他文学体裁的地位也都在提高。[5]从公元六世纪的《文心雕龙》到清末写作的最早的文学史,据我所知还没有一部著作是把文学当做一个整体来进行处理的。[6]同样,中国的书面语由一大批松散的处于"雅"(这个"雅"所包括的形

5　有清以来,传奇和杂剧虽然总的来说仍被排除在"四部"之外,但是已经很明显地获得了"高级文学体裁"的地位。在十七世纪,人们已经大谈白话小说的严肃性,到了十九世纪,《红楼梦》热这种现象使得小说的严肃性已经成为无可否认的事实。非正式书信集和选集都受到读者的欢迎;而继《聊斋》的成功后,无数效尤的文言小说集纷纷出笼。

6　不用说是没有文学史包括白话文学体裁在内的,同时,也没有把不同的文言体裁当做一个整体进行研究的著述。刘熙载的《艺概》大概算得一个例外,因为里面把诗、文、赋、词、曲、书法还有儒家经典分门别类进行批评。但是,没有人把这些相互关联的文

式多种多样，主要是博学的显示）与“俗”之间的语符组成。[7]不同的语符和不同的体裁及价值联系在一起，但是，在清朝的时候，还没有截然不同的文言和白话的区分，这种区分是五四知识分子的发明。虽然晚明和早清的文人赞美使用“通俗”语符的文学形式之充满活力，而桐城派则格外珍惜他们所写的古文的精醇，但这些不同的语符从来都没有直接的矛盾冲突：它们占据的是不同的文学体裁之神龛。书面语和文学体裁是紧密相连的：墓志铭永远不能用宾白的形式来写，也没有人用骈体文写私人日记。这些文体和它们特有的语符好似一个个星座，划出一系列可能性的范畴。五四知识分子有时把“文言”和“白话”比做拉丁文和欧洲各国的“白话”语言，但是这两者其实是极为不同的：中国的文言和白话之间没有拉丁文和欧洲各国语言之间那样清晰的分界线：中国的书面语言从根本上是一个语言，只不过其中各种语符之间有着复杂的区分层面而已。[8]

以上的勾勒，是为了引起读者注意：清朝中期的情形和我们如今对中国文学史的思考方式之间存在着深刻差别。首先，我们现在有了中国“文学”的历史和选集，也就是说，现在的书籍和学校里面教授的课程把以前从未混杂在一起的文本都放在了一起。一部六朝文学的选集可以包括诗歌、志怪、《世说新语》里的逸事和骈体文书信。[9]这样一种对于文学史的建构容许我

艺的纤维组合成一幅完整的布匹。一部古文选集里不会收录骈文，反之亦然。某个作家的全集里可以收录他写的词，但是包括众多作家作品在内的选集就不太会把诗和词混在一起，更不用说曲了。

7　高古的文风、华丽的骈体和纯粹的“古文”风格都是“高雅”的语符，但又彼此截然不同。单讲“文言”和“白话”之间的简单对立关系，会使得种种不同的书面白话之中的重要区别还有种种代表博学的语符之间的差异都泯灭了。

8　胡适：《白话文学史》，上海：商务印书馆，1934年，第5-6页。中国这种文言与白话的情景确实和罗马帝国晚期及中世纪古典拉丁文与鄙俗拉丁文之间的区别存在某种相似之处，但是，到但丁写下《俗语之雄辩》时，拉丁文和“白话”之间已经划出了清楚的界线。在文艺复兴时期，有时这两者会混在一起使用，这种文体被称作“半文半白式”(macaronic)，它是一种别具一格的独特形式，具有滑稽的色彩，主要突出“混合两种截然不同的东西”这个概念。

9　在《插图本中国文学史》序言里，郑振铎批评早时的中国文学史不够全面，正是因为它们摒弃了从变文到诸宫调到弹词和宝卷的白话文学传统。这个白话传统的收入使得讲述一个直线型向前“进展”的故事成为可能。

们讲述这样的一个故事:“低俗”的文学体裁和语言符号不断在和“高雅”的文学体裁、语言符号进行较量、竞争,有时被打败,有时又取胜。[10] 革命的结果,是产生了“我们”和“他们”,“现代”和“传统”,而在书写文学史的方面,传统的多样性和复杂性也被简化成了二元对立的。五四文学史家的最大成就,乃是勾画出了一条白话文学与永远都处在垂死状态中的“正统”文学不断较量的发展线索;白话文学永远都在上升期。走笔至此,我希望读者注意到,这样的文学史恰好符合我在上文做出的结论:它把五四作家们自己的地位放在了文学史发展的一个顶峰。

郑振铎 1932 年版的《插图本中国文学史》包含了一系列对其划分的中国文学发展三阶段的“鸟瞰”(题为“古代”、“中世”及“近代文学鸟瞰”,分别为该书第一章、第十三章和第五十六章)。第一个阶段自上古起,至晋朝佛教之引入止,除了综述各种文体这一现象之外,对于一个清朝的读者来说应该是不会引起惊讶的;第二个阶段跨越十二个世纪,下至 1522 年,这一阶段的“鸟瞰”提到诗歌和古文运动,但是大部分篇幅都贡献给了变文、词、白话小说的勃兴和演唱文学。郑氏觉得很多文体都产生于外来的影响。“近代文学鸟瞰”的范围是从 1522 年起,至 1919 年五四运动前止,在这一章里郑氏完全抛开文言文学不谈,而把注意力集中在白话文学上。据他所言,这个白话文学传统直接引向五四运动,最后,在一个十分具有五四特色的段落里,他说中国已从沉睡中醒来,正在用双手“擦着眼”。于是,几次大开大阖之间,郑氏讲述了一个关于文言文学如何被“活的”文学征服,并终于在最后的阶段变得无关紧要的故事。[11]

虽然郑振铎对文学史的判断没有都作数——比如说变文和诸宫调没有

10　在古典文学批评中,我们如今视为竞争的文体往往被称作补充性文体。因此词是“诗余”而曲是“词余”。至五四时期的文学史,则以明“传奇”接替元“杂剧”,忽视了文人杂剧是从明一直写入清的。时而也有关于近似文体之间相互影响的评论,但不是文学史叙事的主流。

11　在该书的具体章节里面郑氏更多地谈到文言文学,但是在“中世文学”卷,大量章节是关于白话文学的,近代文学卷有关于文言文学的寥寥几个章节,主要是从文学理论角度写的。

成为当代的古典文学作品选集中必备的经典——但是他的“鸟瞰”和现在人们研究学习的内容相当吻合。这种情形实在非常不一般，尤其是因为这个文学史大半是他的一家之言，在很多领域常常是挑战性地忽略传统的文学口味。在宋诗和北宋的古文之后,文言文学仅仅在苟延残喘,基本上被视为白话文学革命一个苍白的抗争对象而已。

遵照西方(有时是中国本土原产)的历史主义,五四学者在重写文学史的时候,常常把文学的过去视为文体的一系列兴衰互替。在某一阶段,某一种文体是合宜的,到了另一个阶段,另一种新的文体就蓬勃兴起了。一种文体的好时候一旦成为过去，这种文体的生命就结束了。“过去”对于现在来说,不再好像在清朝时那样,是种种可能性的储藏库,而成了一堆死物的谱系。很多五四学者意识到，这种对过去的独特理解方式本身就是从中国文学思想的库藏里取来的，是对晚明所盛行的文学思想的一个激进化了的再版。[12]

胡适的《白话文学史》于1928年首次出版,但是建立在他1921年应教育部之邀,在第三届“国语讲习所”所作的一系列公共讲演的基础上。在这本书里,胡适对这个历史主义问题和新发明的“白话文学”在其中扮演的角色进行了有趣的说明:

> 前天有个学生来问我道:“西洋每一个时代有一个时代的文学;一个时代的文学总代表那一个时代的精神。何以我们中国的文学不能代表时代呢?何以姚鼐的文章和韩愈的文章没有什么时代的差别呢?”我回答道:“你自已错读了文学史,所以你觉得中国文学不代表时代了。其实你看的‘文学史’只是‘古文传统史。’在那‘古文传统史’上,作文的只会模仿韩柳欧苏,作诗的只会模仿李杜苏黄:一代模仿一代,人人只想做肖子肖孙,自然不能代表时代的变迁了……”[13]

12　明末有一股文学史思潮，认为文学史是一系列刚健有力的白话文学形式对于正统文学形式的更替,我不想低估五四学者对此思潮的借鉴程度。但是这种思潮只不过是晚明众多文学理论之中的一种，它被五四学者单挑出来，而五四学者们通过自己的努力,把晚明对于白话文学的提倡超拔到了如今的崇高地位。

13　胡适:《白话文学史》,上海:商务印书馆,1934年第2版,上卷第3页。很难不不出所料:胡适随即暗示这个学生应该去看清朝的白话小说,而不是桐城派古文。

这里有几点值得注意。首先,古典文学因为摹拟先人的缘故被视为非历史性的或者僵死不变的。清朝学者所构造的文学累积变化的模型(也即文学因新形式的不断加入而不断成长)被一个直线性发展的模型所代替(直线发展的反面就是停滞不动或重复)。根据这个新的模型,写作文学史,以及在一个较为深广的意义上建立文学和历史之间的某种联系,都需要白话文学作为创新和变化的代表,来对抗文言文学之停滞。其实,传统文学批评一直都在探讨文学代表时代的方式,而且非常强烈地意识到各个历史时期的不同。但是,胡适的学生没有考虑这个本土传统,而是举"西洋"为例,问道"我们为什么没有他们所有的?"这样的问题就使得胡适可以回答:"我们当然有!"并随之揭示古文传统带有欺骗性的面纱下面那个"活的"历史。现代文学史家因此被放在一个富有特权的地位回顾过去,而过去的文学史家却普遍被认为看不到真正重要的东西是什么。这个富有特权的位置也就是郑振铎氏所说的"研究"——和传统的"欣赏"形成对立。最后,这种革命性的运动好像是发生在家庭之中:不好的作家反而是"肖子",那么以此推论,胡适和他的五四同辈朋友就自然都是令儒家祖先大为头痛的不肖子孙了。聪明的胡适意识到他的逻辑推理当中存在的漏洞,于是在大骂"肖子"之后,他又引入了另一个提问者,质问他说如果真的如他所言存在一个悠久的白话文学传统,随着时代的变化而变化,代表了时代的精神,那么为什么我们还需要一个"国语文学的运动"呢?为什么不索性"听其自然"呢?胡适回答说,有两种不同的进化:一种是自然的进化,另一种是人力促成的进化,而这就叫做革命。自然的进化(他称之为演化)是缓慢而且"不经济的,难保不退化的,"而革命既符合自然进程,而且能干脆利索地完成任务,不至于拖泥带水。而对于上述的质问,也许最重要的反驳就是:不是每个人都能认识到代表一个时代的真正的文学是什么——事实上,只有极少数的人具有如此慧

注意到——在提出这一重要论点的时候,胡适采用了最古老、最有权威的文学形式之一:先生和弟子的对话。

眼：

……这一千多年的白话文学史，只有自然的演进，没有有意的革命；没有人明明白白的喊道："你瞧！这是活文学，那是死文学，这是真文学，那是假文学。"因为没有这种有意的鼓吹。[14]

这一论述的历史精确性实在令人吃惊地成问题：胡适所谓姗姗来迟的大声疾呼其实正是李贽在《童心说》里谈到的。不过，撇开这个不提，胡适在另一个意义上也有他的道理：李贽尽管说的是同样的话，但是他毕竟没有用白话说。

这里，重要的是看到胡适没有留任何余地来容纳多种多样有关文学和文学史的意见。清朝的文学世界是对各种偏好都开敞的：有人喜欢小说，有人偏爱传奇剧，有人则爱好杂剧；有人热衷于骈体文，又有人是笔记的追随者。而胡适告诉我们：正如只有一个总的文学的种类，同样也只有一个文学史，在这个文学史里面，只要仔细留心，就会看到其中不言自明的价值观。好的文本是那些显示了白话成就的文本，而坏的文本则是那些"古典"的。总而言之，胡适是在宣告文学判断的正统所在，他的宣言的规模远非那些颤颤巍巍的桐城派批评家所能企及。归根结底，桐城派批评家只是在规定什么才算好的古文，而胡适却在为整个中国文学制定金科玉律。

这回到了我前面谈到的一个观察结论：现代人编选的古典文学选集，以及现代对古典文学所作的价值判断，全都相当惊人地相似。我希望如下的陈述听起来不至于太乖僻：在中国文化的进程里，五四学者和批评家们对传统的判断代表了一个新的正统传统的产生，而这种正统传统的规模是前所未有的宏大。它和古典传统的结束及其盖棺论定紧密相关。古典传统现在已经成为中国文化的"遗产"，不再是中国文化的媒介了。学校系统将要教授大的意义上的文学，而不是少数几个经过选择的高雅文学体裁。老师们会告诉学生什么是好的、进步的，什么是坏的、落后的。既然学生们将是五四的肖子——还有肖女，那么在这场革命的基础上，一个新的正统经典传统

14　胡适：《白话文学史》，上海：商务印书馆，1934 年第 2 版，上卷第 6 页。

就此诞生。 .

我感兴趣的还不是文学史的创造本身,而是不同文体的历史是如何与新的文学史写作规划以及民国早期的古典文学编选工作进行挂钩的。[15] 这种挂钩很不容易,因为在每个时期,每种文体不仅带来了一个属于自己的独特历史,而且还带来了这种历史的不同的重量。民国的文选编辑者可以自己创造出元散曲的经典,但是如果是唐诗,已经有了自己的经典传统的,他们就必得想法子对付这一"经典"的惰性。当胡适谈到模仿性的诗歌写作时,他举出"李杜苏黄"这几个名字——其中李白和杜甫都已如此深入经典传统,他们是不容易被拔除的。这是真正的经典。但是,是否把苏轼和黄庭坚包括在内则是诗歌研究中一个一直持续不止的辩论题目,并不像胡适所暗示的那样是毫无疑问的、亘古不变的价值判断。五四学者面临的任务,是把以前很少互相关连的许多不同的文学史,融和成一个正统的文学史大叙事。

个　案

写作新的文学史,需要大规模地重新评判无数以往的个别作家和作品,需要新的名家名作,提出新的辩论,并和从前的价值判断进行协商。而且,也需要新的文学作品选集和新的评点注解,以使得这些新的价值判断变得"不言自明"(和他们的前辈一样,五四批评家们非常依赖于这样的陈述:他们的新判断都是超越了历史的和不言自明的;尤其在他们的这种情况里,他们暗示说人们只要一旦清除旧日的偏见这种障眼物,就会自然而然地认识到他们所作的这些价值判断的正确性)。把"过去"变成"现在"背后的故事,与其说作为学术理论是有趣的,还不如说它的有趣更清楚地表现在当时发生在文学股市的巨大变化之中。因为篇幅所限,我们不能对此作详细描绘,让我们在此只讨论以下几个例子:关于"起源"的叙述,对某个个体作家的重新评价,对某一历史时期最重要作家名单的激进修改,以及创造新的阶段文

15　在 1991 年的一个讨论会上,已故的安敏成(Marston Anderson)发表了一篇关于中国文学史之形成的精彩论文。

学体裁。每个题目都值得专文论述，因此，下面的探讨不过是区区速写而已。

既然有关文学之过去的叙事讲述了一个关于勃兴的白话文学战胜古典文言文学的故事，那么就应该指出这番激烈的较量是从什么时候开始的。胡适的《国语文学史》以及修改后的《白话文学史》，开宗明义的第一章都题为"古文是如何死的?"胡适的论点综述如下：由于封建王朝大一统的缘故，政府需要一种"通语"来统一各地不同的方言，也需要培养训练一批熟习这种"通语"的官员。这种"通语"就是文言。[16] 随即胡适举公孙弘在公元前2世纪末年上给汉武帝的一道奏章为例，在奏章里公孙弘抱怨说地方官员不能理解皇帝诏书律令的文雅措辞——在胡适看来，这是一个明显的证据，说明古文因为罕有人解，所以在那时已经死了。这一叙述在一个大叙事里面奠基性的角色，比起其可疑的内涵和精确程度来说自然重要得多。一旦有一个死掉的古文，白话就诞生了：在汉朝皇宫大内所演唱的楚歌里，在民谣里，尤其是在乐府里。这一关于汉诗的叙述，在早期文学批评里，在可以上溯到晚明甚至明朝中叶复古派关于诗歌活力的理论里，都可以发现其端倪。但是胡适为它增加了一个戏剧化矛盾斗争结构——在这个矛盾当中，对手的角色总是由官吏阶层扮演，根据封建集权政府的需要所形成。

胡适所讲的当然不是唯一的一个有关白话文学起源的故事。如早些时候指出的，郑振铎把白话文学的起源和晋朝时佛教的引进以及外族文化的影响联系在一起。郑振铎的"版本"不像胡适的那样以戏剧化的矛盾斗争作为其根本结构，它承认古文和古诗与白话文体一样在唐朝有所新变。郑氏常常对古典文言作品——甚至1522年之后的"近代"作品——表示出相当的宽容，但是他的主要注意力集中在白话文体上，使得古典文言传统被逐渐遮蔽，逐渐消减，最后变得无足轻重。而且，自始至终，他一直在用疾病、死亡和黑暗这样的比喻式语言，来反衬从他对白话文学的描写里不断发射出来的光明与活力。

16　据我所知，胡适好像没有意识到"国语"也正是这样的一种通语。

虽然在近世的文学史和文学选集里汉朝的乐府风谣保持了它们作为白话文学之源起的重要性，但是胡适关于古文何时死亡的定期和或者郑振铎氏有关佛教对文学之重大影响的论述都没有得到延续。比较近期的文学史基本上都给予唐宋白话文学一个附属性地位，而把白话文学的中心放在元、明、清。这种观点已经完全被接受并被视为理所当然，正因为如此，我想我们应该记得它的历史性——它是从《插图本中国文学史》开始的。

在其他领域，对古代文学的经典陈述也被修正了：闻一多没有写出他所计划要写的文学史，但是他收在《神话与诗》里面的文章为古代文学的起源安排了一个神话与宗教的背景，这是和传统的儒家学说完全背道而驰的。这样的理论在现代文学研究里面留下了它的踪迹。在大学中文教材里，比如说在中华书局1962年出版、由北大中文系编选的《先秦文学史参考资料》里，第一个章节就是“神话”（全部来源于上古时代末叶的记载）。闻一多和其他民国的神话学家对中国文学源起所作的描述，是和关于其他文化的起源的概念更为相符的。

*　　　*　　　*

汉及六朝诗歌的经典内容是经典当中最稳定的部分之一——比唐诗经典要稳定得多。这种稳定性一方面来说是因为年代久远，另一方面来说也是由于文本的存留已经显示出了早期编选者取舍的痕迹。明朝中叶的复古派代表了中国文学史上重新对过去进行价值判断的一个重要时期：他们是最早唤起人们对曹操的诗歌予以注意的，而且，他们也是最早培养起对古拙的早期乐府和汉诗的欣赏口味的。无名氏的乐府诗歌对于五四时期的文学史显然十分重要，而且乐府研究正是在此时产生了极大的发展，最著名的例子就是闻一多的《乐府诗笺》。除了像陶渊明这样的文化英雄以外，完全可以根据文人作家显示了多少乐府诗歌的影响来重新评估他们的文学地位。

这把我们引到鲍照（约414－466年）。在六世纪早期钟嵘的《诗品》里，鲍照（和陶渊明一样）仅仅被列为中品，他在同一时期所编辑的《文选》里命运还算不错，《文选》收了他的8首乐府（但是没有一篇是现代人所熟知的名作《拟行路难》）。无疑鲍照的乐府对李白产生了重大影响，而且杜甫也曾以

“俊逸”来描述鲍照的诗。但是，在唐朝，鲍照摹拟谢灵运所作的山水诗也拥有同样多的读者，也同样具有相当的影响力。到了清朝，让我们举一个例子来说明当时的口味：王士祯（1634－1711年）的《古诗选》是在十八和十九世纪都一直保持着一定影响的古诗选本，后来经过有名的桐城派学者方东树（1772－1851年）详细评注之后又被再次印行。这个选本里面，一共收录了鲍照的39首诗，其中只有4首是乐府，而这4首乐府没有包括一首《拟行路难》。[17]朱自清（1898－1948年）的《十四家诗钞》（在朱氏讲义稿的基础上编辑整理出来）选了鲍照的10首诗，其中7首是乐府，乐府里5首是《拟行路难》。让我们追溯当代学术传统对鲍诗的编选历史：余冠英很有影响的《汉魏六朝诗选》（北京1958年初版，后来多次再版）收录了鲍照的17首诗，其中有11首乐府，乐府里有6首和朱氏选本重合；北京大学编选、中华书局1962年出版的《魏晋南北朝文学史参考资料》收录了20首鲍诗，其中13首是乐府，6首是对公元三世纪各种诗歌风格的拟作（如《拟古》），只有1首是当代风格的；林庚、冯沅君《中国历代诗歌选》1981年由人民文学出版社出版，11首鲍诗里有9首乐府；程千帆、沈祖棻《古诗今选》（1983年由上海古籍出版社出版）里面的8首鲍诗全是乐府，其中5首是《拟行路难》，而在同一选本里，鲍照上一代诗人里的泰斗谢灵运只有4首诗入选。——我举上述选本为例，是因为它们都由著名的学者编选、重要的出版社出版，印刷量也都相当大：换句话说，如今，它们就是经典。

我们可以继续为鲍照和许多其他作家开列统计数字，但是我们还应该问一问：什么样的文学史意识形态导致了这样的变化。不能不接着引述胡适的话：

> 当时的最大诗人不是谢与颜，乃是鲍照。鲍照是一个有绝高天才的人，他二十岁时作《行路难》十八首，才气纵横，上无古人，下开百代。

17　沈德潜（1673－1769年）的《古诗源》对鲍照乐府的选录比较全面，其中包括8首《拟行路难》。我们确实常常可以为现代选本内容找到古代编选的先例，但是，“前现代”选集和现代选集截然不同的是，“前现代”选集在欣赏趣味和价值判断方面表现出了极大的多样性。

他的成就应该很大。可惜他生在那个纤弱的时代，矮人队里不容长人出头，他终于不能不压抑他的天才，不能不委屈牵就当时文学界的风尚。18

胡适继续这样论述下去，指出鲍照诗歌的“俗”为他的同时代人所轻视，而鲍照又如何被当时的民歌所影响。这是胡适文学史里一个熟悉的故事：自然的天才和能量是如何与“通俗”文学联盟起来，又是如何被高雅正统的文学趣味所压抑。鲍照的诗作里面，有相当大的一部分是雕饰繁复的山水诗，显示出了谢灵运对他的影响。胡适对此的解释是：青年人的生机与活力在那个腐朽时代的社会高压下被磨灭了，不得不服从于当时的风尚。这样的解释，只要我们对鲍诗详细地进行一番学术考察，就未免站不住脚了。

胡适举用了很多例诗，包括很多现代文选里常常收录的篇章。如果一个青年读者以前只读过王士祯编选的文本，他读胡适的文学史就会根本不知所云。这部新的文学史需要新的选集来确证里面的评判。

在《插图本中国文学史》里，郑振铎提供了一个比胡适的文学史更加全面、也不那么盛气凌人的文学史叙事，但是，其中重新评估的主要线索依然是再清楚不过的。谢灵运没有被完全摈斥，但是郑氏举了谢的一些最缺乏雕琢的诗篇作为积极的例子，来显示对于谢的传统评价之所以能立足，乃是因为谢并不像早期的评论家所说的那样完全是以“富艳”为特色的。和胡适一样，对于郑振铎来说鲍照是一个“真实的有天才的作家”，他对后来的影响“远过于颜、谢”。19 郑氏接着引述钟嵘的评语，而钟嵘对鲍照诗风“不避危仄”(暗示其修辞不免晦涩)颇有微词。郑氏随即从鲍照作品中(尤其从《拟行路难》中)举出一系列诗句为例，反问说鲍诗又何尝有什么“危仄”!我们应该注意：郑振铎在这里完全没有考虑占了鲍诗中相当大一部分比例的作品——这部分诗作的风格就是可以和钟嵘的评语挂钩的，而且直到清朝还一直被编选在古诗选集中。郑振铎却只引用鲍照的乐府和个别几首挑选出来

18 胡适，同上，第 115 页。

19 郑振铎，同上，第 185 页。这句话用在颜延之身上是对的，但是用在谢灵运身上就错了。

的诗为例，以支持鲍照清新自然这一形象。现代批评家们宣称自己是优秀的判官——靠的是控制佐证。

而现代批评家们的对手则是修辞雕琢的高雅精英文人之写作风格。为了把鲍照变成“清新自然”的正面代表，胡适和郑振铎都对鲍照的一大部分诗作避而不谈。至于谢灵运，胡适贬斥了他的文学地位，郑振铎则引用谢的那些可以和新的价值判断相符合的诗句来保持他的传统地位。他们两人都铺陈了一个关于乐府和大众趣味的大叙事，在其中，鲍照代表了短短的一段辉煌。胡与郑的评判被一致保存在过去六十年来出版的文学选集的评点介绍里，而这些选集都无一例外地把注意力放在鲍照的乐府上面，因此确证了那些评判。鲍照的低微出身和名位不显，以及他对高雅的精英文人文化的抵制都会被提到，他的乐府诗的优异成就也总是被确认，批评家们一致赞扬他的诗风通俗自然，也不忘认可他的活力与“浪漫主义”。

方东树在《古诗选》中鲍照诗选的前面写了很长的评介。他的批评步骤和五四学者的批评步骤之间存在着极为醒目的差别。方东树开始的观察是胡适、郑振铎都会同意的：他指出，鲍照的诗有一种“气”，可以一洗西晋诗人之靡弱。然后方氏引述王士祯的判断，说鲍照优于颜延之，和谢灵运则称得上并驾齐驱。但他紧接着说，鲍诗的好处在于他对文字的雕琢（“字句讲求”），这种雕琢被他的“逸气”赋予了生命力，因此他得以避免其他人在雕琢文字时所犯的呆板平钝等毛病。鲍照的独创性得到承认，但其独创性不是得自“天才”，而是得自“字字炼”，得自其“去陈言之法尤严”。方氏接下去还讲了很多，对于鲍照与前辈诗人的关系和他对后代的影响发表了详细的论述。20

20　译者按：郑氏在对鲍照的评介里，也用到“陈言俱去”四字（其原文为：“他的五言诸作也风格遒上，陈言俱去，如……”云云），显而易见化用了方东树，但是郑氏的化用有一点值得注意：方东树的论断所强调的，是鲍照作诗具有严格的法度，即所谓“匠”心——艺术家需要对手中的艺术品进行有意的控制，不能仅凭天才。方评里面紧接的下文就是“只是一熟字不用”，足以说明鲍照作诗之自觉的程度。但郑振铎却把这一论断转化成了一个过于简单的对“事实”的陈述：鲍诗里面没有陈言。而没有陈言则很可能只是诗人的“天才”而非精雕细刻的结果。所以，虽然字句有重合之处，方东树的原旨却被完全埋没了。

方东树十分清楚地意识到鲍照在诗歌史中相对于其同时代人以及前辈和后代的位置,但是他的评述不是一个直线性的"文学史"大叙事的一部分,更不是一个有关较量和斗争的故事。方东树对鲍照的理解建立在一群属于同一"家族"的作家的作品上,这些作家在与彼此的关系当中找到自己的个体身份,进行他们的诗歌写作。胡适把鲍照描写成一个被社会的压力摧残了的年轻天才,而方东树的鲍照却是一个在各种形式里非常自觉地运用他的技巧的诗人。比较方东树和五四学者不是为了判断孰优孰劣,而是为了更为清楚地展示五四批评家们非常叙事化的、常常带有争论口气和斗争结构的文学史。

* * *

宋词则为我们提供了一个很好的例子,让我们看到整整一个时代的形象是如何被完全改变的——这个时代就是南宋。在清朝,有不同的词派倡导不同的美学价值,也各自拥有完全不同的词作经典。有些人如王国维强烈支持北宋小令,但是,也许大多数清朝读者偏爱周邦彦和南宋词。因此,在1873年,周济的《宋四家词选》被出版。宋词四大家是周邦彦、辛弃疾、王沂孙和吴文英。但这决不是任何一个现代的学生所熟悉的经典作家名单。我们可以比较三个不同的民国词选:朱孝臧的《宋词三百首》(1924年)代表了词家的传统(唐圭璋在1947年对之进行笺注);胡适1927年的《词选》则全然符合五四的传统;胡云翼1962年的《宋词选》基于1937年的《宋名家词选》,代表了对五四样板的发挥。共和国建立以后出版的选集在选材取舍方面都基本上追随胡云翼的选本。

三个选本对北宋词的取舍是相似的。[21] 但是等我们进入南宋,情况就大不一样了:

21　柳永的例子很说明问题。毫无疑问,柳永是宋朝最"白"的词人。他的词不但"白",而且真的特别通俗。按说他应该是所有对白话文学史感兴趣者的宠儿。不幸的是,他的词大多都是关于酒席宴饮、青楼艳情的——根本没有五四作家所需要的那种严肃性。在《国语文学史》里,胡适征引了一些,赞扬柳永对白话的使用;但是在他的《词选》里,胡适却指出柳永"风格不高"——完全呼应了传统评论家对柳永的批评!

词人	朱	胡适	胡云翼
张孝祥	2	0	8
朱敦儒	0	30	9
陆游	1	21	11
辛弃疾	12	46	40
刘过	1	6	7
姜夔	16	9	10
史达祖	9	7	2
刘克庄	4	16	12
吴文英	25	1	4
王沂孙	6	3	3

胡适和胡云翼的选本的确包括了南宋婉约派传统的一些代表作，但是却把它减少到无足轻重的地步。就像鲍照诗在现代选集里面的命运一样，一个作家的面目可以完全被入选作品的取舍改变。现代选家主要收录鲍照乐府，把鲍诗一向被人称道的一个方面变成鲍照诗歌的主要品质。在收录吴文英词的时候，胡适对吴氏的介绍大半是批判。胡适尤其举出一首代表了吴氏风格的繁复慢词为例,对之大加轻蔑;他选的吴词则是一首比较直截了当的小令。胡云翼也在介绍里面批评吴氏,然后收选了一首慢词,三首比较轻盈的小令。

为了填补贬斥南宋婉约传统之后留下的文学史空白，一组向来很少被阅读和重视的词人——诸如朱敦儒、陆游、刘过和刘克庄——被晋升,围绕着辛弃疾构成了一个"家族",确证了辛氏在这一传统中唯一的突出地位。

清朝词家和词选当中，有关价值的论争是很激烈的。周济在他的宋朝"四大家"里面包括了豪放和婉约两个传统，但是摈斥历来非常受到赞美的姜夔，却是词学辩论里一个有意为之的行动。既然对词人的品评如此灵活多变，五四一代学者自然可以如他们的前辈一样对南宋词进行自己的价值判断。但是,问题在于他们的判断并非基于词学传统内部的辩论,而是基于对整个文学史的价值观。他们的价值观,表现在选集的评注里,对入选作品的取舍里,并且一直统治着文学教材。[22]

在胡适 1928 年的《国语文学史》里,被很多词的爱好者认为是词人中"集大成者"的吴文英,就像在《词选》中一样,受到了胡适严厉的批判。[23] 郑振铎的评价较为平允,表达藐视也稍为含蓄一些。据郑氏所言,只要你不理会吴文英的"深晦"之辞,也不对他责望过甚,那么他还算是"过得去",但是他"不是有很多的诗才的"。[24] 至于王沂孙,周济的"四大家"之一,郑氏仅仅用了一行半的篇幅来描述,而这一行半里还有差不多整整一行是在介绍他的名、字、号、家乡和作品集的名称。随即郑氏引了一首王词。在这里,以一向惯用的手法,郑氏依靠他给予一个作家或一种形式的注意之多寡来传达新的价值判断。"数量"可以比内容之"取舍"更有效地改变读者对一个作家的文学地位的认识。

* * *

五四对于"前现代"文学史评判所作的最醒目的改变之一,是发明了我们今天所知的"元散曲"这一文体。虽然这是一个白话文体,它和戏剧与小说不同的是:它被放在一个从诗到词直接发展而来的传统之中。[25] 现在,散曲已经被完全"系统化"了:在选集、文学史以及随之而来的文学教科书里。

22 不过,我们要看到,二十世纪中、后期的词学,比起古典文学的其他领域,被正统化的程度远远为小。这是由于一批优秀的词学学者,代表了一个从清朝以来多多少少没有没中断的传统。在他们任教的学校里,在他们的学生当中,对南宋词的介绍对于一个"前现代"读者不会是完全陌生的。像《全宋词》的编者夏承焘、唐圭璋这样的学者,对于承继了五四传统对南宋词进行的编选和评介,是一种非常重要的"反动"。还应该指出的是,词的写作,比任何其他古典文体的写作,其"严肃性"都得到更长久的承认:"清"或"近代"词选常常收录从晚明一直到 1930 年代末期的词人作品。

23 胡适:《国语文学史》,上海:新月书店,1928 年,第 183 – 185 页。胡适的《白话文学史》只出版了上卷,截止在唐朝。《国语文学史》的讲义虽然不如《白话文学史》丰满,但是截止到宋。

24 郑振铎,同上,第 590 页。

25 早时的"唐诗、宋词、元曲"这一序列里的"曲"通常指的是戏剧。把"戏剧"与"抒情诗"截然分成两个范畴是西方文体系统而非中国文体系统的惯例。一旦"戏剧"被分入另外一个领域,"词"就需要一个抒情性的继承者。如郑振铎氏所指出的,词属于"诗坛"。

过去二十年里的无数散曲选集，在散曲家的选择、他们的作品收录的数量以及散曲本身的取舍方面，都显示出了惊人的相似。[26] 这一散曲“经典”的形成最早不超过1930年代。

在清朝，散曲一直是属于几个专家的形式（通俗戏曲唱词的集子除外——它们可能接触到更多的读者群）。虽然很难确知其详，但是从元诗结集出版的情况看来，元诗比散曲更有读者市场。[27] 此外，虽然在清朝“元曲”一词已经司空见惯（“曲”主要指戏曲），戏曲中分离出来的唱段，也即散曲，并不是主要和元朝联系在一起的，而是和元朝与明朝联系在一起的。任何对散曲感兴趣的人更有可能阅读康海、李开先、冯惟敏，而不是阅读关汉卿——关氏的散曲从未单独出版过。五四一代把元曲变成了元朝唯一的或最伟大的诗歌形式，那“充满生命力”的白话文体代替了已然腐朽的宋词。在大多数散曲选集里，明散曲更为丰富的世界不是被省略，就是仅仅以很小的篇幅出现。

当王易，一位传统学者，写作《词曲史》的时候（序言成于1927年），“曲”是戏曲的意思；对散曲的介绍只占据了几页而已（元词则得到了相当细致的探讨）。元散曲在1930年随着任中敏的《散曲丛刊》（中华书局出版）而重现（或者首次出现）在历史里。在这部丛书里，元明选集都被重新印行，现在我们所有的散曲就是从这些选集里面被编选出来的。[28] 同年，任中敏出版了《元曲三百首》，这是最早意在编辑代表性的元曲的选本（作为选本标题，“三百首”有很大的暗示性）。[29]1934年，元散曲的第一部历史出版了。[30]

---

26 因为这些选集常常是作为教科书被编辑的，所以它们相当一致地排除了涉及男女性爱、有时堪称色情的散曲作品——这样的散曲在全部散曲作品中其实占了相当一部分比重。

27 考虑到“前现代”时期文体的严格分类，比较是困难的。元诗相当广为人知，也常常在诗话里得到评论。不用说存留下来的元诗比元散曲要多得多。中华书局出版的清朝标准的元诗选本，《元诗选》，共有4500多页。而元散曲全编，也是由中华书局印行的大字版，还不足1900页。当然，页数和卷数并不是质量的证明，但是它却暗示了生产的数量以及作品保存后面显示的价值判断。

28 1927年任中敏已经出版了《元人散曲三种》。

29 我们可以想到朱孝臧1924年出版的《宋词三百首》。

30 梁乙真：《元明散曲小史》。

民国初年，人们对于早期白话文学的重新发现和再版显示出极大兴趣。郑振铎把新近重版的古典文学著作大量用在他的《插图本中国文学史》(1932年)里，不是仅仅一带而过，而是作为各个不同历史时期最重要的文学——其引用的速度和轻松的程度都是相当惊人的。仅仅数十年以前才被一小部分学者所知或重新发现的文学作品，现在被提升到了代表中国文学主流的地位。下面是郑振铎关于散曲章节的开头：

当金、元的时候，我们的诗坛，忽然现出一株奇葩来，把恹恹无生气的"诗"坛活动。[31]重新注入新的活力，使之照射出万丈的光芒，有若长久的阴霾之后，云端忽射下几缕黄金色的太阳光；有若经过了严冬之后，第一阵的东风，吹拂得青草微绿，柳眼将开。其清新愉快的风度，是读者之立刻便会感到的。这株奇葩，便是所谓"散曲"。[32]

我引用这段五彩缤纷的话是为了提醒读者注意郑氏所作的文学史判断。与唐诗的"名篇"相反，文学史家在讨论散曲时，不用和已经树立的品味较量，只消用大自然的模型来作引证——用不言自明的光明、温暖和活力这些形象。从明朝初期到1930年之间几乎没有人阅读元散曲这一事实，在此完全烟消云散。只要睁开眼睛看一看，我们就会立刻看到元散曲是多么新鲜，多么充满活力。在热情洋溢地赞美完了诗坛新生命之后，郑振铎随即把元散曲和宋朝白话文学传统联系起来——元散曲"在暗地里已是滋生得很久了"。

在这里，令人惊异的是文学史的判断纯粹变成了意识形态之意志的体现。除了"活力"这一标准之外——而活力不过是一个有着很多价值标准的传统中的一个文风意义上的价值标准而已——很难论证元散曲能为诗歌读者提供一个丰富的世界。元散曲是轻量级的，它风趣幽默，给人带来乐趣，但是这些乐趣，虽然不可否认，却毕竟是透明的和表面化的。按照中国文学

31 古典文学传统在诗、词、曲之间划分了严格的界线。这里，郑振铎是在用西方抒情诗歌意义上的"诗"。这句话里，第一个"诗"是西方意义上的诗；第二个"诗"加了引号，因为郑振铎要使得读者明白他在专指恹恹待毙的中国古典诗。

32 郑振铎，同上，第727页。郑振铎对任中敏的依赖可以从他的注脚里面看出来。

的评判标准来说，它实在没有什么。但最重要的是，为了支持他的文学史叙事，郑振铎不得不摒弃现存散曲的很大一部分。重要的是记住：郑振铎没有一个从前辈接收过来的经典，他只有现成的一堆原材料——任中敏重印的早期选本。郑氏必须排除掉那些选本里一大批歌咏性爱、时涉猥亵的作品。他也必须排除掉过度雕琢的青楼的产物。他也必须排除掉大量集合诗句而成的曲子以及对早期曲子的重写，还有用戏曲的名字编成的曲子。很多元散曲恰好代表了郑氏所深恶痛疾、常常批判的“文字游戏”。从任中敏《散曲丛刊》的原材料里，郑氏“构建”了元散曲，而关汉卿则是这一文体的“大诗人”。

散曲的经典通过压抑大量不同的现存散曲而被创造，通过历史主义的“更新换代”的法则而产生：一个新的形式必须出现，来代替一个旧的形式。在表现上，这个新的形式必须比旧的形式更好，而旧的形式则一定是“恹恹无生气的”。[33]

结　语

五四一代人对古典文学史进行重新诠释的程度，已经成为一个不再受到任何疑问的标准，它告诉我们说，“过去”真的已经结束了。几个传统型的学者还在，但是他们的著作远远不如那些追随五四传统的批评家们那样具有广大的权威性。近时的文章开始探索那些被五四文学史的关注摒弃在外的领域，但是作这样的题目，作者们常常是用了道歉的语气，或者作为纯粹的学术研究来进行，并不宣称具有和五四批评家们的判断背道而驰的重要内在价值。而且在这些领域里，学术界对于研究新的、没有人碰过的东西的要求，往往压倒了一个学者想做重大研究的欲望。

33　郑振铎在把散曲传统延伸到明朝这一方面没有那么成功。他在《插图本中国文学史》里就明散曲写了一个长长的章节，企图给散曲一个完整的生命周期，就像诗和词那样有始有终。但是，没有一个现成经典传统的停滞僵化作为背景，则除了受到意识形态青睐的起源和初期的繁荣之外，其他都不能引起太大兴趣。

虽然五四一代的古典文学批评家们所作的价值判断和他们创立的新的正统至今为止一直保持着惊人的一致（马克思主义的文学批评基本上视它们为理所当然，只是加入了一些细致的修改），我却认为，他们的立场在如今的意义和在当时的意义是完全不同的。在1920年代和1930年代，他们的观点和当时还很强大的传统文学形成了一种富有张力的关系。当胡云翼的词选首次出版的时候，一个对词感兴趣的读者可以很容易地在书店里面找到清朝的选本，甚至同时代人编选的符合清朝读者欣赏口味的选本。胡氏许多评述的论战性口气是很明显的。现在的读者还是可以走进书店，买到一本中华书局再版的胡云翼选本，同时也可以找到成打的对胡氏选本略加增删的其他选本。词的例子是特别有趣的，因为清朝的词选和二十世纪初叶代表了与五四批评家口味迥异的选本至今仍然可以买到，所以，如果只看参考书目，我们会觉得这里存在着对五四正统的挑战。但是，如果我们在现实当中看看这一违背了五四传统的别种传统，我们会发现这些书一般来说都是小字印行的，使用的是繁体字，要不然就是没有评注，要不然就是没有简短的传统评介。大多数学生以及读者大众都受到简体字的局限，或者越来越多地依赖于白话注解和翻译，这给了学术界一种权力来塑造中国的过去，也控制了大众与这个过去的接触。在教室里，还有对于那些没有上过中文系、但是对古典文学感兴趣的读者，这个过去是被五四一代的欣赏口味这一中介所极大地调剂了。

在二十世纪二十和三十年代，重新阐释过去是一个正在进行中的事件。它和当时还很强大的古典传统是相辅相成的。现在，对手已经死了，五四一代人对过去的重新阐释已经把传统连根拔除了。但是，因为五四知识分子们的价值观和他们的斗争性叙事如此紧密地联系在一起，我们不免要知道：当最大的敌人死掉了之后，还剩下什么？

（宇文秋水　译）

“瓶中之舟”*

田晓菲(哈佛大学)

引　子

据说,香港作家金庸(本名查良镛)最后一部武侠小说《鹿鼎记》的英文翻译者闵福德(John Minford)[1],认为翻译《鹿鼎记》比翻译《红楼梦》困难。在比较两者的时候,他说:《红楼梦》具有全球性,前者却“植根于中国传统”。

很多金庸小说的爱好者,都同意金庸小说确实难以翻译成外文。但是,闵福德作为一位曾经参与翻译《红楼梦》的译者得出上面的结论,仍然有许多令人困惑之处。最显而易见的问题就是:难道《红楼梦》不是植根于“中国传统”之中的吗?第二个问题是,“中国传统”和“全球性”是两个对立的概念吗?第三个问题是,“中国传统”是难以翻译成外语、难以传达给国际读者的东西吗?第四个问题,也是最重要的问题,就是到底什么是这个巨大的、富有概括性的、包容一切的“中国传统”呢?

---

* 本文脱胎于〈反讽的消解:金庸笔下的“小说中国”〉,为1998年笔者参加在美国科罗拉多-波德大学召开的“金庸小说与二十世纪中国文学国际学术研讨会”时提交的论文。当时在会上受益于与会诸君的意见和建议,而且,正如文中所显示的,此文大大得力于他们的研究成果,在此一并致谢。最后要对我的先生宇文所安表示感谢:为了他的严格的意见,热情的切磋。

1 《鹿鼎记》英文名 *The Deer and the Cauldron*,牛津大学出版社1997年和2000年分别出版第一、第二部。闵氏的观点见于〈功夫的翻译,翻译的功夫〉一文,收在香港岭南学院文学与翻译研究中心1997年出版的《英译武侠小说:读者反应与回响》(*The Question of Reception: Martial Arts Fiction in English Translation*)一书(第1-40页)中。沈双在〈评闵福德《鹿鼎记》的英译本〉一文中曾经引述,见《明报月刊》1998年8月号,第33卷第8期(总第392期),第70-71页。

欣赏金庸小说,为了娱乐而阅读,用不着让这些恼人的问题占据太多的注意力;但是,评论金庸小说,试图解答所谓金庸现象之谜,则必须面对这些问题。

一个好的小说家不难赢得一大批读者。但是,能够迷住一大批具有不同教育程度、不同背景、不同社会阶层、性别与年龄的读者,依然相当令人惊奇。香港作家金庸以他的武侠小说做到了这一点,我们甚至也许可以称他为在二十世纪拥有最多读者的一位中国小说家。我想,与其单挑出金庸的某一部小说进行分析,倒不如把这种"金庸热"作为一种特殊的文化现象进行探讨,可能会得到内涵更丰富的结果。

香港作家倪匡曾说,"哪里有中国人,哪里就有金庸的小说。"这样的话并非夸张。从香港到台湾到大陆,到马来西亚、印尼等东南亚国家的华侨社区,到居住在欧洲、美洲的海外华人群体,包括我的很多可以阅读中文的美籍华裔的学生们,无不受到过金庸小说的浸润。那么,"中国人"的说法也许应该换成"华裔"的说法更加贴切,因为上述的社区群体并不都属于同一个政治或地理的区域,甚至不属于同一种文化区域,而"中国"二字,不像英语里面的 Chinese 那样具有模糊性和包容性,容易引起政治和地理上的联想。

到底是什么使得金庸小说如此受到具有多元背景的华裔读者一致欢迎?这些持有不同国籍、怀着不同政治信仰、讲着不同方言、来自不同社会阶层的华裔读者,显然在金庸小说里面找到了他们所一致喜欢的东西——他们的口味是通过什么联合在一起的呢?

如果我们说,这只不过是热闹好看的通俗小说在商业上的成功,那么,别的不说,光是三年之内分别在美国、台湾和北京专门为金庸小说召开国际学术研讨会、很多严肃的学者都与会提交论文这一现象本身,就可以成为文化研究的探讨对象。其中不言自喻的问题之一是:为什么同一武侠小说文类的其他知名作家,比如说古龙、温瑞安,还有其他畅销的通俗小说作家,比如说台湾的浪漫小说作家琼瑶(她在商业上成功的程度,包括作品被改编成电影电视剧的次数,都并不次于金庸,虽然她的读者群的覆盖面不及金庸),

其作品在学术界的接受远远没有达到同等的层次呢？对这个问题没有一个像我们想象得那样简单的回答，但是，研究批评家如何回答这个问题，却可以帮助我们揭示金庸现象传达出来的文化信息。

当然，我们可以提出很多的理由来解释这一现象。许多学者和文学批评家都曾撰文或著书，以具有强大说服力的论点，指出金庸小说在写作技巧、语言、题材、内容之深度和广度等等方面取得的独特贡献与高超成就。在这篇文章里，我不准备再次重复其他学者针对金庸在文学上的造诣已经清楚阐述过的种种观点，也并不希冀“穷尽”金庸小说之所以能够吸引如此广大多样的读者群的原因，而是期望在现有的金庸研究的基础上，论述“金庸现象”(包括金庸小说的流行，也包括学术界对金庸小说的特别接受)的文化内蕴。这当然涉及到分析金庸的作品，从中举出具体的实例来证明我的论点，但是我强调：作品分析或者武侠小说的文类研究并不是本文的最终目的。这就是为什么连批评家们对金庸作品的评论也在本文的探讨范围之内。

“瓶中之舟”

传统的小说形式总是寻求创造一个自足的世界，这个自足的小说世界对于现实生活是一种摹仿。中国的武侠小说是小说这一文体类型里面的亚文体，它的独特之处，在于构造出一个充满幻想的时空框架，离现实人生越远越好。武侠小说的世界几乎完全由身怀超人绝技的武林高手组成，他们不以法律为意，全凭武功高下解决争端。这个世界有它自己的等级、门派、行为准则和规矩，俨然形成了一个自成格局的亚社会，它对于“正常的也是日常的世界”是封闭的。从这种意义上来说，这个亚社会好像西方一种特别的手工艺品——密封在玻璃瓶中的、制作精巧的帆船模型。没有武功的常人，就和读者一样，永远无法穿透那层透明的玻璃、进入那个奇幻的瓶中世界，他们在书中至多作为酒保、店伙等龙套角色穿场而过，或者以需要大侠拯救的乡民百姓身份匆匆一现。对于读者(也即瓶中之舟的观众)来说，唯一能做的事情就是观看——于是瓶中的天地，在带有恋物癖好和感情强度的目光下,构成了一个被高度浪漫化了的凝视对象。

这个封闭的瓶中世界，总是被安排在从地理位置上来说远离日常生活的场景:无论是名山巨壑,大漠深谷,还是海外孤岛,秘道幽窟。江湖,这个《庄子》里用到过的词语,在古典文学里一般指隐士高人所自在漫游的山野,在武侠小说里则专指身怀武功者活动的空间。江湖之上，充满了绿林豪客和铤而走险之徒,但江湖一词不仅指示了地理空间,还代表了心理空间。它渗透了社会各个阶层:上自高官和富商,下至乞儿。在金庸《鹿鼎记》里,就连伪太后都是秘密团体的一员。江湖这一名词所定义的特别空间，多半设在荒野之地,但同时又超越了特殊的地理或行政区域,它和平凡的日常世界之间存在着清楚的分界线,就此形成了武侠小说的空间框架。

从时间结构上讲,武侠小说也同样远离现实,因为尤其是二十世纪的武侠小说，时间背景几乎从没有安排在现代的。金庸小说的时代背景就是上起宋元,下限于满清。这种做法的部分原因,恐怕是由于再高强的武功在现代社会的枪炮威力下也无法发挥作用。但是不管出于何等原因，这种手法在客观上达到的效果,便是进一步拉开了读者与书中内容的心理距离,从而使读者对武侠小说的世界产生更强的疏离感。打开金庸小说，就立刻进入了一个奇幻的境界,在这里,一切都发生在“遥远和久远”的时间与地点。很多金迷在阅读金庸小说时都有一个相似的体验,那就是一旦开头,就很难放下,必得连续数天,放弃许多日常的活动,甚至还要经历几个不眠之夜,把手中千把页长的厚书读完才肯罢休:这使人联想到游戏乐园里乘坐“过山车”的经历——它带给游客它所许诺下的惊险与刺激，帮助人们暂时忘记平淡无奇的日常生活。

虽然一切小说从本质上讲都是“幻设”[2],但是金庸小说加倍如此,因为他成功地构造了一个想象的世界——远离现实人生,非常浪漫化,而且,最重要的,是极为“中国”。我相信,这种“中国性”更加促成了金庸小说时空框

2　(明)胡应麟(1551 – 1602 年),《少室山房笔丛》三十六。

架之奇幻性，而且是金庸小说对各种身份的华裔读者都具有广大吸引力的根本原因。我在这里所说的，不是地域意义或者政治意义上的中国，甚至也不是种族意义上的中国，而是一个文化中国。这个文化中国并不存在于任何“真实的”层次上，它乃是融和了中国文化和文学传统中的不同因素而塑造出来的产物。如果小说本身就是“虚幻”的，那么这个“中国”的虚幻性比起它的构筑材料来并不逊色。借助我称之为“文化拼盘”（a cultural pastiche）的艺术手法，借助对一个道德世界的精心构建，借助对于“反讽的消解”，金庸建立起了一个用贝尼狄克特·安德森（Benedict Anderson）的话来说就是“想象的社区”[3]，一个既不存在于现代社会、也从未真正存在过、但是却完美地符合了大众想象的“中国”。

“文化拼盘”

金庸武侠小说成功的重要因素之一，是他对中国传统文化的灵活运用——对此我姑且名之为“文化拼盘”。金庸小说中的很多人物都具有很容易就能辨认出来的所谓文化典型性格，比如说威严但是心地慈悲的方丈，相思深重的少女，为了金钱或权力而失去性命或理智的贪婪之徒。小说中的很多副题都和传统的佛教或道教的价值观遥相回应，比如说武功的最高境界往往只是在无意中得来，而不是由于有意识的贪婪追求；一个诚实天真的年轻人，不一定有天生的聪明，甚至在世人眼中可能是憨厚得过了头而近于“痴傻”的，却偏偏能够“得道”；上乘的剑术不在于掌握了所有的招数，而在

3　贝尼狄克特·安德森：《想象的社区：关于国家主义的起源和流传》（*Imagined Communities: Reflections on the Origin and Spread of Nationalism*），纽约弗索出版社1993年第4版。安德森在这本产生了深远影响的著作中指出，“国家性”、“国家主义”是特殊的文化产物。“国家”是一个想象出来的政治社区，因为“就连世界上一个最小的国家的成员也永远不可能结识和了解这个国家的大多数公民，但是每个成员的头脑里面都深深地刻印着他们思想感情存在着共同交流的形象”（第6页）。它是一个“社区”，因为尽管在一个国家内部可以存在事实上的不平等和剥削，国家总是被视为拥有“一种深刻的、横向的同志关系”（第7页）。

于到达“无招”的层次——因为任何有形的招数总有被破解的办法，但是没有招数、超越了教派的剑术却无人可以战胜；在一种意识形态和另一种意识形态、甚至在善与恶之间，作此是彼非的价值判断是很危险的，因为这种抽象概念之间的争执可能导致狭隘的视界并滋生偏见；归根结底，众生都是受苦者，需要的是广大的同情而不是仇恨。

至于金庸小说中的情节，很多都能令人联想到传统的志怪故事或者明清的笔记小说。此外，还有许多对佛经、道藏、老庄的引用，涉及诗词曲赋、琴棋书画的段落更是俯拾即是。金庸最精彩的作品之一《天龙八部》，题目就来自佛教典故，与贯穿此书的佛教主题相互呼应。[4]

通俗的东西，如果我们仔细加以考察，往往发现它们原来竟然源远流长，因为人们的集体文化记忆是一股强大的潜流。《射雕英雄传》里面的桃花岛，是武林高手黄药师和他美丽任性的女儿黄蓉的居住地，这个有如仙境的海岛正好就是这样一个具有丰富文化内蕴的意象。它很容易使人想到东晋陶潜（352–427年）《桃花源记》中与世隔绝的乌托邦式乐园——中国文学传统里最脍炙人口的故事之一；但除此之外，还有无数民间故事和笔记小说的记载，都曾讲述在海上航行的人如何飘流到某海岛、与神仙遇合的神奇经历。比如说清初的笔记小说集《萤窗异草》（撰人署名“长白浩歌子”）里面收录的《落花岛》就是一个很好的例子。[5]

再比如《射雕英雄传》第三十回，黄蓉往求一灯大师治伤，途中被一灯号称“渔樵耕读”的四大弟子拦截，其中“书生”没有与黄蓉比武，却提出和她斗智。书生给黄蓉出的考题，包括诗谜和出句求对。字谜诗的谜底是“辛未状元”，颇为自得地暗示了自己的出身来历。他出的第一个上联“风摆棕榈，千

4 叶洪生〈论金庸小说美学及其武侠人物原型〉（1998年美国科罗拉多大学“金庸与二十世纪中国文学”国际学术研讨会）一文中则把金庸的成就放在武侠小说的传统当中进行讨论，谈到金庸对前辈武侠小说作家如还珠楼主、卧龙生等人的作品加以创造性吸收，并举了很多个例分析金庸小说中某些人物与情节的“胎源”。叶文从另一角度说明金庸小说并不是从真空中诞生出来的产物，而是和所有自觉的文学创作一样，有其纵向和横向的渊源。

5 《萤窗异草》，上海：上海古籍出版社，1989年，第109–113页。

手佛摇折叠扇"更是再次影射自己，因为他当时正是头戴逍遥巾、手挥折叠扇的；黄蓉针锋相对的下联"霜凋荷叶，独脚鬼戴逍遥巾"因此有效地讽刺了"书生"的骄矜。至于她随即以"魑魅魍魉，四小鬼各自肚肠"回应"书生"所出的"琴瑟琵琶，八大王一副头面"，书中则明言其实黄蓉曾经在很早之前从父亲那里听说过这个在民间流传的"老对"，"书生"以为是"绝对"，因此用它相难，但是黄蓉的父亲黄药师早已在多年以前想出了上述的下联，"四小鬼"云云本是和当时自己的四个弟子开玩笑，此时被黄蓉移用，却恰好戏弄了包括"书生"在内的"渔、樵、耕、读"四人。

最后，这场活泼的斗口以黄蓉再次对"书生"机智的回答结束：当书生根据孟子"男女授受不亲"的教导，批评黄蓉不应该让一个男子背负在身上的时候，黄蓉反驳说，孟子自己在道德上也并非无懈可击。她引述了父亲作的一首诗，诗中挑剔这位儒家圣人忽略了正统的周天子，求仕于各个诸侯国。"书生"大失面子，对黄蓉心悦诚服，只好放她过去。

这一章里的文字游戏以及黄蓉引用的诗作，不是金庸本人的发明，而是他博学征引的结果。其实它们都是中国古时流传的掌故，明朝作家冯梦龙(1574－1646年）曾把它们收集在《古今谈概》(又名《古今笑史》或《古今笑》）里[6]，但是原本互不相关的故事如今却被天衣无缝地融入了小说的叙事框架，而且还被赋予了十分对景和贴切的上下文。那首指斥孟子的七言诗，被作者归功于黄药师，尤其是一个精彩的安排：因为黄药师被描绘成一个所谓"非汤武、薄周孔"的"邪门"人物，作这样调侃孟子的诗非常符合他的性格特征。

在上面的例子里，取自中国文化传统的断片被赋予流畅的上下文，宛如打碎的七宝楼台得到重建。就连"斗智"这一形式本身，都是很多古典白话小说和民间故事喜欢采用的题材。在给他发明出来的种种武功招数命名时，金庸也往往从中国古典文学之中寻找灵感，而且把这一过程转移到他的小说人物身上。在《神雕侠侣》第二十回中，年轻的男主人公杨过就是从魏

6　见《古今谈概》二十七，二十九。

晋之交的作家嵇康(223－262年)的诗歌之中得到启示,自创了一套剑法。嵇康曾写了一组四言诗《赠兄秀才从军》。杨过创造的剑法,每一招式都与其中的一行诗句契合,比如下面引的组诗之九:

良马既闲,丽服有晖。
左揽繁弱,右接忘归。
风驰电逝,蹑景追飞。
凌厉中原,顾盼生姿。

当杨过后来与绝情谷主激战时,一边吟咏上面所引的诗句,一边源源不断地使出他根据诗句发明的剑招,意态很像法国十九世纪的话剧《西拉诺·德·波杰拉克》里面的男主角(后来被改编成电影,诨名“大鼻子情圣”)在决斗时,一招一式常常伴随着对敌手的讽刺嘲弄,唯一的区别就是杨过并没有侮辱他的对手,他只是要向在一旁观斗的心上人小龙女展示他潇洒的剑术而已。

就算是一个完全不了解嵇康其人其诗的读者,大概也很难忽视上面所引的诗句以及杨过融诗于剑的做法所产生的魅力。那么,如果一个读者熟知嵇康的话,这一内涵复杂的用典就更是别有风味了:身为魏末竹林七贤之一的嵇康,主张越名教而任自然,性情峻烈刚猛,终于以此遇祸。南朝钟嵘在《诗品》中评论嵇康其人其诗:“过为峻切,伤渊雅之致。”这样的性格,恰好与杨过激烈偏执、对礼教大防不屑一顾的个性不谋而合,难怪作者要安排杨过对他的诗作情有独钟。再说嵇康的哥哥嵇喜,就是诗中的“秀才”。嵇喜这个人据说颇为世俗,和嵇康浑不相类,但嵇康从小丧父,蒙母兄抚养成人,对哥哥还是有感情的,何况以诗赠人,未必都是实写,诗中的人物形象带有诗人理想化人格的投影。嵇喜以秀才而从军,则原非一介武夫,而是亦文亦武,因此,嵇康把诗中的主人公写得威猛之中兼有儒雅风流:骏马华服,良弓良箭,虽然纵马疾驰,蹑景追飞,犹能顾盼自若,轻松闲逸,可见驭术之高明,风度之潇洒。种种一切,极为符合小说中塑造的杨过之翩翩佳公子的形象。这只不过是一个很小的例子,但是从中可见金庸小说的魅力之一,便在于对中国读者深深积淀的文化记忆的呼唤。

所谓文化拼盘,或者文化百衲衣,不是说简单地把各种传统文化和文学因素机械地拼凑在一起,构成一盘大杂烩。一个成功的文化拼盘所需要的,是富有创造性的揉和、改造与重建,使得读者在目睹熟悉的材料被重新组合和编织的时候,既体会到具有特殊背景知识的"圈内人"的快感,又有一种新鲜感。我在这一节最后所要谈到的,是金庸如何在一部作品里面融和不同小说体裁的特色。《天龙八部》是一个很好的例子。《天龙八部》的历史背景设在北宋,正当契丹的力量日益强大,对宋王朝形成日益严重的威胁之际。小说讲述了三个年轻人相互交错纠缠的不同命运:段誉,西南边境大理国的王子,因不满父亲命他学武而离家,牵缠进一系列错综复杂的冒险之中;萧峰,生为契丹,长于大宋,则必须揭破他的出身之谜,并面对他的个人困境:在民族矛盾越来越严重的形势之下,到底是屈服于他对大宋汉人的感情,还是忠于他自己的种族;虚竹,一个虔诚的小和尚,少林寺老僧的私生子,不仅要解决父母亲的身份揭示给他带来的心理震动,还必须不断抵御种种违背了他的信仰和佛家规矩的诱惑。在叙述这三人如何分别解决他们与各自的背景所发生的矛盾的时候,作者巧妙地把几种不同的通俗小说文体融和在一起,包括历史小说,[7] 武侠小说和才子佳人小说。[8]

在一个热爱戏曲的文化里,人物的性格类型常常和外在的体貌特征联系在一起,就像是京剧脸谱代表了不同的角色一样。因此,当萧峰首次出现

---

7 "历史小说是……这样的一种叙事作品,它艺术性地结合了真实和想象,核心是具有历史真实性的材料,但是在尊重史实的基础上,容许虚构的人物和事件。"见马幼垣:〈中长篇历史小说的主题和语境考〉,《亚洲研究学报》第 34 期,第 277 – 293 页(1975 年 2 月)。

8 陈平原:《千古文人侠客梦——武侠小说类型研究》(台北:麦田出版有限公司,1995 年),和学术研讨会论文〈超越"雅俗"——金庸的成功及武侠小说的出路〉中,都论述了武侠小说作为一个文体类型所具有的"综合"趋向。玛戈丽特・拜普狄斯特・万(Margaret Baptist Wan)在她未发表的博士论文《从新型通俗小说〈绿牡丹〉看中国十九世纪浪漫武侠小说的诞生》(哈佛大学 2000 年)里,对清朝小说《绿牡丹》混合了各种不同小说文体类型特征给予了十分精彩的探讨。她认为,"所有的浪漫武侠小说都是这三种通俗小说传统的融和。它们的不同处只在于如何以各自不同的方式来吸收容纳这些多样化的材料而已"。(第 23 页)

的时候，他的“浓眉大眼，高鼻阔口”，“四方的国字脸”和魁伟身材，他的豪放举止，甚至包括他面前的饮食——“一盘熟牛肉、一大碗汤、两大壶酒”——无不是传统的象征符号，显示出他是一个典型的“绿林好汉”，甚至好像直接来自被一致公认为武侠小说鼻祖的明朝小说《水浒传》。另一方面，段誉，一个生着“俊秀雪白”面孔的青年，出场之时全然不会武功，但是熟读儒、释、道经典，分明符合一个才子的形象。第一卷第一回的题目“青衫磊落险峰行”，其中“青衫”二字也是书生的传统指称。此外，段誉从小到大，是父母的宠儿和整个王府以至皇宫注意力的集中点（他是未来的王位继承人）；在他的江湖飘流生涯中，几乎他所遇见的所有少女都为他倾心（虽然他对她们也未免有情，却只对王语嫣一人情有独钟）；他的举止言谈与极端阳刚的萧峰相比未免有些女性化，而他对少女王语嫣专心一意的爱慕则时时近“痴”，再加上他对政治权力和地位，甚至对武功（武侠小说里对武功的追求相当于才子佳人小说里面男子发奋攻读圣贤书以求中举成名）也全都不放在心上——所有这些，都令人自然而然地联想到《红楼梦》的主人公贾宝玉。《红楼梦》是才子佳人小说传统的产物，但是它超越了以往的才子佳人小说，而且对才子佳人小说传统进行了“滑稽摹拟”（parody）；那么可以说《天龙八部》在某种程度上是对《红楼梦》自觉或不自觉的滑稽摹拟。因为在《天龙八部》里，王语嫣就像林黛玉一样爱上了她从小青梅竹马的表哥，但是，具有讽刺意味的是，她这个表哥太醉心于功名，以至不惜牺牲表妹（在象征意义上，也在实际意义上）——恰好是《红楼梦》里贾宝玉的反面。

《天龙八部》的有趣之处不在于它从以往的通俗小说作品里广泛地借鉴，而在于它把不同小说体裁的内在因素并排放在同一个层次上，使得每种小说类型所特有的价值观和传统两两相映。绿林好汉照规矩是不能陷入情网的，也不应该把儿女私情看得太重，而且，尤其应该避免爱上他从困境中拯救出来的女子，以免得到一个施恩望报、假公济私的坏名声。[9]但是萧峰

9　比如说，冯梦龙收在《警世通言》（1624年）里的短篇小说《赵太祖千里送京娘》正是宣扬了这样的行为准则。赵匡胤年轻未“发迹”时从强盗手中救出落难少女京娘，千里迢迢送她回乡，途中，京娘因感激而生爱慕，屡次挑逗赵匡胤没有成功，终于明言要想

不仅爱上了一个他救的少女，而且在她死后悲伤万分，发誓终身不娶。段誉，一个典型的才子型人物，则被抛入险恶的江湖，歪打正着地掌握了最高境界的武功，而且，非常“不典型地”和萧峰一起痛饮了四十碗烈酒，和萧峰成了结义兄弟[10]，后来更是在萧峰身处险境的时候，表现出极大的“豪气”，和萧峰并肩对抗天下英雄。

像这样对于不同小说类型之内在因素的混合，并没有造成不同小说类型所代表的价值之间的冲突，也没有因为各种价值并列而使得这些不同的价值受到挑战。它使得人物性格变得更加复杂和丰富，但是最重要的，对传统小说副题与形象的创造性采用使得读者因为看到似曾相识的因素而感到熟悉、安心、亲切，同时又因为作者对传统的变化而感到新鲜。

一切“新”的东西，都必须有“旧”的做底子，没有原来的材料作为基础，“翻新”是不可能的。这些“原有的材料”，其存在不一定总是十分明显，它们静悄悄地然而又是强有力地运作着，以千万种不同的方式幽微地提醒我们的注意。现代生活如果说好像一张织工不甚细密、但是色彩鲜艳诱人的伯卢奇壁毯，那么这张壁毯的经纬，便正是如此错综复杂地交织着这些新与旧/久的东西。

道德空间的建构

武侠小说，就像科幻小说或者悬疑小说在西方一样，是一个非常流行、也十分商业化的文类。二十世纪五十年代，金庸开始了他的武侠小说写作。他的小说最初往往是一天一段地连载在报纸上，用以吸引报纸读者的。他的小说和报纸都获得了巨大的商业上的成功。

嫁给赵，被赵坚决回绝，理由是当初相救乃出于恻隐之心，并非施恩望报，如果成了私情，将玷污当初的动机，“惹天下豪杰们笑话”。最后京娘为了向怀疑她的贞节的亲戚证明自己的清白而自杀，赵匡胤则创立了大宋王朝。整个小说在描写赵匡胤时都纯粹使用《水浒传》里描写英雄豪杰的语言，而且作者不断以“好汉”或“大丈夫”指称之。

10　萧、段、虚竹三人的结义既是武侠小说里常有的情节，也是桃园三结义的遥远回声。

虽然金庸小说在很久以前就已成书出版，而且金庸花了十年的时间对自己的作品进行修改删削，但是它们最初在报纸连载的形式却值得我们略作思考。报纸和读者的关系，比任何其他商品都更能反映出产品和消费者的关系：因为报纸和书籍一本书不同，通常一看完就被随手扔掉了（热衷剪报的读者是另一回事，因为剪报不是一张报纸的全部）。坐在地铁里面全神贯注地阅读斯蒂芬·金、约翰·格瑞山或者金庸小说（如我不止一次地在纽约地铁里注意到的）的读者是一群具有特别需要的消费者：[11]他们需要被手中的物体所"抓住"，需要暂时忘却自己和周围的环境。金庸小说基本上是符合这个需要的。如上文提到过的，很多金庸迷都有过类似的体验：一旦开始阅读，就不能自已，放下任何其他可以被暂时中止的事情，"全力以赴"地阅读，哪怕通宵达旦，直到读完为止。日常生活带来的干扰会破坏这段幻想之旅的连续性，而阅读金庸小说带来一种如梦如幻的体验，是很难容忍被打断的。[12]

构筑这样的梦想世界的先决条件，和玩电脑游戏不无相似之处，那就是建立一套毫不含糊的规则，读者必须根据规则来参与游戏。[13]金庸的小说

11　斯蒂芬·金（Stephen King）、约翰·格瑞山（John Grisham）都是美国畅销小说作家。

12　这里我似乎是在暗示"武侠小说是成人的童话"（被无数次引用过的华罗庚语）这一老生常谈。老生常谈往往有其真实性，不因为是老生常谈而泯灭；但是，正如一切小说都是"幻设"，一切文学作品归根结底都是"成人的童话"（在构造一个想象的时空这一意义上）——小孩子们的"白色谎言"（编无害的"假话"以自娱）就是小说的发端。有一点需要补充的是：我在此所用的"日常生活"是有限的概念；换句话说，文学不是人生的脱离，而是人生的内容之一，阅读就和看电影、电视一样都是日常生活的一部分。阅读属于日常生活，而且好像积木块一样，以其存在来参与和改变作为整个积木大厦的日常生活，也被这个积木大厦的整体形状所影响（inform）。

13　其实任何小说的阅读都是建立在一套作者和读者心照不宣地共同遵守的规则之上，否则会产生"荒谬"的后果。我想到一个有趣的例子：记得当年一个美国同学在课上讨论前面提到的《赵太祖千里送京娘》这篇小说的时候，曾经发表看法道："什么义不义的——其实赵匡胤不过是对京娘不感'性'趣而已！"赵匡胤的确对京娘不感兴趣，但是不是因为京娘不够性感，而是因为他"是"一个"好汉"。不是说不可以打破一个文体的阅读规则对于作品进行阅读——读者有读者的权利和自由——但是，作为文学批评家，则必须对文体的内在阅读规则具有清醒的意识。

世界是建立在一个清晰完整的道德秩序和行为准则之上的。这个道德秩序的结构是水平的，不是垂直的——因为它关心的是人与人之间的而不是人与神之间的关系。几乎所有的痛苦，除了爱而不得的苦恼以外，都是因为破坏了这些行为准则而引起的。这些行为准则的核心是两个概念：恩与义。

金庸小说人物常常在内心独白或者在和他人的对话里分析、疑问或者辩护他们自己或者他人的行为，常常试图在道德的基础上判断某种行为究竟合适不合适，应该不应该。江湖虽然风波险恶，并非没有一定之规。金庸自己曾经说过，他在所写的武侠小说中，不仅“自行设计了一套侠士们必须遵行的伦理道德观念，”而且“还有一套众所公认的是非标准。”[14] 有些为武林人士所公认的基本行为准则，就连书中的所谓邪派人物也往往迫于体面或舆论而不敢公开违反——一种高度理想化、浪漫化的生存情形。如《笑傲江湖》中所言，“武林中人最讲究‘信义’二字。有些旁门左道的人物，尽管无恶不作，但一言既出，却也是决无反悔，倘若食言而肥，在江湖上颇为人所不齿。连田伯光这等采花大盗，也得信守诺言。”（第三十五回）

更高一层的道德境界，是只有所谓“侠之大者”才能够达到的，那就是对于国家和人民的奉献。“为国为民”的信条反映了儒家的信仰（虽然这不是原始的儒家教派或者中世纪时期的儒家的观念，而是近代中国士人所选择的对儒家经典的诠释）。金庸的《射雕》三部曲中的三个男主人公——郭靖、杨过、张无忌——虽然性格不同，经历各异，但是归根结底，无不俯首于“为

---

14 〈“说侠”节略〉，《武侠小说论卷》（下），刘绍铭、陈永明编，香港：明河社出版有限公司，1998 年，第 715 页。这个“自行设计”很值得玩味：金庸小说里的道德观念不都是“传统”道德伦理观念，而是经过我们的现代作者修正过的道德伦理观念。举个最简单的例子，在古代中国，我们知道人们最关心的伦理问题之一是对父母的孝顺，而没有男性后嗣、不能继承香火被视为不孝的行为，所谓“不孝有三，无后为大，”于是男子常常以此为理由纳妾，而“专一的爱情”与此相比，其道德重要性远远不及，甚至被当成障碍；在侠义小说里，男女痴情也常常被置于男子之间的义气之下，所谓“妻子如衣服，兄弟如手足”。就连才子佳人小说里的男主人公也常常娶两个夫人。但是，金庸小说里英雄人物最看重的品质之一，也是最能打动现代读者的品质之一，就是忠贞不二的爱情。这完全是现代一夫一妻的婚姻制度和价值观念的反映。

国为民”这条原则。通过郭靖对杨过的谆谆教诲,作者对英雄精神和侠义之道作了定义:“经书文章,我是一点也不懂,但想人生在世,便是做个贩夫走卒,只要有为国为民之心,那就是真好汉,真豪杰了。”(《神雕侠侣》第二十一回)。

不管怎样狂放不羁,金庸笔下的侠或大侠决不会游离于金庸意义上的是非善恶的框架之外。《笑傲江湖》的男主人公令狐冲是金庸小说里“自由精神”的代表:他不为帮派规矩所拘,抗拒社会传统和世俗礼法,藐视关于剑术的正统学说,不执著于名门正派和异端邪教之间的区分。但是,他却并产曾超越“侠士们必须遵行的伦理道德观念”和是非标准。他的太师叔风清扬曾说,“大丈夫行事,爱怎样,便怎样,行云流水,任意所之,”完全不用理会“什么武林规矩,门派教条。”这一席话,说得令狐冲拍手称快。(《笑傲江湖》第十回)但风清扬所斥责的,只不过是那些“假冒为善的伪君子,”并不是仁善侠义的真君子。令狐冲追求的目标(也是这部小说所宣传的理想)是超脱一切世俗的羁绊,实现“自由自在”的境界,但是收束全书的,却是一个异常严厉的道德裁决的意象:作恶多端的劳德诺,被令狐冲的妻子任盈盈用铁链和两只猴子锁在一起,跌跌撞撞地消失在深山之中。这种作为“人猿”度过余生的惩罚,既不自由也不自在的终身禁锢,比起小说结尾所描绘的令狐冲和任盈盈的幸福生活,是一幅更为强大、更为令人震撼的画面。

的确,金庸小说里面所常常反对的主要东西之一,便正是一种狭隘的“正义感”和在是非善恶之间划出一个过分简单化的绝对界线。他通过笔下人物之口一再强调:“善”“恶”(或曰“正邪”)常常很难区分,对“恶”的仇恨有时会带来更大的毁灭。而且,作者也竭尽心力,向读者显示就连所谓“邪恶”的人物也值得同情,要不是因为他们的性格被复杂化、多元化了,就是因为他们自己也是这个烦恼人世的牺牲品(比如《天龙八部》里的“四大恶人”)。但是,金庸小说里面“善恶”与“正邪”概念的有力存在和出现本身,就足以揭示这个小说世界的道德化程度。在这个虚构的宇宙里,尽管有干扰、中断以及慈悲带来的宽容和怜悯,读者绝不会怀疑善良、正义以及所有“美好人类感情”的根本性存在。阅读金庸小说,这是最基本的“游戏规则”。

金庸自己曾说过,武侠小说的世界其实很不理想,因为它“只讲暴力,不讲法律"。[15]但是,武侠小说中的世界唯其超越了国家法律,才得以生存,这是武侠小说这一文体类型决定的。不过,这个世界却并非"只讲"暴力,恰恰相反,它是一个由种种严格的道德准则支架起来的叙事空间。正是在这个意义上,可以称之为阿多诺(Adorno)所谓的"社会的社会性对立面"。

援举一位金庸小说评论者的话为例,"在现实社会,尤其是现代社会,感情为重、利益为轻的人绝不多见,至于说为朋友而牺牲性命,为原则而放弃前途的人,那就更少了,可以说,现代社会,早已没有人期望别人这样做。然而,在金庸小说的世界里,这种事经常发生……"[16]这里我唯一需要补充的是:"在现代社会"这个修饰语似乎用不着,因为在"古代社会"里,"利益为轻的人"也不多见,我们没有必要把"古代社会"浪漫化。但是这位评论者的话确实向我们表明:金庸的小说世界虽然并不见得理想,但是却绝对被理想化了。这个理想化的世界,为渴望寻求"另一时间、另一地点"的读者提供了一个理想的时空框架。金庸小说的魅力不仅如一些研究者所指出的那样源自一种强大的文化怀旧情绪[17],更源于人们对于梦幻的热爱。

反讽之消解

从语法结构来看,反讽之消解(the dissolution of irony)有两层截然相反的意思。一,作为一种特殊修辞手段的反讽,被作者的行文所消解,使得具有可以容纳多重视角之潜力的情节、场景或主题,在叙述者强大的声音统领

15 转引自陈平原:《千古文人侠客梦》,第111页。

16 吴霭仪:《金庸小说的情》,香港明窗出版社,1990年第4版,第14页。

17 比如说郑树森在〈文类·叙事·大众文学——武侠小说札记三则〉一文中提出:"武侠小说里常见有传统伦理、江湖道义,是否对某种旧秩序、旧伦理的眷恋和怀念?"《武侠小说论卷》(上),第268页。美国加州大学伯克利分校东亚语文系博士生韩倚松(John C. Hamm)则在〈海角梁山泊:金庸早期小说及五十年代的香港〉一文中探讨金庸小说的流亡、怀旧意识,认为金庸小说表现了殖民地香港的特殊心理。此文刊登于《明报月刊》1998年8月号第33卷第8期(总392期),题为〈浅谈金庸早期小说与五十年代的香港〉(何鲤译);英文版则载于《现代中国文学与文化》杂志(*Modern Chinese Literature and Culture*)1999年春第11卷第1期。

下，在文本内部排除了受到反讽冲击的内在可能性（外在于文本的可能性，或者说阅读过程中产生反讽的可能性是无法被排除的——比如说故意的“误读”或者不自觉地偏离阅读规则就是造成反讽的条件之一）；二，反讽作为一种特殊的修辞手段，被作者扩展成为整个文本的结构，进而消解其他的内在修辞手法，成为占统治地位的话语。在这一节里，我首先使用第一种定义。如果传统形式的小说好似一座空中楼阁，那么武侠小说就是迷宫，引读者步步深入，难以自拔。在金庸的武侠小说里，建设这样一个自足的小说世界的最重要条件，就是对反讽的消解。

反讽（irony）这个概念的传统定义是语言的表面意义和内在意义之间的脱节。金庸小说当然不乏修辞上的讽刺性描写，以及社会、历史、政治讽喻，而且有不少喜剧性的情节与人物刻画。《笑傲江湖》里钩心斗角的权力之争是对中国“三千年政治史”的讽喻[18]，而相对来说少被注意的中篇小说《鸳鸯刀》则更是从头至尾都充满了对“侠”的讽刺。

不过，新批评学派曾经对“反讽”这个概念增加了一个层面。I. A. 理查兹（I. A. Richards）在《文学批评的原则》（*Principles of Literary Criticism*）一书中，把 irony 定义为诗歌里几种截然相反的态度和价值判断之间达到的均衡。罗伯特·华伦（Robert Penn Warren）、克林斯·布鲁克斯（Cleanth Brooks）和其他新批评派学者发展了这个见解，声称如果在一首诗里，诗人专门倾吐某种排除其他一切杂质的、单一而且纯粹的感情，不管是爱情也好，是友谊也好，还是理想主义也好，都有可能遭到现代读者玩世不恭的嘲讽和怀疑；但是，在伟大的诗篇里，诗人本身对多重视角的存在有着清醒的意识。因此并不仅仅描写某一种单一的态度和情绪，而是在诗中涵括了几种不同的视角，如此一来，这首诗歌对读者的讽刺性态度也就具有了免疫力。“在这个意义层面上，反讽意味着把几种完全相反的、可以互相补充的心态放在一起。”[19]

如果说新批评派学者强调一首优秀诗歌中反讽的必要，那么在金庸小

18　《笑傲江湖》后记。

19　I. A. 理查兹：《文学批评的原则》第 32 章。

说和金庸爱好者对金庸小说所作的反应里,我们所遭遇的,却恰恰是多种视角的瓦解,是对某种单一纯粹的情感毫无保留的宣泄,也即对反讽的消除。金庸小说具有一种情节剧式的特质,这种特质无一例外诉诸读者的感情。金庸描写相思、豪情、恩义、正气,尽皆写得淋漓尽致,一往不返,纯粹使用正面笔墨。他的主要目的是感动读者,抓住读者,而不是使读者在放下手中的书以后感到不安,或者感到焦虑与困惑。因此,我们可以说,在金庸作品里虽然存在曲折离奇的故事情节,存在性格复杂的人物(尤其是一些"邪恶"人物往往也会显示出可爱或者令人怜悯的一面),但是却并不存在"世界观"的隐晦和暧昧,不存在整体意义的模糊性和多元化。除了本文最后要讨论的《鹿鼎记》,其他主要小说中对主要人物(这些主要人物也多半是正面人物)的描写都没有什么含糊不清、模棱两可。

最典型的例子要数《神雕侠侣》。这部小说除了为不少香港电影提供了灵感之外,还曾被两度改编为十分流行的香港电视连续剧(1983 年和 1995 年),被一位新加坡艺术家加上插图做成"漫画"故事书(1998 年),更是好几个由金庸迷设立的万维网站的主题。这部小说也许是金庸笔下的爱情故事里最有名的一个,而主角杨过和小龙女则是金庸笔下的情人里面给人印象最深的一对。小说的历史背景是南宋末年,而小说情节则围绕着当时的抗金斗争和这对情人的悲欢离合展开。小说里,女道士李莫愁在情人背叛她之后变成了一个心狠手辣的"魔头",每逢在小说中出现时,她都会唱一支歌——一首实际上是由诗人元好问(1190 – 1257 年)在十六岁时填词的"摸鱼儿"(又称"迈陂塘")。这首词在 1995 年的电视连续剧《神雕侠侣》里面成为主题歌,而且在金庸爱好者中间广为传诵,几乎成了金庸小说最大特点的标志。词的开头几行有力地传达出了《神雕》以及其他金庸小说代表作的主题:

问世间、情是何物?
直教人生死相许!

小说里,杨过和小龙女的爱情正是这样"生死相许"、超越了种种社会规范和一切艰难险阻的:叙述者告诉我们,在江湖世界,小龙女作为杨过的业师，是不可以和杨过有儿女私情的，但是他们并未因此产生任何犹疑；小龙女后来在无助的情况下被一个道士奸污而失去处子的贞操，杨过得知后虽然伤心，但他的爱情并没有改变；在和小龙女分别的十六年当中，杨过思念之心未尝或减，而且在许多美丽少女的环绕崇拜之下，仍然对小龙女保持着忠贞。最后出于绝望，他从十六年前她消失的悬崖跳下——全书至此到达了感情的高潮。当然，出于幸运的偶然，他在崖底和小龙女重逢了。在为“国家”尽忠之后（抗击蒙古兵、保卫襄阳城），他们双双进入深山，从此绝迹江湖。

书中的好几条副线都和男女之爱有关——单相思的爱，遭到背叛的爱，时运不佳的爱，或者半乱伦式的爱，散布于全书之中，最后以十六岁的少女郭襄对已届中年的“神雕大侠”杨过的萌生的初恋情怀作为收束。在第二十六章里有一段文字，描写杨过和小龙女久别乍逢，在强敌围攻、生死攸关之际两情缠绵，这幕场景非常具有象征性——不仅对于《神雕》这部小说，而且对于整个金庸作品都是如此：

> 有道是“旁若无人”，杨过和小龙女在九大高手、无数蒙古武士虎视眈眈之下缠绵互怜，将所有强敌全都视如无物，那才真是旁若无人了。爱到极处，不但粪土王侯，天下的富贵荣华完全不放在心上，甚至生死大事也视作等闲。杨过和小龙女既然不再想到生死，别说九大高手，便是天下英雄尽至，那又如何？只不过是死罢了。比之那铭心刻骨之爱，死又算得什么？

这段描写连用两个反问句，语气十分雄辩。虽然旁边实际上有很多人，但是他们无不三缄其口、一言不发。“人人一声不响，呆呆的望着这对小情人。在这段时光之中，谁也不想向他们动手，也是谁也不敢向他们动手。”这些宛如被催眠了的围观者为受保护的情人创造了一个魔术般的圈子，圈子中心犹如舞台，供这对情人演出他们的爱情剧目，而观众的目光则形成了舞台的聚光灯。唯一的声音就是杨过和小龙女爱情的声音——这个强大的声音有效地战胜了观众，使得他们只有沉默而已。这一幕场景完美地表达了一个排除了所有其他角度的视角——也就是从杨过和小龙女浪漫而年轻的爱情出发的视角。没有哪一个真正爱好金庸的读者不会被深深地卷入这场充满感情强度的戏剧。与这些旁观者的反应相似，凡是爱好金庸小说的读者，在阅读的时候，其反应决非带有讽刺意味的怀疑，而是对这一情感世界全心全意、不由自主的投入。钱理群曾非常完美地勾勒出这种特殊的阅读心理状态：“打个不确切的比方，金庸的小说好比‘地狱’的门口，要么拒绝进去，一进去就‘身不由己’了，它逼得你要全身心地投入，而且是充分感性地投入，不容思索，不容分析，甚至不容停顿、喘息，它给你的是莫名的感觉，情绪的激发，心灵的感应、振荡……”[20]读者这种感情和感性的投入，正是作者刻意经营和期待达到的效果。理查兹等人认为，优秀的诗歌必须以内在的反讽对抗外在的反讽，以诗歌内部多重视角的兼容并存化解来自诗歌外部的讽刺怀疑，然而，正是这种对内外反讽的双重消解，使得金庸小说具有如此强大的魅力。

小说结尾处，少女郭襄被独自留在华山顶上，目送杨过、小龙女双双携手离去，心中充满怅惘。千页长篇，以一首古诗结束——这首诗的作者不是别人，正是中国诗人里面最豪奢、最缺少内在反讽精神的李太白。还有什么，或者还有哪位诗人的作品，更合适收束这部淋漓尽致地抒发感情和激发感情的小说呢——

秋风清，秋月明。
落叶聚还散，
寒鸦栖复惊。
相思相见知何日？
此时此夜难为情！

反高潮的尾声

反讽之消解，在它正面的意义上，意味着以反讽为结构统领全文。在

---

20 〈二十世纪中国文学创作与文学教育中的一个问题——金庸小说引起的联想〉，“金庸小说与二十世纪中国文学国际学术研讨会”论文。

《鹿鼎记》里,“反讽”进行“大举反攻”,以其严酷的力量把向来被作者苦心经营也为读者所珍视的幻象驱除殆尽。

就像他所描写的那些厌倦了江湖恩怨而金盆洗手的武林人士那样,金庸在《鹿鼎记》之后便宣布从此不再写作武侠小说了。《鹿鼎记》这一封笔之作对于金庸的写作生涯来说是一个反高潮的尾声,因为它曾被恰当地描述为“反武侠小说”。它的确和金庸“以前的武侠小说完全不同”。[21] 最根本的不同之处,就在于《鹿鼎记》是一部以讽刺为结构的作品。因此,虽然《鹿鼎记》是金庸作品中最成熟最复杂的一部,却不是最有代表性的一部。要真正探讨金庸现象,还是要把重心放在《鹿鼎记》之前的作品上。然则从另一方面来说,剖析《鹿鼎记》的讽刺性,也有助于我们更好地理解金庸作品里那个消解了反讽的空间。在这部小说里,金庸颠覆了他以前建造起来的一切。然而,从真理的悖论性质来看,所有的颠覆都从反面加强了被颠覆的东西。

《鹿鼎记》主要描写一个十几岁男孩韦小宝的命运与康熙皇帝巩固满清帝国的大业互相交织。金庸小说通常有一个高尚而英俊的武功高手作为主角,但是韦小宝却是一个彻头彻尾的“反英雄”:他的武功极差,内力全无,仅仅这一点就极大地破坏了他在一部武侠小说里做真正英雄豪杰的机会;此外,他的性格中有不止一星半点的自私和狡烩,更兼油嘴滑舌,擅长说谎、拍马,完全没有高尚的社会或政治理想,甚至也不是一个好情人,因为用情不专,一连娶了七个夫人。

但是,作者在刻画韦小宝这个人物的时候,却并没有持否定和指责的态度,而是怀着相当温柔的嘲笑与同情——这正是令很多金庸迷们感到不安之处。虽然自私,韦小宝却不是个“恶人”或反面角色,他主要关心的是保全自己的性命和利益,并不是如何去伤害他人,而且,他常常有“心肠一软”的时候,也懂得辨认、羡慕和崇敬生活里与戏台上的真正英雄豪杰。他唯一的

21　见《鹿鼎记》后记。《鸳鸯刀》是《鹿鼎记》之外另一部具有讽刺精神的金庸作品,因为《鸳鸯刀》里太岳四侠等人的形象,是对传统武侠小说中“侠”的形象的讽刺,富有鲜明的喜剧色彩。但是,讽刺性笔墨在《鸳鸯刀》中并不占据中心地位,不像《鹿鼎记》是对整个武侠小说文类的一种反动。

麻烦，就是他没办法把自己也变成这样的一个英雄。

和金庸以前小说里的英雄豪杰比较，韦小宝的不完美其实更有人情味。《鹿鼎记》里有很多人物都令我们想起以前的金庸小说塑造的英雄，但是在《鹿鼎记》里他们都被“黜落”到配角的地位，而且，和这个小“无赖”韦小宝相比，他们往往显得有些可笑，或者不真实。韦小宝以他的精打细算（常常以滑稽的内心独白方式进行），为书中“大于生活”的人物提供了一个讽刺性的另一视角——不管他是为了政治理想献身的英雄，还是为了一个美丽女人痴迷的情种。

最精致的反讽表现在《鹿鼎记》的互文性（intertextuality）之中——这种互文性是相对于金庸小说的整体而言的。也就是说，我们必须把《鹿鼎记》放在金庸的全部作品里面进行检视，其丰富意义才会得到更充分的显现。在《鹿鼎记》里，许多情境和金庸以前的小说平行，但是，却都被施行了某种讽刺性的小小扭曲。一个好的例子是四十五回里韦小宝躲在通吃岛上、被康熙派来寻访他的人马找到一节。康熙命韦小宝回京，剿灭号称反清复明的秘密组织天地会。这一来令韦小宝进退两难。康熙与韦小宝的关系，既有总角之交的友情，又有君臣之份，因此，违抗康熙的意旨该算不忠；但是既然韦小宝是天地会的一分子，那么出卖天地会的朋友，又是不义。这样的矛盾处境比传统上“爱与责任”的冲突更加难以解决，因为在这种戏剧化情景里，感情与责任在天平两端一般轻重。

类似的局面在金庸以前的小说《天龙八部》中也出现过，不过，有意思的是，身处窘境的却是那位与韦小宝有天壤之别的英雄人物萧峰。契丹人的君主辽帝耶律洪基与萧峰是结拜兄弟，他们的关系就像韦小宝与康熙的关系一样，也是既有朋友之情，又有君臣之义。耶律洪基命萧峰带兵伐宋，萧峰有这样一段内心独白：

我如坚不奉诏，国法何存？……我如奉命伐宋，带兵去屠杀千千万万宋人，于心却又何忍？何况爹爹此刻在少林寺出家，若听到我率军南下，定然大大不喜。唉，我抗拒君命乃是不忠，不顾金兰之情乃是不义，但若南下攻战，残杀百姓是为不仁，违父之志是为不孝。忠孝难全，仁

义无法兼顾，却又如何是好？（第四十九回）

最后，萧峰终因威迫辽帝取消南征，自认是“契丹的大罪人”，在雁门关外以断箭自杀。

通吃岛上，过着“伪隐居”生活的韦小宝倒也似乎不是没有想到过自杀以谢天下这个解决办法：

> 韦小宝又道：“皇上待我恩重如山，可是吩咐下来的这件事，我偏偏办不了。我不敢去见皇上的面，只好来世做牛做马，报答皇上的大恩了。你见到皇上，请将我的为难之处，分说分说。本来嘛，忠义不能两全，做戏是该当自杀报主，虽然割脖子痛得要命，我无可奈何，也只好尽忠报国了。”王进宝将心比心，自己倘若遇此难题，也只有出之以自杀一途，既报君王知遇之恩，亦不负朋友相交之义，急忙劝道：“韦都统不可出此下策……”（第四十五回）

王进宝是个“极讲义气”的实在人，自然听不出话里的机锋；心明眼亮的读者却应该不会被瞒过。韦小宝说，“做戏是该当自杀报主。”这句话的重心在“做戏”二字。对于韦小宝来说，自杀报主是戏台上才有的事情，在现实生活中却仿效不得。做戏和做人之间，必须界线分明，否则就只好忍痛割脖子了。但这里更妙的是一层双料的双关语，那就是说，韦小宝本来就是在做戏：作为一个小说人物，他不是在一出“戏文”里，又是在哪里呢？

在《天龙八部》结尾，萧峰以一死完成了他作为悲剧英雄的形象，而韦小宝却终于一走了之，和他的七位夫人一起埋名隐姓，逍遥江湖，享受他那笔靠精心盘算得来的相当数目的“退休金”。正因为有了现实的、属于这个人间世界的韦小宝，我们才可以更清楚地看到自杀报主是多么戏剧化的行为，是多么大于生活（larger-than-life）的手势。萧峰在所有的朋友面前以断箭自杀，就像很多金庸小说正是一幕“大于生活”的、高度情节剧化了的场面。

《鹿鼎记》里面的互文性还表现在韦小宝不断的“用典”。生长在扬州妓院里的韦小宝，从小就是戏迷和听说书迷。他出入戏园和茶馆，记熟了很多话本小说、杂剧传奇。既然缺少一个父亲给他教导指引，他在戏园茶馆得到的“知识”常常在他需要做决定或者想办法的时候为他提供参考框架（值得注意的是,韦小宝记得的戏曲小说都是以历史为背景,没有"反映现实生活"的)。这种参考不是照抄,而是灵活机动的"改写"。换一个比喻来说,韦小宝对他所熟知的书中和戏里角色的"扮演"是天才的扮演,因为就像一个一流的演员那样,他和他扮演的角色既合而为一,又保持着一定的心理距离,因为他清楚地知道那只不过是戏台上的角色而已,所以他常常把那些帝王将相、英雄豪杰的角色任意增删改写,以最好地服务于现实的利益。于是,韦小宝对于戏台上小说里英雄豪杰行径的改写常常带有滑稽喜剧色彩。比如义救茅十八,是学戏文《法场换子》、《搜孤救孤》中的做法,只不过人家是用自己的亲儿子换人一命,他却是用所谓临时现认的"干儿子"(第四十九回)。"虽说朋友义气为重,这种事情(指牺牲自己的儿子)我可是万万不干的。"

韦小宝的参考和改写,往往和原来的戏文或书段形成了一种具有讽刺意味的张力。这种情景颇有象征意义,因为完全被剥除了浪漫主义、理想主义和英雄主义维度的韦小宝,也以他的实用主义、利己主义的价值判断和行为准则,与以往金庸小说里高度浪漫化和戏剧化、专门诉诸感情与感性的叙事风格形成了张力。着迷于戏园文化的韦小宝,是明清近代中国的一部分,在这个世界里面,高高在上的儒家行为模范坍塌了,真实与谎言纠结在一起难分难解,就连高尚的目的也总是要用不高尚的手段来实现。

韦小宝不是恶人或反派角色;他完全能够分辨是非善恶,甚至常常出于好心、出于某种正义感、出于感情的激荡而做出一些好事或者奋不顾身的行为。但是,他仍然不是一个武侠小说的英雄——也从未被读者如此看待过——不仅因为他不是一个又英俊又威武的武林高手,而且最重要的是,他身上没有任何"大于生活"的东西。即使他做了好事,仍然不会被人视为英雄,只因他做事的方式没有什么慷慨激昂。他的实用主义态度和他有效地对付这个世界的方式,无论是在他的师傅陈近南——一个传统的武侠英雄,为了政治理想和民族大业奋斗不已的"大侠"——旁边,还是在传统类型的痴心情人胡逸之旁边,韦小宝都为读者提供了一个极具讽刺意味的视角。

而整部《鹿鼎记》则为以前的金庸小说提供了一个具有讽刺性的视角,

它特殊的力量恰恰来自它颠覆了以往的金庸小说建立起来的东西。反讽不仅是其内在叙事结构，而且它对金庸所有其他作品形成反讽——这也就是为什么我说《鹿鼎记》应该放在整个金庸作品当中来阅读。《鹿鼎记》确实写得好,但是如果每一部金庸小说都像《鹿鼎记》这样,那么整个“金庸现象”就算仍然会出现,恐怕也要大大为之改观了。

从“中国文化”到“文化中国”

金庸小说被译成英文、正式出版发行的有两部，《雪山飞狐》（*Fox Volant of the Snowy Mountain*,译者 Olivia Mok,香港中文大学出版社,1993年）和《鹿鼎记》第一、二部。[22] 其中比较引起注意的,是参与翻译过《红楼梦》的著名翻译者闵福德最近正在陆续推出的《鹿鼎记》。闵福德个人作为严肃学者和翻译家的名气和出版他的译本的牛津大学出版社大概是唤起注意的主要原因。[23] 值得指出的是,闵福德在众多的金庸作品里面,挑选了并不能代表金庸特色的《鹿鼎记》把金庸介绍给英语读者。从很多金庸迷的口头报告和英语读者界的反应来看,我们不能不怀疑,也许是小说的内在因素以及种种外在因素导致了闵氏的抉择。虽然二十世纪七十年代李小龙功夫电影的巨大成功带来了短期的“功夫热”,但是电影和小说是两种完全不同的艺术媒介，功夫电影在西方观众当中的流行并不能保证功夫小说的流行。邵逸夫曾说,虽然本地观众都把功夫电影看得很严肃,很多美国观众并不把香港功夫电影当真,而是觉得极度夸张、空中飞人的功夫电影好像“喜剧”。[24] 果真如此,那么就更不用提单凭语言媒介取胜的功夫小说了。很多武术招数名称之所以能使得一个中国读者如痴如醉，是因为它们常常是独

22 金庸的第一部武侠小说《书剑恩仇录》和唯一的短篇《越女剑》也有英语翻译,但是似乎只见于万维网由金庸爱好者设立的网站,没有单独出版。

23 顺便值得一提的是,牛津大学出版社既是学术气味浓厚的出版社,书价也比较昂贵,绝对不是任何意义上的“通俗”出版社。

24 引自《时代》杂志上刊登的文章〈功夫背后的人们〉，1973 年 6 月 16 日第 75 期。

特的文化符号，可以诉诸人们的文化记忆——比如上文所举的“嵇康诗意剑法”，或者“绿珠坠楼”“红玉击鼓”之类，这样的文字既无法被翻译成视觉形象（无怪乎很多铁杆金庸迷都不喜欢根据金庸小说改编的电影或电视剧），也无法被翻译成英语而仍为普通读者所接受，而如果增添大量的注解，那么对任何一部小说——尤其一部想要吸引读者大众的小说——则无异自杀。相比其他那些带有鲜明金庸记号的小说而言，《鹿鼎记》更像一部历史小说，没有那么多特殊的文化符号。但是就算如此，闵福德也还是觉得“翻译《鹿鼎记》比翻译《红楼梦》更难”，虽然《鹿鼎记》在金庸作品里面应该是最“容易”翻译和最容易讨喜的了。

在学者们对金庸的评论里面，最醒目的是异口同声承认金庸小说具有一种“中国”性或者“中国”特色。比如陈墨关于武侠小说是“民族文化”之根本的论断，李陀对于金庸语言给现代“汉语”增添了新气象的阐述，刘再复对金庸“光大了……本土文学传统”的评介，孙立川对金庸小说“自有其浓烈的中国文化韵味”的描绘，赵毅衡关于从金庸小说中寻找“国家共识”(national consensus)的建议[25]，等等等等，不一而足。其中，英国翻译家闵福德的论述最为明确和直截了当：“查良镛的小说对于中国读者来说，是对中国文化的庆祝，对中国性的庆祝，它为中国读者提供了一种在某些方面比任何现存的中国现实都更加‘中国’的小说体验……”但是，“我们不能期待翻译后的武侠小说的新读者们(注：也即英语读者们)也分享这种文化欣愉……他们所能做到的，只是欣赏这样的景象：一个文化在欢庆它自己。”[26]

确实，我们不能否认一个民族和文化往往有自己所偏爱的通俗小说类

25　分别见于诸君在1998年“金庸小说与二十世纪中国文学国际学术研讨会”上提交的文章，兹一一列举文章标题如下：〈金庸小说与二十世纪中国文学〉(陈墨)，〈金庸写作中的“言”和“文”——现代汉语发展中的一个新面向〉(李陀)，〈金庸小说在二十世纪中国文学史上的地位〉(刘再复)，〈回归传统，革故鼎新——试论金庸对中国传统小说的改造和发展〉(孙立川)，〈从金庸小说中看到的国家共识〉(原文为英文“National Consensus as Seen in Jin Yong's Novels”)(赵毅衡)。其中，李、刘二位的文章刊登于《明报月刊》1998年8月号第33卷第8期(总第392期)，前者又题为〈一个伟大写作传统的复活〉。

26　闵福德：〈功夫的翻译，翻译的功夫〉，第30页，见注1。

型——比如说科幻小说，虽然在中国读者中也有一定市场，但是大概永远也不会达到像武侠小说这样令亿万读者一致迷醉的境地。美国作家佛兰克·赫伯特(Frank Herbert)融合了科学幻想和《圣经》式预言的《沙丘》(*Dune*，畅销小说，被改编成电影)大概很难在中国读者或观众当中引起像在相当一部分的美国读者和观众当中那样强烈的共鸣。像《沙丘》这样的小说，当然完全可以为通俗文化的研究者提供一个很好的个案分析机会，从中探测其特别的文化内蕴。但是，以《沙丘》为代表的科学幻想小说还是不能和金庸小说现象形成平行对比，因为恐怕没有一个美国读者会觉得《沙丘》具有"美国性"，《沙丘》也不会像金庸小说这样占据如此广大的读者群。与此相比，在金庸的这一特例里，金庸小说的"中国性"不仅被学者们所识别，而且被异口同声专门提出来作为金庸小说最大的特色或者最大的贡献，这一现象本身值得我们深思。

通过上文的分析，我们不难看出，金庸运用了种种艺术手法和武侠小说的传统公式，来有意识地建立一个具有"中国韵味"的小说世界。也许，对于研究者来说，最重要的是意识到，这种"中国韵味"是有意识的艺术创造的产物。它依靠情节、语言这些具体的手段，而情节和语言又都大量继承了中国武侠小说这一小说类型的传统。关于语言，金庸自己曾向读者揭示部分秘诀："我所设法避免的，只是一般太现代化的词语，如'思考、动机、问题、影响、目的、广泛'等等，'所以'用'因此'或'是以'代替，'普通'用'寻常'代替，'速度'用'快慢'代替，'现在'用'现今、现下、目下、眼前、此刻、方今'代替等等。"[27] 换句话说，金庸在十分自觉地操纵他的艺术媒介，使之符合他的小说所营造的氛围。我们可以设想，如果不是在写作以历史为背景的武侠小说，这种作法就完全没有必要，甚至会消极地影响作品的艺术性。比如说，我们不能想象一部描写二十世纪九十年代都市雅皮士生活或者三十年代宁波家庭主妇的小说使用这样的语言。这种语体如果说起它在"中国本土传统"的根基，那么它有其脉络清楚可寻的传承：它继承了中国古典白话小说

27 《射雕英雄传》后记。

比如《水浒传》的语言,但决不是《金瓶梅》的,也决不是任何文言文作品或者哪怕笔记小说的。我们作为研究者,必须把金庸小说放在一个发展脉络清晰的"上下文"里面,必须看清这位武功大师令人眼花缭乱的招数(没有一招一式是不会武功之人的瞎踢乱打)。最重要的,是解构这个模糊的词语——"中国传统",或者更模糊也更容易引人误入歧途的词语"中国文化"。

在本文的引子里,我们曾经就闵福德关于《鹿鼎记》"植根于中国传统"的宣言提问说:难道《红楼梦》就不是"植根于中国传统"的吗?难道闵氏心目中的"中国传统"是难以翻译、而且难以被英语读者所接受和欣赏的吗?闵氏无疑是这么认为的——前面的引言曾经提到:他认为英语读者面对翻译之后的金庸小说/武侠小说,只能欣赏"一个文化在欢庆它自己"的"景象",而不能加入这种"欢庆"之中。

《红楼梦》当然毫无疑问是"中国传统"的产物。从背景到故事情节,套一句文艺批评的老话——无不有着鲜明的时代痕迹;它决不是一个现代的故事,决不是一个十八世纪英国的故事。《红楼梦》里被闵氏视为无分东西的看破红尘的悲剧世界观带有明显的佛教影响。但是,《红楼梦》的作者曹雪芹(和续书作者高鹗)在写作的时候,大概根本没有意识到他们是在发扬一个本土和民族的写作传统,他们当然也不会觉得自己是在写作一部具有中国气息的小说。单从这个方面来看,闵福德是对的:《红楼梦》的确具有某种"全球性"——从它的作者们根本没有"中国文化传统"或者"中国作家"的自觉这一意义上来说。那么,我们不免要问:难道对于"中国传统"的强烈意识,反而把中国变得"地方性"(local)了吗?在《红楼梦》的作者缺乏中国文化身份(Chinese cultural identity)的自觉和《红楼梦》的"全球性"之间,在金庸小说的"中国性"和闵氏所预言的它的难以被英语读者所认同之间,有没有某种必然的联系呢?

或者,让我们换一个角度来提问题:闵福德氏所谓的这个"中国文化"或者"中国传统"到底是什么,难道几千年来,"中国传统"、"中国文化"是一成不变的东西吗?难道每个历史时期没有它特别的思想潮流、文学潮流、道德信仰甚至服装潮流吗?就算是在同一历史时期之内,难道芸芸众生持有的都是同样的见解、同样的态度吗?

二十世纪九十年代理论界最带来丰富成果的成就之一是对“本质论”(essentialism)的全面破除。在西方的汉学界,对本质论的指责则和萨伊德所提出的对“东方主义”的批判结合在了一起。那些目光犀利的学者们不仅纷纷对这样笼统、概括、缺乏历史具体性和精确度的说法,比如“中国人是追求天人合一,西方人是讲和自然对抗的”、“中国人喜欢和谐与和平、西方人富于进攻精神”之类,进行逐步的修正和抛弃,而且指出,不负责任地抛出所谓“中国文化”的抽象概念,把西欧各国与中国之间的文化差异尽量放大、而把中国各个不同历史时期之间的文化差异尽量缩小,是把中国塑造为“他者”、也就是东方主义倾向的一种表现。28

但是,在批评西方汉学的东方主义倾向之时,我们也应该看到,在中国学者之间也存在着一种变形的“东方主义”。这种“东方主义”当然不是把中国视为“他者”,但是动机不同,症状则一,因此从侧面助长了西方的东方主义者把中国视为“神秘莫测”“亘古不变”的倾向。中国学者的“东方主义”,和很多西方学者一样,主要表现在历史精神的缺乏和容易对“中国文化传统”作笼统描述,忘记了中国不同的历史时期哪怕对于相同的文学和哲学概念也有不同的阐释,而每一部文学作品都有自己的历史文化背景和文化传统;表现在对“中国人”的“民族性”作出如上文所例举的概括性综述:中国人是热爱自然的,中国人是热爱故乡的,等等等等。然而,“中国人”不是一个没有历史、没有民族、没有性别、没有社会阶层的单一群体,“中国人”也不是这个地球上唯一热爱自然和眷恋故乡的。那么,对“中国传统”和“中国文化”这一神话的破除,其实也是一个对于公式化的面具进行摘除的过程。这不是一件容易做到的事,因为“中国文化是如此如此”的笼统陈述是不太费力就可以任意作出的,然而,越是具体的、越是镶嵌在历史上下文之中的论断,就越是要求扎实的知识、广阔的视野、敏锐的判断力和拒绝人云亦云的

28　克雷格·科路纳斯(Craig Clunas),《硕果累累的基址:明朝中国的园林文化》(*Fruitful Sites: Garden Culture in Ming Dynasty China*, Durham and London: Duke University Press,1996 年),第 13 页。

独立精神。[29]

闵福德的英译《鹿鼎记》,就和他参与翻译的《红楼梦》一样,虽然有不尽如人意之处,但是还是非常精彩的译本。在一篇文章里他曾阐述他的翻译哲学:“翻译中国作品的译者,至少在翻译的过程当中,必须暂时停止相信‘东方是东方,西方是西方’。他或她必须以某种方式相信人类精神的普遍性和一个全球文化的可能性。”[30]我想,我们应该从这段话更进一步,认识到根本没有这样一个大写的、朦朦胧胧地涵括了一切的“东方”和“西方”;而且,这个世界除了东西,还有南北——比如说,非洲的许多国家和民族不会和这里大写的“东方”或“西方”认同,海地的人民也不会和这里大写的“东方”或“西方”认同,而我们不能忽视他们的存在。真正的“全球化”是听到和承认——至少是意识到——这个地球上存在着各种各样不同的声音。当大写的“东方”掩盖住了中国和其他东亚国家比如说日本、韩国的差异,掩盖住了中国自身在不同历史阶段、不同地理区域存在的差异,“西方”这个笼统的概念之下,也掩盖了不同国家的文化多元性,和同一国家之内各个社会群体的多样性。

因此,当我们正确地看到金庸小说的“中国性”,我们应该意识到这是小说家的技艺、小说类型的传统所共同造成的,而金庸的成功,无论是商业上的,还是在学术界,都不是偶然的:他作为小说家的精彩表现固然是一个极为重要的原因,但是武侠小说在二十世纪中国的广泛流行,以及金庸小说在学术界得到的认可,在很大程度上应该和国家主义的崛起联系起来。

当中国在十九世纪、二十世纪之交,被众多的报纸连载通俗小说称为

---

29 在概括“中国文化”的时候,我们也常常概括“西方”文化:西方不是一个浑成、单一的群体,当然更不仅仅只是一个美国。在我们把“西方”和“中国”对立起来的时候,我们的危险是混淆了欧洲和美国之间的差异,忽视了欧洲各个国家之间的差异。如果一个西方学者把中国和日本混为一谈,我们会觉得他完全不了解中国和日本,那么,当我们大笔一挥谈论“西方文化”的时候,我们是不是也在重复这种放在别人身上就会十分明显的谬误呢?

30 闵福德:〈关于翻译《红楼梦》的思考〉,收录在《翻译中国文学》(*Translating Chinese Literature*, 印第安那大学出版社,1995 年)一书中,第 183 页。

“东亚病夫”、比做将沉之舟的时候[31]，民国武侠作家们描述神奇中国武功的小说，一定既能以它的梦幻性质使人乐而忘返，也能满足读者在其中看到一个辉煌、威武的中国侠客世界的心态。[32]十九世纪末的义和拳运动在很大程度上就起源于对中国传统武功的信仰。金庸小说产生在1950－1960年代的香港，韩倚松在〈海角梁山泊〉一文中，指出金庸小说是一幅巨大画面的一部分，这幅巨大画面就是作为英国殖民地的香港华人社会的流亡心态和怀旧意识。[33]需要补充的是：流亡心态和怀旧意识并非仅仅局限于政治地理意义上，也可以用在任何时间与空间的意义上。现代中国社会的人们，由于对中国现状的不满，特别渴望看到一个辉煌的古代世界，这种渴望可以浪漫化它怀旧的对象，甚至可以就像魔术师一样凭空造就一个虚幻的过去，一个并不存在于真实的历史时期、完全是现代想象之产物的“古代中国”。大卫·波德威尔（David Bordwell）在刚刚出版的著作《香港好莱坞：通俗电影和娱乐的艺术》中谈到香港武侠电影时说：“是什么把观众带回到这些故事来？从某种程度上说，它们代表了一个为流亡者建造的中国。”[34]我们应该把“流亡”二字的意义加以扩展，因为流亡可以完全是精神的、时间的——现代中国人从“过去”的流亡。这可以解释为什么身处中国大陆的读者，虽然没有飘流海外，照样会对描写传统中国武功、传统中国世界的武侠小说这样如醉如痴。至于海外华人常常鼓励他们的孩子读金庸小说，视之为“中国文化的教科书”（可惜“中国文化”被凭空减少了两千年，因为金庸的长篇小说都是从宋朝开始的），就更是源自空间的流亡和时间的流亡带来的双重怀旧

31　《孽海花》（曾朴：1872－1935年）；陆续发表于1903－1930年，最初印行时，署名“爱自由者发起，东亚病夫编述”；沉船（将沉与已沉）的意象见于《老残游记》（刘鹗：1857－1909年）第一回，1903－1906年间连载于《绣像小说》和天津《日日新闻》。

32　比如说还珠楼主（李寿民1902－1961年）最著名的小说《蜀山剑侠传》的时代背景是满清征服中国，《柳湖侠隐》则以蒙古入侵为叙事框架。这些小说当中所描写的外族侵略、国家危机与十九、二十世纪之交中国面临的形势有极大的相似之处。

33　见注17。

34　大卫·波德威尔：《香港好莱坞：通俗电影和娱乐的艺术》（Cambridge: Harvard University Press，2000年第1版），第194页。

心理——普通读者当然可以随意阅读和使用手中的读物,可是,作为一个学者,却不幸没有这样"稀里胡涂"的权利。

但是学者也是普通读者大众之一，不是超凡入圣的神仙。二十世纪的中国学者是深受国家主义影响的。挣扎在"西化"和国家主义的夹缝之中，我们对自己的过去有一种爱恨交织的复杂心理,不是过分的自傲自负,就是过度的自卑自轻,很难找到一个平衡。也许,强调一部文学作品的民族性、本土性、中国性乃至语言的纯洁性都是对于西方文学影响的一种抵制,是对于失去自己特色和个性的焦虑感的反映。这种焦虑归根结底还是对自己不够相信造成的。

其实,文化和语言的"纯洁性"都是神话——"中国文化"和中国文学经受过了多少次"外来影响"的洗礼,根本是不可胜数的。佛教就完全是最显而易见的舶来品。在唐朝的长安街头,当女伎表演"胡乐胡舞"的时候,有谁恐怕"中国文化"会因此失去活力,或者因此对"中国文化身份"感到威胁呢?唐朝的皇族本身就有胡人的血液,但是关键在于唐朝的子民只知道"大唐",并不知"中国"为何物。秦始皇吞并六国的时候,想的不是"统一中国",只是属于嬴氏家族的秦王朝。而秦国在当时的"中国"完全是"边缘文化"——和楚国一样被中原诸侯国视为"野蛮"的"非主流"城邦。

虽然"国家"是"想象出来的社区,"而国家主义在中国和在欧洲一样是到了近代才诞生和流行的,国家主义的力量却十分强大。上文讨论过,金庸如何依靠种种巧妙的艺术手法(文化拼盘、道德框架、反讽之消解),依靠经过精心选择的文字符号(除了剔除或替换太"现代"的词语之外,对于佛、道经典的引用、对于琴棋书画、中医之人体经脉的指涉也都起到同样的作用),用他的作品自觉地建立起了一个"文化中国"。这个文化中国不是《老残游记》里面令人郁愤的将沉之舟,而是本文开始时所谈到的"瓶中之舟"——一件精巧细致的艺术品,不是"真的",而是供读者凝视赏玩的。追寻娱乐的读者们并不用去询问里面的"传统道德伦理观念"有多少是"传统"的,也不用对《庄子·逍遥游》有全面的了解,因为书中所引用的片言只语已经足以传达作者想要传达出来的那种"中国传统文化的氛围";而海外的第一代移民也完全有权利用这些小说作为子女的“中国文化教科书”。但是，一个批评家和学者必须从作为普通读者一员对金庸小说感到的喜欢更进一步，探索这种喜欢的深处所蕴藏的种种深意。

看得清清楚楚的爱并不影响这份爱，相反，一切成熟和持久的爱，都有一双雪亮的眼睛。

对希腊文动词"einai"的理解*

王　路

最近几年，我明确主张，我们在哲学研究中不应该用"存在"，而应该用"是"来理解和翻译 to be 或 Sein。我认为，我们应该从理解西方的语言、理解西方的哲学本身、理解整个西方哲学史的发展过程出发，尽可能不受或少受中国的思想概念和文化背景的影响，尽可能消除由于不同语言的差异而造成的理解障碍，尽可能避免曲解或阉割西方哲学在 to be 或 Sein 这个问题上的思想及其发展。[1] 在具体的做法上，我还建议认真学习和研究卡恩(Kahn)的研究成果。不论我的观点是不是被人们接受[2]，我的这项建议似乎还是引起了不小兴趣，因为学界一些师友多次向我询问卡恩的研究结果，也有人登门索要，还有人希望我能够把它翻译出来。所以我觉得，比较详细地介绍一下卡恩的主要思想，对国内学界大概是有意义的。[3]

---

* 本文得到中山大学逻辑和认知研究所资助，特此致谢。

1 参见王路：〈是之研究述评〉，《哲学动态》1999 年第 6 期；〈"是"、"是者"、"此是"与"真"——理解海德格尔〉，《哲学研究》1998 年第 6 期；〈"是"、"所是"、"是其所是"、"所是者"——关于亚里士多德《形而上学》中几个术语的翻译〉，《哲学译丛》2000 年第 2 期；〈巴门尼德思想研究〉，《哲学门》2000 年第 1 期，武汉：湖北教育出版社。

2 关于和我一致的观点，参见汪子嵩/王太庆：〈关于"存在"和"是"〉，复旦大学学报》(社会科学版)2000 年第 1 期。

3 应该指出，卡恩的著作问世后，在西方哲学界受到高度重视和赞扬。有书评说，自亚里士多德以来，"是"这个问题一直是西方哲学传统中的核心问题，但是"结合语文学、语言学理论和哲学分析来讨论是这个动词，这样的企图一直少得令人惊奇，而全面系统的讨论迄今根本就没有"，因此，卡恩的书是"非常需要的"，是"一部任何哲学家都绝不能忽视的书"。也许人们甚至可以不无公正地说，由于卡恩提供了新的洞见，因而帮助人们认识到，"以前关于希腊文动词'是'的讨论都是令人不能满意的"(Kerferd, G. B.,

卡恩从六十年代开始对古希腊文"是"这个动词进行研究。他的最初成果以论文的形式发表于六十年代下半叶,题目是〈"是"这个希腊文动词和是这个概念〉。[4]在这篇论文中,他发表了自己关于希腊文中"是"这个词的研究成果,认为这个词主要有三种用法:系词用法,存在用法和断真用法。他认为,在这三种用法中,系词用法是最主要的用法。后来他在此基础上又进行了多年深入细致的研究,于1973年发表了长达将近500页的专著《古希腊文中"是"这个动词》。[5]在这部著作中,卡恩以荷马史诗《伊利亚特》和《奥德赛》为主要材料,也从荷马以后的希腊文献(包括古典散文和诗)中选择了一些例句;他以哈里斯(Z. S. Harris)的转换语法理论为基础,并且也应用了现代逻辑的理论。卡恩抛弃了传统的"系词-存在"的二分法,提出了自己关于einai这个词的区分方法。他认为,einai这个动词的主要用法有两种:一种是系词用法,另一种是非系词用法;而在非系词用法中,主要又可以分为两种:一种是存在用法,另一种是断真用法。这样,卡恩就得出了他的研究的重要结论:在古希腊文献中,einai 这个动词的用法主要有三种:第一,系词用法,简单地说,就是"N是Φ";第二,存在用法,这主要是einai这个动词移到句首,相当于英文的"there is…"("有……"或"存在……");第三,断真用法,比如"……(这)是真的"。

卡恩认为,在希腊文中,einai 表现为最普遍的动词。而在einai的这三种用法中,上述第一种用法,即系词用法,乃是最普遍的用法。根据他的研究统计,在《伊利亚特》前12卷中,在"einai"这个动词出现的情况中,系词的

Archieve fuer Geschichte der Philosophie, vol. 58 No. 1, 1975)。依据卡恩的思想,人们研究古希腊哲学已有不少新的解释,比如 Munitz, M. K., *Existence and Logic*. New York: New York University Press, 1974; Mourelatos, A. P. D., *The Route of Parmenides*. New Haven Yale University Press, 1970; Tugendhat, E., "Die Seinsfrage und ihre sprachliche Grundlage," in *Ernst Tugendhat Philosophische Aufsaetze*, Frankfurt: Suhrkamp Verlag, 1992; Williams, C. J. F., *What is Existence*? London: Clarendon Press, 1981,等等。

4 Kahn, C. H., "The Greek Verb 'to be' and the Concept of Being," in *Foundations of Language* 2(1966), pp. 245-265.

5 Kahn, C. H., *The Verb "be" in Ancient Greek*, D. Reidel Publishing Company, 1973.

比例至少是80%,也许是85%以上;名词系词,即带有一个名词、形容词、代词或分词作谓词,至少在65%以上。卡恩认为,“这些事实证明我们关于系词构造的说明是有理由的,即纯粹从量的角度说,einai 的主要用法是系词构造”。[6]他还具体地比较了系词用法和存在用法,他指出,在荷马史诗中,系词构造不仅出现在这个动词的每一种形式,而且它比存在用法或组合的非系词用法频繁得多。在《伊利亚特》前12卷中,einai 的系词构造是451个,其他例子是111个(其中19个是混合的系词用法)。在这个动词出现的562处中,明确的存在用法几乎不超过45或55次,即大约十分之一。存在用法在后来吕西阿斯(Lysias)和色诺芬(Xenophon)的著作中取样是可比的(大约7%,9%,8%,13%)。

在关于 einai 的问题上,系词用法乃是人们都承认的,至少一般来说是这样。问题比较多的乃是关于存在用法的问题。因此在下面的介绍中,我们简单介绍卡恩关于 einai 的系词用法的论述,而比较多地介绍他关于 einai 的存在用法的论述。关于断真用法[7],我们不予介绍;卡恩关于 einai 这个词的整体看法和论证[8],我们也不予介绍。

一、系词用法

从分类的角度出发,卡恩把系词构造主要分为两类,一类是名词系词,

---

6 Kahn, C. H., *The Verb “be” in Ancient Greek*, 第87页。

7 在卡恩选用的例子中,断真用法不超过2%。与系词用法和存在用法相比,断真用法是一种比较独特的用法,而且也具有独特的语法形式。这样的句子的构造是:带有 einai 的从句加在一个带有以比较结构表达的从句,这种比较结构的一般形式是:“事物是如你所说”。所谓断真(veridical),是指对于这样的句子,在某些段落,“是”(einai)可以被译为“是真的”,“是如此这样的”或“是这种情况”。

8 卡恩不仅分别论述了 einai 的三种用法,而且在这些分析和研究的基础上,他还提出了自己关于 einai 这个词的含义的基本看法。他指出,从他的分析可以看出,传统的看法,即“是”这个词主要有系词和存在两种含义,是错误的。此外,从这种观点引申出来的假定,即存在用法是原初的和更古老的,系词用法是次要的和派生的,也是错误的。他认为,从希腊文的用法可以看出,einai 的主要用法是三种,即系词、存在和断真。这三种

另一类是表位系词。但是在古希腊文献中,einai 的系词用法非常多。除了非常明确的属于这两类情况的语言现象以外,还有其他许多不好明确地归属于这两类情况的语言现象。所以,卡恩以这两类语言现象为主线,根据与它们近似还是不近似,主要分析描述了以下情况:名词系词,副词系词,表位(地点)系词,系词的混合情况,系词的非人称构造情况,等等。名词系词是很大一类。它又可以分为以下几类情况:谓语是形容词("她是很穷的");谓语是名词("你是神");谓语是动词的分词形式("他是在工作");谓语是形容词和分词("他是被谋杀了");等等。这几类系词构造,说起来简单,分析起来非常复杂。它们实际上涵盖了"N 是 Φ"这种形式的句子的主要情况。

在"N 是 Φ"这种形式的句子中,Φ 是形容词或名词的情况非常普遍,这一点是十分清楚的,也可以说是常识。Φ 是代词的情况虽然不多,但是我们也不难理解。产生问题的可能是 Φ 是分词的情况。这是印欧语系语言的一种特征。比如,现在分词可以表示进行时,如"He is writing a letter"("他(是)正在写信");过去分词可以表示被动态,如"He is killed"(他(是)被杀害了)。中文表达可以完全不要"是",而印欧语言一般必须保留"是"这个系词。而且,在长期这样的使用中,许多分词已经变成形容词,而且也是当作形容词来用的。对于这样的用法,稍微懂一些印欧语言的人,一般没有理解方面的问题。

表位系词主要是指以下两类:

地点副词:一个系词加上一个地点副词:"我(是)在这里"(I am here)。

地点介词短语:一个系词加上一个表示地点的介词短语:"我(是)在屋里"(I am in the room)。[9]

卡恩非常强调表位系词的情况。他批评语言学家过去一方面忽略了这

用法构成了 einai 这个词的一个统一的体系,在这个体系中,系词构造是核心,是首要的,其他用法是从它派生出来的,是次要的。从 einai 的系词用法出发,也不难理解这个动词表达存在和真的用法,反之则会有问题。

9 这里同样应该注意,中文可以省略"是"字,而英文不行;在中文里,前一个例子中的"在这里"也是一个介词短语,而在英文中,它是一个地点副词。

类系词与名词系词在句法方面的类似，另一方面也没有对它们进行系统的区别。他对这类系词进行了详细的讨论。

卡恩认为，尽管名词系词和表位系词之间的类似性是不可否认的，但是它们之间的区别同样重要。以英语为例，比如"彼得是一个士兵"或"彼得是聪明的"这一类句子与"彼得是在这里"或"彼得是在屋里"这一类句子之间有一种重要的形式区别。在前一种情况，即名词系词的用法，"是"这个动词只能由其他非常小的一部分动词替代，比如"变为"(成为)、"被看作"、"被称为"，也许还有"看上去"等等。而在后一种情况，"是"几乎可以被任何动词所替代，比如：看书、工作、玩、睡觉、逝世、跑、跳、坐，等等，比如"彼得在屋里看书"。

在对表位系词进行说明的时候，卡恩也承认，像"这里"和"那里"这样的副词的意义是相对于说话者和听话者的地位隐含地给定的，除了这样的副词的限定情况以外，没有什么表位副词的绝对用法可言。即使像"远"和"近"这样的副词的意义也要涉及到语境和说话者的位置。比如下面的例子："他们的船队离我们最远，而且是一点也不近"。在卡恩看来，地点副词和地点介词短语只有表面的区别，因此他并不详细区别这两种情况，而是把它们都称为表位系词。他认为，具有表位构造形式的句子的作用在于表明主语位置，他称这样的例子为"纯粹的"。根据他的研究考察，在《伊利亚特》1－12卷里 einai 这个动词256次出现的地方，他只数出大约40个这样的例子，约占8%，而且只有5个例子是第三人称现在时陈述式，所以，这样纯粹的表位构造的例子是"相对少见的"。10

在表位系词的分类下，卡恩谈到表位系词的"准表位用法"。所谓准表位用法有两个主要特征：其一，句子的形式与表位系词无法区别；其二，句子的意义主要不是表示地点，或者说不是专门表示地点。对于这种用法，卡恩又区别出三种情况。

第一种情况是表位的含蓄用法。这种用法的特征是："地点的字面含义

10　Kahn, C. H., *The Verb "be" in Ancient Greek*, 第158页。

是恰当的，但是不构成表达式的本质力量”。[11] 通俗地说，一个句子含有地点表达，但主要不是表达地点。比如，“在我们这一边也有神”（或“神也在我们一边”）。“在我们一边”显然是表示地点位置，但是这不是这句话表达的主旨。此外，根据卡恩的考察和分析，这样的句子在希腊文中虽然仍然使用了“eisi”，但是不能用英文的系词来翻译，而需要一些更强的表达，比如“来自”、“属于”、“站在……一边”等等。

第二种情况是表位的比喻用法。这种用法的特征是：“地点的字面含义不再是恰当的。”[12] 比如，“然而这里是一位想在其他所有人之上的先生”。“在……之上”显然是表达位置，但是在这个句子中，这个表达却不表示空间位置。

第三种情况是表位－存在用法。这种用法的特征是：“我们可以用英文的‘there is’（有）来表达这种构造。”[13] 比如，“大约在岩崖中间是一个模糊的岩洞”。这个句子是模仿希腊文的词序翻译的，在翻译中没有使用“有”（there is）这个表达。但是人们可以注意到其中所包含的关于存在的细微含义，因此也可以把它翻译为：“大约在岩崖中间有一个模糊的岩洞。”这就是一个表达存在的句子。

在我看来，从句法的角度说，系词的表位用法与名词用法确实没有什么太大的区别，因此过去语言学家，特别是语法学家，不详细区别这两类系词，不是没有道理的。从卡恩的分析和分类来看，表位用法和准表位用法主要都是从语义的角度区分出来的。在这种意义上说，纯粹的表位用法是容易理解的，因为它们有明确的表示地点、位置的副词和介词短语。准表位用法其实一般也不难理解，因为无论是引申的用法（第二种情况），还是表达次要的意思（第一种情况），其实都表达了位置或与位置相关的含义，即使不看实例，仅从对它们的特征的说明中也可以看出这一点。但是准表位用法的第三种情况似乎就不是那样容易理解了。因为仅从对这种用法的特征的说明

11 Kahn, C. H., *The Verb "be" in Ancient Greek*, 第 159 页。

12 同上。

13 同上。

我们还看不出位置或与位置有关的意思，只知道可以用"有"(there is)来表达它。根据我的理解，这里主要有两个问题。一个问题是，离开句法，仅从语义的角度区分语言的用法是有困难的。卡恩实际上也遇到了分类的困难。他承认，由于这些区别"主要依赖于句子在上下文中的意义，而不依赖于其句法形式，因此就有余地对特殊情况的分类发表极为不同的意见"。[14]另一个问题是，卡恩似乎主要是想强调准表位用法的特殊性，而这种特殊性主要表现为：在一些表达位置或与位置相关的情况，不能简单地用英文的系词来翻译希腊文的einai。也就是说，他实际上是想说明，在与表达位置的用语联系在一起的时候，einai 这个词表达了更多的或更强的含义。表面上看，这三种情况所表达的含义是不同的，但是在我看来，卡恩主要还是想强调，准表位用法在某种程度上与"存在"的含义联系在一起。比如，在第一种情况的那个例子中，他认为人们"可能会察觉一种存在的细微含义"[15]，而在第三种情况，他干脆直接说可以用"有"来表达。特别是他把第三种情况专门作为一节来谈，而把前两种情况只分为一节的两段。可见他重视的是这种与"存在"相关的含义。这里的问题比较复杂，涉及对 einai 的存在用法的说明。如同卡恩的做法一样，我们把这个问题留到下一节去讨论。

二、存在用法

存在用法与系词用法的根本区别在于，"存在用法从一开始就是词典的或语义的概念，表示那些这个动词'有自己的一种意义'的情况"。[16]确切地说，存在用法无法由句子的句法形式所确定，而是一种语义的或词典的含义，而系词用法是由句子的句法形式确定的。因此，分析 einai 的存在用法，或者说，分析 einai 这个词所表达的存在含义，不像分析系词用法那样明确和容易。这一点在前面谈到准表位用法的情况时就已经被涉及了。而到真

14 Kahn, C. H., *The Verb "be" in Ancient Greek*, 第159页。

15 同上，第160页。

16 同上，第228页。

正分析这种用法的时候,这个困难更是无法回避的。直观地说,这样一个概念究竟是什么呢?卡恩明确地说:

> 有一种由这个动词表达的基本的观念吗?就是说,可以用某种替代的表达在所有情况下替代它吗?我们不能以为,仅凭提供英语动词“存在”(to exist)或习惯用语“有”(there is)作为对存在用法的说明解释这样一种简单的权宜之计就提供了合适的回答。谁要是当真企图列出我们一般承认的存在用法,谁就会表明它们形成一个不同源的团体,其中有些例子是不能由“存在”或甚至由“有”来表达的。[17]

卡恩认为,在翻译存在用法的时候,一般可以用“有”(there is)这个词。但是,希腊文中 einai “这个动词的存在用法比英文中‘有’的用法更宽,更自由”。[18] 他提出 einai 有四种不同的词典含义可以作讨论存在的出发点。第一种是生命含义:表示“是活的”,而不表示“是死的”。第二种是表位含义:表示是在这里、那里或在某个确切的地方,而不表示不是在这里、那里或某个确切的地方。第三种是持续含义:表示某种情况的出现,而不表示不出现,或者表示静态的持续的出现或继续保持一种状态,而不表示一种新情况或事件的定时出现。第四种是与代词联系在一起的含义:比如与“某(人,物)”或“没有(人,物)”这样的代词联系在一起。

卡恩认为,einai 表示存在的这四种不同含义之间有一种逻辑联系。第一种含义隐含其他三种含义,因为一个活着的人必然是某一个人,在某个地方,在某个时间;同样,第二种含义隐含三、四两种含义,因为在某处的东西自然是某种东西,而且如果表达了它的位置,那么就会表达为持续的或持久的。他指出:“希腊人的常识倾向于坚持认为,不在任何地方的东西根本就什么也不是。从希腊人的这种观点出发,表位观念似乎是由这个动词的每一种存在用法隐含的,也就是说,只要出现其他不同含义,就隐含了表位观念。”[19] 这种分析看上去是有道理的,但是也不是没有问题。卡恩自己就承

---

17 Kahn, C. H., *The Verb “be” in Ancient Greek*, 第 230 页。

18 同上,第 232 页。

19 同上,第 234 页。

认,一个动词的一种情况可以逻辑地隐含一个观念,但是这并不意味着这个观念在这里最终被表达出来。一个词表达的东西和隐含的东西显然不是一回事。

为了便于讨论,卡恩又区别出以 einai 所表达的6类存在句。它们是:类I:生命用法,类II:混合用法,类III:表位存在用法,类IV:存在句算子用法,类V:表面谓词用法,类VI:严格存在用法。除类VI以外,类I-V的句子都可以在荷马的著作中看到。虽然在荷马的著作中看不到类VI的句子,但是卡恩认为这是一类传统哲学表达存在陈述的模式。所以他从荷马以后的希腊文献中选材补充了这一类。

实际上,这是卡恩为分析 einai 的存在用法而从语义和句法方面做的准备工作。区分出这四种不同含义,卡恩的目的主要是想指出,einai 这个词的存在用法是有歧义的,对此不可能给出或假定一个单一的固定的词典意义,对于这里的问题也不应该提出任何一般性的答案,相反,只能具体的例子具体分析。而区分出六种类型,卡恩主要是为了便于进行具体的分析,可以有一个着手点。这样,卡恩就可以根据一类一类的不同句型来探讨 einai 的存在用法的不同含义。虽然这六种分类本身也不是没有问题,而且卡恩在论述中也一起讨论了一些不属于它们的内容和句子类型[20],但是句法方面的东西毕竟比语义方面的东西更具有规律性,更容易把握,由此也更容易达到一般性的结论。因此卡恩的论述是从这六类句子着手的。我认为,卡恩的这种思路和分析方法无疑是可行的。然而这种做法在某种程度上也恰恰说明,分析 einai 这个词的存在用法绝不是一件容易的事情。这一点,只要对照卡恩关于 einai 的系词用法的分析,显然是不难理解的。

下面我们介绍卡恩分析的这六类存在句。其中,类III与类II在句式上基本相同,都是可以用"有"表示的句子。不同之处在于类III说的是复数形式,因而涉及到量词,而类II说的是单数形式。为了简明,下面我们只介绍

---

20 例如,卡恩在探讨类II-III是时候,论述了所谓"所属构造",对这样的系词表达,可以用"拥有"这种意义上的"有"来理解和翻译 einai,比如"我有三个女儿"。参见 Kahn, C. H., *The Verb "be" in Ancient Greek*, 第265-271页。对于这样的情况,我们没有论述。

类 II,不介绍类 III,只介绍肯定句,不介绍否定句。此外,在对余下五类的介绍中,我们的着重点在类 II 和类 VI,因为在我看来,前者对我们理解“有”这类表达非常有帮助,后者则是我们今天哲学讨论中所说的最典型的存在句。

类 I 的句子形式是:人称名字 + einai + 时间副词。根据卡恩的分析,这类句子是绝对的 einai 的构造。在这样的句子中,einai 这个动词只带有表示时间和持续的副词,比如现在、仍然、总是,除此之外,它没有任何附加词或修饰词。它表达的意思是“是活的”或“活着”。但是,只有主语是人称名词的时候,einai 才表示“是活的”,而当主语是表示事件的名词时,einai 表示“出现”或“发生”。从卡恩的分析可以看出,这类句子的句法是清楚的,而语义就不是那样清楚了,因为它依赖于对 einai 的理解和解释(按照卡恩的解释,翻译也是一种理解,也是一种迂回解释)。

卡恩认为,这类句子需要人称主语,说明表示的是人或神,有时也会发现这类句子的扩展,产生一种文学的拟人效果,比如“特洛伊毁灭了,不再是了”。与这种句子形式最接近的是含有表位谓词的句子。在含有表位副词的句子中,对 einai 可以用“住”或“生活”这样的动词来翻译。比如“他们生活在西绪福斯”。字面上看,区别似乎不大。这里的不同之处仅仅在于时间副词与地点副词的差别,也就是说,从语法形式上看,都是 einai + 副词,而从语义方面看,一个表示时间,另一个表示地点。但是仅仅这一点不同就导致一个根本性的差别:一个是系词用法,另一个是存在用法。卡恩认为,用“是活的”和“住在某处”来理解和表达 einai 显然是不同的。它们之间的差异并不是因为它们表达的观念是不相容的,而是因为在 einai 的一种给定情况下,同时表达这两种观念是很难的或者是不可能的。因为一般来说,人们不可能在一个单一语境中,用单一一个词同时对比生与死和住在这里与住在那里。因此,在含有表位谓词如“这里”、“那里”的句子中,“einai 的生命含义有一种必不可免的弱化”[21],就是说,它的生命含义变小了或趋于消失,让位于

21 Kahn, C. H., *The Verb “be” in Ancient Greek*, 第 244 页。

地点含义，因此成为系词。

与作系词的“空洞的”或形式的作用相对照，在某种意义上说，einai 在一个类型 I 的句子中具有一个动词的完满的词典含义，这是因为：一方面，在一个具有“苏格拉底——在雅典”这种形式的句子中，系词“是”体现了这个空位的最小的或“模拟的”填充物，即这是一个常常可以省掉的动词，又是一个在没有其他动词的情况下我们自动重新构造起来的动词；另一方面，“住”或“生活”的插入并不是自动的，一个具有这种意义的词将是很难被省略的。更何况，如果没有表位短语而只有一个具有“苏格拉底——不再”或(p. 245)“你的父母——仍然”这样形式的句子模式，我们一般就会没有理由在“是活的”这种意义上重新构造 einai。除非在上下文中有某种特殊的线索，否则就不会省略掉生命用法的 einai，因为它不会由听者重新构造起来。这个动词带有它自身独特的信息内容，就像这个语言中任何基础动词一样。

类 II 的句子形式是：einai 这个词在句首出现。卡恩认为，这类句子在荷马的著作中是 einai 最明显的存在用法，但是不能把它看作是最典型的或最独特的存在句。这类句子用英文来翻译就是“there is”，相应的自然的中文表达就是“有”。这类句子又可分为两类，IIA 和 IIB。IIA 是比较普遍的情况，在这类句子中，主语表示一个城市，一座山，一个岩洞或其他一些地理上东西，比如“有一个城市，特利欧萨，一座险峻的山城/非常遥远在多沙的皮洛斯底部阿尔菲奥斯的近旁”；“有一个岩洞，又宽又深在河水的幽暗处/在高山遍布的特内多斯和因布罗斯之间”。在有些句子中，esti （einai 这个词的第三人称单数形式）的位置不是在句首，而是后移了。比如“现在在坚固的墙上有一个边门……奥德塞命令高贵的牧猪人守卫它”。IIB 是不太普遍的情况，在这类句子中，主语是一个人，比如“过去有一个人，欧克诺，预言家波利多的儿子”。

直观上看，这类句子与一般的系词用法的句子不同。简单地说，一般的系词用法的句子形式是“NΦ 是”，而这类句子的形式是“是 NΦ”。既然认为这类句子表示存在，那么能不能说 einai 在句首的位置就是这个动词表示存在的句法形式？卡恩认为，einai 这个词在这些句子中的直觉价值和修饰力量是不容置疑的，但是它与确定的句法形式无关。根据转换语法分析，einai 在这些句子的基础结构中是系词。比如上述例子的基础句可以分析为“一个岩洞是在高山遍布的特内多斯和因布罗斯之间的又宽又深的河水的幽暗之处”，也就是说，它可以是这个句子的存在转换。而这个句子显然是一个表位系词用法。因此用这种形式分析无法说清楚，einai 在这里所起的作用为什么比系词还多？这种比系词还要多的作用是如何形成的。换句话说，“我们无法说明，在什么形式条件下，系动词在这些句子中总是具有一种存在力量，而没有这些条件，它就不具有存在力量”。22

卡恩认为，从句法方面看，这类句子，尤其是 IIA，在 esti 这个动词后面常常跟着一个不定代词 tiz，这样，就由位居句首位置的 esti 和不定代词 tiz 引入一个表示一个城市、一条河、一座山、一个人等等的名词。这实际上是引入一个主体，因而断定了一个主体的存在。这样的表述具有一种修辞力量，它的作用是突出和强调所引入的东西。被引入的东西往往是这段叙述中以前所没有出现过的。好比我们在讲故事的时候总爱说：“很久很久以前，在遥远的地方，有一(个)……。”但是他也提请人们注意，在他给出的例子中，esti 并不是总在句首，tiz 也不是在每一个例子中出现，因此，显然不能以 esti 的句首位置和 tiz 的出现作存在的句法标准。所以，在这类句子中，esti 的修辞力量是清楚的，而“它的句法作用是不太清楚的”。23 卡恩指出，英文 there is 乃是一种固定的表达，意思是“存在”(中文翻译为“有”)，但是希腊文中 esti 这个动词的存在力量不依赖于这种形式结构。在他看来，这里触及印欧语言中关于“是”这个动词的最根本的问题，即“是的系词用法和存在用法之间的基础联系”。24 卡恩对此进行了简要的说明：

> 系动词的首要作用是肯定(如同它的否定作用就是否定)一个给定的谓语属于一个给定的主语，或者用不太符合亚里士多德的方式表达，

22 Kahn, C. H., *The Verb "be" in Ancient Greek*, 第 251 页。

23 同上，第 249 页。

24 同上，第 252 页。

肯定一个给定的主词以某种方式得到说明。这样一个系动词能够有第二种作用,就是肯定、表现或引入主语本身。这是我们必须认识到并且试图理解的关于印欧语言动词的一个事实。首先,这第二种作用基于这个动词作为表位系词的用法。作为基本的表位句的系词,einai 这个动词带有关于肯定或陈述真的标记,即它肯定或陈述某一个别主体,比如一个人或一个城市,坐落在某个特定的地方。但是在几乎相同的句子中,上下文稍有不同,同样是这个动词却能够肯定或表现主语本身坐落在那个地方。在这样一种情况下,这个动词并没有停止起表位系词的作用,但是除此之外,它把主语引入这段叙述之中或引入这段话中。正是这种引入其主语的修饰力量,而不是任何固定的句法形式,常常与这个动词的存在力量联系起来(与此相应,也诱惑我们用“有”来翻译它)。但是,由于这个动词的作用是把其主语引入上下文,因此它自然很容易出现在这个主语之前,这样就移到了句首。

这段话比较长,但是意思并不复杂。它表明,同一个表位系词句子可以有两种表达形式。一种是一般常见的形式,比如“一个人是在门边”。另一种是稍有改动的形式,这就是系动词出现在句首,比如“有一个人在门边”(或“门边有一个人”,而它的字面意思乃是“是一个人在门边”)。在前一个句子中,动词起系词作用,通过它,引入谓词,从而谓语与主语发生联系,使主语得到某种表述。而在后一个句子中,动词仍然起系词作用,谓语还是通过它而与主语发生联系,因而主语得到说明,不同的是,先说出动词,后说出主语。也就是说,这个动词直接引入的不是谓语,而是主语。这种形式实际上表达出对主语的一种修饰,这种修饰是对主语的强调,因此它具有一种表示存在的力量。

这里值得注意的是卡恩强调这种表达存在的用法基于表位系词的用法。我想,这一点是很重要的,否则,他的说明是站不住脚的。因为虽然上述例子可以把系词前移,但是显然并非所有情况都可以这样。比如“人是动物”,这个句子是标准的名词系词用法。如果把动词前移,那么“有人动物”(或者无论我们翻译为“是人动物”还是翻译为“存在人动物”)肯定不是合适的表达。也就是说,einai 这个动词并不是在任何句子中都可以前移的。根据卡恩的分析,它的存在用法基于表位系词的用法,这就说明它在表位系词的句子中是可以前移的。实际上，卡恩给出的绝大部分表示存在用法的例子都是表位系词用法。因此在这类句子中,einai 这个动词起两个作用,一个是系词作用,一个是表示存在。所以这类句子是 einai 这个动词这两种作用的混合情况。既然它的句法形式仍然是系词，因此位置前移仅仅是一种修辞手段，目的是产生一种强调的力量，而这种强调就是断定或表示存在。所以,“这个动词这种引入主语或断定存在的作用是与表位系词最自然地结合在一起的”。[25]

从卡恩的分析可以看出，在希腊文中，einai 这个动词在句首的位置是非常奇特的,它含有一种修辞作用,从而可以说明这个动词的存在含义。但是我们绝不能以为可以把这一点看作是评价存在用法的一种句法标准。正像卡恩指出的那样,在古希腊文中,词序非常灵活,对上下文中对比、强调、重复等等这样的修辞特征非常敏感,因此“很难相信,仅仅改变动词的位置就能够起到规范地标志出一种(在以转换语法规定的意义上)独特的句子类型的作用。实际上,甚至在荷马的著作中,我们也发现 einai 这个动词出现在一些句首位置而没有存在力量。在希腊晚期,系词在句首更为常见,而只有少数情况,这种位置才与这个动词的存在价值相关联”。[26]

虽然 einai 这个动词出现在句首并不一定就表示存在,但是我们从卡恩给出的例句确实看到,在许多情况下,einai 出现在句首无疑是表示存在的,而且在这样的句子中,它除了引入主语以外,确实还与表达位置的短语相联系。此外,在有些情况下,在句首出现的不是 einai,而是表达位置的短语。这样的句子的核心句法形式是系词用法，但是表达的仍然可以说是存在。因此,也可以说,在表达存在的句子中,einai 这个动词要么在句首,引入主语,要么不在句首,跟在表位短语后面,引入主语。对于这一类句子,卡恩认为,einai 这个动词和地点短语为了引入主语而在前，若地点词在前，动词不太

25 Kahn, C. H., *The Verb “be” in Ancient Greek*, 第 252 页。

26 同上,第 255 页。

显著，可以由系词来翻译。如果动词在前，它似乎带有整个句子的力量，这样就体现了它的引入存在的作用。"因此可以说，类II中与系词einai 不同的存在动词的出现乃是作为一种特殊的情况产生的，而更普遍的情况是：用系词（特别是表位）句作为一种手段来识别一个不熟悉的主体，并把它引入叙述之中。"[27]

在卡恩关于类II的分析说明中，还有一点需要我们注意，这就是不定代词tiz。如前所述，它不是一个表示存在的标准句法形式，因为它不是在所有这样的句子中都出现，而且也不是凡含有它的句子都表示存在。但是它在卡恩给出的大部分例子中都是出现的。这就说明，它对于表示存在也有一定的作用。我们应该考虑：如果说这不是从句法方面提供的作用，那么这是什么作用呢？

tiz是不定代词，它通常引出一个一般名词，也就是说，它的后面通常要跟一个通名或类名，比如一个城市、一个山洞、一个人，等等。在卡恩给出的例子中，几乎对每一个这样的类名都要有描述说明。比如，"有一个人，欧克诺，预言家波利多的儿子"。在这个句子中，"有一个人"包含了表示存在的系词einai 和不定代词tiz，还有由tiz所引导的通名"人"。后面的表达，即"欧克诺，预言家波利多的儿子"，都是对"人"的修饰说明。这种语法现象值得注意，它表明，einai这个系词这种前移的用法，无论是在句首还是不在句首，当它表示存在时，它的后面跟的往往是一个类名，而不是一个专名。虽然卡恩没有说这是绝对的现象，但是这显然是比较普遍的现象。这一点是非常重要的。它涉及到"存在"这个词所修饰的究竟是个体还是概念的问题。关于这一点，我们在后面还会详细谈到。

类IV的句子形式是：(ouk)einai + oz(tiz) + 关系从句，即

(不)是 + 不定代词 + 关系从句。

具体一些说，这类句子表达的是："(没)有一个(些)人，他(们)……"。比如，"现在没有一个人(他)能够逃脱一死……"，"没有一个人(他)能够指引他们

27 Kahn, C. H., *The Verb "be" in Ancient Greek*, 第255页。

秩序井然”。在荷马的著作中，这类句子的形式通常是否定的、单称的和现在时陈述式，卡恩没有发现肯定式或复数形式的例子，但是他在后来的古典希腊文献中发现了这样的例子。比如：“有一个人，他将阻止你做这件事情”，“有一些人，他们说这个部落是塞西亚人”。

根据卡恩的分析，一般来说，这类句子的“存在动词是一个句子算子，相关的关系从句是它的算域。这类句子的特征是，einai 只作存在算子出现，而在关系从句中不再作系词出现。我们从未或几乎很难发现一个希腊文句子字面上具有以下形式：‘存在一个 x，它是 F’，这里，动词首先作为存在算子出现，然后作为系词出现”。[28] 他认为，可以把这类句子看作是类似于逻辑中的存在量词的模式，但是应该看到二者是有区别的。希腊文中这种存在表达的普通用法没有逻辑表达那么普遍，但是比逻辑表达更加灵活。它之所以灵活，乃是因为有情态和时态，而它之所以不那么普遍，乃是因为它非常典型地仅仅限于人称主语和部分所有格。因此，古希腊语中这类存在句实际上含有一个类量词，这个量词“限定了可能的非语言主体的类或其变元的‘值’，因此在任何给定的句子中，后者限定的范围不是整个宇宙，而是某种或某类确定的个体：要死的东西、特洛伊人、普里阿摩斯的儿子”。[29]

类型 V 的句子的形式是：“einai” 的主语是抽象名词或动名词，也就是说，它的主语不是“人”或“城市”这样的普通名词，而是“叫喊”、“谋杀”或“捍卫”这样的动名词。这类句子与类 IV 有些相似，不同之处主要在于类 IV 断定的是主体，比如人或城市，而类 V 断定的是行动，我们可以把这样的行动看作是事件或情景，但它们不是人或物。

类型 VI 的句子的形式是：“(ouk)eisi theoi”，即“(不)是神”。

卡恩认为，这类句子乃是 einai 作为存在谓词的绝对用法。他认为，这种句子表达的是：“神(不)存在”。这种构造有时候被哲学家看作代表 *es-的根本的和原初的用法。卡恩承认他不能对整个印欧语言情况作判断，但是他说，“从希腊语的证据来判断，这种标准的观点似乎是基于对只是表面

28 Kahn, C. H., *The Verb “be” in Ancient Greek*, 第 281 页。

29 同上，第 282 页。

类似的句子类型的一种不充分的分析"。30

根据卡恩的考察,类型 VI 的最早的例子来自普罗泰格拉斯、麦利索斯和阿里斯脱芬,时间是公元前五世纪后半叶。好像这种类型几乎是作为一种技术新型产生的。因为在希罗多德(Herodotus)的著作中显然没有这种形式的例子。希罗多德是与智者派大约同期的人,他的语言在很大程度上不受智者派或哲学的影响。对于这类句子,卡恩区别出以下三种:

VIA:主语是专名,或限定的单称词,比如"ouk esti Zeuz"("没有宙斯")。

VIB:主语是复数名词,比如"esti theoi"("有神")。

VIC:主语是全称单数词。比如:"ouk esti kentaupoz"("没有半人半马兽")。

正像卡恩指出的那样,VIC 实际上只是 VIB 的变种形式,因此这里的三类句子,除了单数与复数的区别外,真正的区别实际上只是专名与一般名词的区别。

这类存在句与荷马著作中的存在句的相同之处和区别是非常明显的。相同之处是它们都以动词 einai 引入一个名词。区别则在于:在荷马的著作中,存在句中的动词 einai 引入一个名词,名词后面总是还要跟着词组或从句,一般来说,这个名词表示一个非语言主体,而它后面跟着的词组和从句则描述了一定的条件,由此表明,这个非语言主体要符合这些条件。而在类型 VI 的句子中,einai 仅仅引入一个名词,后面不跟任何词组或从句。这表明,由 einai 引入的名词所表示的非语言主体不必符合任何条件。因此,"类型 VI 的独特性就在于这样的描述条件被省略了,这个动词用来提出仅仅以名字或类名所识别的这样的非语言主体"。31

卡恩认为,类型 VI 的句子是一种自然的表达,它表达了一类特定的批评疑惑,而这种疑惑最初是与神学思辨结合在一起产生的。在这种表达中,einai 表现为作存在谓词的绝对用法,它与正常的用法有某种相似和近似的

30 Kahn, C. H., *The Verb "be" in Ancient Greek*, 第 297 页。

31 同上,第 301 页。

地方，但是它只在技术性或哲学散文中才变成固定的句子形式，正像“没有独角兽”或“电子存在”这样的句子在英语中很少出现在哲学课文以外的地方。这样的句子在非技术性的话语中，最初的、也许唯一自然的用法是在宗教或神话实体中，从宙斯到圣诞老人，它们的现实性被人这个团体的一些成员认真维护，而被另一些成员怀疑或否定。

以上是卡恩从句法方面和语言演变的角度对类型 VI 的大致说明。在这样的基础上，卡恩又进行了语义或词典方面的说明。他认为，在上述六种句子类型中，只有类型 IV、V 和 VI 表现出 einai 的严格而专门的存在用法。因此他主要对这三类句子的动词进行了语义分析，但是他认为他的分析也适用于前三种类型。

卡恩认为，在类型 VI，主语是名词——指人或地点。在类型 V，主语是抽象的行为动词。在这两种情况下，都可以用 there is(有)来翻译 esti，但是意思又有区别。在前一种情况，可以用 there is found(发现)、there is located(坐落)或直接用 exist(存在)来翻译，而在后一种情况，可以用 arise(产生)、occur(出现)、take place(发生)、last(持续)来翻译。这种区别是语义方面的，但是与句子中主语的句法范畴相联系。前一种情况主要是表达个体的存在，而后一种情况主要表达事件或状态的存在或出现。

对于这类句子，也可以用逻辑方法来分析，即从 einai 这个动词的语义作用来分析。卡恩认为，我们可以在一个句子区分出描述内容，还可以区分出它的语义成分。不严格地说，“一个句子的描述内容做了关于世界的某种表达；语义成分则关于这个描述内容和它所指的世界或它想描述的世界之间的关系做了某种表达。描述内容可能会具有无限多样性；但是语义成分总是二值的：肯定的和否定的，是和不。在希腊文中，esti 使语义关系表现为最终得到的东西，也就是说，它使描述内容表现为在世界中出现；ouk esti 则否定这种表现”。[32]

卡恩这种关于描述内容和语义成分的区别显然是有道理的，但是他承

32 Kahn, C. H., *The Verb "be" in Ancient Greek*, 第 310 页。

认，这种区别只能适用于类型IV和类型V，但是不适用于类型VI。对类型IV和类型V的描述内容进行句法分析，往往可以得到一个句子做补充说明，比如"有一个人，他如何如何"，由于句子既有描述内容，又有语义成分，因此可以通过这种分析得到对句子含义和语义值的确定。但是对类型VI的描述内容进行句法分析，只能得到一个专名或通名，而且没有任何补充说明，比如"没有宙斯"，"有神"，这样就得不到一个句子做补充说明。那么，在这样的句子中，einai 的存在用法是由什么说明的呢？

卡恩在说明过程中，对"神是"(Gods are)这样的句子做了4种区别。他认为，这样的句子可以表达出四种含义：

(1) 有某种东西，它是神(There is something which is a god)。

(2) 有神，它们是（这样或那样的东西）(There are gods who are (something or other))。

(3) 这里、那里或某个地方有神（There are gods here, there, or somewhere)。

(4) 有神，它们……(There are gods who…)。

卡恩认为，第一种表达"似乎不可能是希腊文中的句子"[33]；第二种表达则"导致类型II的形式"[34]；第四种表达的"谓词完全没有确定"[35]；在这四种表述中，只有(3)最自然。根据这样的解释，einai 表达为表位系词，我们可以"把类型VI这种存在句解释为表位存在，但是省略了或概括了位置说明。这样，'有神'就会意味着'这里、那里或某个地方有神'"。[36]

卡恩的结论是，在VI类型的句子中，esti 起纯语义算子的作用：它提出，而 ouk esti 拒绝提出一种特殊的非语言主体(为任何谓述)。类型VI有三种典型的特征：其一，这个动词在句法上独立于周围的句子和句子附属物；其二，句法上隐含着主词作为一阶名词；其三，提出主语的语义概括，即

33 Kahn, C. H., *The Verb "be" in Ancient Greek*, 第317页。

34 同上，第317页。

35 同上，第318页。

36 同上，第317－318页。

断定独立于任何限于某一特定时间、地点或环境的存在。正是这第三个特征才是类型 VI 作为普遍关于存在的陈述的唯一独特的特征。

三、我的几点看法

我研究和介绍卡恩的成果,主要的出发点是理解西方哲学,特别是形而上学,因此我把考虑的重点集中在卡恩阐述的三个方面,即 einai 三种主要用法上(重点只介绍"存在"用法)。在这三个方面的论述中,我认为有两点特别值得注意,一点是卡恩关于表位用法的分析,另一点是卡恩关于句法的分析和他对句法的强调。因此下面我主要从这两点出发,谈一谈我对卡恩的研究成果的认识。

卡恩区别出 einai 这个词有系词用法、存在用法和断真用法,但是在他的分析中,他最重视和最强调的是表位用法。表位用法是系词用法中的一种情况,但是这种情况不仅在系词用法中出现,而且也在存在用法中出现,卡恩的许多重要结论都是与这种用法有关的。

简单地说,einai 的表位用法属于系词用法,因为它具有与系词用法相同的明确的语法形式。但是,它又是系词用法中一种专门的用法,与其他系词用法(这些用法几乎都被卡恩称为名词用法)相区别。在对系词用法的论述中,表位用法主要表现为在谓语位置上出现的是地点副词或表示地点的介词短语,这种分析完全是词典的或语义的,当然也是有道理的,但是真要是说它有多么重要,似乎也并不是那样令人信服。但是如果我们看到卡恩分析论述 einai 的整个思想过程,我们就会发现表位用法的重要作用。

首先,虽然系词用法从量的角度来说是 einai 这个词最主要的用法,但是能不能说系词用法就是 einai 这个词最原初的含义? einai 这个词毕竟有三种用法,因此人们自然可以问,einai 这个词最原初的含义是什么? 不少人认为,einai 这个词最原初的含义是"存在"。但是卡恩反对这种观点。他指出,一般人们认为,原初的意义必须是具体的、可感觉的或特别生动的,然而比较语言学家承认,尽管"存在"是 einai 这个动词最容易查验的意义,但是

"存在"这个概念"太抽象,太理性,无法当作这个动词的原初意义"。[37] 从词义的具体和生动的角度说,在系词用法中,最合适的是生命用法,即"我是活的",但是卡恩认为,在希腊文以外的同族动词中,似乎很难证明这个动词的生命含义,而在希腊文之内,没有明显的证据表明这种生命用法比其他用法更古老[38],因此系词的生命用法也不是这个动词的最原初的含义。在这种情况下,卡恩提出要假定一种更一般的基本意义,生命用法本身可以是这种基本意义是一种特殊情况,反过来,从这种基本意义又可以得出系词构造。"这种自然的候选者就是很强的或简洁的地点用法,这里,动词被解释为系词,但同时具有一种存在力量:'is present','is on hand','is there'。这就是在复合词 par-einai(to be by)、ap-einai(be present) 及其拉丁同族词 prae-sens,ab-sens 显示出来的用法"。[39] 这样,卡恩就把 einai 这个词的表位用法解释为是最原初的意义。有了这样的解释,他很自然地认为,由于表位-存在用法本身是系词形式的,是由一个地点副词补充完成的,由于这种古典的表示活力的用法反过来可以被解释为省略的表示地点的词(einai"我是活的",字面意思是"我是在这里","我是在活动的东西中",等等),因此很自然把这种表位-存在用法作为解释整个 einai 用法系统的基础。这样,表位用法也成为他关于 einai 这个词的整个用法体系的基础。

其次,在卡恩对存在用法的说明中,表位用法起了非常重要的作用。在卡恩区别出来的六种存在用法中,类 II 是希腊文中典型的存在句,对这类句子的翻译也是典型的表示存在的句子,无论是英文,还是中文。但是这类句子的主要特征是 einai 这个动词前移至句首的位置。根据卡恩的分析,这样的表达方式具有一种强调的作用,具有一种修辞力量,它引入一个所要陈述的主体,比如一个人,一个山洞,一座城市,一条河,等等。值得注意的是,einai 这个动词前移至句首,因而具有一种强调作用,一种修饰力量,但是,由此并不一定就表示存在。从卡恩的分析来看,当 einai 这个动词出现在句

37 Kahn, C. H., *The Verb "be" in Ancient Greek*, 第 373 页。

38 参见同上,第 374 页。

39 同上,第 375 页。

首的时候，表示存在的句子一般都是表位系词构造，而不是名词系词构造，这样就说明，希腊文中表示存在的句子是与表位句联系在一起的，甚至可以说是由表位句演变来的。因此，表位用法对于存在用法的分析和说明是至关重要的。

第三，根据卡恩的分析，随着语言的发展，einai 这个词的表位用法得到了两种方式的发展，而这种发展都是与表位用法相关的。一种方式是表位动词以比喻的方式扩展为新词，从而产生一些非空间的用法，比如“发生”，“处于困境之中”。另一种方式是，这种比喻的用法逐渐地有时候甚至完全消失了。比如前面关于荷马以后希腊文的表达方式，即类 VI 的分析，根据卡恩的分析，“神是”这样的句子的显著特点是对陈述的东西没有任何补充说明，而它最自然的意思应该是“神是在这里、那里或某个地方”，恰恰是省略了表位谓词。所以，在卡恩的分析中，表位用法对 einai 这个词在希腊语言的发展中起了十分重要的作用。他甚至认为，看到 einai 这个词这样的发展，人们可以想象一种情况：“表位动词类似地扩展为标准的带有谓述名词和形容词的系词用法。在这种情况下，我们看到地点含义完全消失了，而只保留了这个动词持续不断的静态－持久的方面。”[40]

从以上三点可以看出，表位用法在卡恩的分析中占有十分重要的地位。由此也可以看出，表位用法与 einai 这个词的含义密切相关。应该指出，虽然卡恩提出把表位用法作为 einai 这个词原初的意义，由此建立起他关于 einai 这个词诸种用法的整个体系，但是他最终也特别强调，如果声称表位构造或表位存在的观念构成了惟一的来源，由此可以得出 einai 这个词在荷马著作中的所有用法，或者构成了惟一的基本含义，而荷马著作中 einai 这个词的所有用法都基于这种基本含义，那么这是“完全没有证据的，而且也是没有道理的”。[41] 这就说明，我们不应该把表位用法绝对化。此外，还应该看到，虽然卡恩的分析是有道理的，但是这并不是说它任何问题都没有。我觉得，在卡恩的分析中也有任意性的成分。比如，他认为 einai 的生命用法是

40 Kahn, C. H., *The Verb “be” in Ancient Greek*, 第 376 页。

41 同上，第 387 页。

存在用法,但是又认为这种用法"有时确实保留了表位－存在的用法"[42],甚至认为遇到einai不带任何地点指示,表示"我是活的"的时候,可以把它理解为省略的表达,而省略了的就是意义丰富的位置表达。[43]这样的解释显然至多只能让人觉得有道理,但是绝不能令人感到满意。这就说明,对einai这个词的表位用法的分析是非常复杂的事情。这种复杂性主要表现在它的含义是词典的,而对词典含义的分析只能是经验的。不是说这样的分析无法达到普遍或比较普遍的结论,但是,这样的分析要想达到普遍的结论是非常困难的,我们对这样的结论必须保持清醒的头脑。

在卡恩的分析中,句法分析始终占据了核心的地位。这一点,我们从他关于einai的系词用法、存在用法和断真用法的论述可以看得非常清楚。当然,句法分析很容易成为语言分析的基础,或者至少是一种方法,因此从句法出发进行这样的分析是很自然的事情。但是,像卡恩这样紧紧扣住句法进行分析,则是一个非常显著的特征。一般来说,他从具有一般性的句法形式出发,然后逐步扩展到比较特殊的句法形式,即使像存在用法的分析结果常常是词典的或语义的,但是分析的途径仍然是从句法出发。而且,这样的句法分析确实得出了非常重要的结果。

首先,einai的系词用法及其相关的结论是非常重要的。其中最重要的结论就是,正像卡恩指出的那样,这种用法完全是根据句子的语法形式得出的,不需要语义或词典的分析。这一结论深刻地揭示了einai这个词的最显著的特征和含义。围绕这个结论,卡恩有许多证明,其中一个比较重要的证明是他在荷马著作中对einai这个词做的取样统计,另一个证明是他关于种种系词用法的具体分析。这些统计和分析都说明系词用法的这一特征。

其次,通过句法分析,卡恩揭示了einai这个词的存在用法的来源和演变,说明einai这个词的存在用法的句法形式是这个词前移至句首,在引入了所要陈述的主语之后,还有对这种主语的谓述说明,而这种说明主要是地点的说明,这样就产生了新的句法形式,有了一种强调的作用,因此表示存

42 Kahn, C. H., *The Verb "be" in Ancient Greek*, 第379页。

43 参见同上书,第379页。

在。随着语言的发展,这种自然的表达逐渐演变成一种技术性的表达,成为一种专门的哲学或宗教的表达,这时,einai这个词在句首的位置依然不变,但是对由它引入的主语的说明消失了。对于这样的句子形式,英文没有相应的翻译,而且这种颠倒的次序,即动词在前主语在后,使人感到奇怪,因此必须在前移至句首的“being”前面加上一个there,它是一个“虚主语”或“模糊主语”[44],这样就有了“there is”和“there are”这样的表示“存在”的固定表达。因此卡恩也特别强调指出,there在句首位置的这种存在用法与there在句中做表位副词的用法不是同一的,尽管从历史来看前者可能是从后者派生出来的。

第三,通过句法分析,卡恩揭示了einai这个词的断真用法与存在用法之间的一个区别,这就是:断真用法所断定的主语是一个句子,而存在用法断定的主语是一个词,而且一般来说,是一个通名。这个区别是非常重要的,一方面,它说明,真这个观念是与句子联系在一起的,而且,希腊人表达真的方式并不一定要用“真的”这个词;另一方面,它说明,存在这个观念一般来说是与一个通名相联系的,也就是说,存在这个概念所断定的一般是一个类概念,而不是一个个体概念。

虽然卡恩通过句法分析得出的结果还有不少,但是我认为以上结果是最重要的。这三个结果实际上也是印欧语言的三个非常基本和主要的特征,即使在今天,我们也可以非常清楚地看到它们。如果我们分析一下,甚至可以发现,系词用法和断真用法几乎没有什么太大的变化,惟一有变化的是存在用法。

在希腊文中没有一个专门表示“存在”的词,而是einai这个词有时候表示的意思是存在,甚至可以说,它的有些用法我们只能用“存在”或表示存在的词来翻译才合适。比如在法语口语中,人们常说:“Est-ce qu' une telle chose existe?”(有这样一个东西存在吗?)而在英语中,人们则说:“Is there such a thing?”(有这样一个东西吗?)这两句话表达不同,法语专门加了一

44 参见Kahn, C. H., *The Verb “be” in Ancient Greek*, 第30–32页。

个明确的专门表示存在的词"existe",英语却没有,但是它们的意思却是一样的。然而不管怎样,它们毕竟还是含有与einai相应的词,即法语中的"est",英语中的"is"。而在德语中,这样的表达是"Gibt es solche Sache?",这里与einai相应的词是"es gibt",也就是说,与einai这个词相应的"ist"也不见了。实际上,严格地说,与einai这个词的存在用法相应的英语表达是"there is",法语表达是"il y a",德语是"es gibt"。因此,只有英语还保留有着与einai相应的"is"。有人认为,法语和德语的这种习惯表达"似乎表明比英语更强地意识到存在命题与把性质赋予对象的命题之间的区别"。[45]不论这种看法是不是有道理,我们至少可以看出,现代的表达与古代的表达已经有了比较明显的差异。

也许,我们可以把英语的"there is"、法语的"il y a"和德语的"es gibt"看作是固定的表达,是与希腊文einai这个词的存在用法相应的表达。但是我们应该看到,随着语言的发展,人们还有一个专门的表示存在的词,这就是"exist"及其同源词。正像卡恩指出的那样,从词源上看,"exist"是从拉丁词ex-sisto导出的,意思是"step out,emerge"。拉丁动词中潜在的这个比喻与einai这个希腊表达式的直接意思是不相关的。einai这个希腊动词的词体价值是durative(持续的),而这个拉丁复合构成词的词体本质上是punctual和emergent。因此,einai使人想到持久、稳定和静止,而exist使人想到在产生事物的黑暗背景下释放出来的新颖之处的情况。根据卡恩的观点,我们可以说,尽管像there is、il y a或es gibt这样的表达与einai的存在用法的表达已经有了一些差异,但是它们与einai的存在用法仍然有相似的地方,我们还是可以用这些表达来翻译einai的存在用法。但是无论如何,我们不能用exist及其同源词来进行翻译。卡恩甚至认为,当代哲学家们关于存在的讨论都是基于中世纪和现代哲学中关于存在的讨论,尤其是关于"上帝存在吗?"和"如何证明上帝的存在"这些问题的系统处理。这种思辨的争论背景与希腊语中einai这个词的规范用法一般是不相关的。从现代"存在"的用法

45 Williams, C. J. F., *What is Existence*? p. 3.

来看，einai 这个词的存在用法是用词不当。[46] 但是他也承认，“为什么选 existence 来区别 to be 的存在价值，是一个历史问题，而且是一个未解决的历史问题”。[47]

从卡恩的分析和论述可以看出，希腊文 einai 的表达是非常丰富和多元的，因此对它的理解和分析也是非常复杂，若想得出非常确定的普遍的结论更是困难的。但是，作为中国学者，从我们本民族的语言、文化和思想出发来理解西方的东西，特别是这个 einai，还是可以得到一些有益的启示的。我们无疑应该非常重视并参考卡恩的研究结果，但是也不必把他的观点不加分析地全部拿来作为依据，更不必把他的每一个结论都当作定论，最主要的还是找出理解 einai 的主要线索来。我认为，在卡恩的众多分析和结论中，他的上述三个结论是最重要的，其中又以第一个结论最为重要。这不仅是因为其他两个结论都与这个结论有关，也因为它们都依赖于这个结论。因此，这个结论应该是我们理解 einai 这个词的重要线索和主要依据。

我强调这一点，乃是因为由此将会产生一个非常重要的结果，这就是我们对 einai 这个词的翻译也应该依据这一点。换句话说，einai 这个词的含义极其丰富，甚至可以说非常复杂，但是它最主要的用法却很简单，这就是系词用法。这种用法非常重要，体现了 einai 这个词的根本性质。对于这种重要性，卡恩有一段明确的说明：

> 系动词本身的作用是指示句子的“形式”，包括主语的人称和数量、时态，以及愿望、命令、条件和诸如此类的情态。这样，这个动词的功能联系——非常宽泛地说，它的“意义”——就与主－谓句的一般形式，而不是与任何特殊的内容联系起来。在比较松散但可理解的意义上说，系动词在最基础的用法中意味着：某种属性（性质、位置）属于某个主体。在疑问和模态用法中，系词指示这种相同的属于概念，只是不作为简单断定的对象或内容，而是处于特殊的修饰（可能、怀疑、愿望等等）之下。用元语言学的话说，这个基础的系词表示陈述一个主－谓句的

46　Kahn, C. H., *The Verb “be” in Ancent Greek*, 第 231 页。

47　参见同上书，第 232 页。

真，而这些修饰的用法表示陈述一个主-谓句在各种不同的认识或意向模态下的真。……总而言之,我们可以说,系词作为限定动词指示整个句子——它的句子性——的句法形式,同时还陈述了它的真。[48]

对于这样一个用法非常简单,含义却非常丰富而复杂的词,如果我们能够找到一个相应的中文词,忠实地反映和传达出它的意思,当然是再理想不过的了。但是由于语言的差异，大概很难做到这一点。在这种情况下应该怎么办？我认为,即使无法找到一个合适的中文词来翻译它,我们对它的翻译至少也应该反映出这个词最主要的用法和最主要的特性。既然 einai 这个词的主要用法和特性是系词，用卡恩的话说，它的用法从本性上说不是词典的，而是句法的,我们就应该尽量把它的这种特征和性质翻译出来,除非我们确实根本做不到这一点。实际上,汉语虽然不是语法语言,没有西方语言那样明确而独特的语法形式，但是我们也有一个独特的动词，它表示主谓联系，由它表示的句子具有与西方语句相似的主谓结构，而且它的这种用法也是一种地地道道的系词用法,这个动词就是"是"。王力先生曾经指出,是这个词作为系词的发展,是从汉代开始出现的。我们知道,一些词逐渐带有语法的特征，表明汉语表达趋于严格化。所以，我主张用"是"来翻译希腊文的 einai。最为重要的是，这不是单纯的翻译，而是对 einai 这个词的理解的结果。当然,这个结果是根据卡恩的研究而来的。

今天，在西方哲学，特别是形而上学的研究中，to be 或 Sein 仍然是探讨的主要问题和重要问题。尽管西方哲学确实有了很大的发展和变化，甚至关于 to be 或 Sein 的探讨与过去关于 einai 的探讨也许有了很大的不同，但是我们应该看到，不管如何发展，无论怎样变化，这一问题的探讨来源于古希腊，而 to be 或 Sein 本身就是希腊文 einai 的英语或德语表达。毫无疑问，einai 与 to be 或 Sein 之间存在着千丝万缕的联系，而从与 einai 相关的问题到与 to be 或 Sein 相关的问题则是一脉相承。在这种意义上说，卡恩的研究成果，对于今天的研究，不仅对于西方人，更对我们这些具有不同于印欧语系背景的人，无疑具有十分积极而重要的意义。

48 Kahn, C. H., *The Verb "be" in Ancent Greek*, 第 395-396 页。

个人主义化与第二现代*

孙治本(台湾交通大学)

一、前言——第二现代:现代解构后的再建构

第二次世界大战以后,建基于理性主义的"现代性"是否还能维持(甚至于是否曾经存在),受到了越来越多的质疑。然而除了宣告现代秩序已经瓦解的后现代主义(盛行于法国及美国),八十年代初起,另有一些德国社会学家,一方面承认现代解构的现象,一方面则试图在理论甚至实践上,尝试现代的再建构工作。而自从德国社会学家贝克(Ulrich Beck)提出了"第二现代"(Die Zweite Moderne)一词(Beck 1997: 25),虽然包含在此一概念之下的各种视野并非贝克所独创,但以其在相关理论研究上的贡献与影响力,我们很有理由以"第二现代"一词表示"(第一)现代解构后的再建构工程"。[1]

后现代批评现代的理性主义、普遍化的理论概念,强调多元性、片断性、不确定性(Best/Kellner 1994: 22)。后现代学者鲍德里亚尔(Baudrillard)以"内爆"(implosion)的概念描述各种界限的崩溃,并宣称"社会性的终结"(Baudrillard 1983;参阅 Best/Kellner 1994: 150-155 & Smart 1997:69-

---

* 本文有关"社会不平等"之内容,系台湾国科会研究计划"社会不平等理论的新面向——部分德国社会学者的新概念及新分析模式"(NSC 8-2418-H-009-001)的部分研究成果。

1 贝克于1986年出版其成名作《风险社会》,以"另一种现代"(die andere Moderne)一词指涉当代先进社会有别于旧有现代的两项特质:高风险与个人主义化;1990年,他在法兰克福举行的德国社会学者大会发表开幕演说,题为"两个现代间的冲突"(Der Konflikt der zwei Modernen)(Beck 1991: 180-195);1997年,他出书探索另一项当代特性——全球化,开始使用"第二次现代"一词(Beck 1997: 25),并为Suhrkamp出版社编纂一系列"第二次现代丛书"(Edition Zweite Moderne)。

74)。而社会学是与现代性同时出现的(Smart 1997:53),现代性的终结即等于社会学的终结。德国社会学界对后现代主义不感兴趣，两者间的对话很少。然而,在德国发展出的"第二现代"思潮,可以说是(第一)现代理论与后现代理论之外的"第三条路";第二现代不论是与第一现代或后现代,均有相同、相异之处。

第二现代与第一现代一样,均重视人的理性;但第二现代与后现代相同之处是，第二现代亦觉察到现代性的解构，且强调多元性与不确定性。然而，后现代的反理性主义精神，使其被视为一种虚无主义（Best/Kellner 1994:22;黄瑞祺 2000:219),研究现代与后现代的学者黄瑞祺说:"后现代蕴含一种焦虑不安、没方向、迷惑等感觉。……不知道朝什么方向、什么目标前进。"(黄瑞祺:2000:219)第二现代则企图找出方向。在指出第一现代解构的事实后，第二现代思潮试图在理论上甚至实践上，进行再建构的工程。第二现代虽反对那种反历史的现代性(历史之终结),但它并非反现代,而是要将现代历史化,视现代化为"(永远)未完成的现代化"。第二现代也反对线性思考方式,强调多元性与不确定性,然而它不是只停留在此,而是要追求"建立于不确定性中的多元秩序"。

综观各种第二现代思想,笔者认为,第二现代主要关注于三种第一现代的解构现象,并分别提出三种对策(再建构工程),详见表一:

表一　第一现代的解构与第二现代的对策

第一现代的解构	第二现代的对策
个人主义化 (第一现代社会整合的瓦解)	新社会整合
风险社会的形成	提高风险与责任意识
民族国家的式微(起因于全球化)	跨国政治[2]

2　全球化的核心问题是民族国家的式微。当市场已无疆界,而政治仍只能在民族国家的范畴下运作时,(民族国家的)政治便无法规范全球资本主义,形成"政治失灵"的现象。解决之道是通过国家与国家的合作，让政治也能跨国界运作，此即所谓跨国政治(参阅孙治本 2000a:149-155)。

在现代解构后的再建构过程中，“个人主义化”(Individualisierung)是表一所显示的三个核心问题之一，它同时牵涉“社会团体的瓦解”与“社会再整合”两个面相。然而此一论题的含义及其究竟有无新意，在德国社会学界引发了争论。本文以下先谈社会阶级(阶层)的终结与个人主义化，接着诠释贝克夫妇的个人主义化论点，然后介绍一些批判者如何以“理性选择理论”批评贝克的个人主义化论点，最后一部分一方面是笔者对以上正、反双方的评论，一方面则从中发掘出一些重要问题，进行较有开创性的讨论。

二、社会阶级(阶层)的终结与个人主义化

(一) 阶级(阶层)理论的困境

个人主义化论题其实发源自德国社会学者对传统社会阶级(阶层)理论的批判，及对建立新的社会不平等模式的尝试。以笔者所能搜集到的资料，最早是在1982年，克瑞可(Reinhard Kreckel)为文对所谓“垂直式的”不平等模式(即阶级、阶层模式)提出了批判(Kreckel 1982)。接着在1983年，克瑞可主编了《社会不平等》(*Soziale Ungleichheiten*. Göttingen)一书，其中收录了贝克(Ulrich Beck)的一篇论文，题为〈阶级与地位的彼岸？——社会不平等、社会个人主义化过程及新的生活形式及认同的产生〉(Jenseits von Klassen und Stand? —Soziale Ungleichheit, gesellschaftliche Individualisierungsprozesse und die Entstehung neuer sozialer Formationen und Identitäten)，将个人主义化与阶级、地位的终结联系起来，并提出“社会不平等个人主义化”的概念(Beck 1983)。1986年，贝克出版《风险社会——迈向另一个现代之路》(*Risikogesellschaft – Auf dem Weg in eine andere Moderne*. Frankfurt/M.)，其第二部分即题为“社会不平等的个人主义化——工业社会生活形式的去传统化”。随着该书的热卖，个人主义化论题也越来越受到学界的注意。

个人主义化论题起源于对阶级、阶层模式的质疑，而阶级、阶层的终结，

即是一种个人主义化的现象（虽然个人主义化的含义有待商榷，详下文）。批判阶级、阶层模式的德国社会学者认为，虽然社会阶级（阶层）模式下有多种划分与测量阶级（阶层）的方式，但它们都具有以下三点共同之处：

一、社会阶级（阶层）模式描述的社会不平等是团体（亦即阶层或阶级）间的不平等。此种模式并且假定，同一阶级（阶层）的成员有着共同的社会性质与命运（参阅 Kreckel 1997:123）。[3]

二、它们用垂直式的语意学（上、中、下阶级［阶层］）描述社会不平等的结构（Hradil 1987b:121; Kreckel 1985:307, 1987:93－94）。

三、社会阶级（阶层）模式视所得、教育、声望、权力为主要的社会不平等面向，在实际的研究上，此模式又以“职业”作为上述四个面向的主要关涉点（Hradil 1987b:117；参阅 Hradil 1983:101；Berger/Hradil 1990:5－6）[4]，并假定被分析的社会是“工作社会”（Kreckel 1985:307, 1987:94），亦即一充分就业之社会；换言之，社会不平等的根源在工作与生产关系（Kreckel 1985:307）。因此，社会阶级（阶层）模式的主要分析对象是男性、成年的“正常公民”（Kreckel 1982:618）。而无经济自主性的社会成员，或者根据他们的经济支持者（例如家庭主妇根据其丈夫、未成年人根据其父亲或母亲）[5]，或者（例如退休者）根据他们从前、（例如学生）根据他们未来（可能）的经济活动，来决定其隶属之阶级（阶层）（Kreckel 1985:307, 1987:95）。

（特别是）上述第三项特性，使社会阶级（阶层）模式无法涵盖所有的社

3 韦伯即说，“身份（地位）位置”（ständische Lage）是用来表示“一群人生活命运的典型成份”，其主要决定因素是正面或负面的“声望”（Ehre），而声望又与某种“共同的性质”有关（Weber 1972:534）。

4 台湾研究社会阶层的学者许嘉猷亦将社会阶层的主要层面分为经济面（不平等面向为所得分配）、政治面（不平等面向为权力分配）及社会面（不平等面向为职业声望之高低），见许嘉猷 1986:47－103。此外，在阶级结构的经验研究上，台湾学者亦常根据某项理论，以职业或经济特性作为阶级分类的主要标准，例如许嘉猷 1989, 1994；萧新煌 1994。

5 家庭因此是传统的阶级或阶层模式的具体分析对象，Schumpeter 很早就曾说过：“家庭，而非具体的人，是阶级理论中的真实个体。”（Schumpeter 1953: 158）参阅 Kreckel 1997:122－123。

会成员、社会部门和社会次体系，因此自六十年代末，学界即越来越倾向以较广泛的"社会不平等"概念取代之(参阅 Kreckel 1982:617)。社会不平等的真实结构要比社会阶级(阶层)模式所描述的复杂得多。尤其是新近才形成或才显得重要的社会不平等新面向[6]，并非对所有的人、在所有的时候、在每一个生活范围内都有着相同的重要性(Hradil 1987b: 124 – 125)，这使得研究者在选择测量社会不平等的指针时，更加困难。

七十年代，法国学者布迪厄(Bourdieu)提出以生活风格(Lebensstil)作为社会不平等的新分析面向，影响深远。然而，布迪厄并未放弃阶级概念。布迪厄的"社会空间"(Sozialer Raum)概念包含两个层面，其一是"社会位置"(Stellung; Position)，其二是"生活风格空间"(Raum der Lebensstile)。社会位置牵涉的是客观的生活条件，具有相同位置的人组成某一阶级；生活风格则是行动者在象征体系中的外显行为(Bourdieu 1985: 9 – 46; 1998: 171 – 399)。联结社会位置(客观的生活条件)与生活风格的是 Habitus(习性; 习得的性质)，亦即，客观的生活条件塑造出 Habitus，Habitus 又决定了生活风格(Bourdieu 1974:125 – 158; 1998:277 – 404；特别是 1998:280 之附图)。换言之，对 Bourdieu 而言，生活风格可说是阶级在象征体系中的外显形式，所谓的品味与风格是"阶级品味与生活风格"(Bourdieu 1998: 401)。

部分研究社会不平等的德国学者(以贝克、彼得·A. 柏格[Peter A. Berger]、贺拉迪[Stefan Hradil]及克瑞可为代表)，则有较激进的想法。他们认为，尤其是在当今最先进的工业社会，很难仅仅根据社会阶级(阶层)模式

6 新的社会不平等包括工作位置稳定性的不平等、基础结构条件的不平等、生态环境的不平等、获取公共资源机会的不平等；这些新的不平等多半与职业活动无关(Hradil 1987b:117 – 118; Kreckel 1987:95 – 96)。当然，所谓的新的社会不平等未必完全是新的现象，但它们的重要性及受重视的程度在新近增加了(Kreckel 1987:97 – 98)。例如，在当今的先进福利社会，资本家和无产阶级间的冲突已不再重要，有工作者和无工作者(失业者、退休者、家庭主妇)间的不平等则越来越值得关注(Kreckel 1985:308)。然而这些(新的)社会不平等，却是社会阶级(阶层)模式很少考虑的(有关新的社会不平等的较详细讨论见 Hradil 1987a:29 – 57)。

来分析社会不平等，因此主张以新的概念和模式取代社会阶级（阶层）模式。笔者将他们的主张归纳为三个核心概念，即：1. 社会不平等的个人主义化；2. 水平式的不平等；3.（个人可主观决定的）生活风格。以上第三点，（个人可主观决定的）生活风格，与个人主义化论题密切相关，亦可将其视为个人主义化的一种现象；第二点，水平式的不平等，则与本文题旨无甚相关。故以下仅讨论社会不平等的个人主义化及生活风格与社会氛围。

（二）社会不平等的个人主义化

如同前述，社会阶级（阶层）模式在分析社会不平等时系以团体（亦即阶级或阶层）为单位。然而当今的先进工业社会，由于经济之富裕，及（在各国规模大小不一的）社会福利制度之建立，个人所掌握的资源、社会安全和流动性均有所增加，使个人的生活方式越来越少受到客观社会位置的影响（Hradil 1987b:122; 1987a:161）。所得及生活水准、教育程度、社会流动性的提高，消除了作为阶级建构前提的贫穷化和异化（Entfremdung），使社会不平等越来越成为个人的事（Beck 1986: 122 – 133），敏锐的观察者因此要问："在先进工业社会中，阶级或阶级冲突是否已不存在？"（参阅 Beck 1983, 1986: 121 – 160; Giegel 1987）。[7] 但阶级的终结并不代表不平等的终结，相反，人类社会充斥着越来越多的风险及风险的不平等分配，然而风险的不平等分配也个人主义化了（Beck 1986:158）。

以失业风险为例，先进社会中日益严重的失业问题及随之产生的新贫穷，很难用阶级（阶层）的概念去分析；失业比较属于个人的命运，而且失业的状态未必贯穿个人的生涯史，极可能只是个人生涯中断续出现的现象（Beck 1986:143 – 151）。当工作位置的不稳定性增加时，每一个职业团体中的个人都有可能失业，失业已非某几个特定社会阶层的命运。而且我们很难将所有的失业者归于一个"失业者"社会阶层之下，这是因为同样是失业者，却有非常不同的教育程度和经历，而失业状态持续之长短，更因人而

7 克瑞可认为，社会阶级的概念已不适合用来分析像德国这样的先进工业社会，但抽象的阶级关系（即劳资关系）概念则仍有其价值（Kreckel 1990）。

异。当一个社会的失业率高达10%至20%时,失业者的数量不可忽视,却并未形成一具有共同性质、共同命运的社会团体,则失业者及与失业相伴随之贫穷、社会声望之降低,便无法透过传统的社会阶级(阶层)模式来分析。

(三) 生活风格与社会氛围(soziale Milieus)

贺拉迪认为,不平等不仅与客观的生活条件有关,也与个人的态度、气质等主观因素有关。经济的富裕、信息的爆炸及社会福利的扩展,使个人越来越有能力型塑自己的生活,主观因素与不平等之间也因此有了越来越强的相关性,社会不平等的个人主义化因此形成(Hradil 1987a:161-162)。换言之,哪些生活条件是重要的、自己过得比别人好或是不如别人,越来越属于个人主观认知的问题。

鉴于社会不平等越来越受到主观因素的影响,贺拉迪主张,在社会不平等的研究上,应该将主观因素与客观因素加以区别,虽然这并不否定两者间可能的相关性(Hradil 1987a:161-162)。值得注意的是,主观因素一方面属于个人的认知范围,但外在因素的影响、互动的过程、集体行为,会使某些不同的个人拥有某些相同的态度、气质或意识类型,这就使得我们可以归纳出一些"生活风格"类型,而且这里所谓的生活风格,并非具体的个人的日常思想与行为,而是经过研究者抽象化的某一社会群体的典型行为方式(Hradil 1987a:163-164)。由是,生活风格本身便可作为社会群体的分类标准[8],而不再是某一阶级、阶层或社会位置的附属性质;或者说,某一特定的"生活风格族群"是贯穿分布于不同的阶级、阶层或社会位置。当然,在先进福利社会中,同一生活风格族群中的个人,未必有着共同的命运,这又是一种个人主义化的现象。

很明显地,贺拉迪所谓的生活风格与前文叙及的布迪厄的生活风格概念是不同的。对于布迪厄而言,生活风格与社会阶级密切相关,某一社会阶级内相同的生活条件导致该阶级成员拥有近似的Habitus,Habitus又决定

8 Karl H. Hörning及Matthias Michailow (1990)亦认为,生活风格是一种社会形成(Vergesellschaftung)、社会整合的形式。

了该阶级的生活风格。贺拉迪的生活风格概念与外在的社会不平等结构间则不一定有相关性存在;生活风格可以是客观环境条件的产物,也可以是个人的主观选择[9],因此,生活风格未必与社会位置相关(Hradil 1987a:164)。例如,消费风格固然与收入(客观条件)有关,但也与消费者的主观品味、欲望有关。

换言之,布迪厄虽然提出了生活风格作为社会不平等的新分析面向,但对他而言生活风格是附属于社会阶级的;贺拉迪则赋予生活风格较独立的地位,生活风格本身,便可作为社会群体的分类标准,此即以下要介绍的"氛围"(Milieu)概念。

拥有共同生活风格的人组成某一"氛围"(Hradil 1987a:165),氛围的界定与其组成者的主观动机、目标有关,也与其组成者行动的客观条件与后果有关(Hradil 1987a: 166)。氛围(或者社会氛围)又可分为微氛围(Mikromillieus)和大氛围(Makromillieus)两种,前者其成员间有直接的接触(例如具有相同生活风格的朋友圈子),后者则包括(某一社会)所有拥有相似生活风格的个人,尽管他们可能从未有过接触(Hradil 1987a: 167-168)。

在贺拉迪的氛围模式中,氛围的界定指针是生活目标,换言之,不同的生活目标对不同的氛围有不同的重要性(当然,这些生活目标都是普遍被接受的,只是对不同的人有不同的重要性)。其实,早在1979年,Nowak & Sörgel社会科学中心(简称SINUS)即开始研究德国人的生活风格与社会氛围(用的是非结构性的访问法)(参阅Hradil 1987a:127)。该公司1984年公布的为德国香烟制造商Reemtsma做的一项研究(SINUS 1984)[10]中,建构出西德社会的七种氛围。贺拉迪将这七种氛围与生活目标的概念相结合,

9 Hartmut Lüdtke曾尝试透过经验研究,检验是客观环境条件还是个人喜好对生活风格的形成有较大的影响力,然而由于研究方法上的限制,Lüdtke认为该研究的结果只能使人"猜测"客观条件的影响不会大过个人喜好(Lüdtke 1990:450-451)。

10 此外,1984年,德国社会民主党(SPD)常委会在一项关于社民党胜选潜力的研究中,曾采纳SINUS的社会氛围模式做分析(Vorstand der SPD 1984);Gluchowski亦曾研究过德国的政治生活风格群体(1987)和休闲生活风格群体(1988)。

(主观)界定出各氛围的主要生活目标及与其相对应的不平等生活条件面向(见表二)。

表二　西德之社会氛围

氛围名称	主要的一般生活目标	主要的不平等生活条件面向
保守、高雅氛围	成就 权力	正式教育 正式权力
小市民氛围	成就 安定 富裕	正式教育、职业声望 风险 金钱
传统的劳工氛围	安定 富裕 减轻负担	风险、社会保险 金钱 工作及休闲条件
进取向上氛围	成就 富裕	正式教育、职业声望 金钱
技术官僚－自由氛围	参与 成就 自我实现	民主制度 正式教育 社会角色
享乐主义氛围	自我实现 减轻负担 整合	社会角色 工作与休闲条件 社会关系
另类－左派氛围	整合 参与 自我实现	社会关系 民主制度 社会角色

Haradil　1987a: 169

由表二可知,不同的社会氛围有着不同的主要生活目标,而不同的生活目标涉及不同的不平等生活条件面向,则不同社会氛围的成员,在认知、界定社会不平等时,所采纳的指针应该有所不同。

三、个人主义化与(新)社会整合——贝克夫妇的论点

从前述贝克《风险社会——迈向另一个现代之路》一书,其第二部分的

标题“社会不平等的个人主义化——工业社会生活形式的去传统化”(重点为笔者所加),即可知道,贝克的个人主义化论题牵涉的范围不只是社会不平等的研究,在贝克的眼中,个人主义化实为高度工业化的福利社会的主要特征,它标示着“大团体社会的终结”(Beck 1986:139),亦即团体不再是社会与个人间之中介物,个人与社会之间形成了一种“新的直接关联”(neue Unmittelbarkeit)(Beck 1986:158)。“个人自身成了社会在生活世界中的再生产单位。”(Beck 1986:209)面对个人主体性对社会影响的增加,社会学应更多地注意主体,贝克与其妻,Erlangen 大学社会学教授 Elisabeth Beck-Gernsheim,因此主张建立起“个人社会学”(Soziologie des Individuums)(Beck/Beck-Gernsheim 1994:30)。

“大团体社会的终结”其实就是传统社会学所认知(或者说型塑)的现代社会的解构,实际上也就是传统社会学的解构。然而,贝克不像后现代论者那样,停留于对现代的解构的观察,而是在解构后做起了再建构的工作。这种再建构工作不只是理论上的,似乎也是贝克夫妇的一种使命宣言(详下文)。

然而关于个人主义化论题的含义及适用性,是颇有争议的。除了前述《风险社会》一书,贝克夫妇在 1994 年主编的《有风险的自由》(*Riskante Freiheiten*, Frankfurt/M.)论文集中,发表了〈现代社会中的个人主义化——主体取向社会学的观点与论争〉(Individualisierung in modernen Gesellschaften – Perspektiven und Kontroversen einer subjektorientierten Soziologie),该文较完整扼要地呈现了两人对个人主义化的诠释,但亦暴露出其论题的模糊性。

(一)“个人主义化”的含义

仅从字面理解,个人主义化论题牵涉的是社会联系力、社会团体的瓦解,及以个人为中心的价值观的盛行,社会整合的问题似乎不属于此一论题的范畴。前述“社会不平等的个人主义化”及“生活风格的主观化”概念,即不涉及社会整合的问题。然而,贝克所谓的个人主义化,实系一体两面,其指涉的不只是社会联系的中断,也涉及社会的再整合。贝克甚至用“三重的个人主义化”(dreifache Individualisierung)(Beck 1986:206)来形容。所谓三重的个人主义化,可理解为个人主义化的三个面向或三阶段,这三个面向或三阶段分别是:

1. 个人从旧有的社会形式与联系中解脱出来(即“解脱面向”[Freisetzungsdimension]);

2. 旧有的信仰与规范失去了意义(即“除魔化面向”[Entzauberungsdimension]);

3. 个人进入了新的社会联系中(控制或再整合面向[Kontrollbzw. Reintegrationsdimension])(Beck 1986:206)。

诠释和批判贝克个人主义化论点的弗里德里斯,则将个人主义化区分为以下三阶段:高程度的制度化;逐渐增强的解制度化及个人选择(Option)可能性的增多;再制度化(Friedrichs 1998:35)。若对后两个阶段做更细致的描述,则可区分为以下三个过程:1. 对传统机制依赖程度的减低;2. 选择多样化,个人可规划自己的生涯史;3. 新的制度化依赖,最重要的是劳动市场(Friedrichs 1998: 37)。(以上1. 与2.,系弗里德里斯根据Beck 1986: 116–117及Beck/Beck-Gernsheim 1994: 14–15; 3. 系根据Beck 1986: 119及Beck/Beck-Gernsheim 1994:14。)

贝克所谓三重的个人主义化,其头两个面向——解脱面向与除魔化面向,均属于旧社会秩序瓦解的过程,所以,较简化地说,个人主义化包含有“(旧)社会(秩序)解体”与“社会再整合”两个面向。前述贝克夫妇1994年的论文中,亦视个人主义化为包含双重含义的概念,而其第一层含义是:“既定的社会生活形式的瓦解”(例如“阶级和地位、性别角色、家庭、邻里关系等”);与此伴随的问题是:“何种新的生活形式会出现”?由此便导出个人主义化的第二层意义:“在现代社会中,个人面临新的制度要求、控制与强制。”(Beck/Beck-Gernsheim 1994:11–12)这些现代的、非传统的规则,透过劳动市场、福利国家、官僚体系运作,可谓严密繁复,然而贝克夫妇并不认为这些规则(Vorgaben)仅仅是对个人的束缚,反而认为其存在的目的在于使个人能“过自己的生活”,而且,在一定程度上,这些规则必须由个人自行建立起来,因为,现代的制度主要不是行为的限制,而是供给与行为的鼓励(例如社会福利),个人必须努力以赴才能在竞争中获得供给与奖励(Beck/Beck-Gernsheim 1994:12)。现代的规则不仅使个人有更多的机会过自己的生活,还阻碍了家庭的共同生活与凝聚力,其原因主要来自于现代的福利制度,因为大部分的社会福利不是根据家庭,而是根据个人的需要制定。福利国家因此强化了个人主义化的生活方式(Beck/Beck-Gernsheim 1994: 14;参阅 Leisering 1998)。

贝克夫妇又认为,个人主义化不是个人自由的决定,而是个人被强迫自己型塑、导演自己的生涯史和社会网络,而在此一自我型塑的过程中,又伴随着个人喜好和生命阶段的转变,而且个人必须配合其它的个人以及劳动市场、福利国家等的规则(Beck/Beck-Gernsheim 1994:14)。在个人主义化的风潮下,个人必须决定自己的生活风格(Lebensführung),而且这种决定被视为非常重要(被神化了)(Beck/Beck-Gernsheim 1994:19)。随着个人决定必要性的增强,不需个人多加思考的例行社会行为便减少,造成一种日常生活的“解例行化”(Entroutinisierung)现象(Beck/Beck-Gernsheim 1994:17-20)。而当选择可能性和决定的必要性增加,个人的行动需要也随之增加,个人必须更能适应、更能整合,需要更大的弹性与承受压力的能力。许多的机会、危险、不确定性,不再是在家庭、社群、社会地位或阶级的脉络中被定义,而是个人自己必须对其知觉、解释、决定和处理。个人的机会和负担因此同步增加(Beck/Beck-Gernsheim 1994: 14-15)。从前那种进展有序的“标准生涯史”(Normalbiographie),转变成“选择生涯史”(Wahlbiographie)、“自己动手做生涯史”(Bastelbiographie)(Beck/Beck-Gernsheim 1994:13)。而且,随着决定必要性的增加,风险也随之提高,个人主义化因此成为一种“有风险的自由”(Beck/Beck-Gernsheim 1994: 32),个人生涯史成了“风险生涯史”(Risikobiographie)、“钢索生涯史”(Drahtseilbiographie)(Beck/Beck-Gernsheim 1994:13)。

（二）新社会整合

前面说过，所谓的个人主义化论题包含了“社会解体”与“社会再整合”两个面向，而贝克认为，第二个面向是当代一个困难的课题。要言之，贝克试图寻求“个人主义式的社会整合”的建立可能性；不仅如此，在学术的视野上，贝克夫妇并且主张建立所谓的“主体取向的”(subjektorientierte)社会学(Beck/Beck-Gernsheim 1994:27)。

贝克夫妇认为，社会学向来存在着两种对立的视野，其一系从个人的角度观察社会，其二则从整体(社会、国家、阶级、家庭等)的角度观察社会。贝克夫妇并且认为，从个人的角度分析社会者，不会把社会的形式视为既成不变的，反而会对社会制度持怀疑的态度。而从整体的角度观察社会者，则强调社会满足个人需要的功能，只有在社会中，个人才可能是个人，而个人要从社会中获得本身需要的满足，必须尽义务(Beck/Beck-Gernsheim 1994:26)。从整体的角度观察社会，是社会学的主流视野，从个人角度出发的视野则长久受到压迫，并被认为是一种自私自利的观点。然而在大政治阵营及政党政治共识形式终结以后，我们有必要去问什么样的共同性会形成(Beck/Beck-Gernsheim 1994:26－27)。

涂尔干和齐美尔(Georg Simmel)还能想象在个人主义化的社会中存在着一种超越的价值整合，然而当个人越来越脱离传统的团体和整合形式，这种观点就似乎越来越不实际(Beck/Beck-Gernsheim 1994:28)。这是因为个人主义化是自治、解放与脱序的混合，充满了矛盾(Beck/Beck-Gernsheim 1994:19 & 32)，因此我们有必要问，在个人主义化的效应下我们该如何分析社会？高度工业化的社会有可能整合吗(Beck/Beck-Gernsheim 1994:33)？

在此一问题上，贝克夫妇认为，高度工业化社会原有三种整合形式，但是都已失效，这三种整合形式是：

1. 超越的共识、价值整合；
2. 共同的物质利益及制度依赖(对劳动市场、福利国家的依赖)；

3. 民族、国家意识(Beck/Beck-Gernsheim 1994:34－35)。

贝克夫妇认为,三种整合形式的失效,引起了许多问题,但走回头路的结果更糟糕。例如在德国及其它西欧国家,有些人回归到传统的民族、种族意识,结果引发仇视外国人的严重冲突(Beck/Beck-Gernsheim 1994:33)。按,在人口全球流动频繁的当代,高度工业社会的种族成份日益复杂,传统民族、种族意识的复兴,只会引起更多的冲突。所以,当代社会应该寻求新的社会整合形式。问题是,新的社会整合形式,其内在逻辑与从前是否有根本的区别?

贝克夫妇似乎认为,新的社会整合有着与传统截然不同的逻辑。两人援引已故德国社会学界元老、前科隆大学社会学研究所主任 René König 的说法——整合已经无法在制度层面,而只能在思想层面形成(Beck/Beck-Gernsheim 1994: 36; König 1979: pp. 367),提出所谓的"计划整合"(projektive Integration)(Beck/Beck-Gernsheim 1994: 35),并做出如下的诠释:

> 后传统社会只能在其自我解释、自我观察、自我开放、自我发现、自我创造的实验中成为可整合的。非传统社会的未来、未来能力、未来形式是其整合的标准。(Beck/Beck-Gernsheim 1994:36)

这是说,新社会整合必须在高度的自我反省下建立起来,而且必须有很强的未来取向,亦即可以不断自我修正。

至于究竟有哪些现代(第一现代)的社会整合机制濒临崩解?我们举出重要者如下:

> 阶级(阶层)社会的终结(对此本文已着墨不少);
>
> 工作社会的终结(指受雇工作位置的减少,见 Beck 1986: 220－248; Berger 1996:55－58);
>
> 传统婚姻与家庭制度的(进一步)解体(Beck 1986: 161－204; Beck/Beck-Gernsheim 1990);
>
> 宗教信仰与教会组织的(进一步)没落(Pollack/Pickel 1999);
>
> 民族国家及国家政治的式微(Beck 1999a)。

而针对第一现代的解构，贝克等学者提出的第二现代解决方案举例如下：

公民工作(由公家给予社会公益工作者酬劳,此亦可降低失业人口数,见 Beck 2000);

家庭民主化(Beck 1998);家事的两性分工(Kaufmann 1998);各种形态的“计划式两性关系”(Beck-Gernsheim 1998);

以“公民社会”补充国家政治与政党式民主(Beck 1993:219－227;Giddens 1999:79－110);

以“跨国国家”(Transnationalstaaten;复数)模式补充民族国家的架构(Beck 1999a:144－145)。

四、“理性选择理论”vs. 个人主义化论点

1998 年，第一本批评贝克个人主义化论点的论文集问世，主编系科隆大学(Uni. zu K?ln)社会学教授弗里德里斯(Jürgen Friedrichs),书题为《个人主义化论题》(*Die Individualisierungsthese.* Opladen)，共收录十三篇论文。该论文集一方面尝试诠释个人主义化论题（并指出此一论题的模糊之处),一方面则对此一论题从理论和经验研究的角度提出了许多批评。十三篇论文中有四篇是理论性的，其中除了布来梅大学私人讲师 Lutz Leisering (1998) 认为社会福利制度确实有导致个人主义化的效应外,其余三篇则对贝克的个人主义化论题提出了较多的质疑。其中，弗里德里斯毫不保留地批评贝克的个人主义化论题既未被充分地解释，也未经充分的经验研究检验;事实上,个人主义化论题只有部分是可以解释的,原因则是其定义的含糊不清(Friedrichs 1998:33－34)。

1999 年，弗里德里斯及其同事雅格钦斯基 (Wolfgang Jagodzinski) 又共同主编了《社会整合》(*Soziale Integration.* Opladen)一书,此书系针对贝克论题中“社会整合如何可能？”而来。两本论文集对厘清及反思个人主义化论点有很大的助益。

在个人主义化的定义上，前面已经说过，贝克所谓的个人主义化包含“社会解体”与“社会再整合”两个面向。然而还有另一个问题：所谓个人主义化指涉的究竟是社会结构的客观现象，还是个人主观的价值观？如果两者皆是，其间的关系如何？

对此，贝克曾表示，个人主义化不仅有上述所谓的三重意义（亦可视为个人主义化的三阶段），个人主义化还同时牵涉以下两个面向：1. 客观的“生活位置”（Lebeslage）及 2. 主观的意识/认同。但是贝克认为，主观层面的相关研究很少，而其本身的研究亦集中于客观层面（Beck 1986：206－207）。

然而即使我们将个人主义化的研究集中于客观层面，亦可（亦应）区分出微观、中观和宏观三个层次。贝克的探讨当然包括这三个层面，但他并未针对这三个层面做出清楚的概念区分。诠释和批判贝克的雅格钦斯基及克莱恩（Markus Klein），则主张必须从微观、中观和宏观三个层次去捕捉个人主义化的表现形式，个人主义化在三个层次的表现为：

> 在微观层次，个人在选择指导其行为的价值和目标时的自主性提高；
>
> 在中观（Meso-）层次，社会制度与团体的结合与型塑力量降低；
>
> 在宏观层次，则在所有的生活范围都出现社会多元化增强的现象。（Jagodzinski/Klein 1998：13）

个人主义化有以上三个层次的外显形式，但这些现象的存在，其原因却未必是个人主义化。雅格钦斯基及克莱恩认为，所谓的个人主义化论点指涉的现象主要是“异质性”和“多元化”的增加。然而如果异质性和多元化增加的现象是一种个人主义化的过程，其原因必须出于微观层次的“个人主义”。反之，如果这些现象仅从机会结构（Opportunitätsstruktur）的变迁（客观环境的转变使个人的选择机会增加——笔者）就能解释，便不能视其为个人主义化的现象（Jagodzinski/Klein 1998：23 & 28－29）。换言之，所谓个人主义化要名副其实，人的性质必须发生转变，亦即个人的个人主义价值观增强；如果改变的是行为环境及机会结构，不是人的性质，则异质性和多元化增强的现象,便不能称其为个人主义化(Jagodzinski/Klein 1998:29)。

雅格钦斯基及克莱恩并且将微观层次的个人主义区分为客观的个人主义(可直接观察的个人主义)和主观的个人主义。客观的个人主义是从可观察到的个人性质和行为去定义，而不牵涉个人内在的价值观和心理(Jagodzinski/Klein 1998: 16)。主观的个人主义则是根据个人内在的需要、态度、信念、价值或个人认知结构的性质去定义 (Jagodzinski/Klein 1998: 19)。据此,所谓的个人主义化现象,亦即异质性和多元化的增强,必须或者跟客观的个人主义,或者跟主观的个人主义有关,才是真正的个人主义化。如果这些现象只是因为外在机会结构的变迁而产生，便无所谓什么个人主义化。

弗里德里斯、雅格钦斯基及克莱恩,均认为机会结构的转变便足以解释异质性和多元化增强的现象。雅格钦斯基及克莱恩并举 Rainer Schnell 及 Ulrich Kohler 所做的一项经验研究说明。Schnell 及 Kohler 研究的是 1953 - 1992 年间德国选民的政党倾向，此一著名的经验研究，似乎可支持贝克的个人主义化论点,因为研究显示,社会人口变项(例如宗教信仰、年龄、性别、职业、教育程度)与个人的投票意向(支持哪一个政党)间的相关性,随年代的演进降低(Schnell/Kohler 1995:636)。然而雅格钦斯基及克莱恩认为,这种现象可以用机会结构的改变来解释,例如,德国社会民主党(SPD)和基督教民主联盟/基督教社会联盟(CDU/CSU)均朝向全民政党发展,不再只是某一特殊社会利益的代言人,因此也不再有某社会阶层、社会团体成员专投票给某政党的现象;又如,德国天主教徒不再是弱势团体,因此不再需要专属的利益代表，天主教徒的投票意向便发生了异质化的现象 (Jagodzinski/Klein 1998:25)。[11]

此外,雅格钦斯基及克莱恩还认为,个人主义化的价值并不一定会导致更多的异质化。首先,从逻辑而言,当个人主义化的价值越来越普及,那么,

11　1871 年德国的统一是由普鲁士完成的，普鲁士是新教国家，且德国的天主教区域工业化起步较晚,因此很长一段时间,天主教徒在德国处于较弱势的地位,在政治上则多支持基民/基社盟。

在这一点上，个人间的同构型就越高。而且，个人主义化的价值的普及，也会导致行为模式的同质化。例如，如果所有的妇女都追求自立，而且认为经济的独立对自立是不可或缺的条件，那么，在生涯规划上，所有的妇女都会先追求够格的教育程度，然后追求职业工作(Jagodzinski/Klein 1998:27)。

总之，雅格钦斯基、弗里德里斯等学者，虽承认当代社会有异质性、多元化增强的现象，但认为其原因是机会结构的改变，而非人的性质改变；而只要其原因并非人的性质的改变（即人变得较个人主义），就不必以个人主义化来形容这些现象。

弗里德里斯又认为，所谓的个人主义化论题，从宏观层次而言，涉及社会变迁理论，从微观层次(即个人的行为层次)而言，则涉及行动理论。欲解释看似与个人主义化有关之个人行为，适用的行动理论是“理性选择理论”(Rational Choice Theory;RCT)(Friedrichs 1998:46)。这些看似与个人主义化有关之微观层次上的现象，包括个人决定必要性的增加(个人必须做更多的决定)、由此带给个人的风险与负担、及个人对此之反应，从理性选择理论看来，这些个人行为均是个人在机会结构中的理性选择，而未必与什么个人主义价值观有关。关于个人对决定必要性增加的反应，弗里德里斯(Friedrichs 1998:42)与贝克(Beck 1986:119－212)均认为，个人选择可能性的增加，导致个人决定的负担过重，个人因此寻求可以减轻决定负担的机制。弗里德里斯并且认为，个人主义化论点真正的核心在于：“个人必须自己承担个人主义化的代价”(Friedrichs 1998:42)。弗里德里斯及雅格钦斯基均认为，当个人的行动空间增加，个人所要承担的决定责任也随之增加(Friedrichs/Jagodzinski 1999:28)。个人要做的决定增加，因此不仅自由增加了，负担或决定的责任也增加了(Friedrichs/Jagodzinski 1999:28)。个人主义化的代价因此是：选择的可能性增加了，但每一个决定的风险也增加了(Friedrichs 1998:42)。然而弗里德里斯批评贝克未深入讨论此一问题，而直接跳到再制度化(社会再整合)的问题(Friedrichs 1998:42)。

根据理性选择理论，弗里德里斯认为个人至少有三种减轻决定负担的选择(Friedrichs 1998:40－41)：

1. 选择收回时代价不高的决定，例如不结婚，而是同居且不生小孩[12]；

2. 将有益的选择的可能负面后果外部化，例如委由国家机构或制度化的保障承担；

3. 让别人做决定。

支持理性选择理论的弗里德里斯及雅格钦斯基，亦认为当代社会存在着整合问题，亦即：当社会越来越殊化，不同的团体是否还有可能达成规范建立的共识（Friedrichs/Jagodzinski 1999：10）？当限制减少、个人选择的可能性增加，个人层次上的道德行为如何可能（Friedrichs/Jagodzinski 1999：29）？又如前面已经说过的，个人为了减轻决定的负担，选择之一是将成本外部化予国家，然而这只能形成形式上的整合，却无法在个人之间建立起联系（Friedrichs/Jagodzinski 1999：28）。但是，弗里德里斯及雅格钦斯基并不认为新社会整合形式有什么与从前大不相同的内在逻辑，因为，根据理性选择理论，为了个人的利益，理性的个人会彼此合作，规范因此而产生（Friedrichs/Jagodzinski 1999：31）。这是社会整合基本的、一贯的逻辑。

五、批评与讨论

（一）社会阶级的终结与个人主义化的社会分类

个人主义化论点是从否定社会阶级模式的理论尝试中发展出来的。主张社会阶级模式不适用的德国学者，多认为社会阶级终结的原因是普遍的富裕及社会福利制度的持续实施，换言之，对于不存在这两项客观前提的社会，阶级模式可能依然适用。然而笔者认为，阶级模式是否适用，亦与文化有关，例如传统的中国社会，水平式的关系网络可能比垂直式的阶级结构来得重要。唯本文限于篇幅无法详述这些问题。

12　这是说，收回结婚的决定（即选择离婚），代价较高；收回同居的决定（不牵涉法律问题的分手），代价则较低。

笔者于此主要想探讨的是，如何从社会阶级的终结来重新思考社会分类的标准。传统社会学眼中的个人永远是社会中的个人，个人被置于某一社会类别之下，社会学关心的不是个人本身，而是个人的社会属性。传统社会学又假定，少数几项社会属性是基本的，是社会分类的主要指针。这些基本的社会属性就是所谓的社会人口变项，包括职业、所得、教育程度、性别、年龄等，而前三项又是阶级划分的主要指针。传统社会学并且希望所有的个人都能纳入基本的社会分类架构之下，而社会阶级便是传统社会学中最重要的基本社会分类架构。这少数几项基本社会属性以外的变项，不但被认为是次要的，还常被视为基本社会属性的依变项。

而推翻社会阶级模式的尝试，不但否定了同一阶级的个人间存在着具关键重要性的共同命运（因为阶级内的异质性已大过了同构型），并且使我们得以重新思考社会分类的标准。在这一点上，贺拉迪使风格本身得以成为社会分类的标准，最具启发性。然而，贺拉迪的西德社会氛围模式，仍有阶级模式的影子，其理由一：虽然进取向上、享乐主义及另类——左派氛围似为阶级模式所不曾考虑，然而保守、小市民、劳工及技术官僚氛围，则为阶级模式中已有之社会分类概念；其理由二：虽然同一社会氛围中的个人无所谓具关键重要性的共同命运，但此一社会氛围模式似仍欲成为涵盖所有社会成员的社会分类架构。

台湾社会日常生活中经常出现的“生活风格族”概念，则比具普遍涵盖性的社会氛围模式，更为个人主义化。台湾媒体上常出现如“股票族”、“手机族”、“哈日族”（喜欢日本时尚的人）、“网络族”、“香奈儿族”（穿法国Channel 牌服装的人）、“通车族”（必须搭车上学、上班的人）等等的名词，“宏碁”计算机公司推销手提电脑的广告，为了强调手提电脑的可携带性，甚至创造出“行动族”此一名词。“族”是一个社会群体的概念，而在上述的分类方式中，商品、文化喜好、行为方式等均可成为社会分类的标准，笔者称此种社会类别为“生活风格族”。生活风格族的概念不企图提出具普遍涵盖性的社会分类架构，却能使社会分类的指针无限制的增加；客观而言，个人可能属于许多生活风格族，但只有个人意识到某一指针对他是重要的，他才会认为自己属于某一生活风格族。基于这些原因，笔者称生活风格族概念是个人主义化的社会分类。不过，这并不是说个人可以完全主观决定自己的生活风格，风格的选择一定会受到客观条件的影响。个人主义化的社会分类与传统社会学的社会分类的主要差异在于，前者不再假定少数几项社会分类的标准是基本的、具关键重要性的，只要某种风格为许多个人所拥有，这种风格就有理由成为具重要性的社会分类标准；只要个人认为某种风格对其日常生活乃至生涯史的型塑具重大意义，他便可以此为标准将自己界定为某一类别的人。

各种“生活风格族”词汇频繁出现于台湾人的日常生活中（在其它社会可能也有类似现象），显示个人主义化的社会分类已日益重要。然而，商品设计者、时尚专家、广告业者能提供关于“风格”的讯息，“生活风格族”却乏人研究。我们很容易获得咖啡、咖啡厅的讯息，却少有人研究“咖啡族”（喜欢喝咖啡、泡咖啡厅的人）。究其原因，即是因为以人为研究对象的传统社会学，只假定少数几种社会分类、社会指针是重要的，如果要研究咖啡族，恐怕也只是做诸如“收入与对咖啡的喜好度”的相关性研究。然而个人主义化的社会分类概念并不认为一定要将某种生活风格归因于少数几项社会指针，因此，对于生活风格族的研究，主要不在于量化的相关性分析，而应是质化的描述性研究，并“理解”其背后的意义及值得进一步分析的问题。

个人主义化的社会分类与社会阶级模式的终结可说是一体两面。不过笔者要强调的是，所谓社会阶级模式的终结，指的是社会阶级不再是根本的、具关键重要性的社会分类架构，且同一阶级成员间的异质性大过同构型。然而，社会阶级仍可保留为一种社会分类的方式，我们还是会用到“上层阶级”、“中产阶级”、“劳工阶级”等词汇，但其意义是有限的，牵涉的主要是所得、职业差异，而非社会生活的各个层面。社会阶级的意义、重要性对每个个人亦有所不同。如此，社会阶级也成了一种个人主义化的社会分类方式。

(二)“个人主义化”是否使社会整合需要一种新的逻辑?

前文在诠释贝克夫妇的个人主义化论点后,又引述了弗里德里斯、雅格钦斯基及克莱恩对贝克夫妇的批评。笔者认为,争论背后的焦点在于:贝克夫妇所谓的个人主义化是否是一种新社会现象,以及这种新现象是否使社会整合需要新的逻辑?

首先我们要谈一下有关个人主义化含义的争论。雅格钦斯基及克莱恩花了很多功夫去界定个人主义化的含义,主张一定要有个人层次上主观或客观的个人主义产生,才有个人主义化的事实,并认为个人决定必要性的增加、社会多元化及异质性的增强,其原因在于机会结构的变迁(即个人选择可能性的增加),与个人主义无关,因此贝克夫妇的个人主义化论点是有问题的。

笔者认为,雅格钦斯基及克莱恩的批评有些吹毛求疵。贝克早已言明,个人主义化是“被强迫的个人主义化”,且他观察的主要是客观层面的个人主义化现象,与什么个人主义不必有相关性。弗里德里斯、雅格钦斯基及克莱恩承认当代先进社会确有个人决定必要性的增加、社会多元化及异质性增强的事实,已在很大的程度上同意了贝克的论点。

不过,贝克夫妇在词汇的使用及表达方式上,确常有模糊之处。例如,在谈到所谓的“主体取向的”社会学时,贝克夫妇说,从个人的角度分析社会者,会对社会制度产生怀疑。然而,从个人的角度分析,不也可能觉得个人需要社会制度?又,如果说,“主体取向的社会学”或“个人社会学”,其特色在强调个人主导社会过程的力量,则此种力量究竟强到何种程度?前面已经说过,贝克夫妇认为,个人主义化并非个人主动的选择,而是个人被迫自己型塑自己的生涯史,而且,在这种所谓自我型塑的过程中,个人又必须配合其它的个人及社会规则,则个人的主导能力不是很有限的吗?13

---

13 Hölscher 在一项有关广告与生活风格的研究中,虽肯定生活位置的多元化(角色不一致[Statusinkonsistenz])及生活风格的个人主义化的现象,但主要强调的是广告对

另一位诠释和批判贝克的 Matthias Junge 因此认为,贝克的个人主义化论点欲使个人主体成为社会过程的决定者, Junge 称此为“社会形成的主体化”(Junge 1998:51)。然而,贝克发现个人主义化并未导致社会的解体,结果,个人社会学无法被建立起来,社会学无法被主体化,而贝克选择脱离此一困境的方式,Junge 称之为“社会学的道德化”(Junge 1998:58-60)。如同前述,贝克认为,从传统的社会联系解放出来的个人需要再整合,而贝克不仅是客观地观察此一再整合的需要,同时鼓吹建立起(有别于前现代社群的)新社群,以解决当代社会的一些问题。这样的构想充满了价值色彩,这便是 Junge 认为贝克将社会学道德化的原因。也因此, Junge 认为贝克的个人主义化论点与“社群主义的社会理论”有相似之处(Junge 1998: 53-57)。

现在我们先不论个人主义化是否是表达其所欲之含义的适当词汇,且前面已说过,弗里德里斯、雅格钦斯基及克莱恩与贝克夫妇一样,均承认个人决定必要性的增加、社会多元化及异质性增强的事实。然而,三位批评者以机会结构的变迁和理性选择理论来解释这些现象,代表批评者与贝克夫妇的主要区别在于:批评者不认为当代先进社会形成了或需要一种新的社会行动逻辑。

个人主义化是否是一种新现象?又是否因此产生出新的行动逻辑?确实是有疑义的。首先,所谓的个人主义化现象,其时间定位是在哪一个时代?贝克曾明确表示,个人主义化绝非二次世界大战以后的新生事物,中古时代、文艺复兴时期、早期的加尔文教派、十九世纪末二十世纪初,都有当时时代的个人主义化生活风格。前述三重的个人主义化,亦被贝克视为一普遍的模式(Beck 1986:206)。[14] 亦即,前述个人主义化的三阶段,实为社会变迁的普遍过程。那么,当代究竟存在着何种个人主义化的新问题?社会整

生活风格型塑的影响(Hölscher 1998)。此一研究显示,在生活风格的型塑上,个人的主导权可能不大。

14 马克思、恩格斯、滕尼斯(Tönnies)、齐美尔(Simmel)、涂尔干、韦伯及埃利亚斯(Elias)七位社会学家,及社会学诞生前西方哲学中的各种个人主义化理论,参阅 Kippele 1998。

合又究竟有什么样的新困难?

如果从基本的行动逻辑来看,笔者较同意弗里德里斯、雅格钦斯基及克莱恩的论点,即理性选择理论可以在很大的程度上被视为社会行为的基本逻辑,个人主义化现象亦可用理性选择理论来解释。问题在于,什么是理性的?

这个问题我们放到下一节再谈。这里则要谈一下个人与社会的关系问题。贝克个人主义化论点所要求的新社会整合形式,似乎是一种"个人主义式的社会整合",这是否使其与第一现代的社会整合有所区别呢?其实不然,因为个人主义式的社会整合原即为西方启蒙时代以来的基本主张。按,启蒙思想家即认为个人先于社会,霍布斯(Hobbes)便主张,个人授权予国家(或它种集体),是为了保护个人的权益免于他人的侵害(参阅 Zippelius 1990:97-127)。不过,从具体的社会机制而言,则确有必要研究当代社会是否面临着旧整合机制瓦解,新整合机制又该如何建立的问题。[15]

(三)第二现代是否是一种新的理性主义?

我们虽然同意"理性选择理论"可以被视为社会行动及社会整合的基本逻辑,这也符合我们在前言中所说的,第二现代与第一现代都注重人的理性。然而问题是:什么是理性?如果说,理性的行为就是"以最小的成本追求最大的利益,并尽量避免损失",这只是一种"形式化"的叙述而已,因为理性必须显示于具体的观念、行为或制度,过于简化的理性公式不足以解释具体的行为和制度。这一点,制度经济学派早有批评。

不过,除了这种"形式主义"与"实质主义"间的争论外,我们还可区分出两种对理性的不同观念。大盛于启蒙时代的理性主义,即第一现代的理性主义,虽然具有反宗教的性格,却一样追求绝对真理。而且第一现代的理性过度信赖人类的智能,认为人的智能不但可以发现真理,而且可以控制自然与社会,培根"知识就是力量"的名言,最能代表这种思想。所以第一现代的

---

15 福山(Francis Fukuyama)的近著 *The Great Disruption*(中译《跨越断层》)关心的亦是此一问题(Fukuyama 2000)。

理性是绝对主义式的“控制理性”，但往往其所欲为善，结果却是灾难，也就是理性“反身”成为非理性，法国大革命、极左、极右的独裁统治、对生态的严重破坏，都是西方第一现代的控制理性所带来的灾难（孙治本 2000b：5－6）。

然而自从约拿斯（Hans Jonas）指出当代科技社会“预知的知识”落后于“技术的知识”，“预知的力量”落后于“行动的力量”的现象（Jonas 1984：28），西方社会开始面对“不确定性作为一种常态”的事实，同时承认人类智能的有限性。此种思想对中国人则不陌生，“塞翁失马焉知非福”的寓言，早已表达出“祸福相倚”的概念，并显示“积累的后果的不可预测性”。庄子甚至说：“吾生也有涯，而知也无涯，以有涯逐无涯，殆矣。”既然人类智能是有限的，追求知识的结果只是枉然（孙治本 2000b：6）。

唯约拿斯并未激进到要求人类全面放弃知识、放弃技术，而是要求人类评估：是否做某事会威胁到人类的生存？只要有这种可能，就不要做（Jonas 1984：70－76）。所以，约拿斯并未放弃理性、放弃评估的能力，但要求人类放弃可能导致毁灭性灾难的行动。笔者称约拿斯处理不确定性问题的策略为“消极策略”，贝克则进一步提出处理不确定性问题的“积极策略”（孙治本 2000b：6）。在《解药》（*Gegengifte*）一书中，贝克提出在风险社会中增加安全性的策略：提高对于可能的损害的敏感度；打破科技专家对于安全定义的垄断，并提高安全标准；重新分配举证责任，使决策者透明化，而且损害发生时要有人负责（主要根据 Nassehi 1997：53 的整理；贝克原文见 Beck 1988：278f）。

所以，第二现代承认人类智能的有限性，但并不放弃理性，唯第二现代的理性拒绝绝对主义。这倒近似儒家的理性主义——一种中庸之道。第二现代的理性首先承认：“原则上一切都是可能的，而且没有一事是可以预见及控制的。”（贝克语）（Beck 1999b：79）这是处理风险必须有的基本认知。就本文探讨的第二现代面向之一——个人主义化及新社会整合而言，个人主义化意味个人做决定的必要性增加，则个人必须承担的风险也增加。所以处理个人主义化的问题，部分即是处理不确定性的问题。

而新社会整合的基本理念,亦必须拒绝第一现代的控制理性,而寻求在不确定性中建立起秩序,然而这种秩序永远没有"最佳方案",甚至秩序本身亦有其不确定性,第二现代理性的任务因此是不断地反省,让理性既适应也创造,前述贝克夫妇倡议的"计划式整合",即有此意。而且第二现代的理性主义除了必须承认不确定性外,还要能容忍错误,因为"完美"是不可能的,"完美主义"导致的经常是发展的停滞。"容错"的精神则有助于人发现错误,开启不断发展的可能性。

笔者的结论因此是:第二现代的概念确实能发展出一种新理性主义。这种新理性主义扬弃西方第一现代绝对主义式的控制理性,笔者建议称此第二现代的理性为"学习型理性"(孙治本 2000b:6)。笔者又认为,儒家文化更能理解此种学习型理性。当然,最后这一个论点,可能会引起很大的争议,而本文亦无法继续一探其究,乃收笔等待未来讨论的机会。

引用书目

一、中文部分

孙治本,2000a,〈全球地方化、民族认同与文明冲突〉,《思与言》(38-1):第147-184页。

孙治本,2000b,〈学习型理性:与贝克谈第二现代〉,《当代》第156期:第4-13页。

许嘉猷,1986,《社会阶层化与社会流动》,台北:三民。

许嘉猷,1989,〈台湾中产阶级的估计及其社会经济特性〉,收在萧新煌编:《变迁中台湾社会的中产阶级》。台北:巨流,第57页。

许嘉猷,1994,〈阶级结构的分类、定位与估计:台湾与美国实证研究之比较〉,收在同作者所编:《阶级结构与阶级意识比较研究论文集》。台北:中研院欧美所,第21页。

黄瑞祺,2000,《现代与后现代》,台北:巨流。

萧新煌,1994,〈新中产阶级与资本主义:台湾、美国与瑞典的初步比较〉,收在许嘉猷编:《阶级结构与阶级意识比较研究论文集》。台北:中研院欧美所,第73页。

Beck, Ulrich. 1999a.《全球化危机》(孙治本译)。台北:商务。

Best, Steven/Kellner, Douglas. 1994.《后现代理论——批判的质疑》。台北:巨流。

Baudrillard, J. 1983. *In the Shadow of the Silent Majorities… or The End of the Social and Other Essays*. New York:Semiotext (e).

Fukuyama, Francis. 2000.《跨越断层:人性与社会秩序重建》(张美惠译)。台北:时报文化。

Giddens, Anthony. 1999.《第三条路:社会民主的更新》(郑武国译)。台北:联经。

Smart, Barry. 1997.《后现代性》(李衣云/林文凯/郭玉群译)。台北:巨流。

二、德、英文部分

Beck, Ulrich. 1983. "Jenseits von Klasse und Stand? – Soziale Ungleichheit, gesellschaftliche Individualisierungsprozesse und die Entstehung neuer sozialer Formationen und Identitäten," in: Reinhard Kreckel(Hg.): *Soziale Ungleichheiten*. Göttingen, pp. 35 – 74.

Beck, Ulrich. 1986. *Risikogesellschaft – Auf dem Weg in eine andere Moderne*. Frankfurt/M.

Beck, Ulrich. 1988. *Gegengifte. Die organisierte Unverantwortlichkeit*. Frankfurt/M.

Beck, Ulrich. 1991. "Der Konflikt der zwei Modernen," in: demselben: *Politik in der Risikogesellschaft*. Frankfurt/M., pp. 180 – 195.

Beck, Ulrich. 1993. *Die Erfindung des Politischen*. Frankfurt/M.

Beck, Ulrich. 1997. *Was ist Globalisierung*. Frankfurt/M.

Beck, Ulrich. 1998. "Demokratisierung der Familie," in: demselben: *Kinder der Freiheit*. Frankfurt/M., pp. 195 – 216.

Beck, Ulrich. 1999. "Modell Bürgerarbeit," in Ulrich Beck (Hg.): *Schöne neue Arbeitswelt. Vision: Weltbürgergesellschaft* (2. *Auflage*). Frankfurt/M., pp. 7 – 189.

Beck, Ulrich. 2000. "Die Seele der Demokratie: Bezahlte Bürgerarbeit," in demselben (Hg.): *Die Zukunft von Arbeit und Demokratie*. Frankfurt/M., pp. 416 – 447.

Beck, Ulrich/Beck-Gernsheim, Elisabeth. 1990. *Das ganz normale Chaos der Liebe*. Frankfurt/M.

Beck, Ulrich/Beck-Gernsheim, Elisabeth. 1994. "Individalisierung in modernen Gesellschaften-Perspektiven und Kontroversen einer subjektorientierten Soziologie," in: denselben(Hg.): *Riskante Freiheiten-Individualisierung in modernen Gesellschaften*. Frankfurt/Main., pp. 10 – 39.

Beck-Gernsheim, Elisabeth. 1998. *Was kommt nach der Familie? — Einblicke in neue Lebensformen*. München.

Berger, Peter A. 1996. *Individualisierung: Statusunsicherheit und Erfahrungsvielfalt*. Opladen.

Berger, Peter A./Hradil, Stefan. 1990. "Die Modernisierung sozialer Ungleichheit – und die neuen Konturen ihrer Erforschung," in: Peter A. Berger & Stefan Hradil (Hg.), *Lebenslagen, Lebensläufe, Lebensstile*, Soziale Welt, Sonderband 7. Göttingen, pp. 3-24.

Bourdieu, Pierre. 1974. *Zur Soziologie der symbolischen Formen*. Frankfurt/M.

Bourdieu, Pierre. 1985. *Sozialer Raum und "Klassen"*. Frankfurt/M.

Bourdieu, Pierre. 1998. *Die feinen Unterschiede - Kritik der gesellschaftlichen Urteilskraft* (10. Auflage). Frankfurt/M.

Friedrichs, Jürgen. 1998. "Die Individualisierungs - These - Eine Explikation im Rahmen der Rational-Choice Theorie," in: Jürgen Friedrichs (Hg.): *Die Individualisierungs - These*. Opladen, pp. 33-47.

Friedrichs, Jürgen/Jagodzinski, Wolfgang. 1999. "Theorien sozialer Integration," in: denselben (Hg.): *Soziale Integration*. Opladen, pp. 9-43.

Giegel, Hans - Joachim. 1987. "Individualisierung, Selbstrestriktion und soziale Ungleichheit," in Bernhard Giesen/Hans Haferkamp (Hg.): *Soziologie der sozialen Ungleichheit*. Opladen, pp. 346-368.

Gluchowski, Peter. 1987. "Lebensstile und Wandel der Wählerschaft in der Bundesrepublik Deutschland," *Aus Politik und Zeitgeschichte, Beilage zur Wochenzeitschrift Das Parlament, 21. 03. 1987*: 18-32.

Gluchowski, Peter. 1988. *Freizeit und Lebensstile*. Erkrath.

Hölscher, Barbara. 1998. *Lebensstile durch Werbung?* Opladen.

Hörning, Karl H. /Michailow, Matthias. 1990. "Lebensstil als Vergesellschaftungsform - Zum Wandel von Sozialstruktur und sozialer Integration," in: Peter A. Berger & Stefan Hradil (Hg.): *Lebenslagen, Lebensläufe, Lebensstile*, Soziale Welt, Sonderband 7. Göttingen, pp. 501-521.

Hradil, Stefan. 1983. "Die Ungleichheit der 'Sozialen Lage'," in: Reinhard Kreckel (Hg.): *Soziale Ungleichheiten*. Göttingen, pp. 101-120.

Hradil, Stefan. 1987a. *Sozialstrukturanalyse in einer fortgeschrittenen Gesellschaft — Von Klassen und Schichten zu Lagen und Milieus*. Opladen.

Hradil, Stefan. 1987b. "Die 'neuen sozialen Ungleichheiten' - Und wie man mit ihnen (nicht) theoretisch zurechtkommt," in: Bernhard Giesen/Hans Haferkamp (Hg.): *Soziologie der sozialen Ungleichheit*. Opladen, pp. 115-145.

Jagodzinski, Wolfgang/Klein, Markus. 1998. "Individualisierungs - Konzepte aus individualistischer Perspektive - Ein erster Versuch, in das Dickicht der Individualisierungskonzepte einzudringen, in: Jürgen Friedrichs (Hg.): *Die Individualisierungs - These*. Opladen, pp. 13-31.

Jonas, Hans. 1984. *Das Prinzip Verantwortung*. Frankfurt/M.

Junge, Matthias. 1998. "Subjektivierung der Vergesellschaftung und die Moralisierung der Soziologie," in: Jürgen Friedrichs(Hg.): *Die Individualisierungs – These.* Opladen, pp. 49 – 64.

Kaufmann, Jean – Claude. 1998. "Schmutzige Wäsche," in: Ulrich Beck: *Kinder der Freiheit.* Frankfurt/M., pp. 217 – 255.

Kippele, Flavia. 1998. *Was heisst Individualisierung? Die Antworten soziologischer Klassiker.* Opladen.

König, René. 1979. "Gesellschaftliches Bewußtsein und Soziologie," in: Günther Lüschen (ed.): *Deutsche Soziologie* seit 1945, Sonderheft21/1979 der KZfSS.

Kreckel, Reinhard. 1982. "Class, Status and Power? Begriffliche Grundlagen für eine politische Soziologie der sozialen Ungleichheit," *KZfSS(34):* 617 – 648.

Kreckel, Reinhard. 1985. "Zentrum und Peripherie – 'Alte' und 'neue' Ungleichheiten in weltgesellschaftlicher Perspektive," in: Hermann Strasser/John H. Goldthorpe(Hg.): *Die Analyse sozialer Ungleichheit-Kontinuität, Erneuerung, Innovation.* Opladen, pp. 307 – 323.

Kreckel, Reinhard. 1987. "Neue Ungleichheiten und alte Deutungsmuster: über die Kritikresistenz des vertikalen Gesellschaftsmodells," in: Bernhard Giesen/Hans Haferkamp(Hg.): *Soziologie der sozialen Ungleichheit.* Opladen, pp. 93 – 114.

Kreckel, Reinhard. 1990. "Klassenbegriff und Ungleichheitsforschung," in: Peter A. Berger & Stefan Hradil(Hg.): *Lebenslagen, Lebensläufe, Lebensstile*, Soziale Welt, Sonderband 7. Göttingen, pp. 51 – 79.

Kreckel, Reinhard. 1997. *Politische Soziologie der sozialen Ungleichheit* (Studienausgabe). Frankfurt/M.

Leisering, Lutz. 1998. "Sozialstaat und Individualisierung," in: Jürgen Friedrichs(Hg.): *Die Individualisierungs— These.* Opladen, pp. 65 – 78.

Lüdtke, Hartmut. 1990. "Lebensstile als Dimension handlungsproduzierter Ungleichheit—Eine Anwendung des Rational-Choice-Ansatzes," in: Peter A. Berger & Stefan Hradil (Hg.): *Lebenslagen, Lebensläufe, Lebensstile,* Soziale Welt, Sonderband 7. Göttingen, pp. 433 – 454.

Nassehi, Armin. 1997. "Risiko – Zeit – Gesellschaft: Gefahren und Risiken der anderen Moderne," in Toru Hijikata/Armin Nassehi (Hg.): *Riskante Strategien.* Opladen.

Pollack, Detlef/Pickel, Gert. 1999. "Individualisierung und religiöser Wandel in der Bundesrepublik Deutschland," *ZfS* (28 – 6): 465 – 483.

Schnell, Rainer/Kohler, Ulrich. 1995. "Empirische Untersuchung einer Individualisierungsthese am Beispiel der Parteipräferenz von 1953 – 1992." *KZfSS*(47): 634 – 657.

Schumpeter, Joseph A. 1953. "Die sozialen Klassen im ethnisch-homogenen Milieu," in demselben: *Aufsätze zur Soziologie.* Tübingen, pp. 147 – 213.

SINUS(Sozialwissenschaftliches Institut Nowak und Sörgel GmbH). 1984. *SINUS Lebensweltforschung — Die sozialen Milieus in der Bundesrepublik.* Heidelberg.

Vorstand der SPD, Bonn. 1984. *Planungsdaten für die Mehrheitsfähigkeit der SPD.* Bonn.

Weber, Max. 1972. *Wirtschaft und Gesellschaft* (Studienausgabe). Tübingen.

Zippelius, Reinhold. 1990. *Geschichte der Staatsideen7.* München.

抹不去的焦虑

——读张新颖〈中国新诗对于自身问题的现代焦虑〉

西　川

一

戴望舒(1905－1950年)虽然比卞之琳(1910－2000年)大五岁,但由于他们二人都译诗,都写诗,又同属《现代》杂志,又于1949年同乘一条船从香港回到中国大陆,感觉上是属于一代人。李金发(1900－1976年)虽然比戴望舒也只大五岁,但由于他1919年即赴法国,二十年代初即已写下了其诗集《微雨》中的某些作品,因此感觉上他是戴、卞的前辈。只因他们三人都服膺法国的象征主义诗歌(卞之琳与英国现代主义诗歌的关系似乎更密切一些),将他们三人摆在一起,应该不无道理。但在读到张新颖先生的论文〈中国新诗对于自身问题的现代焦虑——从二十年代到抗战前夕〉(发表于《中国学术》2000年第三辑)之前,我从未仔细想过将他们三人合并一处对于中国新诗史以及中国当代诗歌写作的意义。张新颖通过对于这三人的诗歌写作以及他们各自对待西方现代诗歌和中国诗歌传统的态度的描述,富于创见地揭示出蕴含于中国现代诗歌写作中的对于自我现代化问题的焦虑。老实说,李金发、戴望舒和卞之琳在中国现代诗人圈中都不算强有力的诗人。他们的作品至少不曾激发过他们的后辈诗人对他们进行模仿或反驳的冲动(严格地说中国现代诗人们几乎都缺乏这种感召力)。如果允许我稍微表达一下我的不恭,那么,我可以说,他们在创造力方面明显的不足,反倒有助于他们进入学术领域。作为学术研究的对象,他们足够单纯。他们的缺陷足以使我们对之抱以文化和道德上的关注。

二

张新颖的论文(以下简称"张文")在进入讨论李、戴、卞的现代焦虑之前首先提到王独清、穆木天等人对于胡适"作诗须得如作文"的主张的不满。张文引王独清致穆木天信:"我望我们多下功夫,努力于艺术的完成,学Baudelaire,学Verlaine,Rimbaud,做个唯美的诗人罢!"我们且不论波德莱尔、魏尔伦和兰波是否唯美的诗人,单看王独清对于"纯诗"(Poesie pure)的冲动,便知那充其量是青春期文学冲动的一种。凡有写作经验的人对这种冲动都会心生暖意。这是刚刚摆脱了第一代诗歌写作"工具论冲动"的第二代"纯诗冲动":其价值毋庸置疑,但其结果并不见得辉煌。不过,张文正是从这里切入了中国现代诗歌对于自身的焦虑。王独清等人的纯诗冲动是否百分之百有理,而他们所反对的胡适以文为诗的主张是否百分之百无理,我看不宜断下结论。胡适虽然不是诗人,但也不是无知之辈。从历史上看,以文为诗的情况并不鲜见。英国浪漫主义诗人华滋华斯就认为诗和散文没有本质的区别,他并未因此妨碍了他在写作中对其前辈古典主义诗人取得重大突破。在中国古代,韩愈以文为诗的例子也相当著名。在李、杜造成的"影响的焦虑"之下,韩愈走上以文为诗的路子,而他的诗在唐诗中并非毫无声色。因此王独清并不一定全对,他所导引出的焦虑也不一定就能成就伟大的诗歌。

三

可以确定的是,胡适本人以文为诗一无所成。但客观一点说,他的观点依然是现代焦虑的产物,甚至可以进一步说,整个五四运动都是现代焦虑的产物,这一点看来为张文所肯定(见论文第一段),但这不是张新颖关心的问题。他把他的关心集中在"中国新诗对于自身问题的现代焦虑"上。但所谓

“对自身问题的现代焦虑”的说法似显笼统，以致酿出行文的矛盾。他一方面乐于引述李欧梵称许李金发的文字：“(李金发)至少曾暂时把中国的现代诗，从对自然与社会的耿耿于怀的关注中解放出来，导向大胆、新鲜而反传统的美学境界的可能性”，一方面在谈论李金发的过程中，又不得不时时提及李金发的诗歌是“心灵失路之叫喊”，是对“生之疲乏”与“烦闷”的表达。张文没有刻意区分“现代焦虑”与“现代感受”，而从李、戴、卞的创作实绩看，他们根本无法脱离与现实世界的关系，他们甚至依赖这种关系来生发其现代感受。只是他们的现代感受在多大程度上直接得自现实世界，在多大程度上得自他们的阅读和翻译，张文不曾明确指出。中国二十世纪二十年代的社会现实非常黑暗，但当时文人的“末世情怀”，我要说，恐怕主要还是来自西方被一遍遍重温的“末世论”。中国传统文化中至少还有个“轮回说”来平衡“末世论”。如果我们承认胡适也有他的焦虑，并且把他那种焦虑描述在诗的功能，即诗与社会生活的关系上，并且称之为诗的道德焦虑，并且将这种道德焦虑撇在一边，那么，关于诗歌对其自身的焦虑我们至少还可以区分为两层：即诗的文本焦虑，表现为诗与自身建构的关系，涉及诗歌借助修辞、意象、节奏、结构、音乐等对感受的表达，以及诗的文化焦虑，表现为诗歌(此处指中国现代诗歌)写作与西方诗歌影响和中国传统压力的关系。

四

张文对李、戴、卞具体写作上的得失有所涉及但并不特别令人感到精彩。在解说戴望舒《秋蝇》、卞之琳《距离的组织》和《尺八》时，作者停留在了一般性地解说作品“现代感受”的层面上。好像这些作品既表达了“现代感受”，便算是表达了“现代焦虑。”此外，作者对“现代感受”虽无明确定义，但从其行文能够明显感觉出作者对“繁复”类“现代感受”的特别偏好(但“极简”也是“现代感受”)。他称赞《秋蝇》“展开了繁复的层次、繁复的主体的视角和变化着的知觉。”称赞卞之琳的许多作品“多能以细密繁复的组织、趋向延伸的内蕴，传达现代人精微、敏锐、复杂的经验、思想和感受。”我们且不说戴望舒与卞之琳并未因上述优点而写出杰作，单从张文罗列出的“现代感受”的特点看，似乎也存在不妥之处：例如，李商隐的诗难道没有“细密繁复的组织”？李煜的词难道没有“趋向延伸的内蕴”？杜甫的诗难道不“精致”，不“敏锐”，不“复杂”？区别在于他们不“现代”。那么何谓“现代”，张文没有做深入开掘。不过，在这篇论文中，张新颖意味深长地提出了一个问题，即在李、戴、卞身上（特别是在戴望舒身上）不约而同、或多或少地存在着读什么样的诗就写什么样的诗或翻译什么样的诗就写什么样的诗的倾向。这是读者的写作而不是诗人的写作。读者的写作并非不能向创造力敞开大门，但李、戴、卞的写作之门只算稍稍启开。撇开这个问题不谈，无论读者写作还是诗人写作都会遭遇道德焦虑，都面临着使写作与社会生活相对称的问题，而阅读进而翻译西方现代诗歌的作者为了实现其写作的现代化，自然会不费周折地将其写作与西方现代诗歌联系在一起。他们这样做的潜台词是：西方即现代。这是他们在遭遇了道德焦虑的同时也遭遇了文化焦虑的证明。但以西方现代为普世现代还是读者诗人们所遭遇的文化焦虑的一部分。正如张文所指出的那样，在读者诗人们对白话新诗浅白直露诗风的不满中，“蕴含着对中国古典诗学的怀念，乃至对于传统诗学遗产的下意识歉疚”。这正是现代中国诗人所遭遇的文化焦虑的另一部分内容。

五

自中国新诗发轫至今，传统对于新诗写作的意义一直处于悬空状态。如果我们承认传统对新诗写作是一个坐标，那么，没能使之放射出它本可以放射出的光芒，其责任既在诗人，也在学者。我注意到目前已经有少数学者正在努力使中国传统思想获得现代阐释，但就中国古典诗歌而言，尚无人意识到使之获得现代阐释和现代复述的必要性，而这项工作在其它国家却始终在进行着。例如，西玛斯·希内刚刚以当代英语重译了盎格鲁—撒克逊古诗《贝奥武甫》，而 W. B. 叶芝的写作深深得益于斯坦底什·奥格雷第重写古爱尔兰英雄传说的茁壮而浪漫的英语。我国出版过一些古诗的现代汉语译本，但由于那些译者基本上只做达意的翻译，不考虑以单音节的字作为基本语义单位的古汉语，特别是古汉语诗歌语言，如何进入以双音节的词作为基本语义单位的现代汉语，误以为简单的字—词转换就能达到目的，因此他们的翻译对于现代汉语诗歌写作可以说毫无用处。而像李金发、戴望舒那样将古典语汇、古人诗句直接引入他们的“象征主义”诗歌，以为那样就算衔接上了中国古代诗歌的传统，则完全是痴人说梦。由于面对的生活不同，由于人们的心理结构已发生变化，古汉语和现代汉语之间存在着节奏、结构、语气、言说重心等多方面的错位：例如，“城”，或许不应简单转换为“城市”，而应转换为“街道和广场”；“春”，或许不应简单转换为“春天”，而应转换为“三月”；“草木”，或许转换为“绿色海洋”更富诗意；而“深”，形容词，或许转换为动词“覆盖”更有力量。这样，“城春草木深”才能以“三月的绿色海洋覆盖了街道和广场”的面貌进入现代意识。……有关古汉语与现代汉语如何衔接的话题还有许多，但即使把每一个话题都谈到，那依然不能展示我们对于传统与现代关系的全部焦虑：我们太习惯于笼统地谈论传统，而忽略了传统主流与传统支流对于写作的不同意义。当我们表达我们对于传统的歉疚时，我们根本不曾认真想过如何从作为教养资源、学术资源的传统中挽救珍贵的创造力。

六

张文从讨论中国新诗对于自身的现代焦虑问题引出一个话题，即如何使新诗写作在中/西、传统/现代之间找到平衡。在李、戴、卞三人中间，他似乎认为卞之琳的平衡木走得最好，因而成就略高。他批评了那种认为李金发过于西化，应该削弱其西化倾向，戴望舒过于中国古典化，应该削弱其中国古典化倾向的旁观者的“中正”立场。他说：“如果能够做假设性要求的话，倒是应该从正好相反的方向上要求，不是削弱李金发西化的倾向和力量，而是加强他的中国化的力量；不是削弱戴望舒古典化的倾向和力量，而是加强他现代意识的倾向和力量。也就是说，即使从维持平衡的立场着眼，也应该强化弱的一方，而不是弱化强的一方。两种强大的力量的争持、磨擦、搏斗和融合，其结晶也许才更为可观。”张新颖的这一观点值得重视。我对他使用的“削弱”一词尤其感兴趣。不过，在这里，我想改变一下“削弱”一词的使用方向。承接上一节的话题，我认为，传统对于戴望舒来讲是一种气质中的东西，对于李金发来讲，是一种道义上的东西。李金发虽自言在中西作家之间他不敢有所轻重，“惟每欲把两家所有，试为沟通”，但由于他对法语和母语都缺少修养（卞之琳观点），他的“沟通”必定失败。从这个意义上讲，他其实既削弱了西方现代诗歌，也削弱了中国古典诗歌。戴望舒的情况也差不多。由于传统对他来说是一种气质中的东西，所以他削弱了那原本丰富、有力的中国古典文学传统；也由于传统对他来说是一种气质中的东西，他的写作抗拒西方现代主义（具体说是象征主义）文学中最强有力的一面，这就是他虽然译介了波德莱尔、马拉美、兰波、瓦雷里，却以一些法国二流诗人如苏佩维艾尔、果尔蒙等为写作榜样的原因。他实际上也削弱了西方现代主义文学。而通过削弱西方现代主义文学和中国古典文学来实现与这二者的衔接只是偷懒的做法。他们应该为此而焦虑。

七

在中国现代诗歌的写作中存在着重重盲区，而这些盲区有时会完全重叠在一起，以致诗歌作者和诗歌研究者经常顾此失彼。第一个盲区：在道德焦虑的压迫下，中国诗人需要自我现代化；在文本焦虑的压迫下，中国诗人需要自我确立。但他们通过阅读和翻译西方现代诗歌所形成的现代焦虑是学来的焦虑。他们由此而设立的现代标准是别人的标准。而这“别人的焦虑”可能不是别人真正的焦虑所在，这“别人的标准”可能不是别人的最高标准（尽管文化误读有其积极意义，但那需要在误读层面上来讨论）。第二个盲区：诗人们出于文化焦虑在面对传统时感到心虚，于是意欲通过削弱传统而与传统衔接，使传统适于自己的使用。他们似乎无力走到丰富传统乃至与传统发生强力对抗从而与传统衔接这一步。在中国现代诗歌所走过的这一百年中，与传统的真正对话从未发生。第三个盲区：在第二代具有“纯诗冲动”的诗题写作折腾过一番之后，诗人们不得不以自我批判的方式，或以后代推翻前代、遗忘前代的方式回到承受着道德焦虑的拥有“工具论冲动”的第一代诗歌写作。说来奇怪，在中国现代诗歌史上写出了强有力作品的诗人，如艾青、北岛（他们有他们的问题）等，都不是拥有“纯诗冲动”的诗人。而由周作人、王独清、穆木天、李金发、戴望舒、卞之琳等所倡导和尝试的诗歌写作方式却没能开出奇花结出硕果。使诗歌面对自身，早晚会遇到使诗歌面对生活、面对本土、面对直接性的挑战（反之亦然），但这种逻辑似乎又使得诗歌写作陷入了第四个盲区，即反映论的盲区：也许诗歌既不应反映生活，也不应漠视生活，两者之间的关系是对称而不是反映。李、戴、卞似乎都在朦胧中意识到了这种对称的失衡，但他们都没能更有力地展示他们对这一失衡的焦虑。这一焦虑本身无解，能够以强力展示它的便算强力诗人。我们对诗歌写作更大的梦想暂不必提起。

来 函 照 登

《中国学术》编务组：

刚刚发现,《中国学术》2000 年第 3 辑发表的拙文中存在以下几处计算错误：

1. 在表 1 下的一段分析中，我将河南人口洪武至永乐以及永乐至成化的两个时期中实际人口的年平均增长率计算为 9.3‰和 8.3‰，实际为 5.4‰和 9.1‰。产生错误的原因在于我将“在籍人口”与“实际人口”混淆。

2. 关于河南卫辉府人口增长率的分析，我将“洪武二十四年至成化十八年”误写为“洪武二十四年至弘治十八年”。

3. 表 4 中“永乐十年”的口数加总为 210.7,实际应为 209.7。

4. 对安庆府的人口分析,若洪武二十四年安庆府的口数为 40.2 万,至弘治四年,人口年平均增长率为 4.1‰,论文中误作 3.6‰。

5. 对庐州府人口增长率进行分析时，我将弘治十年错定为 1491 年（实际为 1497 年）,由此导致此前后两个时段的人口年平均增长率计算出现误差。“两个年度区间的人口年平均增长率分别为 2.9‰和 2.8‰”，实为 2.7‰和 3‰。

这些错误并不影响文章的内容和结论，但我仍为自己的粗心向编辑及读者致歉。

曹 树 基

2000 年 9 月 12 日

李伯重:《江南农业的发展,1620－1850》

Li Bozhong: *Agricultural Development in Jiangnan, 1620－1850.* London: MacMillan, 1998

我常说,历史研究(不是写历史)是研究过去的、我们还不认识或认识不清楚的人们的实践,如果已认识清楚就不要去研究了。人类的历史实践,除很小部分外,都难说已认识清楚。并且,由于认识的时代局限性,一代人以为认识清楚的事情,到了下一代又会变得不清楚或不很清楚,需要重新研究。历史总是要不断研究,不断重新认识的。李伯重这部著作,就是以迄二十世纪末的历史知识和理论水平来重新认识江南农业史的。

李伯重是我国青年一代的经济史学家。他于1978年开始致力于唐代江南农业的研究,有专著问世(《唐代江南农业的发展》,北京:农业出版社,1990年)。1982年起,他专注于明清时期江南经济的整体性考察。接着,回到农业,他从两个方面,即生产经营的集约化和资源利用的合理化,来论证明清江南农业的发展,完成系列的专题研究。他证实,在没有重大技术改变的情况下,土地、水、劳动以及畜力等农业资源的合理利用,亦即资源配置一定程度的优化,是可能的,并详察其绩效。又提出,自唐至清,在江南水稻生产集约化过程中,劳动的投入并无大变动,而资本投入(特别是肥料)的增长起了重要作用。他又提出江南农业"外向化"的论点,即它的丝、棉产品主要是外销,而粮食、肥料等大量依靠外区输入;并进而研究了江南在物质、劳动、资本和文化技术上与外区的输出和输入,及从中得到的分工和比较利益,是江南经济发展的重要途径。他的这些论点深受学术界重视,有些并引起讨论和后继的研究。九十年代,他又对明清江南的人口、环境(气候)、农业技术等作了系列的专题研究。其中最引人注意的是他对江南人口和人口行为(控制生育)的考察,和劳动力增长与在一定生产模式下劳动力需求关系的研究。在他看来，迄 1850 年以前，江南农业中并不存在劳动力过剩，在某些生产模式转换时期还曾出现劳动力不足。

李伯重的这些专题研究都是实证性的，发表为论文和研究报告近 20 篇；读者常以其论证之周详和新发掘的与罕见的资料之迭出而叹服。本书《江南农业的发展，1620－1850》就是在这些专题研究的基础上，经过反复修正和在若干问题上的重要补充，使之成为系统的理论。

本书是九十年代初作者在美国伍德罗·威尔逊国际学者中心（The Woodrow Wilson International Center of Scholars）任常驻研究员时开始命笔的，几经寒暑，数易其稿，到 1996 年秋才完成，时作者已转到英国剑桥大学圣约翰学院任客座研究员了。本书选择 1620－1850 年即我国通常所称“清前期”这个时间段，是因为与出版社约定的书稿篇幅有限，也因为正是这个时期，对江南农业“衰退”、“停滞”、“有增长而无发展”以及“人口爆炸”、“过密化生产”等议论最多；澄清这些观点，是重新认识江南农业史的关键。在这方面，作者不是对任何观点作理论辨析或批判，而是尽力详考江南农业发展的历程和绩效，从历史认识上予以澄清。这是一个史学家应有的态度。而为了明确历史发展的历程和绩效，必须有比较研究。本书在许多问题上都追溯到明后期以至宋代这两个江南农业有重大变革的时期；也时常下延到 1850 年以后江南农业的衰退和三十年代以至 1949 年后的复兴，以确定“清前期”江南农业的历史地位。这又是经济史研究在方法论上的必要。

本书分为三篇。第一篇“关键生产要素的变迁”，即江南劳动力、土地、气候和农业技术的变迁。这些变迁是江南农业得以发展的物质基础。第二篇“农业生产的变迁”，讲了三个问题，即农业资源的合理利用，农业生产的集约化，农业的外向化（externalization）。这三者实际是清前期江南农业发展的主要途径。第三篇“农业的发展”，包括两个命题，即土地生产力的增加和劳动生产力的提高。这里的“生产力”（productivity），也就是“生产率”，它表示农业发展的实际绩效，因而是本书研究的最终目标或结论。这两个命题，在作者过去的专题研究中都曾述及，但在本书中展开全面讨论，考证綦详，尤其是劳动生产力一章，等于是全新的研究。下面我也就劳动生产力这一章的论述，作些评介。

研究这个问题，首先须对劳动生产率有个明确的概念。李伯重早在七十年代末研究唐代江南农业时即提出，考察中国传统农业的劳动生产率不能用现代工业中的概念：工业劳动生产率是按劳动日或小时计算，传统农业则应按年计算；工业劳动生产率是以工人为单位，中国传统农业的生产则是以家庭为单位；工业所计算的是一个工种的单一劳动，传统农业则须计入大田和工副业多种劳动。此外，工业劳动生产率是以货币计值，传统农业则常以实物计值，因农民主要是生产使用价值。这些论点十分精湛，切合中国历史实际，西方学者常因此陷于胶柱。

本书前几章的研究已为劳动生产率的增长提供了依据。例如，书中估计了十七世纪后期和十九世纪早期江南的农业人口和稻、桑、棉的播种面积；并认为这期间稻的亩产量增长了 45－50%，稻与麦（或豆、油菜籽）二熟制的指数由 140 增为 170；丝业的工率无变化，纺织则由每匹布 7 个工作日减为 6 个，等等。但是，作者并不是像在工业经济学中那样构建一些公式来推导劳动生产率。由于这些数据大都是事例的或估计出来的，用公式计算出来的结果不能令人信服，甚至会产生误导。我一向认为，在没有系统统计的古代史的研究中，计量学方法应主要用于验证已有的定性分析，而不宜单独作出判断。本书就是用实证的理性分析得出江南劳动生产力提高的动力、途径和方式，再用计量法给出设想的内容。

作者在本书中，是从江南二熟制的发展、家庭农场规模的演变、农家劳动的分工上，来考察劳动生产率的增长的。二熟制的发展，意味着土地、水、劳动等资源的合理运用，是单位产量增长的主要途径，也是劳动生产率提高的基础。他详细考察了稻、麦、油菜籽以及转换作物（这种转换也是资源的合理运用）桑、棉等生产条件以及生产成本和使用价值，认为到十九世纪中叶，江南的农业生产结构已达到最佳配置。超过这个限度，例如康熙和道光时都曾受命试种双季稻，均遭失败。

家庭农场，原来规模颇大，到明后期已缩小到 15 亩左右，到十九世纪中叶降至 10 亩左右。这并不是由于“人口压力”或人地比率的限度，而是由于在合理利用自然资源下家庭劳动力的制约。作者曾详细考察，用工最多的桑蚕区,尽管桑地和稻田的搭配有多种方式,而一般共为9亩,顶多10亩。植棉区,一般4亩棉花需配置6亩稻田。盖超过一定比例,就不能保证治丝或纺织的劳动力,不易经营。占60%的水稻种植区,在单茬作物时,每家可耕种20亩,而在二熟制下,有牛户可耕种10亩,无牛户仅种7－8亩,超过10亩者常需雇工,加重管理困难。"一夫十亩"是江南二熟制下家庭农业生产和管理的最佳规模，从而也可以最大发挥家庭的劳动生产力。太平天国以后,江南人口剧减近半,但农场规模并未扩大,因为从生产经营上说,扩大没有什么好处。

作者考察,自宋代直到明中叶,江南农家都是男女同下大田劳动,并同在农暇时从事育蚕缫丝或纺织。"男耕女织"是在明至清中叶江南农业发展中逐步形成的,到十九世纪中叶,已很少农妇下田的记载,下田也主要是除草、施肥等轻活。这种男女分工,是劳动生产率提高的关键。妇女因生理关系,大田劳动总逊于男性,又因需理家务,适于户内生产。原来桑蚕的利益,按每亩田计,可达种稻的3.6倍。棉纺织的利益,因布价下降(明后期一匹布值2.3斗米,十九世纪中叶仅值1斗米)而减少,但纺织无税,仍优于大田。分工使妇女专业纺织,效益大增。而大田生产,原由2人承担,改为1人,等于劳动生产率提高一倍。不过,其所以能由农夫一人承担,端在于农场缩小近一半,可是由于二熟制推广,产量并未减少一半,所以农夫的劳动生产率仍有提高。

因此，作者把"二熟制"、"一夫十亩"、"男耕女织"称为"三位一体(trinity)的江南农民经济模式"。正是在这种模式下,即三种最佳组织或结构的有机结合下,劳动生产率达于最优。这种分析,主要是采取了结构主义和新制度学派的史学理论;所谓"三位一体",实际上是一种自然形成的、无成文规定的经济运行制度和结构体系。比之过去史学界常用的因果链和线性发展的分析方法,是一大进步,因而也更具说服性。

在这种实证的理性研究的基础上，作者以他所据有的文献和估计的数据，作了计量分析。他在原书中是逐事逐段详细解说的，我仅择其中三事，并为了节约篇幅，制成三个其义自明的表。表一是以何良俊在《四友斋丛说》中所说松江西乡的情况作为明后期的个案，以姜皋在《浦泖农咨》中的记载代表清中叶的个案，比较大田劳动生产率的增长（增24%）。表二是江南全区的宏观比较，按作者估计的数据计算，两个世纪大田劳动生产率提高80%。这是因为，何良俊所举松江西乡例的农场面积和亩产量都比较突出，一般没有那么大。表三是用表一的事例比较两个时期实即两种制度下纺织的效率，计增5倍。从中还可看出，在农场面积达25亩、又无二熟制和男女分工的情况下，仅能织布9匹，自用而已，无经济效益。这三个例子，尽管在数据真实性上可以挑剔，但足以证明"三位一体"之说，殆非虚构。

表一　松江

	明后期（何良俊）	清中叶（姜　皋）
户有耕地（亩）	25	10
亩产量（石）	稻2.5	稻3，麦1
总产量（折稻，石）	62.5	37
每亩成本（折稻，石）	1	1.25
净收入（折稻，石）	37.5	24.5
耕作者	夫妇2人	农夫1人
人均净收入（折稻，石）	18.8	24.5
劳动投入（每亩15日）（日）	375	稻150，麦30
每个劳动日产量（折稻，斗）	1.7	2.1

表二　江南估计

	十七世纪中叶	十九世纪中叶
户均耕地（亩）	15	9
复种指数	140	170
播种面积（亩）	稻15，麦6	稻9，麦6
亩产量（石）	稻1.7，麦1	稻2.5，麦1
总产量（石）	稻26，麦6	稻23，麦6
总产量（折稻，石）	30	27
耕作者	夫妇2人	农夫1人
人均产量（折稻，石）	15	27

表三 纺织例

	明后期		清中叶	
大田经营	田 25 亩，单茬稻共需 375 个劳动日(每亩 15 个)		田 10 亩，二熟制共需 180 个劳动日(稻 10 个，麦 30 个)	
	农夫	农妇	农夫	农妇
能用于生产的劳动日	300	200	300	200
整地所需劳动日	50	–	20	–
其他大田所需劳动日	163	163	160	–
碾米磨面所需劳动日	62	–	37	–
大田活外剩余劳动日	25	37	83	200
全家剩余劳动日	62		283	
织布一匹所需劳动日	7		6	
全家可织布匹数	9		47	

(吴承明)

刘建辉:《魔都上海——日本知识人的“近代”体验》
劉建輝:《魔都上海——日本知識人の「近代」体験》

東京:講談社,2000 年

对近代上海的研究，近年来备受学术界关注。这个在本土和外来文化互相对抗与融合的过程中成长起来的城市创造出了一片独特的繁华世界。而面对上海一百多年留下来的浩瀚史料，往往又令人眩目。刘建辉先生以与上海隔海相望的日本作为立足点，考察了上海对日本自幕末至昭和各时代,尤其是明治大正年间的重要“知识人”的强烈影响,透过他们对上海的复杂感受和执迷,一方面探讨“上海凌驾于其他世界性大都会的‘魔性’之所以产生的原因”,同时折射出近代日本的发展史。

全书篇幅并不很大,按时间顺序分为六章,前后侧重点有所不同。作者指出:“本书前半部分以幕末日本与上海的关系为焦点，即追迹上海对近代日本成为‘国民国家’究竟起到了怎样的作用。而在后半部分，则特别以明治以来日本人的上海体验为焦点，详述上海在其各自的精神史上留下了怎样的痕迹。在此意义上，本书不仅是一部上海论，同时也是以上海作为素材的日本及日本人论。”

在前言中，作者提出“两个上海”的概念，即“县城”的上海和“租界”的上海。以江南水乡的中国传统文化为背景的“县城”历史悠久；代表着近代资本主义列强殖民侵略的“租界”自鸦片战争以后不过百余年。近代上海的发展史可以说就是这两个本来“异质的空间”的冲突与融合过程。所谓“魔性”实际上意味着“两个上海”的相互侵犯和相互渗透——“越境”所造成的“混沌”局面。上海的魅力就在于她身兼“近代国家的起爆剂”和由于多重性而成为对均一性近代国家的“破坏装置”的双重身份。

作者首先论述日本开国前的“志士”滞留上海时，在资本主义的强大攻势前的“觉醒”，尤其是早期赴上海的井上馨、伊藤博文等在“租界”和“县城”间徘徊的心情，以及志士高山晋作等对传教士所办印刷所的拜访，以他们好奇的眼睛展现出近代上海发展初期的景象，并指出列强对“县城”的压迫带给他们巨大的意识转变，即从地方主义转向国家主义，最终成为明治维新成功的一个重要原因。

接着，作者进一步以日本对海外情报的接受状况为视点叙述上海逐渐成为“东亚情报网”中心的历程。日本人怀着自我危机感一直观望鸦片战争这一最初的中西对抗，对中国的旧有看法开始反转。《海国图志》和《瀛寰志略》等在日本影响深远，反映出鸦片战争后涌至上海的传教士以直接或间接的方式对情报传播起了举足轻重的作用。作者进而认为，战乱等各方面因素促使上海在十九世纪中叶逐渐发展成为东亚第一港，中日间的贸易以及交通状况都有了根本改变，“上海时代”最终来临。

上海的“情报发信地”墨海书馆及以之为中心的传教士活动据点“麦家圈”是全书的一个焦点。作者尤其论及汇聚此地的落第秀才如王韬、李善兰等的编译工作，更谈到了上海出版的“汉译洋书”如杂志《六合丛谈》、《中外杂志》等在日本的盛行，以及这对日本产生近代国家意识所具有的重要意味。作者指出，无论是天文地理还是西方“民主实例”及文化的介绍，都无不是为了打破"中华意识"，灌输列强标榜的"近代国家"体制及其"合理"精神。"麦家圈"的影响在促成日本"开国"的两个"上海人"——音吉和グラバー(Glover)身上得到进一步体现。日本漂流民音吉辗转到上海后，几度作为西方与日本的中介人赴日，其"国际感觉"令日本人震惊；而上海怡和洋行出身的英国人 Glover 更将以上海为中心的"极东贸易"网延伸至日本，打开了这一"新市场"。可以说上海的近代化促成了日本的近代化。

成长为近代"国民国家"的日本，一旦不再利用上海作为情报"中转地"，就开始将上海看作对近代国家的拆解而"敬而远之"。然而，上海多重身份混杂而超越于国家主义之上的自由气象，反过来对明治时代那些梦想脱离日本国家主义的知识人产生了魅力。上海成为"浪漫"的象征。

十九世纪五十年代以后，"租界日盛，南市日衰"的同时，"华洋分居"变为"华洋杂居"。上海"新—旧"即"近代—传统"对立的"两张脸"，重心最终偏向于前者。近代化的上海以外滩的"资本空间"为开端，延展到"消费空间"的缩影——外滩和跑马场之间并行的四条"出浦大路"，而"文明开化"的结果，是租界深处的三馆——茶馆、妓馆和烟馆的出现。寄席(书场)、鸦片、妓女，混杂于"两个上海"交融的中间地带法租界，以岸田吟香为代表的明治日本人从这里体验到上海的"魔性"，身处"三馆"，徘徊在"租界"和"县城"之间，憧憬与轻蔑交织，他们本来想要脱离"明治"，然而，身为日本人的文化归属感又被唤醒，在上海实现自身"大陆雄飞梦"的理想产生了动摇，从而在两种极端的感情之间游移不定。

明治后半期直到大正时代(二十世纪初)，另一类在上海"寻梦"的日本人，转而以"县城"及其背后的传统江南水乡寄托他们的"乡愁"。消失在繁荣中的传统仿佛重现在上海。作者以谷崎润一郎和芥川龙之介为例，指出"画舫"所经过的水乡和"下等的西洋"般的上海给予他们的是病态的幻想。上海由"浪漫"变成一种"趣味"。至于"文化越境者"井上红梅和村松梢风等专以探求上海的风俗和享乐生活为乐，到诗人金子光晴，则将"魔都耽溺者"对上海"独特的臭气"的体会发展到极点。

作者最后谈到昭和日本的作家如横光利一等的上海之行。一战后直到三十年代作为世界性“摩登”大都会的上海，一面是摩天楼群与摩登女郎，一面是工人运动与游行示威，作为半殖民地的“阴暗面”使“摩登”走向过激、眩目。他们观察到的上海，在“混沌”中达到极盛。而在日本自身力量的“膨胀”之下，上海被纳入“东亚共荣圈”之内，一直作为日本的“他者”的上海终于消失。日本人梦想的“魔都”终结于1932年的上海事变之后。

对明治后期以来的这些日本文人而言，上海成为他们想象力的新“营养”。在上海和江南发现的“乡愁”重新激起了他们身处日本时逐渐萎缩的耽美和颓废情绪，而即使是短暂的接触，被“江南”混沌了的西方文明也使新一代作家如横光利一的创作找到了前所未有的灵感。书后半部分讨论的主题就在于此。

“两个上海”的概念是理解作者意图的关键。作者在条分缕析“两个上海”之间复杂多变的“混沌”关系的同时，贯穿了一种可贵的敏感和热情。“本书可说是凭借这一幼稚的‘直觉’和这近十年我所学得的关于上海的‘知识’而写成的。”(作者跋)同时，作者力求管中窥豹，既梳理出一条纵向的上海近代发展轨迹，又在横向上比较上海与日本及二者关系。透过上海，作者也对整个中国和东亚近代发展中的问题时有涉及，如在第三章介绍了“墨海书馆”的营业情况，揭示出其对近代思想的传播所具有的重要意义；又如第五章中，作者提到“旅游”的制度化问题。水乡的发现，实际上反映出日本新兴的“tourism”在中国的操作。从“满铁”开始，一系列“景观”在“tourism”的安排之下被“发现”。可惜这方面的讨论在本书尚且限于浅尝辄止。

书中搜集了珍贵的图片资料56幅，引证丰富且行文冷静，清晰地勾勒出了上海文化发展的脉络和日本知识人思想的微妙变化。对上海和日本，乃至整个东亚近代文化的研究而言，这部论著都具有不寻常的意味。

（李 俊）

彭慕兰:《 大分流:欧洲、中国和现代世界经济的形成》

Kenneth Pomeranz, *The Great Divergence: Europe, China, and the Making of the Modern World Economy*

Princeton: Princeton University Press, 2000

在一本只有300页的薄薄的小册子里,彭慕兰比较成功地完成了一个简直是属于希腊大力神赫拉克勒斯的任务。(然而,鉴于他是在全球范围内进行比较分析,所以这里恰当的神话人物可能应是阿特拉斯[阿特拉斯,希腊神话中以肩顶天的巨神。——编者注])彭慕兰努力阐释了——大约是正确的——欧洲及亚洲的(主要是中国的)两条经济发展道路是什么时候及怎样开始分道扬镳的。如此艰巨的任务需要耗费大量的精力,彭慕兰似乎早已做好充足的准备,先饱飨了一顿大餐,欧洲和中国的经济史都成了他餐桌上量大惊人的大菜,而印度与日本经济史则是两道分量也相当大的小菜。

依彭慕兰之见,所谓爆炸性经济增长的“欧洲奇迹”的出现并不早于1750年,而且这一奇迹是煤与殖民地这两者的偶然结合所碰撞出的火花。当然要使这样一个简洁、高效的假说言之成理还有大量的工作要做,它首先意味着要反驳关于欧洲经济发展的主流观点。根据这种观点,“‘工业化’并不是欧洲经济史与其它旧世界的发展轨道开始偏离的分界点,相反,它是几个世纪处心积累起来的差异点的充分展现。”(第31页)如此一个宽泛定义的“主流”其实囊括了所有企图解释欧洲为何会在十九世纪占据统治地位的现代历史学经典著作,如布伦纳(Brenner)和沃勒斯坦(他们将工业资本主义的出现归因于由效率更高的劳工、土地及商品等市场的出现而导致的长期发展过程),乔杜里(Chaudhuri)和布罗代尔(彭慕兰认为他们把太多的注意力放在了欧洲中心地带资本相对的可获得性和可保障性上),这只是提到的少数几个学者。总的来说,这些主流观点都把欧洲工业的起飞归因于此前几个世纪经济的发展及成熟。彭慕兰只找到了少量的有关上述论点的证据。在开头的两章里,他收集陈列了大量的支持上述假设的数据。无论我们是从预期寿命、农业劳动生产率、营售系统、产品的商品化、资产的定义,还是劳动力及资源的分配来衡量,只有很少的证据能证明欧洲经济中心地带(如英国和丹麦)比中国的一些地区(如江南及范围稍小些的广东地区)具有明显的优势;从几个方面来看,中国的江南地区迟至1800年看起来都还比欧洲许多地方要发达得多。彭慕兰因此得出结论,很有可能在1750年前世界上没有一个地区是必然要走向工业化的发展道路的。相反,“旧世界经济最发达的地区似乎都走进了一条‘原始工业的’死胡同,在这一过程中,即使稳步增长的劳动力输入,最优生产方法的传播以及不断增进的商业化使更有效的劳动分工成为可能,生产的发展幅度也只是勉强赶上人口的增长速度。”(第207页)

毫无疑问,彭慕兰对这个领域的一个巨大贡献是用视野广阔的知识将欧洲与亚洲的经济史联系到了一起,使那些典型的持欧洲中心论的经济史家也开始关注于此。《大分流》一书充满了对比,其中许多都相当精巧,它们都得自对略微细小的数据的处理。但是这些特定的对比本身的严谨性可能不如把它们组织起来的大框架那样恰当、充分。这是彭慕兰的最大贡献,可能也正是他的某种缺点。当绝大多历史学家从民族国家的范围内攻击工业资本主义的问题时(为什么英国成功了而丹麦或中国失败了?),或是在总体上讨论各洲及区域之间的区别时(为什么欧洲式的制度会胜过亚洲的?),彭慕兰却把分析集中于差异,进而比较各中心地带及其外围地区之间的关系。这种方法引导他得出了他的核心假设:导致工业资本主义产生的关键因素不在于经济中心地区的发展水平,也不在于国家的特殊政策或那些原生国家(proto-nations)的文化特征,而在于“新世界”的殖民地化过程中中心地带与外围地区之间极其偶然的一种关联。美洲所提供的额外土地资源,以及此区域由于疾病所带来的人口减少和通过奴隶劳动力所带来的人口再生都为英国的中心地区提供了独一无二的外围地带。通常来说,“旧世界”外围地带经济的发展经常会夹杂着一个逐渐从土地集约型生产向类似中心地带的、增值生产的行业(譬如手工业)转变的过程。这种劳动集约型的道路意味着随着边缘地区的发展，这个地区的人们开始用一些他们自己的原材料进行增值生产并且减少从中心地区进口加工好的成品。但这并不是工业资本主义那种或是有利可图或是可能带来发展的情况。工业资本主义总是依靠一个具备如下条件的外围地带：1. 能提供充足的土地集约型投资（如美国南部的棉花为英国兰开夏地区的工厂提供原料）；2. 一个规模庞大、依赖性强的能消费中心地带生产成品的市场（如种植园制统治下的美国南部及十九世纪中晚期的印度）。美洲，或多或少有点偶然性地，在结束了给欧洲中心地区充当这种标准的外围区域时，反而推动了这种体制从土地的限制中摆脱出来。这转而使英国中心地带能充分利用它的第二个具有偶然性的优势条件：不易自燃但易富含水分并且位置临近的煤矿的存在，推动了对打破能源限制起着关键作用的蒸汽机的发明。当然，以上的这种评述可能对彭慕兰的关于煤与殖民地之间关系的精彩论述作了非常蹩脚的、过分简单化的浓缩。彭慕兰在恰如其分地评价他所处理的一系列历史学家的著作时也是非常出色的。此外，他还充分地意识到了在亚洲与欧洲经济之间的一种历史性的互动作用，指出亚洲国家，尤其是中国，通过提供大量的奢侈商品及刺激白银需求的市场，在许多方面深深地影响了全球经济发展的轨道。

但是，彭慕兰关于中心及边缘关系的简明、精妙的论述，虽然对倾向于认为工业资本主义是不可避免的欧洲中心论是个很有价值的矫正，但它并非无可挑剔。中心—边缘框架，从总体上来说，低估了国家、军队以及由经济和政治精英形成的特定的文化和制度。彭慕兰自己也意识到了这一点，尤其是在着重论述这些论题的第四章，他经常暗示还有一些相当重要的差异存在。例如，中华帝国当时非常热衷于发展海外及远程贸易，但绝不会支持，至少不会推动殖民地的建立。那些愿意选择永远定居在远离国土的如菲律宾、马来西亚等地方的帝国子民，被视为不忠与背叛，而不是对帝国的延伸与扩张。在中国很难找到例如欧洲海盗商人、东印度公司这样受国家允可，混合了军事及商业活动的组织团体。总的来说，在李鸿章之前，中国军队一直不能实现经济上的充分自足，更不用说获取利润了。因此，彭慕兰虽然非常正确地指出了欧洲的海外贸易商永远不可能预测到他们所霸占的这些外围地区在向工业资本主义的转变过程中所扮演的角色，但同时有一点也很明显，即没有特定的国家制度及政策，这个所谓的"大分流"则可能永远也不会发生。

（葛以嘉 撰/徐兰君 译）

梅·约瑟夫:《漂流的身份:公民权的实践》

May Joseph, *Nomadic Identities: The Performance of Citizenship*

Minneapolis: University of Minnesota Press, 1999

《漂流的身份》一书，代表着对民族主义和现代民族国家之形成过程进行批判性反思的一个最新转向。与从国家的本体论地位或对民族精神性质的思考等这样抽象的问题出发不同，约瑟夫从实际情况出发，把注意焦点主要集中于公民权是通过哪些实践被建构起来的，以及一个人通常是在哪些日常生活情境中担当一个公民的职责的。她把公民定义为"展现人格的场所(performed site of personhood)"，并指出，它既是一个"存在状态"，又是一个"不断成为的过程"。她的目的是，通过揭示最好把公民看作只是人们所扮演的角色而不是一种本质属性，来质疑对公民概念的惯有理解。她讨论的中心是本世纪六十年代至九十年代初期的东非亚裔的移民社群。她的分析从在肯尼亚和坦桑尼亚的印度裔人希望把自己更完全地融入新建立的后殖民国家开始，探讨他们在七十年代被从东非放逐的动因，最后再对他们在接下来的几十年中在英国及美国作为定居者的新的主体性做一番考察。

这本书最具影响力和最有启迪的部分是第二至第四章，这几章部分依据的是，作者作为一名六十年代末、七十年代初居住在坦桑尼亚的印度裔人的亲身经历和观察。约瑟夫阐述了政治和文化发展的复杂的跨国性的动因。其中东非国家的社会主义政府一方面跟其它的社会主义国家如苏联和中国保持联系，另一方面又与美国、印度和香港在大众文化基础上丝丝相连。她试图证明农业革命及社会主义工业发展的范式经常跟灵活多变的商业性的文化形式如黑人音乐、在一些好莱坞电影种类中所体现出来的非洲裔美国人的大众文化及香港的功夫片等交融在一起，标明了东非所独有的一种民族主体性。通过像詹姆斯·布朗(James Brown)一样唱歌,像李小龙(Bruce Lee)一样打斗，像中国的同龄人一样上山下乡,坦桑尼亚六十年代的城市青年，创造出了种种身为新兴后殖民国家公民的新的行为方式。但是,这些被认为是公民权的新的行为方式,在同期定居东非的亚裔人身上却产生了相反的后果,最终,亚裔坦桑尼亚人被认为是不可信的公民,不能正确地行使公民礼节,最终被排除在外。

《漂流的身份》一书确实非常成功和清晰地传达出在六、七十年代的跨国家语境中第三世界社会主义的复杂处境，能让我们理解在这个时期的东非社会主义是怎样能把效忠变成充满生机及富有魅力的生活方式，而不仅仅是从上而下强加给公众的失败的意识形态。她有关“节俭”这个概念的谱系学分析,与乌贾马(Ujamaa,二十世纪六十年代起时由坦桑尼亚总统尼雷尔命名并推行的一种农村社会主义的组织形式——译者）或者说坦桑尼亚六、七十年代的自力更生密切相关,它与甘地、毛泽东以及在香港电影中体现出来的武艺的联系,又使其能够自如地周旋于历史,意识形态和大众文化之间。当在非洲的亚洲人、英国的黑人以及在美国亚裔身上细致地追寻东非亚裔的身份时,约瑟夫提醒我们这些身份标签的偶然性,它们仅仅是暗示了它们所出现于其中的社会环境的复杂性。鉴于二十一世纪初知识分子和各种政权体制中间还依旧存在着极具排他性的种族主义者和种族中心论的行为,她对关于公民权传统的本质论概念所提出的根本性挑战,具有其独特的重要性。

遗憾的是,《漂流的身份》虽然提出了非常重要的有关当今世界公民权的问题,对非洲社会主义、跨国语境下美国大众文化被接受的过程及二十世纪亚非的关系等研究也增加了新的重要的研究维度，但此书在几个关键的领域并没有充分展开。具有某种讽刺性的是,此书首先一个比较大的不足,就是对连约瑟夫本人也认为对公民权及国格（nationhood）的体现十分关键的跨国语境没有给予足够的重视。举个例子，书中有几章都注明了在后殖民时期坦桑尼亚领导人尼雷尔与毛泽东所推行的政策之间的相似点，但这些相似点并没有在深层次上得到探讨。我们只是非常简略地了解到尼雷尔在1965年访问中国,至于在一个崇拜毛泽东的领导人与迷恋于李小龙的公众之间的潜在的和谐和矛盾并没有受到应有的关注。另外，对于她着重考察的有关后殖民时期的移民的经济地位问题也没有给予充分注意。关于东非在殖民晚期及后殖民初期的存在于不同群体之间的剥削关系在书中仅用很少的几句概括性的句子匆匆带过。为什么东非的亚裔在行使如坦桑尼亚、肯尼亚或是乌干达等当地的公民权时被认为是不可信的？采用的是什么样的标准？以及这些对“局外人”的评价怎样影响了那些被认为是“可信的”公民对种族差异的理解？最后,约瑟夫似乎假设了种族混杂、跨国运作以及错综复杂的公民权利是二十世纪独有的现象。这个假设使她的论述失去了历史的深度：短期寄居及长期移民的种族社群已存在了几千年。关于二十世纪的移民及迁徙与此前几个世纪的类似运动之间有何根本不同，也不甚了然。类似地,在引用六、七十年代的东非来批评韦伯的三种权威类型时，她认为韦伯的理想类型只对欧洲国家有效，但当这个模式碰到第三世界，尤其是东非的在民族国家建立过程中日趋增长的复杂性时则无能为力。这样，她不仅把第三世界各个国家不同的经历做了过于宽泛的划一处理,而且不能使她对民族主义神话的批评得出最终的结论:那些在东非之外过于普遍地存在着的理想化的“国家起源”的历史以及文化纯洁的主张在继续发挥着破坏性作用。

附注:此书中的“东非亚裔”一词指的是生长在坦桑尼亚、肯尼亚或乌干达，以及那些在成年时大部分时间生活在那里的亚裔个体。这些个体主要是(但并非全部)印度裔的。有些家庭在东非已有数十年之久。

（戴沙迪 撰/徐兰君 译）

柯丽斯婷·卡思德兰－茉涅:《父性》

Christine Castelain-Meunier, *La paternité*
Paris: Presses Universitaires de Paris,1997

对于没有受过社会和人文科学训练的人来讲,"父亲"可以属于那种最不言自明的称谓。对中国人来讲,也再没有什么比父亲的形象最能概括传递母文化的许多信息了。至于从五四以来与国人对个体自由的追求如影相伴的对传统父亲权威和形象的憎恶与批判,也是过去这世纪最重要的文化遗产之一。在某种意义上说,一部巴金的家不就是围绕对父亲的批判而展开的吗?然而,对父亲作为一种人类生活的最普通也最深刻的现象之一,我们又有多少系统的研究和认识?而缺少对自身生活的审视,也许是国人还没有真正迈入现代精神生活的最重要的标志。

柯丽斯婷·卡思德兰－茉涅是法国国家研究中心的研究员、社会学家,以研究两性关系、妇女运动、城市问题见长。近年来她研究父亲、孩子等现代社会问题,著有一系列著作。这本"父性"便是其中一部。该书分三章,第一章讲从罗马帝国时代起一直到近代西方历史上的父亲。第二章描述分析现代社会中父亲的角色以及问题。第三章谈父性与心理分析以及父性在当代社会生活中的困境。与那些缺少历史的社会学分析不同,卡思德兰－茉涅是从历史的角度着手探讨父亲这种社会现象的。古罗马帝国时代的父性体现一种男性的权势和威严,代表着对祖先的尊崇,生理意义上的父亲并不是十分重要的,重要的是男性做父亲的意志以及象征和法律意义上的承认。中世纪的父性逐渐演变成宗教约束下的代表道德和义务的象征,血缘上的依据成了父性成立的最重要的依据。文艺复兴时代开始了成就现代父性的一些最初的演革,教育相对而言构成父性权威的一个重要的来源和表现。父性的权威开始软化。像那时代的人们在许多其他领域所从事的一样,人们也开始探寻生命的初源、家系和生物遗传等问题,"父性的哥白尼革命发生,脱离血缘系列”。这种趋势演变至今的最新表现是现代科技所造成的许多在确认父性上的新挑战,如精子转让所带来的种种课题。从十六到十八世纪初,是所谓的父性的“黄金时代”,父性集权力和知识的代表于一身,他不仅有使命传递生命、造就后代,还要用他的智慧和榜样昭示什么是使家族能绵延和荣耀富裕的途径。对父性的遵从也同与对皇权的崇拜紧密相连。许多法律旨在强化父性的权威,对父性的不遵从成为法律惩罚的对象。但这个时代由法国大革命的到来而最终结束。

酝酿于大革命前,法国大革命所带来的一系列政治、法律和社会的巨变最终催生现代父性和家庭制度。传统的由宗教通过婚姻所保证的且建立在等级、差别和歧视上的父性权威被民事婚烟的合法化和宗教权威的相对降低侵蚀了。巴尔扎克在“两个新婚者的回忆”中写到,“法国大革命砍掉了所有家庭里父亲的头”。父性的权力大大减弱,父性的权威被置疑。作者精炼地写到,“传统的法律考量的是死的父亲,革命后的法律考量的是活的父亲,作为教育者的父亲和令人热爱的父亲”(第 40 页)。孩子成为社会和法律专家们关注的中心。1792 年 8 月 28 的法律确认父亲不再有对成年孩子的监护权威,而只对未成年人才具备。这是一种从宗教和祖先那里得到的双重的解放。工业时代的父性的特点是父性权威进一步得到削弱,在许多方面传统的父性招致新的竞争和挑战,其中最重要的是国家在家庭生活中和孩子的教育成长上扮演的角色越来越重要,如强迫性义务教育制度。

当代父性成为更加复杂的现象。一方面传统家庭形式解体演变成众多的家庭形式,另一方面生育科技的发展、离婚现象的增加和生育的减少(包括在非洲大陆 1995 年起都出现了这种生育降低的趋向)、两性关系的变化都使得父性更加弱化。七十年代兴起的女权运动在重新分配两性角色、重新型塑男性文化方面都有极其重要的影响。以往那种男性代表理性、公共生活和普世的文化而女性代表情感、私人领域和特殊文化的图景被打破重组。两性界限模糊起来。父性的权威转变成一种父母互相分担的责任。国家更深层地替代了许多父性的作用。这一切给现代父亲们提出极富刺激的巨大挑战:社会的形而上保证系统不复存在,如何在一个无法确定的父性角色条件下去自我建构一种现代父性。女权运动在削弱父性的传统角色的同时又辩证地推动了父性的解放，从传统的功能性的角色中解放出来并给予男性在私生活领域以新的自由。当然，这其中伴随着因父性角色的变迁所带来的男性的痛苦、焦灼和迷茫，伴随着一系列冲突。父性权威的丧失和母性化的倾向也给孩子的教育带来新的问题。想象的父亲、现实的父亲和象征的父亲，都具有了不同的内容。父性要在现代背景下重新定义，围绕作为主体的孩子，寻找新的沟通交流的途径和形式。卡思德兰－茱涅是从探讨现代父性的构造的角度重新引入心理分析特别是弗洛伊德和拉康的理论从而组成本书最后一章的。不过对笔者来讲，或许是稍有了解的缘故，总觉得不如前面部分引人入胜。也许是有更深的文化差异使然。

不过谈到差异，笔者又要谈到文化现象某些同一以结束此文。笔者一向认为视野尽可能的开阔和知识较多的积累是避免某种偏见的重要前提。如果五四时代包括今日的某些读者读到这样的话——“男性是主要的社会参照。女人依附于她的父亲，丈夫和男性家族。财产继承总是以父系计算。女人没有遗赠的权利。如果年轻的女子不能自由地与她选择的男子结合的话，年轻的男子也是如此。是父亲根据他的意愿娶嫁儿女。是社会关系、政治考量决定了这些结合，爱情是没有位置的”，一定会是觉得这是在对传统的“中国封建社会”进行控诉。可这是本书作者在描写罗马时代的父性关系的几句话(第 8 页)。问题是如果五四时代的年轻人知道罗马也是这种情况的话，是否还会对中国自己的传统有那样激烈的憎恨?或许是否态度和某些理论结论就会相对平和一些? 虽然他们仍需——我们也应当感谢——对这些现象进行批判。这是读这本书时偶尔想到的。

（张　伦）

爱德华·汤普森:《英国工人阶级的形成》

E. P. Thompson, *The Making of the English Working Class*

London: Penguin, 1972

钱乘旦等译,南京:译林出版社,2000年

现在来介绍这本书似乎是太迟了,因为它在1963年就已经出版,而且有关的书评和介绍也已经不少。不过现在适逢其中文版问世之时,因此再简单说一说,也不算完全不逢时。

E. P. 汤普森是英国著名的历史学家,1924年生,1993年去世。年轻时他在剑桥大学学习,参加过第二次世界大战,战后他继续学业,然后进学术界,在大学教书。他出版《英国工人阶级的形成》时只有39岁,书出之后一炮打响,他也因此一举成名,奠定了他在史学界的崇高地位。汤普森曾参加过英国共产党,一直以其左派立场著称,后来因不满苏联入侵匈牙利而退出英共。但他一直以马克思主义历史学家自居,其著作充分表达了西方马克思主义的观点,以阶级和阶级斗争为主线,解释历史发展的动因。《英国工人阶级的形成》之所以有如此大的影响,就因为它被看作是西方马克思主义历史学派最主要的代表作之一;事实上,它可以看作是战后英国新历史学的开山之作,其影响波及整整一代人。直至今日,《英国工人阶级的形成》一书仍然是英国社会史和工人阶级史的必读之书,一代一代的历史学家仍然要仔细研读,它已经是当代历史学的经典著作之一,其作者也与布洛赫、布罗代尔等人齐名,成为享有国际声誉的史学大师。

《英国工人阶级的形成》分三部分。第一部分谈“十八世纪流传下来的人民传统”,汤普森认为,这些传统非常重要,因为它们为工人阶级的形成提供了“主观因素”。汤普森认为有四种传统在工人阶级的形成中起重大作

用，它们是：新教非国教的思想传统，人民群众自发的反抗传统，英国人“生而自由”的意识形态传统和法国大革命所激发出来的“英国雅各宾传统”。这些传统在英国工人阶级的“形成”中构成其历史的遗产，对工人阶级的形成起了引导作用。在第二部分中，汤普森从“主观因素转向客观因素”，详尽地考察了工业革命时期工人阶级的各种“经历”，其中包括：工资、物价、生活水平、劳动条件、宗教道德、休闲娱乐、妇女与儿童问题、工会与互助会组织等等。在这些考察中，汤普森企图说明：在工业革命时期英国工人从无数“经历”里逐渐体会到一种整体的存在，而这种认识对阶级的“形成”是至关重要的。第三部分的标题是“工人阶级的存在”，它集中再现了十九世纪前30年工人群众的有组织的反抗，实际上是这一时期英国工人的政治史。汤普森认为：这些反抗是工人群众最主要的“阶级经历”，正是在这些经历中，英国工人意识到相互间的共同利益与集体依赖关系的存在，而这一认识最终使英国工人“形成”为阶级，阶级形成的过程便终于完成了。

这是一本洋洋九百多页、八十万字的巨著，其涉及面之广，内容之丰富，令人惊诧。但更重要的是汤普森在书中表达了一个基本的理论观点，而正是这个观点使他成为西方马克思主义历史学派最主要的旗手。汤普森提出：阶级不是一个“存在”，而是一个“形成”，阶级不是一开始就有的，它是在历史的发展过程中，由人们在无数的经历中认识到自己的存在而终于形成的。在汤普森看来，每个人都生而处在一个特定的经济地位上，他于是就形成与这个社会(以及社会的人的)特定的关系，但这并不能自动地产生阶级，阶级的产生需要人们对自我存在形成认识。相同的经济地位使人们具有大体上相同的社会经历，而许多处在相同经济地位上的人所具备的共同经历，就形成阶级经历。汤普森说，只有当许许多多的人在无数的共同经历中认识到他们具有相同的利益，这些利益与其他人不同，并且能清楚地说出这种不同时，阶级才产生；也就是说，只有当一些处于相同经济地位上的人清楚地意识到自己的存在与其他人的存在不同甚至对立时，阶级才能出现。汤普森把这个过程说成是阶级的“形成”。他的《英国工人阶级的形成》洋洋数十万字，不厌其烦地追溯了工业革命时期英国工人生活的方方面面，就是企图说明在这个时期英国工人如何对共同经历产生了意识，从而最终“形成”为阶级。汤普森的这个观点是西方马克思主义的观点，西方马克思主义强调文化与意识形态因素对阶级存在的意义，认为若没有清楚的自我意识，便不可能有阶级。汤普森在历史学界用宏大的论著证明着这个观点，其作品的影响超出一国的国界就不足为奇了。

本书的文采极为秀隽，感情也极为丰富。虽内容全涉及下层人民生活，但汤普森用优美的文笔，将普通老百姓的思想感情与举手投足表现得淋漓尽致，让人们读后对工业革命时期英国工人的喜怒哀乐、悲欢离合了解得如痴如醉，竟可历历在目。文中充满了对工人群众的深厚感情，对他们的成功充满了赞誉，对他们的失败充满了惋惜，对他们的缺陷充满了谅解，对他们的未来充满了期盼。汤普森是一个伟大的人道主义者，他对人类的不幸充满同情；他又是工人阶级的真诚朋友，他用自己的笔，将工人阶级苦难而又光荣的历史发掘出来，让人们看到在英国的历史舞台上，有一群被人鄙弃却自强不息的人，他们靠不屈不挠的奋争，书写了英国历史上悲壮而光辉的一章。

(钱乘旦)

阿尔弗雷德·高乔克：《理性之光：阿哈德·哈姆与犹太精神》

Alfred Gottschailk, *Ahad Ha-Am, Bible and Biblical Tradition*

徐新等译，呼和浩特：内蒙古人民出版社，1999 年

著名汉学家列文森的妻子罗丝玛丽在回忆列文森的汉学研究时曾指出，他处理中国思想史所凸现的一些基本问题与观念，诸如历史与价值、区域主义与世界主义的张力等等，在很大程度上是得力于他对于犹太教徒现

代窘境的感受和领悟。诚哉斯言。犹太民族乃最先对西方现代性作出反应的民族,或同化,或坚守本位,每每有类于国人的“全盘西化”、国粹派、抑或“中体西用”。

相较于列文森,我们是否可以反过来说,以中国人现代的困境不也是更能体会犹太人的近代处境吗?而且犹太人于现代性之种种回应于中国人不也有莫大的借鉴作用吗?

在犹太人的这种回应中,有一个名字不可忽视,那就是阿哈德·哈姆(原名亚瑟·茨维·金斯伯格)。以色列国的首任总统魏兹曼曾说,阿哈德·哈姆之于犹太人,一如甘地之于印度人,马志尼之于意大利人。(第8页)由此可见阿哈德·哈姆之重要。阿尔弗雷德·高乔克拉比研究阿哈德·哈姆的博士论文在中国的出版,无疑有助于我们了解阿哈德·哈姆对于现代犹太精神塑造的积极作用。该书的中文书名是《理性之光:阿哈德·哈姆与犹太精神》。这本著作几十年来一直没有公开出版过,中译本是该书的第一次正式出版,这在汉语的翻译史上不算多见,值得一提。徐新教授选择译介这本著作,把它推荐给国人是极具眼光的,透过这本书,我们不仅能了解阿哈德·哈姆这个中国人并不太熟悉的犹太思想家,而且诚如译者所言:该书使人“对犹太精神有了一种新的认识”,对中国思想界亦有“他山之石”之效。(第6页)

讲到阿哈德·哈姆,不能不讲犹太复国主义。长期以来,犹太复国主义在中国的政治语汇中是负面的,其性质是帝国主义欺诈阿拉伯民族的工具。然问题远没有那么简单。法国大革命之后,犹太人曾看到自由的希望,以为只要放弃犹太教,同化于基督教,或者说融入主流社会,便可得到彻底的解放。然而1894年在法国发生了德雷福斯案件,这使犹太人深刻地意识到西方对于犹太人的歧视和压迫远没有结束。这一案件成了犹太解放运动戏剧性失败的一个象征。现代犹太复国主义创始人赫茨尔正是从德雷福斯案件中看到了当时犹太人的认识误区——以为同化可以消除一切问题,事实证明远非如此,故而他开始寻求在巴勒斯坦建立犹太人国家,在当时这犹如天方夜谭。这种政治的犹太复国主义在赫茨尔去世后很快陷于低潮,犹太复国主义进入了自我反思的阶段。正是这个时期凸现了阿哈德·哈姆所持的“文化的或精神的犹太复国主义”的重要意义。高乔克的著作是对阿哈德·哈姆的个案研究,于宏观的背景所费笔墨有限,然我们对阿哈德·哈姆的理解这种背景却是极有必要的。

高乔克的著作在第一章“绪论”中首先回顾了阿哈德·哈姆对于现代各种犹太思潮的影响,可以说他的影响完全超越了个别派别,对于犹太教重建主义,对于犹太教保守派、改革派以及正统派,甚至犹太社会主义都有相当的影响。然而影响最为深刻的,高乔克认为,还是对当今的以色列国;透过那些政治家阿哈德·哈姆帮助确立了以色列立国的宗旨和任务。早在1889年,阿哈德·哈姆就发表著名的文章《此非正路》,批评当时单纯移民巴勒斯坦的计划是本末倒置。对于赫茨尔的政治犹太复国主义阿哈德·哈姆也抱有强烈的质疑态度,认为这只是因为共同的敌人而把犹太人结合在一起,充其量是形成一个犹太人的国家,而不是具有共同文化精神的有机体。阿哈德·哈姆关心的不仅仅是犹太人面临的政治危机,更是散居各地犹太人的精神危机,他强调犹太民族运动的首要任务是恢复和确立民族文化和民族精神。就像鲁迅说的那样,丧失了精神的民族是无以拯救的。而“阿哈德·哈姆(就是要)致力于思想的复苏”。(第6页)犹太国家的建立,在阿哈德·哈姆看来,只能是这种精神的载体。他一方面相信,一种独立的、现代的犹太文化必须在巴勒斯坦建立。另一方面,他又认为散居区的犹太人终将是大多数,而且始终会存在,他们将以以色列为精神中心。这是一种轮轴轮辐的关系。阿哈德·哈姆的主张在知识界影响非常大,引起热烈的讨论,比如在本雅明与格肖姆·肖勒姆的通信中对这种文化犹太主义有过许多细致的论述。

尽管很有影响,但当赫茨尔的政治犹太复国主义达到巅峰的时候,阿哈德·哈姆却成了“光杆司令”。阿哈德·哈姆的意义显然还没有被充分意识到。高乔克认为,以后是通过哈伊姆·魏茨曼才将阿哈德·哈姆与赫茨尔相结合。(第22页)然而马丁·布伯却认为,正是阿哈德·哈姆自己把犹太复国主义思想的两种基本形式即宗教–文化和政治解放加以结合。

如果套用某种我们所熟悉的话语模式，不妨说这也是启蒙与救亡的双重变奏,只不过不是救亡压倒启蒙(赫茨尔的立场),而是在救亡中开发出民族启蒙,或者说在阿哈德·哈姆那里,救亡就是启蒙,犹太民族精神的复兴是救亡或解放的真正基础。

这种文化的或精神的犹太复国主义以阿哈德·哈姆和马丁·布伯最为著名。如果说马丁·布伯较强调犹太教某种超民族的世界主义任务的话,那么阿哈德·哈姆更强调犹太的民族性,强调保全犹太民族精神的遗产,这一点在高乔克的著作中得到了十分的强调,并且贯彻始终。阿哈德·哈姆的作用在于向世人表明,犹太人在近现代的命运,不仅仅是一个宗教问题,即以基督教取代古老的犹太教;也不是一个单纯的政治问题,即建立一个独立的国家,而主要是一个民族性的问题。阿哈德·哈姆寻求的就是以“一种在本质上是犹太的、同时又是极其现代的”(第 21 页)方式来实现民族精神。

那么从哪里去开发出这种民族精神呢？高乔克著作的原来书名是《阿哈德·哈姆,〈圣经〉和〈圣经〉的传统》。这个书名指明了犹太精神的源泉,即《希伯来圣经》。这是高乔克著作的一条基本线索，也是这本著作的特色所在。全书计有“《圣经》及犹太传统:精神犹太复国主义的基石”、“阿哈德·哈姆《圣经》观中的犹太影响”、“作为《圣经》评论家的阿哈德·哈姆”等多章内容,直接从《圣经》的角度来阐发阿哈德·哈姆的思想,高乔克开宗明义即指出阿哈德·哈姆的思想基本来源就是犹太传统的策源地《圣经》。(第 5 页)对于阿哈德·哈姆来说,《圣经》是希伯来文化的原型,犹太文化的传统即产生于对《圣经》的解读,以及在不同历史条件和不同的历史地理环境下对于这种理解的阐释。高乔克认为:阿哈德·哈姆“对《圣经》的批判意味着创造性地使用经典思想中那些有助于使现代犹太教度过它的精神危机，并确保它具有历史的连贯性的部分。”(第 33 页)1927 年在一次“论阿哈德·哈姆”的演讲中,马丁·布伯也曾这样说过,阿哈德·哈姆的意义在于将犹太教的宗教语言忠实地翻译成犹太民族文化的语言，又不失其对于当时紧迫的现实的意义和价值。也就是说,阿哈德·哈姆给予犹太教一种“创造性的转化”,立足其根本,立足精神的延续,同时却从世俗的、民族的角度来理解。

在这个意义上，中译本书名的副题“阿哈德·哈姆与犹太精神”中所点出的“犹太精神”是恰到好处的，它抓住了全书阐发的核心问题。高乔克不仅从《圣经》的角度来理解阿哈德·哈姆的精神犹太复国主义，为全面领会阿哈德·哈姆对于“犹太精神”的理解，还梳理了阿哈德·哈姆与西方历史上的著名犹太思想家哈列维、迈蒙尼德和斯宾诺莎的关系，认为阿哈德·哈姆从中汲取了丰厚的精神养料。他同时将阿哈德·哈姆置于当时的思想背景中，表明阿哈德·哈姆对于当时流行的科学犹太学和历史学派的批判态度。正是在这多方面交织的思想网络中，高乔克显示了阿哈德·哈姆对“犹太精神”理解的丰厚历史内涵。

阿哈德·哈姆不是从宗教方面，而是从民族的、世俗的、精神的角度来解读犹太教；但这并不必然代表一种理性主义的理解。相反，阿哈德·哈姆认为，所谓的理性批判其最大的谬误在于它试图用我们时代的理性标准去评判古代人的思想和习俗(第 40 页)，而他认为宗教问题首先是一个情感问题，一个民族与身俱来的情感问题。因此他不愿意采用所谓科学的方法来评论《圣经》，对于当时的理性主义的代表“科学犹太学”他持坚决的否定态度，这是用非犹太人的方法来看待犹太人的经典，所见无非是一些“杂乱无章之作”。这种“犹太学”表面上是让西方人了解犹太文化，而实质上“这一目标终将导致犹太教被西方文明同化，从而失去其作为一种独特文明的鲜明特点。”(第 117 页)这也提醒我们“国学”是否有“汉学”化之虞呢？学着从西方人的态度来看本国的文化，看似理性，却忘了文化中还有一个“精神”的问题。

从这个角度看，中译本的书名正题《理性之光》不甚恰当。阿哈德·哈姆在任何意义上都不能说是一个理性主义者，尤其是书中将“理性之光”的桂冠授予斯宾诺莎，而阿哈德·哈姆则对斯宾诺莎采取了某种拒斥的态度，因为斯宾诺莎对民族问题有所忽略。阿哈德·哈姆要求用“道德之光”代替斯宾诺莎的“理性之光”。高乔克指出，阿哈德·哈姆是“把‘道德之光’和‘道德理想’作为类同于犹太人民的‘民族精神’的永恒绝对事物。”(第

113 页)显然,阿哈德·哈姆是不满意“理性之光”的局限的。

“理性之光”用于阿哈德·哈姆之不恰当已经昭然若揭,尤其是译者更改书名的理由是“考虑到便于我国的读者”,这就更不合适了。国人对于原书名中的《圣经》是否很感冒?恐怕多虑了。取一个通俗点的书名是否更好销售?恐怕未必。《理性之光:阿哈德·哈姆与犹太精神》出版已经一年多了,如果没有猜错的话,恐怕难逃落寞的命运。其实,我们需要的正是原汁原味的犹太思想。

据说中国人对于世界范围犹太裔名人的熟悉程度,让以色列驻华大使惊讶不已。但中国人又何曾以犹太的文化背景来看待他们了呢?别的不说,就中国人熟悉的思想家而言,我们何曾从《神学政治论》来看待斯宾诺莎了?我们何曾从《论犹太人问题》来看待马克思了?我们又何曾从《摩西与一神教》来看待弗洛伊德了?正如阿哈德·哈姆强调的,犹太教不仅仅是宗教,犹太人也不仅仅是族裔问题,更是深厚的文化底蕴。

梁漱溟先生关于西方文明源自“两希”(希腊与希伯来)一说,很好地代表了中国人对于希伯来文化的定位,将其视为西方文化的同道。其实历史上犹太人虽生活在西方世界,强烈感受到的却是一种文化的异质感,在基督教传统中,犹太人更是典型的异教徒,时刻感受身为“他者”的尴尬窘迫。所以,近代犹太人对于西方世界的种种感受,今日中国人读来往往感同身受。但我们对犹太文化了解太少了。以至于《巴比伦塔木德》的诠释者阿丁·施坦泽兹在惊叹中希文化相近之余,亦颇为遗憾地感叹道,中国文化的经典作品,乃至现代作品多年来通过各种欧洲语言以及希伯来语的译本已经为犹太知识界所知。而犹太文化却完全不为中国人、哪怕是知识界所知。国人是否还仅仅停留在钦佩犹太人的脑袋和钱袋的水平上呢?《理性之光:阿哈德·哈姆与犹太精神》的出版,使我们有理由相信,我们开始步出了对于犹太人的肤浅理解。但愿这一出版不是一偶然事件,而是代表了某种程度的自觉。

(本文引语皆出自《理性之光:阿哈德·哈姆》中文版,括号中注明中文版页码)

(孙向晨)

刘文鹏:《古代埃及史》

北京:商务印书馆,2000 年

继 1996 年《埃及学文集》(呼和浩特:内蒙古大学出版社)之后,刘文鹏教授于今年又推出了他的力作《古代埃及史》,全书共 12 章,近 60 万字,是作者 40 余年研究埃及史的综合成果。纵览该书,有如下几个特点:

编纂体例的创新。作者在保留马涅托王朝体系的基础上,按照埃及古代国家形态的发展规律即埃及史前时代和前王朝文化、埃及统一王国的形成与分裂、埃及王国的发展与衰落、埃及的军事霸权与帝国的形成、埃及帝国的分裂、复兴与衰亡以及异族的长期征服与奴隶制的崩溃等六个历史时期来编纂,基本上突破了王朝体系的窠臼,对埃及古代史的整体理解有独到之处。

分期问题的突破。作者把埃及古代史的下限划到阿拉伯人征服埃及为止(即公元 641 年)。关于埃及古代史的下限,学界有不同的看法,有的学者划到波斯人征服为止,如 J. H. Breasted 的《埃及史》,有的学者划到希腊人征服为止,如 N. Grimàl 的《古代埃及史》等。而作者认为,不论是托勒密王朝,还是罗马、拜占廷帝国统治下的埃及,仍然都是奴隶制的埃及文明,直到公元前七世纪,阿拉伯人征服了埃及、古埃及文明被伊斯兰文明所代替,埃及古代史才算完结,才算一部完整的古代埃及史,这确实是很有见地的看法。

重点突出。作者给埃及古代史中重大的历史事件"埃赫那吞的改革"以浓重的笔墨(整个第七章)。从古代埃及的发展历史来看,以祭司为代表的神权与以法老为代表的王权的关系问题显得尤为突出,成为古代埃及政治生活的一条主线,正如《尼罗河与埃及之文明》序言所说:"神权政治,殆与埃及古史相终始。"[1] 而新王国时期埃赫那吞的宗教改革,正是二者矛盾激化

1 摩勒:《尼罗河与埃及之文明》,刘麟生译,上海:商务印书馆,1941 年,第 3–4 页。

的产物，对这个事件的深入论述，有助于我们更好地理解与把握埃及古史的特点。作者对这一事件发生的历史背景、具体内容、结局、性质及影响都作了深刻的剖析，揭示出了第十八王朝中晚期王权与神权的尖锐矛盾与斗争。

撰述方法的多样化。如作者对每一王朝国王的世系演变作了详细的论述(自第一王朝始至托勒密王朝终)，清晰地勾勒出近3000年埃及王朝历史(前3100－30年)的国王更替与政治形势，成为读者了解与把握古代埃及纷繁复杂的各种历史现象的一把钥匙。此外，作者还运用了大量的图表(其中插图64幅，表26个)，并配以简洁的文字，与正文相得益彰，便于读者更好地理解正文，同时还增加了可视性。

当然，该书还存在着不尽如人意之处，主要表现在以下几方面：

一、以法老为代表的王权与以祭司为代表的神权的关系问题一直贯穿于埃及古史的终始，它是埃及政治生活的一个显著特点，作者显然意识到了这个问题，并在每个历史阶段都有所提及。但除对新王国时代埃赫那吞王统治时期神权与王权的关系问题给以大量的笔墨外，而对其它各历史时期该问题的论述则并无系统、全面、深入的分析。笔者以为，如果把各个历史阶段王权与祭司的关系问题单列出一节，详细论及(包括此一时期祭司的经济、政治地位，以及与王权势力的消长及其表现等)，无疑会加深对埃及古史的了解与把握。

二、书中对某些概念的把握上，笔者以为不太准确，如对“僧侣”(即“祭司”)这一概念，有时直接称为“僧侣”，有时又称为“僧侣集团”，有些含糊。关于古代埃及是否存在过祭司这一阶层，学者们存在着很大的分歧。周启迪认为，“大概要到古王国时期祭司才形成为全国性的奴隶主贵族中的一个阶层或集团，构成奴隶主贵族中的一个重要部分。”[2] 而 J. H. Breasted 认为：帝国统治时期，“随着神庙财富的增加，祭司变成了专业职位，不再仅是一个由俗人占有的像古王国、中王国时期那样的临时职位，祭司在数量上增大了，获得了更多的政治权力，很可能这个时期在阿拜多斯墓地所埋人的四分

2 周启迪：《古代埃及史》，北京：北京师范大学出版社，1994年，第141页。

之一为祭司,所有的祭司团体联合在了一个巨大的祭司统治组织内,阿蒙的高级祭司是头,比其老对手赫利奥坡里斯和孟斐斯的地位都高,这样就形成了一个新的阶层”[3];另据《古埃及百科全书》也说,“直到新王国,祭司才作为一个阶层出现”。[4] 但也有的学者认为“埃及没有单独的祭司阶层”,“宗教与国家交织在一起不可分”,“神庙机关几乎没什么权力独立于国王,专职祭司在新王国第一次显得广泛,但是,即使是这时,大部分祭司仍是兼职”。[5] 笔者认为,如果把古代埃及的祭司看成是一个神职人员和丧葬人员的集合体,以职业划分,它就是这么一个群体,这个群体之内,有等级之差别,因之就有地位之高低,这个群体也经历了一个从无到有、从小到大不断发展演变的过程,而不要把它说成是一个阶层或集团。这样理解是否会更好些?因为古代埃及史上确实存在着这么一个群体,而且在诸历史时期发挥着不可低估的作用与影响。

此外,书中还存在着一些校对方面的错误,如第 131 页正 1 行“习谷”应为“习俗”;第 267 页正 2 行“一返常态”应为“一反常态”等。另如第 556 页,在叙述二四王朝法老博克霍里斯改革时说,“他参照了梭伦的立法,针对埃及当时的高利贷和债务奴役的严重性,制定了……”,这里显然是一个错误,我们知道,梭伦改革在公元前六世纪初,而博克霍里斯统治在公元前八世纪末,故后者不可能参照前者的立法。

总之,尽管书中还存在着不尽如人意之处,但瑕不掩玉。作为“我国唯一一部完整的、详细的古埃及史专著”,其学术价值是不言而喻的。

(李　模)

3　J. H. Breasted, *A History of Egypt*, New York 1946, p. 247.

4　Margret Bunson, *The Encyclopedia of Ancient Egypt*, New York 1991, p. 208.

5　B. E. Shafer ed, *Temple of Ancient Egypt,* New York 1997, p. 9.

季卫东:《法治秩序的建构》

北京:中国政法大学出版社,1999 年

季卫东教授 1983 年毕业于北京大学法律系,1984 年赴日留学,现任教于日本神户大学法学院。《法治秩序的建构》是他从 1988 年到 1998 年主要中文文章的合集。

文集分三编。第三编"法学前沿的景观"包括作者为其主编的"当代法学名著译丛"(北京:中国政法大学出版社,1994 年)共 10 本书分别所写的评介,以及一篇参加 1995 年在日本召开的法社会学国际协会第 31 届学会的报道,这些评介显示了作者对英日语法律社会学思想脉络的深入了解,从中也可以看出作者学术思想的部分渊源;第二编"实践与争鸣"收入了 1994 年到 1996 年在香港《二十一世纪》杂志上与崔之元、甘阳等人就"市场经济国策确立后,中国政治和法制向何处发展"这一问题的三篇争鸣文章,文章清楚地表现了作者学术抱负的现实关怀;而第一编"制度创新的关键"则是主干,篇幅占全书的三分之二,收入作者"法律程序的意义"、"法律解释的真谛"、"法律编纂的试行"、"法律职业的定位"、"现代市场经济与律师的职业道德"共五篇论文,涉及到立法、司法、法律职业共同体塑造等中国法治建设中的重要问题,其中 1991 - 1993 年间写作、发表的"法律程序的意义"又是全书的提纲挈领之作,提出了所谓"通过程序建设推进中国法治事业"的理路和纲领。文集"前言"则回顾了作者从大学就开始的研究生活的心路历程。

"无庸讳言,这本文集的立场确实可以称之为现代法治主义"(前言,第 2 页)。不过,有别于各种含混的法治主义纲领的乃是作者贯穿全书的对法律程序的强调,所以作者的立场也可以称为"程序法治主义"。

作者在回顾自己的学术历程时,指出自己学术的起点,是本科阶段试图通过探讨法与科学技术及社会的互动关系,来打破当时占统治地位的"法就是统治阶级的意志的体现”的教条理论;这是一条试图以客观规律(表现为科学技术)抑制阶级和政党意志,以法律的社会性来对抗法律的阶级性的思路。但不同的是,作者这时就开始寻找能够在法律(主观)和规律(客观)之间达到均衡点的“试错机制”,强调在法律秩序形成过程中“非意识形态化的技术性因素”所可能具有的重要意义(“前言”,第2页),从而使这一思路不仅是批判性的,还是建构性的。换言之,这一思路的重点并不是要排斥和抑制阶级和政党意志,而是试图通过某种中立、客观的媒介机制驯服和控制它。

经过海外多年的求学问道,作者提出的通过程序建构中国法治秩序这一“程序法治主义”纲领,并没有背离当年的初衷。这一纲领的目的,即是通过挖掘法律程序种种功能上的可能性——限制恣意,保证理性选择,使当事人在事件过程上“作茧自缚”,在交涉中促进“反思性整合”,从而“为权力结构的改造以及政府合法性·正统性问题的处理提供几个具有可操作性的理论支点”(“前言”,第3页)。如果说中共的“依法治国”纲领是将政府的合法性建立在其意识形态和实定法的不断加强和巩固上,程序法治主义则是企图将其建立在一种可以公开讨论、选择、实践、修改的立宪性程序正义机制上;可以说,作者在这里要解决的,仍是二十年前的老问题。

不过作者认为,中国的立宪性程序正义机制不可能像西方那样在市民社会和国家主权妥协的基础上建立起来。在后发展国家,程序正义机制不仅要面对政府的恣意,也要面对“既缺乏伦理自觉,又缺乏职业尊严,且极具铤而走险之心的‘贱民资本主义’”的恣意(第6页)。在整个社会都缺乏相应的伦理和制度规范的时候,“宪法的基础不是自然权和社会契约的精神,而不得不是国家机关的统治良心和反思理性”(第8页)。

作者通过对比日本和中国现代化早期在制度建设上的成败(第4-5页),通过考察日本近代以来通过塑造成熟的法律职业群体来改造权力结构的实践(参见“法律职业的定位”),似乎要告诉我们,这种不得不诉诸的统治良心和反思理性不但是很可能存在的,而且还很可以信赖。似乎是为了证明这一点,作者对中国特有的“法律试行”制度进行了详细的考察,企图将其在理论上加工为一种反思性、学习性立法理性样式（参见“法律编纂的试行”）。

然而，即使在考察像“法律试行”这样中国特有的立法模式的时候，作者也一直警惕着所谓“新左派”、“后现代主义”与“本土”话语的“短路苟合”，反复强调“后现代法学可以成为解决法制现代化的结构性难题得一条有用的辅助线”，但“不可滥用”（第194页）。不过，如何把对崔之元对中国农村“股份合作制”的推崇的批评（参见“第二次思想解放还是乌托邦”）也及于自己对“法律试行”的推崇，并不是很清楚的。法律试行在中国究竟体现了立法者的机会主义思维模式还是所谓反思理性，作者的研究似乎还缺乏必要的说服力。

不过，比较起来，作者对“中国本土传统和经验”的洞察和反思的深度还是超过了流俗的“新左派”和“后学”话语。这得益于作者对“体制的深层条件和功能等价项”而不是对“表面的规范形式”的比较功能学考察。比如，通过考察传统法律中量刑的机械化、法律的细则化、当事人的无休止的翻案权和上级机关的无休止的复审权，作者指出，传统法律制度并不是不限制恣意，只不过限制恣意的方式更多依赖的是实体法上架屋迭床式的层层他律性服从交涉，而非在公正程序框架内的分权制约、平等交涉和职业尊严自律，这种制度安排在“缩减恣意的同时也压抑了选择，而选择恰恰是程序的价值所在。结果……选择的要求只能以非程序的方式去满足”，作者认为，在这种制度安排下，恣意随着限制不是减少而是增多，比如在司法审判中，“当事人可以出尔反尔，任意反悔；案件可以一判再判，随时回炉；司法官可以先报后判，多方周旋；上级机关可以复查复审，主动干预”（第61－62页）。作者指出，当代法制建设中仍然存在类似的问题。作者认为，这种重实体不重程序，看结果不看过程的“承包秩序”，虽然有它“政简刑清”的表面效果，但却牺牲了程序建设可能具有的一劳永逸的长远收益；前者的制度成本发生在事后，而程序建设的制度成本则发生在事前。不过，要更清楚地分析中国法律程序种种弊端的发生机制，还需进一步考察制度收益和成本的具体承担者。

联系到具体的程序建设,国家的统治良心毕竟是一个过于虚幻的概念。日本的法律程序之所以能够建立起来,跟这种建设任务一直有一个成本和收益的承担者——法律家群体不无关系。如果一个吃程序饭的职业阶层不在政府内外成长起来,治理上的机会主义将永远是官员的日常行为模式。

制度和学说的移植最多只能提供一个实践的参照，而不能代替制度的内在演化和实践者的自我塑造(“前言”,第2页)。程序的建构过程也需通过程序,以程序为业的法律家群体的职业理性和伦理的塑造,不能一味求诸外在政治经济环境的变化，而更应落实到每日的职业实践中。作者在寻找中国法律解释制度变革的出路的时候，特别强调法院在书写判决书中论述判决理由的重要性。“立足于法律解释共同体的内部制衡和外部归责的这样的监督措施比院长旁听制更能抵制来自权力的干涉，比摄影机进法庭更能保障议论的严肃性和合理性，比直接追究法官个人的误判责任更能防止司法上的陋见和偏见。”(第144页)从这个意义上讲,法治(rule of law)或许就是法律人之治(rule of lawyer),不过这里的“治”的对象,既包括当事人提交的争议,也包括自我的培养。程序法治主义的良药,不仅要推荐给国家作为治理沉疴重疾的处方,还要每天坚持服用以治疗自我的陋习。

(赵晓力)

贺卫方编:《中国法律教育之路》

北京:中国政法大学出版社,1997年

《中国法律教育之路》是一本论文集,所收集的8篇论文(此外还有两篇散记作“补编”,以及文献目录等等)被分为两部分:“对现实的观察”和“中国传统与近代变局”。从这些论文所讨论的主题看,《中国法律教育之路》大体上说的中国法律教育在过去走过的历程和未来可能或应当走的路，讨论后者的论文有很强的政策导向，相比之下，讨论前者的论文学术味道更浓一些，尤其是三篇讨论中国法律教育历史的论文：张伟仁的“清代法律教育”

(下称“张文”)、康雅信(Alison W. Conner)的“培养中国近代法律家:东吴大学法学院”(下称“康文”)和方流芳的“中国法学教育观察”(下称“方文”,这里的“观察”不是对当下现实的“观察”,而是对法律教育史尤其是五十年代以来的法律制度的观察)。这三篇文章基本上为我们提供了中国法律教育的发展线索,唯一遗憾的是缺乏一篇描述朝阳法学院的文章,因为近代中国法律教育中“北朝阳,南东吴”的说法体现的不仅仅是法律教育地理上的差异,还有两种不同的法律教育模式,朝阳法学院采取的是大陆法系的教育模式,东吴法学院采取的是英美法系的教育模式。

但是,对历史的书写从来不是对“历史真相”的简单再现,其中肯定包含了我们对历史的理解、解释乃至于必要的取舍。因此,在三篇论文中,我们不仅发现了中国法律教育发展的历史线索,还包括看待这种历史的方式。“张文”更多地体现了传统历史学家的风格:对材料的详尽占有和细致分析,展现事实而不作评论等等;“康文”则明确地将东吴法学院的法律教育放在中西文化的背景下来理解,东吴法学院是近代西方文化对中国产生巨大影响的一个实例;而“方文”则将法律教育与法律职业的专业化联系在一起,将法律教育放在法律职业化与大众化(或者说“党化”)的冲突这一背景下,描述了法律教育在近代以来的发展,尤其是在五十年代以来的突变以及由此导致的法律教育体制本身的弊端。由于“方文”所讨论的问题(新中国的法律教育)和所采用的理论框架(法律教育与法律职业之关系)与当代中国法律教育现实密切相关,以至“方文”实际上构成了《中国法律教育之路》一书的轴心。所有其它的针对现实或者针对政策的论文都是在新中国法律教育的历史基础上和法律教育和法律职业的理论框架中展开的。比如苏力的“法学本科教育的研究和思考”强调的法律教育中培养学生“解决问题的能力”、“强化职业训练”,王健的“中国的 J. D. ——评‘法律专业硕士学位教育’”一文直接针对中国引进美国法律职业教育的 J. D. 学位所面临的问题。贺卫方的“发展教育散论”明确提出将“大学法学教育”与“法律职业训练”区分开来,建立直接针对法律职业培训的“司法研修”制度。

但是,在法律教育与法律职业这样的思路或理论框架中,我们依然不能解释法律教育在中国所发生的重大变迁。在“康文”和“方文”中,这种变迁仿佛来自法律教育之外的力量,比如西方世界与中国的撞击或者共产党组织采取的全面监管法律教育的制度等等。但正是在这种解释中,我们丧失了对法律教育本身的独特性或者法律知识本身的独特性的关注,仿佛法律教育与其他的政治经济文化现象一样,在近代中国经历了同样的从中西撞击到共产主义中国的全面胜利。正是这种整体化的理解,使我们丧失了对现代性在中国展开过程中的复杂性的敏感。这就需要我们从法律教育本身的独特性出发,来重新理解法律教育在中国历史上的展开以及未来发展的走向。

对于社会行动者个人而言,教育仅仅是一种增加人力资本(human capital)的手段。但是,资本的收益依赖于相应的市场的存在。因此,人力资本仅仅是资源的积累,这种资源要转化成带来收益的资本,必须获得社会制度的认可。这正是社会学家 Gouldner 对强调人力资本的经济学家的批评。正是在教育作为知识资源的积累向一种人力资本甚至文化资本的转化的制度性中介那里,我们看到了扭结在法律教育上的国家与社会关系的秘密,即国家通过控制这种资本转化的机制,从而改变、引导和控制着人们积累人力资本的方向,从而使法律教育本身展现出不同的面貌。正是在国家与社会争夺人力资本的控制权的过程中,我们才能真正理解法律教育在中国的进展。

就中国古代而言,国家通过控制科举制度安排、引导着人们积累人力资本的方向,因此,四书五经成为教育的核心内容。法律教育在清代的兴起与十八世纪以来的人口压力有着密切的关系,正是人口压力导致官员与所治下的人民之间的人口比例增大和国家的司法事务增加,法律教育由此兴起。但是法律教育在当时并没有进入正式的制度,而仅仅是采取师徒制的授业模式(参见“张文”),原因就在于晚清的官吏体制使得处理税收、司法等方面的人员都属于国家正式官吏的私人雇用的人员,他们是通过这种非正式的关系网络发展起来的(参见费正清、张仲礼、瞿同祖、欧中坦和黄宗智等人的研究)。

晚清的新式学堂的发展与科举制度的衰落与废除有着极大的关系,而法政学堂的兴起与盛行就在于它被看作是科举制度的代替品，看作是人们步入政治领域的最佳门径。这时，我们发现国家与社会关系的一个重大转折。在此以前，教育基本上属于社会自由处置的自治领域，而国家通过对科举制度的安排控制和指导民间教育的方向。但是，晚清以来，随着国家政权建设(state-making)的发展，国家不断将权力的触角深入到社会领域，教育遂成为国家控制的核心。晚清以来，国家垄断着法律教育，严禁私人设立法律学堂。民国初年经过短暂的私人办学，国民政府最终垄断了法律教育，排斥私立法律教育(参见"康文"、"方文")。正是在这样的背景下，我们才能理解东吴法学院的短暂繁荣。从某种意义上讲，东吴法学院进行的人力资本投资的转化机制并不依赖清政府或者民国政府，而是依赖上海租借地内的法律制度，而当时的上海无疑是一个独立王国，它的法律制度是西方的法律制度，尤其是英美法律制度。因此，东吴法学院的教育模式也是普通法的教育模式，当时确实养育了一批学贯中西的法学家，比如吴经雄等。但我们也发现，东吴法学院的学生很少从政，大多数在上海、广东、南洋等地从事经济商务法律活动，也只有在这些地方，他们的法律知识的积累才能转化为人力资本(参见"康文")。因此，尽管东吴法学院的繁荣给中国法律教育增添了光彩夺目的一笔，但是它的衰落是注定的。而且五十年代中国法律教育的变化乃至取消同样与国家对人力资本投资方向的控制是分开的，从此，家庭出身、政治觉悟取代知识而成为社会生活中重要的人力资本。

如果用布迪厄(Bourdieu)的话来说，晚清以前存在着一个国家控制的科举场域和民间控制的教育场域，晚清依赖的国家政权建设过程使得国家逐步吞并了民间的教育场域，从而导致国家对人力资本积累的垄断。那么，为什么晚清以来国家要吞并民间的教育场域？原因就在于科举的衰落导致了原来同质的儒家知识分子的衰落，取而代之的是异质的知识分子，包括体制内、体制外和反体制的知识分子。与此同时，西学的引入使得知识本身具备了一种理性的独立的批判力量，尤其是报刊、杂志的出现和公共领域的兴起，使得理性批判的知识本身具有了独立的价值。也就是说，知识积累本身可以不通过考试制度而转化为资本，因为"批判性话语文化"本身成为一种独立的不同于人力资本的文化资本。由此导致了国家控制的不仅仅是知识的资本转化(比如考试、言论等等),更主要的是控制知识生产本身,将“批判性话语文化”转变为合乎意识形态的文化,从而将知识分子纳入到体制中,构成剥削阶级中“地位较低的合伙人”。由此,我们可以理解五十年代以来中国人民大学的显赫地位和苏联法律教育的引入(参见“方文”);全方位的教育体制改革以及后来的知识分子改造运动,使大学成为生产意识形态和知识分子体制化的场所。

只有在国家与社会争夺人力资本积累的背景上,我们才能理解法律教育如何在当前成为社会生活的重要话题,法律知识如何取代传统的人文知识成为大学教育中的人力资本的重要组成部分。也只有在这样的背景下,我们才可以理解为什么法律教育的改革成为当前法律教育的重要话题,实际上这种改革都是围绕人力资本的不同积累方式展开的;只有理解国家与社会关系在当代中国的转型,我们才能理解法律教育中的职业化努力。如此来看,《中国法律教育之路》一书中那些政策性很强的论文不仅会对法律教育的现实产生重要的影响力,而且将成为当代中国社会转型的见证。

(强世功)

黄克武:《自由的所以然——严复对约翰·弥尔自由思想的认识与批判》

上海:上海书店出版社,2000 年

近十年来,政治哲学与政治思想史的研究,蔚然而为汉语学术中的显学,其中,所谓英美式自由主义话语,又居主导地位。汉语学术中的自由主义话语,主要以两方面的内容为自己的工作方向:一是自身建设,重续中国自由主义传统之系谱,二是批“异端”,重点轰击从柏拉图到卢梭主义到黑格尔的理想主义系统。黄克武先生的《自由的所以然——严复对约翰·弥尔自由思想的认识与批判》于上述两个主要方面的努力,兼而有之,在汉语学术的自由主义话语中,有一定的代表性。

在重续自由主义系谱的努力中,如下问题为关键:何以英美自由主义(被视为自由主义正宗)在近代中国不曾得到发扬光大?何种思想或力量诱使近代中国知识分子偏离自由主义方向?这些问题在《自由的所以然》中,具体化为“严复与自由主义(或弥尔主义)的关系”问题,在这个具体问题的背后,“萦绕”于作者心头的是这样的一个问题意识:近代中国自由主义的命运。

作为自由主义经典(弥尔《论自由》)的最早译介者,严复成为当今汉语学术中的近代思想研究的焦点。严复究竟是否可算作一个自由主义者,对于续写自由主义系谱是至关重要的。如果按照美国学者史华慈的看法,严复不过是将自由看作富国强民的手段,根本不曾理解自由的终极意义,只是一个爱国主义者,一个追求太平盛世的乌托邦主义者,那么,中国近代自由主义至少是不能追溯到严复的。

《自由的所以然》的直接意图显然是要纠正史华慈的颇有影响的看法。在重建对于严复的认同时,作者采取了一种颇值得玩味的方法,他并没有直截了当地从严复的政治思想论著入手,而是对他的《群己权界论》(弥尔《论自由》之中译本)进行了一种诊疗式的研读,将弥尔原文与严复译文,逐段比照,找出其间的意义差异,进而寻找导致理解差异的根源。

《自由的所以然》一书认为,严复大体上把握了弥尔主义(作者所认为的正宗自由主义)的基本规定,但有偏差。对于弥尔所强调的个人尊严、个人自由与个人法权之重要性,自由的先决条件,及渐进调适的道路与进步主义方面,严复显然有清楚的理解。作者指出,问题并不在于史华慈所谓的严复以自由为强国之手段,而在于严复不知自由之所以然。所谓自由之所以然,即“悲观主义认识论”(以为智性不可靠)。严复与弥尔在认识论上的差距,在译本中,表现为严复无法正确处理与肯定个人价值有关的概念表达与理论阐述,对消极自由的观念(作者视为自由主义的真谛),如个人隐私、个人趣味、以自我利益为核心的权利观念以及民间社会等等方面,并不理解。

严复知自由主义之然,而不知自由主义之所以然,从而无法使自己的渐进调适思想与自由主义有效结合。在作者看来，这是导致自由主义在近代中国不发展的原因。严复现象具有典型性。“五四”后，中国思想界走向激进革命，放弃严复之调适性思想，是中国知识分子无法真正理解自由主义之所以然之故。对于“何以近代中国知识分子不能理解悲观主义认识论”这一问题，作者指出，中国知识分子的儒家思想背景是导致这一现象的根源。作者以为，儒家传统在认识论方面具有明显的乐观主义认识论倾向。

严复的思想是一脉相承的，弥尔主义是其核心，这一见解在本书中非常重要。作者反对那种认为严复思想存在着从青年时的激进向晚年的保守乃至反动转变的观点，指出，严复晚年拥戴袁世凯称帝，正体现了弥尔主义的要求。强调自由的条件，是弥尔思想的一个重要方面，也就是说，自由只有在社会达到一定文明程度，安定有序，无内忧外患，且国民素质较高的条件下，方是可行的，否则，“专制不失为一可行之策”。作者在这一具体问题上，表现出罕见的洞察力，这显然是由于作者深谙英美式自由主义真谛的缘故。不过，作者对这一见解的理论意义似乎不很敏感，他并没有意识到，这一论断表明，弥尔主义（英美式自由主义）本身内含着保守主义与精英主义的性质，存在着与新旧权威主义、专制主义相结合的内在根据。因此，在专制主义与民主主义之间，许多自由主义者往往更倾向于前者，因为秩序与稳定被他们视为自由的条件，权威主义乃至专制政治，在他们看来，至少可以提供秩序与稳定，是走向自由的必要阶段。因此，以所谓消极自由为目的的理论，与所有其他类型的目的论一样，其实也是可以与任何东西结合在一起的。

作者认为，严复思想的一贯性还体现于对卢梭主义的批判。作者不惜以泼墨之笔，对此重点加以阐述。本书取对于卢梭思想的流行看法：煽动激进革命、乌托邦主义、理想主义，总之，是现代极权主义的源头。卢梭主义取代自由主义而为近代中国思想的主流，使卢梭主义在近来的自由主义话语中，成为主要的靶子。以一贯反对卢梭这一事实，当可使严复作为一个真正的自由主义者的身份更加落实。

以关于自由主义与卢梭主义的流行意见为理论前提，是本书的最显著特征之一。将卢梭主义、理想主义、乌托邦精神、激进革命与极权主义、希特勒，放在一块，将自由主义、渐进改革、反乌托邦、经验主义与自由、丘吉尔、罗斯福，放在一块，原是罗素的“杰作”。罗素写于四十年代初的拼凑之作《西方哲学史》，对汉语学术界（尤其是对中国自由主义者）的影响可谓不小。另一个同样是思想史研究的业余爱好者，其专业本为科学哲学的波普尔，则为自由主义话语提供了认识论与方法论原则。

于是，一种有趣现象出现在《自由的所以然》中，一方面，作者不惜以类似于考证学之功夫，辨析严复对弥尔思想之所谓误读问题，另一方面，作者却毫不犹豫地接受了严复对于卢梭思想的看法，似乎当时对卢梭著作的翻译与介绍就不存在误读的可能性，似乎今天的对于卢梭种种看法与批评中，就不存在误读的可能性。何以厚此薄彼至此呢？

要证明严复不知自由之所以然，须先得证明“所以然”之“所以然”，然而作者显然认为后者原是一个自明的问题。因此，本书的关于自由主义的见解，原是建立在流沙之上的。另一方面，卢梭主义之所以然，也是一个重要的问题。然而，作者所采纳的关于卢梭的看法，并不高于现今关于卢梭的流行意见。这些意见充满了偏见、歧见与误解。譬如，这些意见根本无能于理解卢梭的重要概念“公意”与“众意”之区分。又譬如，严复在批驳卢梭的“权利来自于公意”的观点时，不但给予专制某种程度的合法性，而且肯定战争所得的权利，认为“力”是能够、也应该作为权利的一种来源，作者在赞赏严复的这种“具有就事论事的实际倾向”时，不自觉地暴露出对于“事实”与“事实之被承认为权利”之间的不同，缺乏起码的意识。

本书的研究方法上所暴露的问题，在思想史研究中具有代表性。所谓只重“事实”不涉“价值”，被看作是真正的学术研究。然而，所谓“价值无涉”，并非没有价值立场，亦非不要概念与理论，无非是对实证研究之理论前提、概念体系非批判地承认为前提，对所用之概念与理论缺乏明确意识。这种研究方法所产生的结论，只能是从流行意见中来，到流行意见中去。因此，经验实证研究，往往带来浓厚的意识形态性，其原因盖出于此。

本书的形式非常合乎西方的标准学院规范。首尾分别为问题之提出、研究之现状与结论，中段为技术性考证，突显其学术性。因中段功夫，足以将首尾之陈辞，化为神奇之学术，然而，反过来，中段的细致考证——作者本人似乎并不曾充分认识到的通过西学中译史来了解现代中国思想史的极富意义的方法，亦为首尾的陈辞化为无形。或许是由于作者本人在义理与考据方面的不平衡，这里的思想研究还只能停留材料的整理，停留于对概念作机械的罗列与外在的比较。缺乏历史感，缺乏将思想还原到历史语境的能力，是众多的貌似思想史的研究仅仅停留于卡片集成阶段的一个重要原因。

本书的逻辑思路似乎难逃观念论残余之讥：因传统儒家之认识论乐观主义，致使近代中国知识分子不理解自由主义之所以然，因不知其所以然，致使自由主义在近代中国的不发展，因不发展，致使渐进调适道路被放弃，致使激进转化之路成为中国近代政治的主流。作者的这一理路在近来的一些思潮中具有代表性：从某一现实出发，逆推至形成或有助于形成这一现实的所谓思想根源，而作者对于这一思想的态度，取决于对于这一现实的主观态度。从这种看来是观念论性质的思路中，隐约可以看到有段时间在大陆盛行一时的治史路子。

批评本书的理论前提，不是这篇文章所能做到的。不过，汉语学术界对这一问题的反思工作，已迫在眉捷。如果汉语学术始终无能于理解西方思想从卢梭到当代的发展，始终无法进入从柏拉图到卢梭到德国古典哲学这一伟大传统，那么，无论以何种形式出现的学术研究，最终只能陷入陈辞，且流于全球化政治之主旋律的注脚。

（洪 涛）

李凭：《北魏平城时代》

北京：社会科学文献出版社，2000 年

北朝（439－581 年）是中国历史上一个特殊的时代，它上承动荡的“五胡十六国”,下启强盛的隋唐帝国,其文化较差不多同一时期的南朝落后,而在政治制度上的创造力却远逾于南朝。自从四十年代史学大师陈寅恪先生在其《隋唐制度渊源略论稿》一书中将隋唐制度的主流归于北朝以后,出现过一些重要的研究成果,如严耕望先生关于北魏军镇制度与尚书制度的研究、周一良先生关于北朝各个社会阶层及当时各政权对之采取的政策以及领民酋长与六州都督的研究,迄今都还有重要的学术参考意义。而新中国成立后数十年间,国内有关北朝历史的研究长期并没有充分展开,大多局限于对孝文帝改革、均田制、府兵制及崔浩国史之狱等几个重点问题的探讨。对于北朝历史发展的主线,也较多从少数民族“封建化”这一主题并不十分明确的角度立论,议论纷纭而鲜有发明。然而近年来,不少精彩论著的发表,使北朝史研究无论是在论述的深度还是广度方面,都取得了长足的进步,仅从专著来说,颇有创树的就有张伟国的《关陇武将与周隋政权》(广州:中山大学出版社,1993 年)、吕一飞的《胡族习俗与隋唐风韵》(北京:书目文献出版社,1994 年)、陈爽的《世家大族与北朝政治》(北京:中国社会科学出版社,1998 年)、侯旭东的《五、六世纪北方民众佛教信仰》(北京:中国社会科学出版社,1998 年),而《北魏平城时代》作为最新发表的著作,对北魏定都平城近百年史料贫乏的历史,提纲挈领又条分缕析,勾划出北魏前期历史演变的基本规律,是一部关于北魏或者说北朝历史相当重要的著作。

该书由六章和三个附篇组成,研究的范围限定于北魏定都平城的近 100 年 (398 – 493 年),始终围绕这一时期北魏皇权成长这一主题展开。作者将北魏定都平城前后十年间进行的“离散诸部”作为北魏皇权初步建立的重要事件,并通过严密的考订,指出“离散诸部”是一项长期性的改革运动,并不是一次性完成的,散见于《魏书》中的登国元年“息众课农”、登国九年卫王仪“屯田于河北”及天兴元年“更选屯卫”,均属于“离散诸部”的重要环节,而且一次比一次成功。这反映出打散旧的部落系统,剥夺部落贵族统领部民的权力,构筑北魏封建统治的基础,建立专制性皇权,是一个曲折而艰难的工作。作者还通过考辨指出:公元 376 年前秦灭拓跋代国后,处置拓跋部,“散其众于汉障边故地,立尉、监行事,官僚领押。课之治业营生三五取丁,优复三年无租税。其渠帅岁终令朝献,出入行来为之制限”,实际上是与北魏创立者拓跋珪“离散诸部”性质相同的事件;拓跋珪所以能解散部落,从部落联盟首领摇身变为拥有专制权力的皇帝,还因他在前秦灭代后曾流徙长安、蜀地近十年,受到过中原文化的浓厚熏染。也就是说,在“离散诸部”基础上确立起新兴皇权,在拓跋鲜卑汉化进程中,具有里程碑的意义。需要指出的是,近年田余庆先生从一个全新的视角对“离散诸部”问题作出了一系列精深的研究,该书作者曾在注释中提及,惜未能正面加以回应。相互辩难可以促进学术的发展,自说自话是当今学术界应当规避的一种不太好的习惯。

正因为“离散诸部”并不彻底,一些部落“以类粗犷,不任使役”而未被“离散”,平城京畿周围的山地还有众多的部落从事故有的游牧活动,北魏新建皇权的承继仍受到部落贵族特别是兄终弟及传统的强烈干扰,这导致了拓跋珪身死的悲剧。作者进而以超过全书一半的篇幅详尽考辨北魏平城时期为确保皇权父子相传所采取的“太子监国”及“子贵母死”制度确立的时代、演进及其政治意义。作者指出,北魏明元帝鉴于自己在继承皇位时所遭遇的政治动乱,采纳崔浩建议,立长皇子拓跋焘为太子,同时让其以“监国”的身份总掌朝政、指挥军队,正是“监国”所拥有的超越常规的权力才使拓跋焘得以以“太子”的身份自然继承皇位,拓跋焘亦以太子拓跋晃为“监国”,最终通过强化继承者权力的办法使皇位父死子继成为制度。作者指出,“监国”的太子拥有的超越常规的权力又可能造成其与皇帝之间争夺权力的弊端,这也正是拓跋焘于正平元年囚杀拓跋晃的原因,“正平事变”不仅使“太子监国”制度实行两次后便寿终正寝,也使北魏初即被有意识压抑的后权得以趁机升张。作者考明,由于拓跋珪生母贺氏曾利用其随嫁的贺兰部族人给北魏创立前的拓跋部施加过强烈的政治影响,拓跋珪长期在贺氏的阴影下生活,他创立北魏后,为防范后族对皇位继承与政治的干扰,立继承人而杀其母,创立了北魏平城时期史无先例的“子贵母死”制度,并成为北魏平城时代的“后宫常制”。作者指出,在实际实行中,太武帝之前,“子贵母死”是为了确保皇权的稳定,而太武帝以后,该制却成为业已操纵政权的皇帝乳母压制后族、驾御皇帝的手段，文明太后冯氏所以能主持北魏朝政达二十年之久，即与这一制度有很大的关系。作者进而对冯氏执政的条件、背景及对北魏政治的影响，做了全面的分析，指出冯氏统治的实际成果是以曲折的方式使北魏专制集权的皇权最终得以确立。

该书三个附篇，分别探讨了北魏平城时期平城周边城邑的发展过程、北魏初年向平城的移民活动及雁北地区的社会经济状况、北魏前期“宗主督护”这一特殊的统治方式的有关情况。

该书第一次准确、透彻地论述了鲜卑拓跋部部落首领演变为专制皇权的曲折过程，对于研究中国历史上其它以少数民族为主体建立的王朝的历史，有相当的参考价值。不过就该书所设主题来说，现有的内容还不太全面。如北魏平城时期政治制度的发展对于保证皇帝权威应有相当的关联，该书一无涉及；就“北魏平城时代”来说，所面对的问题也不仅仅是皇权的成长，还有拓跋鲜卑族众主体的社会与文化进步、北魏政权与治下其他民族包括汉族之间关系的调整、北魏政治重心从草原向农耕地区的转变等重大问题，而这些无不制约或促进了北魏皇权的成长；北魏平城时代的皇权与贵族势力除了矛盾的一面，也还有为了本民族自身利益相互协调的一面，这也当是该书应予留意的。

该书以考辨见长，往往从一二词汇或字句入手，探寻得历史玄机，同时文字优美，难能可贵，有机会阅读该书的读者自可领会。不过书中有的考辨不免流于琐碎，或武断失查。如该书第120－137页分析“正平事变”，引《南齐书·魏虏传》一段史料，证明太平真君五年太子拓跋晃“副理万机”，是皇帝拓跋焘与监国的太子拓跋晃之间矛盾激化的结果。事实上，这年拓跋晃权势的上升，是拓跋焘、拓跋晃以及崔浩针对鲜卑贵族试图以武力窃取皇位而采取的重大行动，目的正是为了确保以后拓跋焘与拓跋晃之间权力的正常移交，读《魏书》卷二八《刘洁传》、卷三五《崔浩传》、卷一〇三《蠕蠕传》及卷一一二之下《灵徵志》，便可明了。如果真如作者所说：“在太延五年(439年)拓跋晃监国以前，太武帝父子相安；拓跋晃监国后，东宫集团应运而生并迅速发展，太武帝父子之间矛盾随之出现和加深；在太平真君五年拓跋晃总百揆前后,东宫集团的权势进入鼎盛阶段,而太武帝父子之间的矛盾也随而激化”(第129页),“果于诛戮”的拓跋焘不可能让拓跋晃拥有更多的权力,如果太平真君五年拓跋晃利用所谓“东宫集团”迫使拓跋焘作出让步,那么数年之后的正平元年,拓跋焘更难轻易地将其铲除。看来,有时敌国传闻并不那么可信。

(何德章)

清华大学历史系编:《戊戌变法文献资料系日》

上海:上海书店出版社,1998年

本书是戊戌变法史领域内一部特点鲜明的文献资料汇编。

关于戊戌变法史的文献资料汇编,目前习见的有中国史学会编《戊戌变法》(四册)资料丛刊。它们第一次集中刊布了大量散见或稀见的史料,为研究者提供了相对坚实的材料基础,使戊戌变法史研究成为近代史研究的一个热点。资料丛刊本身就是戊戌变法研究的一项重要成果,并且在某种意义上,也可以说是一段时间内戊戌变法史研究水平的标志。

由于《戊戌变法》资料丛刊编辑出版时间较早(1953年),有许多重要史料当时未能见到,日后才逐步公布或刊行,如今已有必要对戊戌变法的史料再作一次全面搜集和整理;另一方面,史料的重新编辑也是在戊戌变法史研究阶段性成果的基础上,反映较新的历史认识,为戊戌变法史研究的推进提供资料的便利。《戊戌变法文献资料系日》(以下简称《系日》)就是顺应这一要求而编成的一部资料集。

任何一部史籍都是依据一定的历史观念编撰而成的。《系日》虽然是一部工具性资料汇编,但从其文献搜集的范围和体例安排也可以看出编辑者的史学观念以及其对戊戌变法史研究的独特认识。这是本书有别于以往其他相关资料集的重要特点。

一般认为“历史”一词有两重含义:一,(作为过程的、物质运动的)发生在过去的事；二，对此过去的认识观念及其成果(编撰物)。亦即，本然意义的历史和认识意义上的历史。《系日》的编纂反映出在上述两种历史观念之外，作者还关注第三重意义的“历史”：对有关过去的认识的认识。它意味着历史的认识不是在抽象的静止的情境中的认知活动及其产物，其内容也不是对本然历史的毫发必显的复制和反映；相反，历史研究是在具体社会环境中运动的主体为了特定的需要而进行的认识活动，其内容是在具体情境中对既往活动和经验的连缀和构建，其中也融摄了此前对既往经验的认识活动。因此，第三重意义上的历史既是对过去运动的认识，又是对既往认识的认识。根据历史的这三重含义来看戊戌变法史的研究，则既要看到戊戌变法事件本身和林林总总的戊戌变法研究论著，还应该注意维新派、革命派等中国近代各主要社会力量为各自利益对戊戌变法运动的认识活动及其影响作用。本着这样的观念来回顾百年来的戊戌变法史研究，其利弊得失之处就比较显明了：以往研究多集中在对本然层次上的史事的考察，其成果在系统性和具体性上已经达到了相当水准，但是对于历史的第三重含义则不够重视，对戊戌变法的认识史还没有加以深入的开掘；正因为缺少此种意识，戊戌变法运动本身和有关戊戌变法史的认识之间的区别便未能得到清楚的辨析，论者如不加省察地接受了某种有关戊戌变法运动的认识观念，以此为认识框架来考察戊戌变法的本然历史，其研究结果必然会受制于此种认识观念。

具体而言，百年来的戊戌变法史研究大致形成了一个权威的叙述模式(也是一套历史认识的观念系统)，其背后主导的认识观念主要是康梁一系维新派对戊戌变法的解说，其叙述框架以梁启超的《戊戌政变记》为蓝本：康有为的思想是变法的指导思想；康梁等人的活动是戊戌变法活动的基本线索；光绪帝和康梁谭翁等少数维新派与以慈禧太后为首的顽固派构成矛盾对立的两大阵营。可以说，百年来的戊戌变法史研究基本上就是在以康梁为中心、为标准的戊戌变法认识观念笼罩下的认识史。这一叙述模式仅仅是整齐和扩大了康梁一系对戊戌变法的认识观念而已；而此种观念形成于戊戌之后的近代中国社会的运动嬗变之中，本身也是需要研讨的历史对象，而不应该简单地接受它,据此来解释戊戌变法运动的史事。

作为这一叙述模式底本的梁启超的《戊戌政变记》一书直接反映了康梁一系对戊戌变法的认识观念,它的产生本身就是康梁政治活动的结果,其主要目的是通过描述以康梁为中心的维新变法史, 争取并强化其变法思想和实践的领导地位,同时也是从自身利害来解说政变原委,藉此推卸自己对变法失败应负的责任。由此, 一场涉及全国各种重要势力的政治运动就被剪裁成了康梁谭等少数人的政治冒险活动, 其间的差别不可以道里记。陈寅恪先生在〈读吴其昌撰《梁启超传》书后〉(1945 年)一文中指出,戊戌变法有二源,除了康梁等士人之外,还有历练仕途的地方官员。其实这一提法对于梁启超所描绘的、过于简明的戊戌变法历史图像已有所反拨,可惜长期以来并没有引起足够的重视。

进一步推进戊戌变法史研究, 显然需要首先辨明戊戌变法和有关戊戌变法的认识观念之间的区别,将后者也视为有待史家细究的认识对象,而非不加省察地接纳为研究的观念基础;其次,如果抛开以康梁为中心的先入之见,就需要重新考察所有相关史料,从史料所透露的各种社会势力的观念和史事在时空中的相互关系来重新建构戊戌变法史的历史图像,以此为基础,就有可能确立戊戌变法史的新的叙述线索和框架。《系日》正是朝着这一研究方向进行的基础性工作,它对历史文献资料的搜求和编辑有两个特点:

其一,《系日》不以某一种社会势力为中心来限定取材范围,对英美俄日各方列强以及包括康梁派、张之洞派、李鸿章派、江浙士绅等在内的国内各种政治势力的活动史迹均作全面搜求,细致查考,加以综合排列。因而,《系日》的文献资料搜集面较以往更为广阔。全书共汇集了 138 种文献资料,既包括《清代起注册》、《清实录》、《光绪朝东华录》及官方的奏章、函电、外文档案等"文献",也有报刊、文集、日记、书信、笔记、考论等"资料"。在中国史学会主编的《戊戌变法》资料丛刊和明清档案馆编的《戊戌变法档案史料》之外,《系日》汇编了大量晚近出版的或散见的文献资料。又如以往较少利用的英国、美国、俄国、日本等国这一时期的外交档案,编者直接从原文译出,方便了读者。在文献搜集过程中,编者还在清华大学图书馆发现数册《荣禄函稿底本》,其中有价值的文字也汇入此书。

其二,对各方面史料逐条确立时间限定,以日系事,以显出各种势力的活动在时空中的相互位置和关系。这是此书不同于其他相关史料集的另一特点。中国史学会编的《戊戌变法》史料丛刊按文献的体裁集中刊布材料,《系日》则把每条史料根据其主题分别系于公元1895年1月1日至1899年12月31日这一时间段内,尽量准确到每一日,如不能确定就分别系于相应的旬、月之中,再以农历为序列排列,辅以公元时日对照。全书的分篇以公元年份的起讫为段落,读者就能很方便地根据时间尺度找到资料。同时,录入本书的每条文献资料都标明出处,以便读者的检索和进一步研究。

在此基础上,戊戌变法运动的内外背景、前因后果,诸种不同思路的观念冲突、各自计划以及实施情况,各派势力矛盾冲突的历史运动过程,都透过这些系日汇编的史料显出了大致清晰的脉络。由此得来的戊戌变法历史图景与旧有印象大为不同,以下略举两例:

一,外国势力对戊戌变法的影响。这方面已经有王树槐的《外人与戊戌变法》一书进行了专题研究,但是《系日》采用的部分列强外交档案揭示出的信息表明,列强对戊戌变法的影响实际上远远超出我们以往的判断。

二,李鸿章一系势力对戊戌变法的影响。因为梁启超在《戊戌政变记》中并未提及李鸿章派势力在戊戌变法中的作用,以往的研究者对此问题留意甚少,李鸿章也一般被视为置身于变法运动事外;从《系日》中可以看出,李鸿章实与政变有着隐蔽而又密切的关系。

就《系日》一书的上述特点来看,作为一种史料汇编,它为推进戊戌变法史的研究提供了更为全面、综合的文献基础;同时,《系日》所显露编者的史学观念也提示了一种重写戊戌变法史的可能性。

在《系日》现有工作基础上,还可以继续有所增益:其一,有关戊戌变法的资料搜集工作还需进一步补充。《系日》采用的部分外国档案已经揭明列强势力对戊戌变法有极大的影响,但现有研究对此并没有足够重视,在这方面首先要做的是进一步发掘利用列强当时的档案材料,尤其是日本方面的档案材料。也可以说,这方面的努力是戊戌变法史研究能否取得突破的关键。此外，中文文献之中还有一些值得重视的史料，如《亚东时报》应该收录其中；其他陆续公布的国内有关史料也应注意增补。其二，本书所收材料的系日大体精确，但其中少数资料如书信、日记等存在后来删改的情况，对此应该予以注明。其三，本书选录的史料有不少因为节省篇幅而节录，其中取舍、选择之处未必都一定得当，未必均能显示出史料的价值。其四，此书如能有一部人名索引，检索有关材料当更便利。

（戚学民）

萧凤霞：《华南的代理人和受害者：乡村革命的协从》

Siu, Helen F., *Agents and Victims in South China: Accomplices in Rural Revolution*
New Haven: Yale University Press, 1989

对于国外研究汉族的人类学家来说，新中国建国后近三十年的国门紧闭无疑是致命的打击。失去了在中国内地田野作业的机会，深入的研究便无从谈起。把港台地区作为大陆的实验基地，只是一种无奈的选择而已。交流的障碍，时代的隔膜，使得大陆那段历史在国外学者的眼中蒙上了神秘的面纱。由此方见出美籍华裔人类学家萧凤霞(Siu, Helen F.)的幸运。她于1976－1986年间在广东新会县环城地区作了多次田野调查。十年磨一剑，她的《华南的代理人和受害者：乡村革命的协从》，以丰富的历史文献资料和田野调查的亲身经历，向世人展示了新中国建国后尤其是人民公社时期的历史。这一人类学著作无疑具有开拓意义，填补了国外人类学家研究中国的一段空白。

本书共分十三章，以广东新会县在社会主义革命前后的社会变迁来折射新中国在现代化历程中所面临的矛盾与冲突。该书从新中国建国后至改革开放前乡村社区权力结构和政治制度变迁的视角，审视了中国农民在扮演乡村革命的协从者与受害者的角色时无所适从的困窘处境，透视了国家与乡村社区的关系。萧凤霞以乡村干部这一群体作为其研究的兴趣点，深刻地反映了他们进行道德选择时所面临的内心冲突，和在强大国家权力面前所作出的无奈的选择，从而指出社会主义的国家观念一直都在塑造着农村的社会经济发展与文化价值观念。尤为引人注目的是，本书对于建国后乡村干部作为国家政权代理人角色的论述以及对乡村社区“细胞化”的论述,视角独特,论证充分,令人信服。

本书从乡村社区统治精英的转变(从乡村士绅到乡村干部)来反映建国前后乡村社区权力结构的变迁。萧凤霞通过田野调查发现，乡村干部作为集体资源的管理者,并无自治的权力,所以与建国前的乡村士绅相比,同样是国家与乡村社区的中介者,乡村士绅具有经纪人(Broker)的职能,而乡村干部则扮演了国家代理人(Agent)的角色。作者认为,“封建帝国对乡村的统治依赖于士绅承担的‘经纪人’的功能”。国家承认了士绅在乡村的精英统治的合理性,把其纳入国家的统治网络内,通过士绅把权力延伸到乡村。士绅上对政府,下对村民,享有充分的自治权力,其权力伸缩的空间很大。他们既可以制约皇权下伸的意向,也可利用在乡村的支配性权力获利。因此,士绅被萧凤霞称为“经纪人”。近代以来,传统的乡村社区权力结构虽然受到社会制度变迁、战乱等因素的冲击,却并未发生实质性的变化。1949 年新中国成立后,中央权威不断巩固。为了推进现代化进程,把乡村社区整合到国家政治体系中,中央政府通过土改、合作化运动直到人民公社的建立,实现了乡村社区基层组织的重构，建立了新的权力结构。新的权力结构是以乡村干部这一新的政治精英阶层对乡村的管理、控制为核心的。乡村干部在各种政治运动中成为严密的国家官僚体系的一部分，以阶级斗争与社会主义意识形态贯彻中央的意志，成为不折不扣的国家在乡村社区的代理人。

萧凤霞反对把传统的士绅精英阶层与乡村干部相等同的观点，指出他们最大的区别在于:权力来源不同。士绅的权力主要来源于家族;乡村干部的权力则是由中央赋予的,他们都是贫下中农出身,权力的获得以是否对党忠诚为唯一标准，他们成为了国家控制乡村社区的忠实代理人。与士绅在社区享有自治权不同，乡村干部与刚性的权力结构相联系，以服从上级的命令为唯一准则。干部权力、利益的获得是以服从国家命令为前提的。萧凤霞认为国家通过社会主义的意识形态、阶级斗争的话语、此起彼伏的政治运动、严格的官僚体制，以忠实、顺从地作为代理人的乡村干部为统治中介，全面渗透到乡村社会。对于国家能否通过干部完全贯彻其意志，很多学者持与萧凤霞不同的观点，认为乡村干部并不总是忠实代表国家意志。例如，王铭铭就认为，"由于乡村干部的社会流动性很小，他们不得不为了稳固自身在社区中的地位，而对社区利益作出让步，有时甚至可能用社区利益来解释国家利益。其结果是，干部成为家族社区中的家庭和国家之间的漂浮的社会力量。"在乡村生活中，干部有时的确可以顶住上级压力，维护社区成员利益，有时也会在政策弹性范围内对政策作出变通，使国家权力的贯彻受到一些阻碍。

萧凤霞以"细胞化"这一概念深刻地再现了社会主义国家对乡村社区权力结构以及社会经济文化生活的改造。社会主义中国建立后，乡村社区基层组织的重构是实现现代化的基础条件，国家无疑要在乡村发展中占据主导地位，实现对乡村社区的政治整合以及国家与乡村的高度一体化。但是政府权力在乡村社区扩张的同时，陷入了政治全能主义的误区，造成基层社会的私域受到侵吞以及乡村社区的"细胞化"。建国后乡村社区自身存在的社会意义发生了很大的变化，乡村社区逐渐"细胞化"，"它被纳入到国家的政治体制的整体中，成为其有机体的细胞组成部分"。土改摧毁了宗族存在的经济基础；集体化运动使国家加强了对农业生产的控制，国家以低价向农民征收粮食，限制经济作物的生产以及自由市场贸易；公有化运动使农民完全被限制在由乡村干部所控制的人民公社中；宗族活动、宗教信仰逐渐遭到扫荡，政府权威在乡村社区的有力渗透，打破了乡村社区的人际关系界限，并力图使农民对血亲的忠诚转向对新发展起来的法人团体即集体的忠诚。乡村社区不再为地方势力所控制，国家正式官僚机构在乡村进行了强有力的渗透与扩张。

改革前国家与乡村社会关系是一种强国家－弱社会模式。它虽然强化了国家权力，但也造就了一个低效率的、凝固的刚性权力结构。个人权利的先天的脆弱性使它既无力也无法保持自己，而私人领域的社会的发展也极其艰难。因此中国迫切需要的是一个自主的和健全的社会，一个与国家形成适度平衡和建设性互动关系的社会。

本书最突出的特点在于视角独特，洞察力强。萧凤霞与弗里德曼(M. Freedman) 等人一样，也是通过社区史去反映国家－社会的关系，但在同样的研究框架下，她综合了弗里德曼、施坚雅 (W. Skinner)、武雅士(A. Wolf) 等人的理论并采用了独特的研究视角。在现代化的视野中，她以国家控制乡村社区所利用的精英层的变化为切入点，以社区史折射出乡村社区与现代国家政治的互动关系，探寻社区内部权力关系、行为主体之间的互动、政治与文化历史的相互影响。历史既可让人反思过去，也可警示未来。这部著作对于中国在当代改革开放的背景中如何更好地处理国家力量与社会力量之间的关系具有很大的启迪作用。

本书的另一特点也值得一提。萧凤霞对历史的描述既利用正式的文献资料，也注重运用农民的集体回忆去构建民众眼中的中国历史，使得本书具有了生动、鲜活的色彩。萧凤霞以双维度视角的重叠、交叉与冲突，实现了客观研究中国历史与真实再现民众处境的结合。与历史学一般只关注上层人物、社会精英不同，该书作为人类学的著作更加具有关注民生、同情理解农民艰辛处境的色彩。她对农民真实情感的记述，让人深刻地领悟到政治风云的激荡在普通民众身上留下的烙印。

（姜振华）

塔罗:《运动之动力和威力:社会运动、集体行动和政治》

Sidney G. Tarrow, *Power in Movement: Social Movements, Collective Action and Politics*
Cambridge (England), New York: Cambridge University Press, 1994

从1789年的法国革命到1980年代末东欧巨变的200年间，整个世界经历了千百次民众起义。康乃尔大学政治学教授塔罗的近著——《运动之动力和威力》——是对这些运动规律性的总论。书中虽然偶尔提及一些影响深远的革命事件,但作者明确把革命归为别类,着重分析社会运动。此书之重要在于,它不仅仅论述了各式运动的方方面面,而且对西方近30多年集体行动研究成果作了精当的批判总结。

把这本书介绍给中文读者，首先要做的是概念澄清。什么是塔罗所说的“社会运动”?中文中类似的概念有三个:群众运动、民众运动、集体行动。在西方学术语汇中,群众运动往往是指那些盲目、狂躁,易为强人和党派操纵的群体行为。由于这一概念带有明显的贬义和偏见，故很少再为研究者使用。集体行动泛指所有合作行为，故比社会运动概念笼统得多。相比而言，中文中最接近社会运动概念的是民众运动。塔罗所说的社会运动包含下述要素:(1)对抗(或反抗)性的,(2)广泛而有组织的,(3)有政治诉求的,(4)相对持久的运动。这个定义主要出自欧美的历史经验。民族主义和宗教情感激发的运动未得到应有的重视。尽管如此，社会运动的概念还是相当宽泛,涵盖世界史——包括中国史——上的众多运动。

社会运动何以会发生?它是如何传播、扩散开来的?影响其结局的因素是什么?简言之,社会运动的动力和威力(power)来自哪里?塔罗从集体行动理论入手,对上述问题一一作了探讨。为什么要从集体行动谈起?塔罗解释说,因为集体行动是各类社会运动的最基本的因子。在过去 30 年中,西方集体行动理论颇受社会科学中理性行为模式的影响。这方面的代表作是美国经济学家奥尔森(Mancur Olson)的《集体行动的逻辑》(Logic of Collective Action, 1965)。奥尔森认为,没有有效的奖惩措施,人们是不会自觉自愿投入集体行动的,因为个人的付出所换来的是大家都能享用的公共福利(public good)。理性的选择是坐享他人斗争的成果。因此,发动集体行动的基本问题是解决搭便车问题。而只有那些有足够资源,能够提供所谓选择刺激(selective incentive)——即为运动参加者提供物质或精神上奖励——的组织,才有可能发动有效的集体行动。奥尔森理论影响广泛,乃至于一个有关社会组织研究的分支由此产生。

近年来,奥尔森的理论已经受到许多批评。包括塔罗在内的一些学者指出,奥尔森的理论比较能够解释利益集团——如工会——的集体行动,而完全不适用于研究、解释社会运动。奥尔森对人们投入集体行动——特别是大规模的社会运动——的估计过于悲观。实际上,人们参与集体行动的动机复杂,其中包括非经济和利他动机。奥尔森理论的要害是其分析的要素太单一。

如果搭便车现象不是主要障碍,什么是发动社会运动所要解决的主要问题呢?塔罗认为是运动的"社会交往耗费"(social transaction cost)。通俗地说就是,参加社会运动的各类组织、个人、群体间的就斗争目的和手段的协调与磨合。显然,在塔罗看来,社会运动的基本特征是多种社会组织和群体的松散联盟,而不是在组织严密的、强大的社会集团领导下统一行动。尽管这个论断并不符合所有社会运动,但的确是许多运动的共同特点。历史上的众多运动恰恰是由组织松散的、弱小的社会群体——工人、少数民族、妇女等——发起的。这一事实引出塔罗的另一论断:社会运动的动力和威力不能仅仅从发起和参加运动的组织、团体内部去找,运动的外因也很重要。他指出社会运动的外部动因无非两类:政治时机和外部资源。至于运动之内外因孰轻孰重、孰先孰后的思辩则不为塔罗所重视。政治时机的重要比较容易理解。塔罗援引大量个案研究说明,很多运动都发生在政府改组或政策改革时期。这一事实充分说明了政治时机对运动在何时发生起着关键作用。这里有必要换一个角度来理解塔罗的政治时机概念:在他看来,哪里有压迫,哪里就有反抗并不是事实;只有当统治者内部发生分歧、变化的时候,有组织的反抗才可能发生并持久。

塔罗所说的外部资源包括同情运动的社会团体、组织和个人。新闻媒介虽然不直接介入运动,但却起着重要的传播作用,也是可资利用的外部资源。如果说政治时机是社会运动发生的先决条件,外部资源就是社会运动扩大和发展的必要条件。为什么社会运动如此依赖外部条件?塔罗解释说,这是由于社会运动与斗争目标单一、范围狭小的利益集团斗争不同,社会运动的参加者成分复杂、动机各异、介入和退出的随意性大。

那么一场社会运动是如何有效、充分地利用外部资源,最大限度地发挥运动的威慑力量的呢?从理论上说,运动的发起和组织者有两种选择:第一,尽力把外部资源纳入为运动的一部分(internalize external resources)。也就是说,使运动在统一的领导之下,严密组织,统一斗争目标和手段,从而赢得胜利。第二,保持运动的半无政府状态,不试图统一领导,只求各参加组织、团体、个人的一定程度的协调一致。但在实践上,绝大部分社会运动都无法完全内化外部资源,都只能维持半无政府状态。塔罗进一步指出,其实社会运动的半无政府状态恰恰是其活力之所在。原因在于,统一领导的运动一旦陷入保守就会僵死,而没有领导或多重领导的运动则能持久。

这里需要做一点说明。塔罗关于内化外部资源的说法,借用了企业生产活动中降低生产成本的两种做法。一种是尽可能多地实现全部零部件的自给自足,即内化生产管理过程;一种是与外部企业建立合同关系,从而降低内部管理费用。一个企业可以根据情况做出选择。但在一场社会运动中,一个组织则往往只能与其他社团建立"合同"关系。正因此,塔罗才把运动中各组织和群体间的磨合过程看作社会运动研究的核心问题。

既然社会运动往往吸引了地域和社会背景上千差万别的参加者,广泛的联合行动为什么可能?塔罗指出,全国性的社会运动(national social movement)的兴起是近代——十八世纪、十九世纪——欧洲社会、政治结构发展的产物。这些新的社会政治条件包括:标准化了的斗争形式(modular repertoire)——如罢工、抵货、示威游行、静坐请愿等等;出版、广播、电视等大众传媒的出现;现代中央集权国家的形成(为社会运动提供了同一的目标)。其中标准化的斗争形式是塔罗提出的新概念。所谓“标准化”的斗争形式,就是可以为不同地域的不同社会团体用于各种不同政治诉求的抗议手段。游行、请愿、罢工、抵货等新型斗争方式不同于打劫、骚乱、抢粮、抗租等旧式斗争方式。其共同特点是非暴力性和间接性——不直接针对某个具体斗争对象。斗争手段的非暴力性和非直接针对性使天南海北、形形色色的社会群体都可借用,从而导致联合、统一行动的可能。

上述三项结构性的变化是广泛的、宏大的社会运动发起的必要条件。但是运动的发展、壮大仍然需要积极分子(movement agents)的组织和动员工作。在运动的组织问题上,塔罗指出,过去的研究过多地注重较正规和完善的组织——如工会和学生组织等,而很少注意非正式的民间网络(networks)——如乡邻、朋友、同事等——的作用。他援引美国60年代民权运动的几项研究指出,个人的社会背景——如教育程度、家庭地位等——对其投入运动与否关系并不太大。大多数运动参加者主要是受亲友、邻里、同事、同学等的影响。所以社会关系网对社会运动的发展影响至关重要。由于社会动员结构——或称机制(mobilization structure)——往往决定社会关系网络的状况,塔罗还强调社会动员结构在运动组织方面的重要性,并指出这方面研究的欠缺。所谓社会动员结构是指一个社会原有的交通、通讯、联络渠道和机制。

社会运动在组织上的多样性,使之能够动员各社会阶层人士广泛参与。人多势众,社会运动的力量往往源于此。但问题是:如何在思想上使参加者达成至少是最基本的共识(consensus),从而使运动有相对统一的目标?在过去二三十年的研究中,思想动员没有像组织动员那样得到重视。近年来,这方面的研究有了比较大的突破。一些研究者把文化象征符号——如服饰、旗帜、戏剧、标语、讽刺小品等——及其革命性意义吸收到研究中去。有些研究者甚至主张把社会运动和革命事件当作文本那样来解读。对此,塔罗很不以为然。他指出运动的组织、参加者并不是随心所欲，而是自觉地、有目的地挑选和使用文化符号和象征。因此不能就文化符号空洞地论述文化符号,从而使我们远离残酷的政治斗争现实。

相比那种神秘的、"浮漂的文化"(floating culture,塔罗语),塔罗更推崇的是大卫·斯诺等提出的"认知格分析"方法(frame analysis)。通俗地说,认知格就是把认知过程做阶段性的划分。大卫·斯诺把社会运动参加者的思想意识活动表述为几种认知格:如公正诉求格(injustice frame),集体行动格(collective action frame)，认知格调整 (frame alignment)，以及主体认知格(master frame)等。其中公正诉求意识是参加者最基本的共识。运动骨干要做的是通过宣传鼓动将民众的公正要求"调整为"集体行动意识。这一活动包括引进和宣扬新的革命性思想，扬弃旧的文化意识等。而那些在运动中深入人心的新思想——所谓主体认知格——则成为新的主流文化的一部分。

与社会运动的频繁兴起、蓬勃发展相比,其结局却往往是妥协和改良。塔罗解释说,这是由于运动参加者众多,很难实现目标的统一。社会运动往往形成从发生、发展到逐步衰落周期性的循环发展 (movement cycle)。在运动后期，参加者往往不是趋于激进就是变得保守。运动激进后必然会使原来的一些参加者退出,同时引起当局的镇压。而运动走向保守后,则会把斗争从街头转入议会厅，通过寻常的政治渠道实现改良。但社会运动循环现象不仅仅是消极的，因为任何一场运动不论在进行中还是在衰落后都会引发其他的运动从而保持自己的生命力。

塔罗关于社会运动的论述是以一个问题结束的：冷战结束后世界各国——特别是东欧国家——社会动荡,各类运动频繁发生。这是不是意味着"运动(无处不在)的社会"(movement society) 的到来?

(王冠华)

托马斯·班德:《知识分子与公共生活》

Thomas Bender, *Intellect and Public Life*

Baltimore: The Johns Hopkins University Press, 1993

“知识生活”(intellectual life)是如何从与“公共生活“的密切关联中孤立出来的?业余研究者与公共学术讨论是如何被排挤出现代学术体制的?知识分子是否必须脱离“公共文化”才能有效地从事学术研究或审美活动?他们有无参与公共生活的义务和必要性?

美国纽约大学历史学教授、美国文化与比较文化研究专家托马斯·班德在其《知识分子与公共生活:关于美国学院知识分子的社会史论稿》一书中,以美国现代学术史为依托,并以学术的自主性(autonomy)与公共性(publicity)之二元紧张为核心,对上述问题进行了史的追溯和思的探问。

班德指出,在十九世纪上半叶的美国,“知识生活”与“公共生活”有着密切联系。以文化氛围较东部薄弱的西部地区为例,几乎所有城镇都有自己的思想或学术交流场所,稍大些的城镇还往往设有较正规的“文理研究院”,居民们日常讨论的话题之一则是当时流行的“科学和文学出版物”。例如,被视为美国“现实主义文学奠基人”的威廉·豪威尔斯(William Dean Howells)在谈到1850年左右其父位于俄亥俄州某小镇的印刷所的情形时,如是回忆说:

> 那里总有说不尽的话题……不仅仅是彼此开玩笑,更多的是关于文学方面的讨论。我们相互之间,或和偶然到访的乡贤们就一些作家展开争论。很多人都是这些作家的读者,他们喜欢背倚我们的火炉,争相议论霍尔默斯和坡,艾尔文和麦考利,蒲伯和拜伦,狄更斯和莎士比亚。任何在(美国)东部产生影响的作家很快即会名闻西部地区的小村庄……文学作为一种真实的兴趣,得到了如此广泛的认同,以致我并不

认为我投身于文学事业是异乎寻常的举动。

班德进而指出，豪威尔斯只是强调了文学方面的兴趣，而其他评论者，从托克维尔、马蒂诺到莱尔，则对他们在美国城镇所发现的“科学活动”的状况进行了评说。莱尔还注意到了知识生活在当时美国的巨大包容性。他举例说，在俄亥俄州的辛辛那提城，文人和科学工作者，以及律师，牧师，医生，和当地有道德感的商人彼此结合，形成了一个“高等上流社会”。

概而言之，在十九世纪早期，业余研究者和公共学术讨论乃是美国各城镇“知识生活”中的重要组成部分，而专业研究者或艺术家则在当地的公共文化领域中扮演着重要角色。然而，随着“学科职业化”(disciplinary professionalism)的出现和“大学时代”(the age of university)的来临(1876年，位于美国东部马里兰州的约翰斯·霍普金斯大学建立了美国历史上第一所研究生院。这一事件标志着“大学时代”的来临和美国现代学术体制的确立)，业余研究者和公共学术讨论便逐渐被排挤出了美国现代学术体制，而丧失了其在学术领域或“知识生活”中的合法性地位；与此同时，专业研究者则凭借其日趋严密的“专业话语”，逐渐确立起了“专家权威”，并逐渐退出了“对公共问题的公开讨论”。

对于“学科职业化”所伴生的知识分子与“公共文化”日渐疏离的倾向，对于“专业话语”在“大学时代”所拥有的文化“霸权”，赞同与反对者都不乏其人，他们之间的争议，往往直指问题要害，因而极具启示性。

1890年，在美国社会科学学会(AAAS)的一次会议上，亨利·乔治(Henry George)与塞里格曼(E. R. A. Seligman)就“专家权威”的合法性问题发生了激烈争执。塞里格曼以“专家的自负”声称：任何一个未在“经济史领域”接受过“系统训练”的人都没有资格谈论税务问题。他强调指出，在“生物学”、“形而上学”和“天文学领域”，我们应“对专家俯首称臣”。他质疑道，既然我们在“圆桌讨论室”内可以听到专家的意见，我们又何必看重在“通俗著作、报纸及公共讲坛”上所表达的经济学思想呢？

亨利·乔治则对塞里格曼所表现出的“专家的自负”极为愤慨。他指出，“政治经济学”不同于“天文学”和“化学”，它所关注的“现象”“存在于我们的日常生活中，并与我们休戚相关”，其基本规则与“公共生活”中我们用“选票”来解决的问题有着实质性关联。他进而强调，学院知识分子应“屈从于富人与有教养者组成的政府”，借以推动“民主”政治的发展。显然，在亨利·乔治看来，至少对“社会科学”领域而言，学术研究与公共生活有着不可分割的联系，并且，社会科学研究者也有必要参与到作为“公共生活”之较高形式的政治生活中，而不是远离“通俗著作、报纸及公共讲坛”而固守其“专家权威”。

如果说，亨利·乔治与塞里格曼之争主要体现了“专家权威”与“公共生活”或“公共学术讨论”之间的紧张关系，那么，发生在1918年的哈里特·芒罗(Harriet Monroe)与兰道夫·伯纳(Randolph Bourne)之争，则主要反映了“艺术家”与“公众”之间的紧张关系。

伯纳是“纽约知识分子”中的代表人物之一，他于1918年在前卫杂志《刻度盘》(Dial)上刊文指出，对年轻艺术家来说，真正的威胁既不是来自“没教养的俗人”，也不是来自“盎格鲁·萨克逊的文化传人”，而是来自求“新”、求“稳”而又“缺乏识别力”的“公众”。因此，作家们必须与“过于安逸以致难以取悦”的“公众”保持距离。

在伯纳发表上述观点后不久，哈里特·芒罗就在他参与编辑的著名现代主义杂志《诗艺》(Poetry)上作了回应。他宣称，“如何使公众接受其艺术”，乃是“艺术家”的“唯一要务”。他接着谈到了两种艺术批评的方式，他说，“你可以就诗歌谈诗歌及诗歌运动，——也就是将诗歌视为封闭于它自身世界的优美艺术，并按其自身的规则与价值作出评判；你也可以在更广阔的思想运动和社会运动的背景下对其加以考察。”然而，前一种艺术批评——也即“就诗歌谈诗歌”——“确凿无疑地会将诗歌艺术引向空洞无用的修辞游戏。”要而言之，在芒罗看来，审美活动是不能脱离“公众”或“公共文化”而独立存在的，否则，它就成了无意义的行为。

究其实质，以上两次争议体现了学术研究或审美活动的“自主性”与“公共性”之间的二元紧张。在班德看来，学术研究或审美活动应在“自主性”与“公共性”之间取得平衡。他认为，学术研究或审美活动确有其自身的规范需要遵循，但这并不意味着它们必须从公共文化中脱离出来。因为，一方面，“公共文化”对学术研究或审美活动有着促进作用；另一方面，参与公共文化建设也未必会影响学术研究或审美活动的“自主性”，以前哥伦比亚大学哲学教授约翰·杜威为例，他既活跃在公共领域，极大推进了上世纪初叶美国的“学术自由”和“政治民主”，又在纯思辨领域有重大建树。班德强调指出：作为一名知识分子，他不应忘记，他同时还是一位“公民”，他有义务参与公共问题的讨论和公共文化的建设，他也有义务为提升整个民族的“文化”与“民主”素养倾其心力。

（龚 刚）

乔·萨托利：《比较宪政工程》

Giovanni Sartori, *Comparative Constitutional Engineering——An Inquiry into Structures, Incentives and Outcomes*

New York: New York University Press, second edition, 1997

从二十世纪八十年代开始，世界各国，不论是发达国家还是发展中国家，都掀起了新一轮制度创新的改革热潮，其内容不仅包括政府的行政管理，而且涉及国家的基本制度的变革。发展中国家和东欧后共产主义国家多少都将美、英、德、法等发达国家的政治制度作为参照系，来设计自己的理想政治制度。发达国家的学者也通过对比和反思发达国家的政治框架和发展中国家的借鉴实践，力图为发展中国家，同时也为发达国家自己寻找更优化的政治框架。美国著名政治学家乔·萨托利的新作《比较宪政工程》便代表了这样一种努力。

正如书名所表明的，《比较宪政工程》关涉的是宪政的比较性研究。萨托利认为，作为国家的基本结构框架，宪法是民主政治的发动机，必须起核心作用并有各种产出，而比较不同的宪政能使处于制度创新中的各国向别的国家学习经验。该书共十三章，分为三个部分：选举制度、总统制与议会制、问题与建议。

首先，萨托利概括、比较了多数当选制、比例代表制和两轮投票制三种选举制度。他认为，多数当选制通过选举一党负责的政府，限制和减少政党的分裂和分歧，从而提高了政府的治理能力；比例代表制产生联合政府，可能能够帮助陷入困难的社会团结起来，度过难关。但是，纯粹的多数当选制和纯粹的比例代表制都不是最佳选择，从某种意义上说，公开的两轮投票制具有广泛的适应性。

在第二部分，萨托利总结了总统制、议会制、半总统制各自的特点。他认为，权力制衡并不是美国体制的显著特点，因为几乎所有真正的宪政体制都是制衡体制。美国总统制的独特性恰在于它通过分割权力来制衡权力。人们常认为美国的分权体制造就了一个强大的、有效率的政府，事实上，美国是抛开宪法而运作的，有三个因素支撑着美国体制的运行：意识形态的无原则、不牢固的无纪律的政党、地方中心主义的政治。因此，美国人所拥有的事实上是一个脆弱的国家。拉美总统制的实践说明美国的总统制是一个幻象。议会制不允许政府与议会分离，它有三种类型：英式首相/内阁制、法国(第三、第四共和时期的)国民议会制、政党控制的议会制。有纪律的政党是议会制运作的必要条件。半总统制基于总统与总理之间的权力共享，是建立在灵活的双重权威结构之上的真正的混合体制。纯粹的总统制和纯粹的议会制都有严重缺陷，而半总统制虽然好一些，但也有不能解决的问题。

六十年代的校园运动、技术进步带来的电视民主、政治腐败使这些体制都受到冲击和严峻考验。其实，民主表现为一个治理系统。总统制和议会制都是“单引擎”机制，半总统制虽然是一个“双引擎”机制，但是这两个引擎在现实中又常常同时运作，将国家这辆车拉向不同方向，造成政府无效率，甚至瘫痪。怎样进行制度创新来应对严峻的政治困难呢？萨托利详细设计了一种新的双引擎机制——交互或间歇总统制（alternating presidentialism or intermittent presidentialism),即用总统制的替代来刺激或惩罚议会制。只要能够有效率地运作,议会制就可以继续下去,一旦议会制不能达到既定的运作标准,那么,议会引擎就关闭,代之以总统引擎。这种双引擎机制满足了强有力的议会控制与有效率的政府的双重要求,能够帮助避免拉美和东欧后共产主义国家的政治瘫痪,也能避免意大利和以色列等国议会制的机能障碍。萨托利指出,这种双引擎必须通过宪法来确立。因为宪法是路径,要想实现政治理想,就必须循着这个路径,同时,宪法是设定和制约国家决策过程的形式、程序,能够确保控制政治权力的行使,满足治理的要求。

萨托利的这本书把宪法作为在动力刺激基础上构想和建造的结构来描述和分析,回答了如何使民主政府运作的制度建构问题,是具有开创意义的国家建构比较研究。

(褚松燕)

图书在版编目(CIP)数据

中国学术．总第5辑/刘东主编．—北京:商务印书馆,2001
ISBN 7－100－03251－2

Ⅰ.中…　Ⅱ.刘…　Ⅲ.社会科学－中国－文集
Ⅳ.C53

中国版本图书馆CIP数据核字(2000)第43327号

封面题签　饶宗颐
责任编辑　常绍民
　　　　　王希勇
封面设计　李有良
版式设计　毛尧泉

ZHŌNGGUÓ XUÉSHÙ
中　国　学　术
总　第　五　辑
主编　刘　东

商　务　印　书　馆　出　版
(北京王府井大街36号　邮政编码100710)
商　务　印　书　馆　发　行
河北三河市艺苑印刷厂印刷
ISBN 7-100-03251-2 / C·67

2001年1月第1版　　开本 787×960 1/16
2001年1月北京第1次印刷　　印张 23 1/4 插页 1
定价:26.00 元